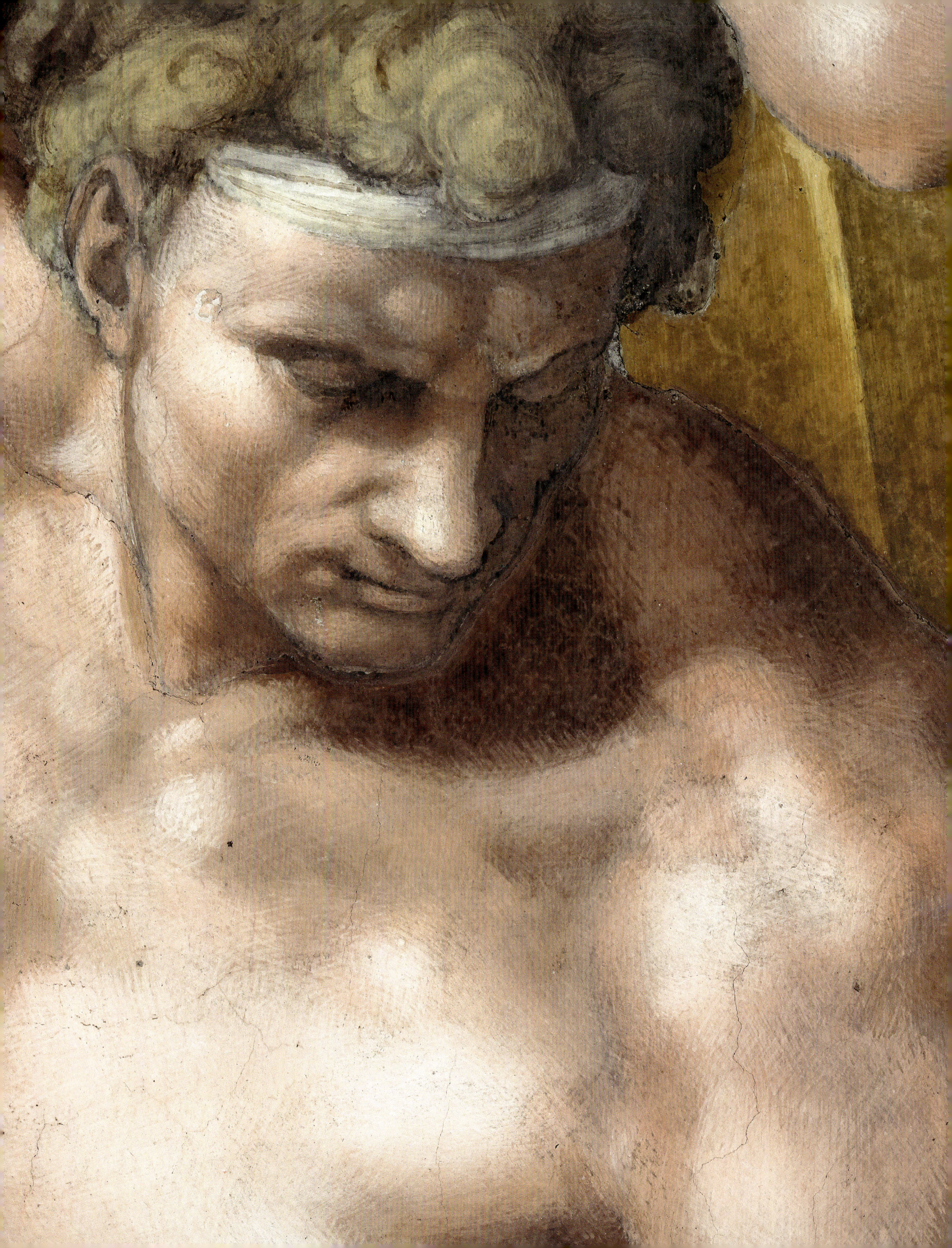

MARIA MADDALENA NEL GIUDIZIO DI MICHELANGELO

MARY MAGDALENE IN MICHELANGELO'S JUDGEMENT

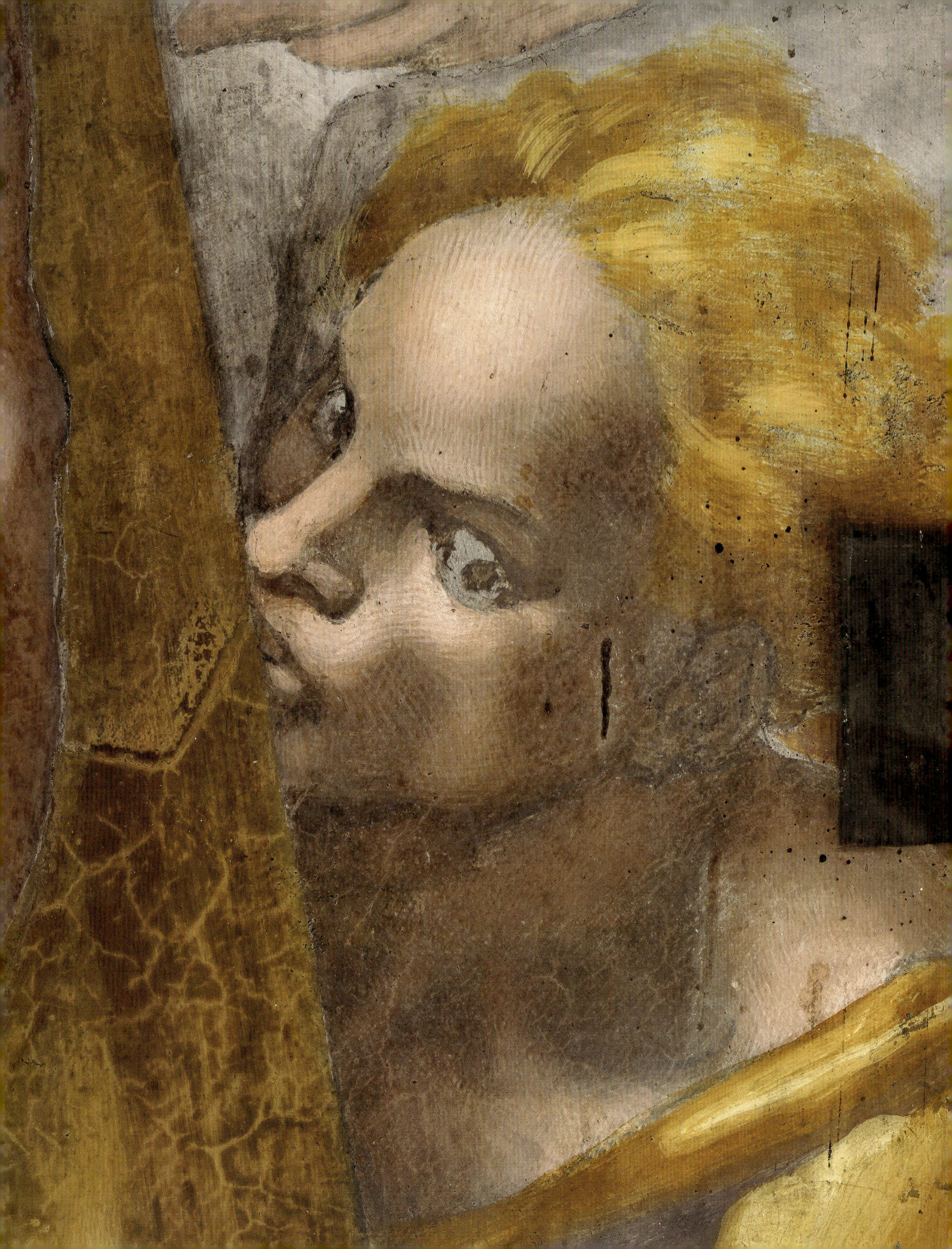

Sara Penco

Maria Maddalena nel Giudizio di Michelangelo

Mary Magdalene in Michelangelo's Judgement

Scripta Maneant Editore

MARIA MADDALENA NEL GIUDIZIO DI MICHELANGELO / MARY MAGDALENE IN MICHELANGELO'S JUDGEMENT

A cura di / *Edited by*
Asia Graziano

Autrice / *Author*
Sara Penco

Prefazione di / *Preface by*
Yvonne Dohna Schlobitten

Coordinamento editoriale / *Editorial coordination*
Asia Graziano

Direttore editoriale / *Editorial director*
Federico Ferrari

Impaginazione / *Layout*
Gianni Grandi, Break Point sas

Redazione / *Editing*
Maria Rosaria Falco, Laura Lopardo

Traduzione inglese / *English translation*
Elisabeth Laghi

Crediti fotografici / *Photographic credits*
Foto: © Governatorato dello S.C.V. – Direzione dei Musei. Tutti i diritti riservati. /All rights reserved. *Campagna fotografica / Photo shoot by Scripta Maneant - Carlo Vannini, Ghigo Roli. Responsabile di produzione / Production manager Gianni Grandi: 2, 4, 8-9, 22-23, 24-25, 26, 30, 31, 34-35, 39, 40, 41, 42, 43, 60-61, 112-113, 114-115, 118-119, 122-123, 134-135,136, 137, 140-141, 143, 144, 145, 148-149, 150, 151, 152-153, 156, 159, 162-163, 164, 165, 171, 172, 173, 174, 184-185, 186, 191, 192, 195, 196, 223, 224, 227, 236-237.*
© Bridgeman Images: *10, 18, 46, 48-49, 52-53, 57, 69, 75, 76-77, 82, 83, 84, 85, 86, 99, 103, 109, 127, 131, 132, 179, 214-215, 218.*
© Tarker / Bridgeman Images: *14.*
Photo © Isabella Stewart Gardner Museum / Bridgeman Images: *17.*
© The Trustees of the British Museum c/o Scala, Firenze: *21.*
© Luisa Ricciarini / Bridgeman Images: *48-49, 65, 89, 91.*
© Leonard C. Hanna, Jr. Fund / Bridgeman Images: *54.*
© Pinacoteca di Brera, Milan / With permission of the Italian Ministry of Culture / Bridgeman Images: *58, 92.*
Photo © Raffaello Bencini / Bridgeman Images: *63, 69.*
Photo © Immagina / Bridgeman Images: *66.*
Photo © Stefano Baldini / Bridgeman Images: *70-71, 128.*
© Galleria Nazionale dell'Umbria / With permission of the Italian Ministry of Culture / Bridgeman Images: *72-73.*
© Harvard Art Museums / Gift of The Friends of the Fogg Museum of Art Fund / Bridgeman Images: *79.*
© Bildarchiv Foto Marburg / Bridgeman Images: *80-81.*
© Christie's Images / Bridgeman Images: *82, 83.*
Photo © Bonhams, London, UK / Bridgeman Images: *89.*
© Dario Grimaldi / Bridgeman Images: *93.*
Photo © Andrea Jemolo / Bridgeman Images: *96-97, 100, 110.*
Photo © Photo Josse / Bridgeman Images: *104-105, 106.*
© Giuliano Valsecchi / Bridgeman Images: *108.*
© Yogi black / Alamy Stock Photo: *121.*
© Kim Young Tae. All rights reserved 2024 / Bridgeman Images: *169, 170.*
Royal Collection Trust / © His Majesty King Charles III, 2024 / Bridgeman Images: *201, 204.*
© Silvestri Vincenzo / Bridgeman Images: *205.*
© ARTGEN / Alamy Foto Stock: *208-209.*
© Ghigo Roli / Bridgeman Images: *210-211.*
© Heritage Image Partnership Ltd / Alamy Stock Photo: *221.*

(A pagina 2)
Michelangelo Buonarroti, *Portacroce*. Dettaglio dal *Giudizio Universale*, 1536-1541, affresco, 1370 × 1200 cm, Cappella Sistina, Città del Vaticano.

(On page 2)
Michelangelo Buonarroti, *cross-bearer*. Detail from the *Last Judgement*, 1536-1541, fresco, 1370 × 1200 cm, Sistine Chapel, Vatican City.

(A pagina 4)
Michelangelo Buonarroti, *Donna che bacia il legno della croce*. Dettaglio dal *Giudizio Universale*, 1536-1541, affresco, 1370 × 1200 cm, Cappella Sistina, Città del Vaticano.

(On page 4)
Michelangelo Buonarroti, *Woman who kisses the wood of the cross*. Detail from the *Last Judgement*, 1536-1541, fresco, 1370 × 1200 cm, Sistine Chapel, Vatican City.

(Alle pagine 8-9)
Michelangelo Buonarroti, *Cristo Giudice*. Dettaglio dal *Giudizio Universale*, 1536-1541, affresco, 1370 × 1200 cm, Cappella Sistina, Città del Vaticano.

(On pages 8-9)
Michelangelo Buonarroti, *Christ the Judge*. Detail from the *Last Judgement*, 1536-1541, fresco, 1370 × 1200 cm, Sistine Chapel, Vatican City.

(A pagina 10)
Agnolo Gaddi, *Maria Maddalena*. Dettaglio dalla *Crocifissione*, 1390-1396, tempera e oro su tavola, 59 × 77 cm, Galleria degli Uffizi, Firenze.

(On page 10)
Agnolo Gaddi, *Mary Magdalene*. Detail from the *Crucifixion*, 1390-1396, tempera and gold on panel, 59 × 77 cm, Uffizi Gallery, Florence.

SM SCRIPTA MANEVNT

Scripta Maneant • Astra Maneant • Impronta d'Artista • Magnus Edizioni

Via dell'Arcoveggio, 74/2
40129 - Bologna - Italy
Tel. +39 051 223535
Numero verde / Toll-free Number 800 144 944
www.scriptamaneant.it
segreteria@scriptamaneant.it

ISBN: 979-12-80717-49-8

Dedicato a coloro che sono incapaci di vivere senza amare.
A chi soffre, perché il dolore non gli impedisca di accarezzare la mano tesa di tutti quegli "angeli senza ali" che incontriamo ogni giorno e che alimentano il nostro e il loro spirito donando amore e... speranza!
Alla mia famiglia e a mio figlio Gabriele, la mia ragione di vita.

Dedicated to those who are incapable of living without love.
To those who suffer, so that their pain does not prevent them from caressing the outstretched hand of all those 'angels without wings' we meet every day and who feed our and their spirit by giving love and... hope! To my family and to my son Gabriel, my reason for living.

SOMMARIO / CONTENTS

11 L'inedita chiave di lettura del *Giudizio*
15 La Maddalena di Michelangelo?

25 UN GIUDIZIO DI SPERANZA
La presenza di Maria Maddalena al fianco di Cristo Redentore

27 Il luogo simbolo della cristianità
28 Il *Giudizio Universale*
29 Il messaggio iconologico
36 L'uomo al centro di tutto
37 Il messaggio di speranza
37 I due personaggi al margine destro della parete
44 Ipotesi di identificazione della figura di Maria Maddalena
59 L'apostola degli apostoli
64 L'intramontabile fascino della donna più misteriosa della storia della cristianità
74 La veste giallo croco e la capacità di discernimento
78 La tensione sul volto di Maria di Màgdala
88 Maria Maddalena: il modello di rettitudine e il tramite tra Cristo e l'umanità
90 Un *Giudizio Universale* scandaloso
95 Maria Maddalena, un modello di rettitudine oltre calunnie e maldicenze
101 Una finestra sul giardino dell'Eden
111 La condivisione della croce come sorgente di speranza
116 Necessità della croce nel piano di Dio
120 Il collegamento tra il portacroce e la donna che bacia la croce. Il gruppo dei Martiri e quello dei Confessori
124 Chi è il possente portacroce?
147 Ragionamenti sulla reiterazione del Cristo Giudice e del Cristo Redentore
154 L'ermeneutica del *Giudizio* fonda le radici nella tradizione
160 Perché Cristo Redentore e Maria Maddalena sono relegati al margine destro della parete?
160 Maria Maddalena e Cristo Redentore
167 Cristo Giudice, Cristo Redentore e l'*Apollo del Belvedere*: la bellezza come sinonimo di purezza
176 Il *duplice* evento: un imperativo Cristo Giudice e Gesù fattosi uomo
178 La drammaticità del *Giudizio* e la ricerca dell'"aspetto positivo"
181 Il contesto storico ai tempi della progettazione del *Giudizio Universale*: il Rinascimento in Europa
187 Un ambiente forgiato nel passaggio tra Platonismo e Neoplatonismo: la bellezza quale massima espressione in Dio e nella trascendenza
188 L'amicizia con la Marchesa Vittoria Colonna. Il circolo degli Spirituali e l'esigenza di riformare la Chiesa cattolica
194 Vittoria Colonna e Maria Maddalena: due donne salde nell'amore per Cristo
198 Un'occasione unica
200 La Cappella Sistina e Michelangelo nella letteratura
216 Michelangelo: un modello di buon cristiano
225 Osservare, ascoltare, comprendere: l'ermeneutica nell'arte
228 Il metodo scientifico a supporto della codifica dell'ermeneutica nell'arte
230 L'apostola degli apostoli nell'affresco di Michelangelo e nelle parole di Papa Francesco
231 La Cappella Sistina: l'umanità viene accolta nella casa di Dio

235 Ringraziamenti

11 The new reading key of the *Judgement*
15 Michelangelo's Magdalene?

25 *A JUDGEMENT OF HOPE*
The presence of Mary Magdalene beside Christ the Redeemer

27 The place that symbolises christianity
28 The *Last Judgement*
29 The iconological message
36 The man at the centre of everything
37 The message of hope
37 The two characters on the right edge of the wall
44 Hypothesis of identification of the figure of Mary Magdalene
59 The apostle of the apostles
64 The timeless charm of the most mysterious woman in the history of christianity
72 The yellow crocus dress and the capacity of discernment
78 The tension on the face of Mary Magdalene
88 Mary Magdalene: the model of righteousness and the intermediary between Christ and humanity
90 A scandalous *Last Judgement*
95 Mary Magdalene, a model of righteousness beyond slander and calumny
101 A window on the Garden of Eden
111 Sharing the cross as a source of hope
116 Necessity of the cross in God's plan
120 The connection between the cross-bearer and the woman who kisses the cross. The group of Martyrs and that of Confessors
124 Who is the mighty cross-bearer?
147 Reasonings on the reiteration of Christ the Judge in Christ the Redeemer
154 The hermeneutics of the *Judgement* finds its roots in tradition
160 Why are Christ the Redeemer and Mary Magdalene relegated to the right edge of the wall?
160 Mary Magdalene and Christ the Redeemer
167 Christ the Judge, Christ the Redeemer and the *Apollo Belvedere*: beauty as a synonym of purity
176 The *dual* event: an imperative Christ the Judge and Jesus who became man
178 The dramatic nature of the *Judgement* and the search for the "positive aspect"
181 The historical context at the time of the planning of the *Last Judgement*: the Renaissance in Europe
183 An environment forged in the passage between Platonism and Neoplatonism: beauty as the highest expression in God and in transcendence
188 Friendship with the Marquise Vittoria Colonna. The Spirituals' circle and the need to reform the Catholic Church
194 Vittoria Colonna and Mary Magdalene: two women firm in their love for Christ
198 A unique opportunity
200 The Sistine Chapel and Michelangelo in literature
217 Michelangelo: a model of a good christian
225 Observe, listen, comprehend: hermeneutics in art
228 The scientific method in support of the encoding of hermeneutics in art
230 The apostle of the apostles in Michelangelo's fresco and in the words of Pope Francis
232 The Sistine Chapel: humanity is welcomed into the house of God

235 Acknowledgements

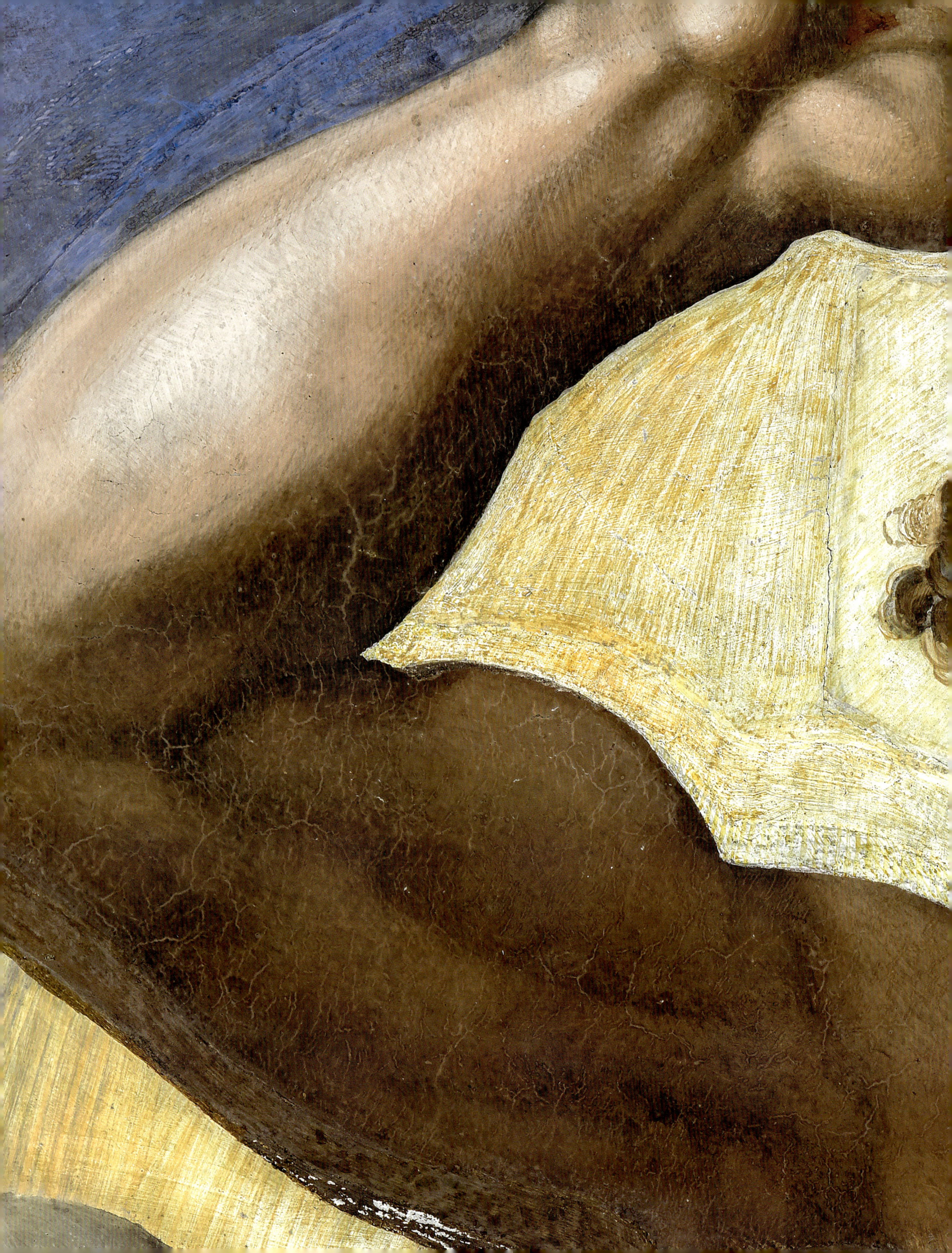

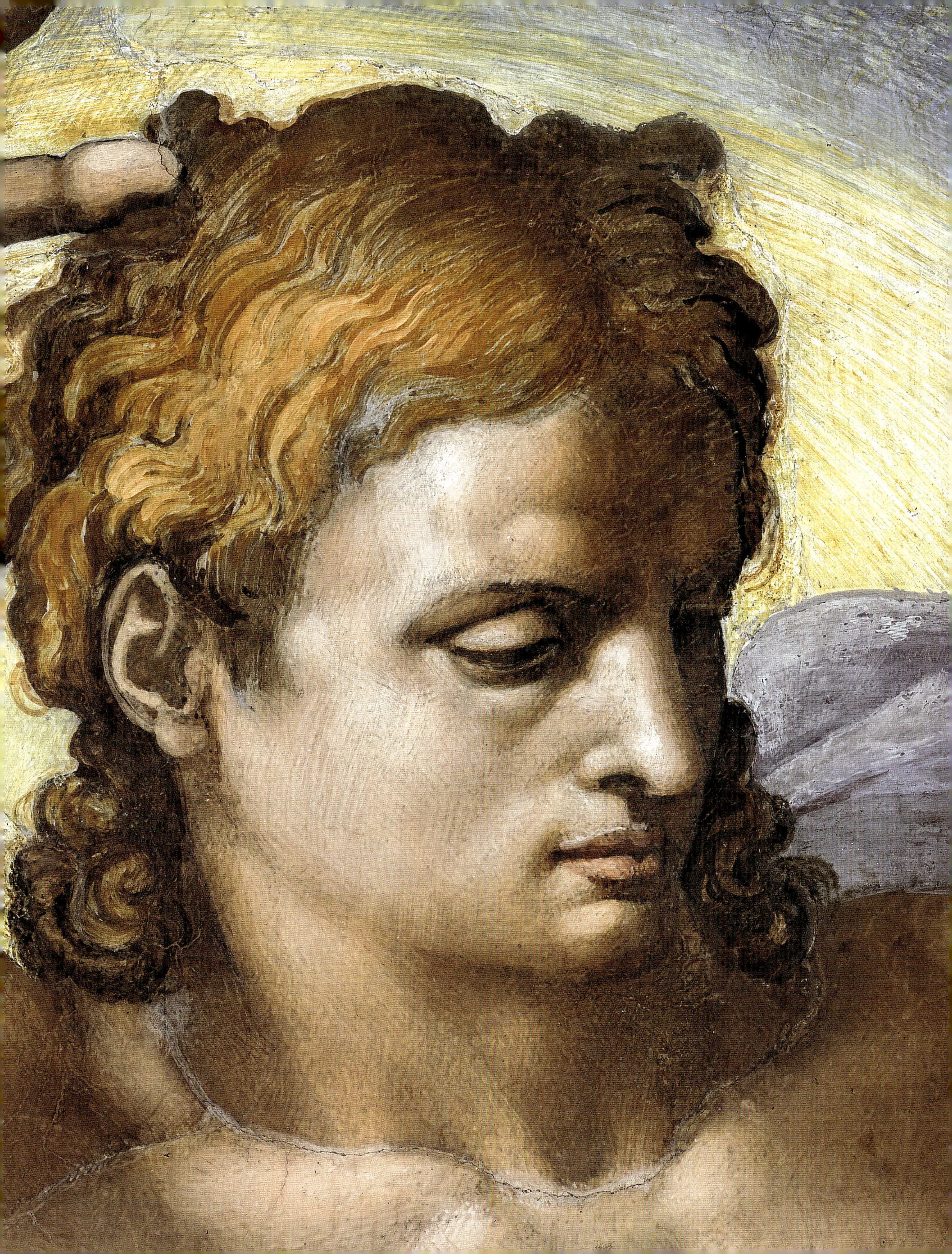

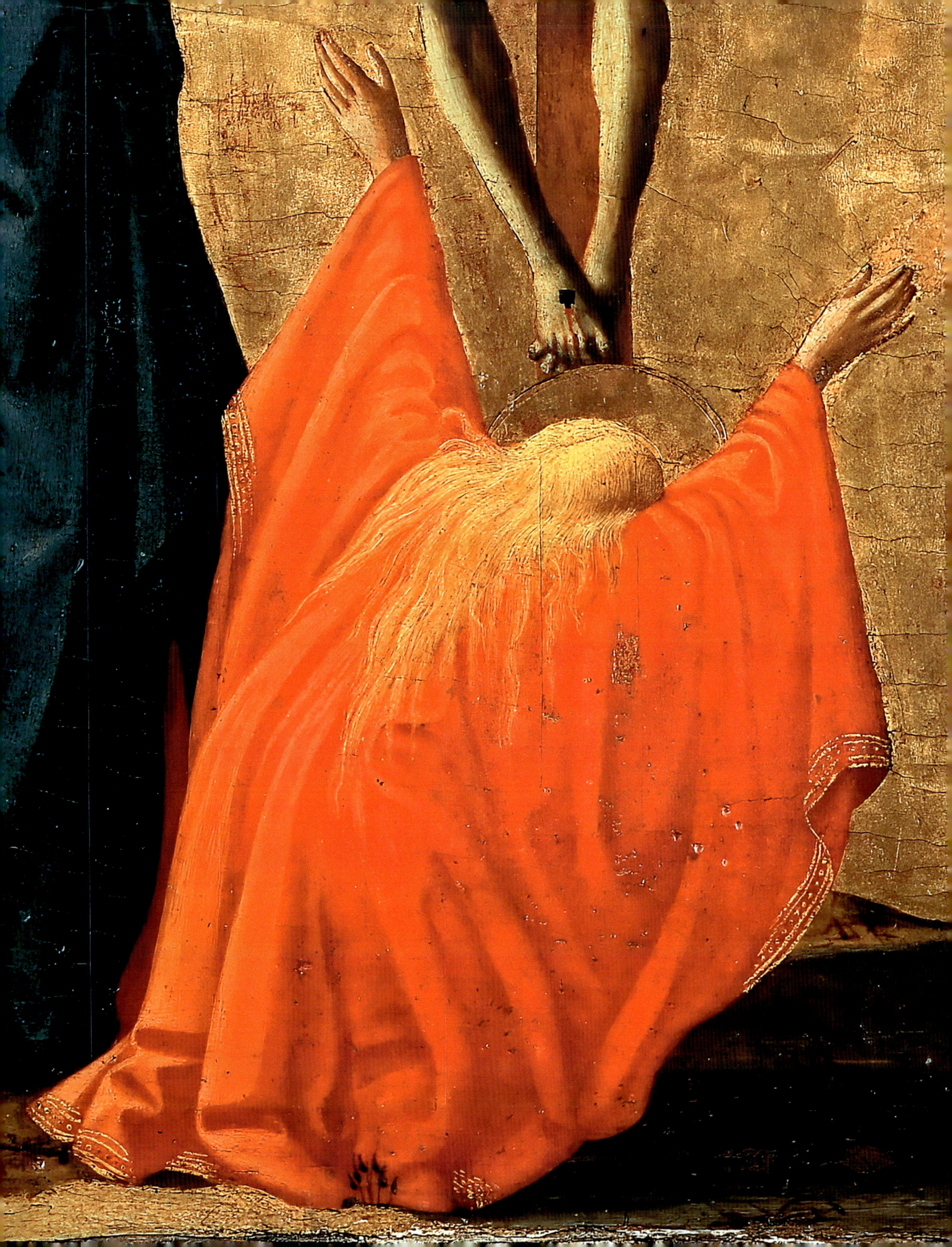

L'inedita chiave di lettura del *Giudizio*

L'indagine di Sara Penco muove dal perspicace riscontro dell'assenza di una figura chiave nell'affresco del *Giudizio Universale* in Cappella Sistina. Prima di questa illuminante ricerca, Maria Maddalena non era inequivocabilmente identificata all'interno del capolavoro di Michelangelo. Padre Pfeiffer, con cui la Penco instaura una dialettica imprescindibile, aveva già ipotizzato la presenza della Maddalena nell'affresco, ma è la studiosa, per la prima volta in queste pagine, a motivarne con convinzione l'identificazione.
Sappiamo bene quanto il Buonarroti fosse un convinto cristiano e non possiamo ignorare il suo rapporto documentato con gli "Spirituali", il gruppo di riformatori capeggiati dal cardinale inglese Reginald Pole e dalla marchesa Vittoria Colonna, sodale dell'artista.
Maria Maddalena, o Maria di Màgdala in riferimento al toponimo della nascita, è strettamente connessa agli episodi salienti della vita di Gesù: la crocifissione, la deposizione, la scoperta del sepolcro vuoto e la visione di Cristo risorto. Insieme a Maria, è la donna più presente nei testi sacri e tra le figure che hanno maggiormente affascinato, anche in ragione della sua travagliata esperienza di peccatrice redenta. Fonte imprescindibile per l'agiografia della santa è la *Legenda Aurea* di Jacopo da Varagine. Egli tramanda che vivesse nella prosperità, nata da una famiglia illustre, con ascendenze alla stirpe regia. Di incredibile bellezza, era circondata da ricchezze e si dedicava ai piaceri del corpo. Per questo fu soprannominata "la Peccatrice", fino all'incontro con Gesù.
Egli la liberò da sette demoni e la elesse sua procuratrice. La difese dalle accuse di quanti, come il fariseo, la definivano creatura immonda o, come Giuda, la chiamavano scialacquatrice.
Lei gli dimostrò amore e fedeltà lavando con le sue stesse lacrime i suoi piedi, che terse coi capelli e unse con l'unguento. Fu proprio Maria Maddalena a fermarsi in prossimità della croce del Signore durante la Passione e a ungere il suo corpo. Così come fu l'unica a non lasciare il sepolcro di Gesù quando ormai tutti i discepoli si erano allontanati. Per prima apparve a Cristo dopo la Resurrezione, divenendo "l'Apostola degli Apostoli". Come testimone oculare del Cristo risorto, fu infatti la prima a darne loro annuncio. Cristo nutriva dunque una speciale considerazione e misericordia per questa donna, che manifestava amore e devozione in Lui.
L'autrice si domanda dunque, a ragione, come sia possibile che una figura così centrale del racconto biblico e dell'immaginario cristiano possa essere stata esclusa nella raffigurazione della *Parusia*. Da questa con-

The new reading key of the *Judgement*

Sara Penco's investigation starts from the insightful evidence of the absence of a key figure in the fresco of the *Last Judgement* in the Sistine Chapel. Before this illuminating research, Mary Magdalene was not unequivocally identified within Michelangelo's masterpiece. Father Pfeiffer, with whom Penco establishes an essential dialectic, had already hypothesised the presence of Magdalene in the fresco, but it is the scholar, for the first time in these pages, who convincingly motivates her identification.
We know very well that Buonarroti was a convinced Christian and we cannot ignore his documented relationship with the "Spirituals", the group of reformers led by the English Cardinal Reginald Pole and the Marquise Vittoria Colonna, close friend of the artist.
Mary Magdalene, or Mary of Magdala in reference to the toponym of her birth, is closely connected to the salient episodes of Jesus' life: the crucifixion, the deposition, the discovery of the empty tomb and the vision of the risen Christ. Together with Mary, she is the most present woman in the sacred texts and among the figures who have fascinated the most, also because of her troubled experience as a redeemed sinner. An essential source for the hagiography of the saint is the *Golden Legend* by Jacobus de Voragine. He narrates that she lived in prosperity, born to a distinguished family, with royal family lineage. Of incredible beauty, she was surrounded by wealth and dedicated herself to the pleasures of the body. For this reason, she was known as "the Sinner", until she met Jesus.
He freed her from seven demons and appointed her his proxy. He defended her from the accusations of those who, like the Pharisee, called her an unclean creature or, like Judas, who called her a spendthrift.
She showed him her love and faithfulness by washing his feet with her own tears, which she dried with her hair and anointed with ointment. It was Mary Magdalene who stopped near the cross of the Lord during the Passion and anointed his body. Just as she was the only one who did not leave the tomb of Jesus when all the disciples had already gone away. She was the first to appear to Christ after the Resurrection, becoming "the Apostle of the Apostles". As an eyewitness of the risen Christ, she was in fact the first to announce it to them. Therefore, Christ fed a special consideration and mercy for this woman, who manifested love and devotion in Him.
The author therefore rightly asks herself how it is possible that such a central figure in the biblical narrative and in the Christian imagination

statazione, nasce un'accurata riflessione sull'iconografia della santa e del Giudizio, in rapporto con i testi sacri e in relazione alla poetica e alla produzione di Michelangelo. Sara Penco rintraccia nel groviglio di figure sulla parete dietro l'altare della Cappella Sistina, Maria Maddalena, contribuendo a caratterizzare l'affresco – una delle opere più conosciute e apprezzate al mondo – di un inedito messaggio teologico.

Maria Maddalena è la protagonista della Bibbia con cui il cristiano può meglio identificarsi. La sua importanza, sancita anche dal Concilio di Trento che la eleva a simbolo di pentimento e penitenza, è certamente legata alla sua doppia natura di peccatrice e di donna redenta. Per la sua umanità, è una delle sante più venerate della cristianità. Imperfetta, aspira al miglioramento. Erra, ma si ravvede e intraprende la via della salvezza, di cui diventa personificazione. Il Buonarroti nel giorno della venuta di Cristo tra gli uomini, colloca la Maddalena al fianco del Cristo portacroce a sottolineare la possibilità di redenzione di chi aspira alla luce. Nel *Giudizio*, la Maddalena appare in una delle sue tipiche vesti iconografiche: con i lunghi capelli biondi e la veste giallo croco.

La rappresentazione della Maddalena è oggetto di studio e analisi sempre più frequente, come ha dimostrato la fondamentale mostra *Maddalena. Il Mistero e l'immagine* (Forlì, Musei San Domenico, 27 marzo - 10 luglio 2022), nell'ambito della quale Sara Penco ha collaborato come collezionista prestatrice e redattrice di schede di catalogo. Tale attenzione, è stata certamente stimolata anche dalla decisione di papa Francesco, durante il Giubileo della Misericordia del 3 giugno 2016, di istituire la festa liturgica di Maria Maddalena, in linea con il rinnovato interesse per le figure femminili nella storia e la loro conseguente riabilitazione.

Prima della conversione, Maddalena viene rappresentata come una donna sontuosamente vestita, adornata di gioielli e riccamente acconciata. Ai suoi piedi troviamo di frequente un cofanetto di gioie rovesciato, come nella celebre versione di Caravaggio. Questo dettaglio iconografico è cruciale: insieme alla postura del capo reclinato, il fare malinconico e lo sguardo vacuo, attesta la meditazione e il rifiuto delle ricchezze propedeutico al discernimento.

Dopo il ravvedimento indossa abiti stracciati o è spesso coperta solo dai suoi stessi capelli, con gli occhi pieni di lacrime. Attributo immancabile è il vaso di unguento, che stringe tra le mani o che troviamo ai suoi piedi. Altri elementi ricorrenti sono il teschio, il crocifisso, la frusta, la corona di spine. Maddalena è spesso rappresentata anche in meditazione, condizione evidenziata dall'attributo del libro, o in estasi.

Aspetto particolarmente rilevante nell'iconografia della santa è il colore della veste, generalmente rosso o giallo. Rosso, quando la troviamo affranta ai piedi della Croce, in riferimento alla sofferenza per la perdita del Maestro e come manifesto della carnalità della donna, che nella sua umanità si abbandona al dolore. Giallo, come nel *Giudizio* di Michelangelo, ovvero nel colore dei traditori, dei rinnegati, della pazzia, del demonio. Come peccatrice, che viene accolta dal Cristo portacroce e indirizzata verso la via della salvezza.

Il Buonarroti viveva condizionato da un profondo senso di colpa: per le pulsioni amorose di cui era preda ma anche per la vanità e la superbia, inevitabilmente connesse alla pratica artistica. I suoi scritti, specialmen-

could have been excluded from the depiction of the *Parousia*. From this observation, an accurate reflection on the iconography of the saint and of the Last Judgement originates, with respect to the sacred texts and in relation to the poetics and production of Michelangelo. Sara Penco traces Mary Magdalene in the tangle of figures on the wall behind the altar of the Sistine Chapel, contributing to characterise the fresco – one of the most well-known and appreciated artworks in the world – with an unprecedented theological message.

Mary Magdalene is the character of the Bible with whom the Christian can best identify. Her importance, also enshrined by the Council of Trent which elevated her to a symbol of repentance and penitence, is certainly linked to her dual nature as a sinner and a redeemed woman. Thanks to her humanity, she is one of the most venerated saints of Christianity. Imperfect, she aspires to improvement. She errs, but repents and takes the path of salvation, of which she becomes the personification. On the day of Christ's coming among men, Buonarroti places the Magdalene next to Christ Carrying the Cross, to underline the possibility of redemption for those who aspire to the light. In the *Judgement*, the Magdalene appears in one of her typical iconographic garments: with long blond hair and a yellow crocus dress.

The representation of the Magdalene is the subject of increasingly frequent study and analysis, as demonstrated by the fundamental exhibition *Magdalene. The Mystery and the Image* (Forlì, San Domenico Museums, 27th March - 10th July, 2022), in which Sara Penco collaborated as a collector, lender and editor of catalogue entries. This attention was certainly also stimulated by the decision of Pope Francis, during the Jubilee of Mercy on 3rd June, 2016, to establish the liturgical feast of Mary Magdalene, in line with the renewed interest in female figures in history and their consequent rehabilitation.

Before her conversion, Magdalene is depicted as a sumptuously dressed woman, adorned with jewels and with hair richly styled. At her feet we frequently find an overturned jewel box, as in the famous version by Caravaggio. This iconographic detail is crucial: together with the posture of the bowed head, the melancholic manner and the blank stare, it confirms the meditation and the rejection of wealth preparatory to discernment.

After repentance she wears torn clothes or is often covered only by her own hair, with eyes filled with tears. An inevitable attribute is the jar of ointment, which she holds in her hands or which we find at her feet. Other recurring elements are the skull, the crucifix, the whip, the crown of thorns. Magdalene is often also represented in meditation, a condition highlighted by the attribute of the book, or in ecstasy.

A particularly relevant aspect in the iconography of the saint is the colour of her dress, generally red or yellow. Red, when we find her heartbroken at the foot of the Cross, in reference to the suffering for the loss of the Master and as a manifestation of the carnality of the woman, who in her humanity abandons herself to pain. Yellow, as in Michelangelo's *Judgement*, that is the colour of traitors, renegades, madness, the devil. As a sinner, who is welcomed by Christ the cross-bearer and directed towards the path of salvation.

Buonarroti lived conditioned by a deep sense of guilt: for the instinct of love of which he was prey but also for the vanity and haughtiness, ine-

te un nucleo di diciassette componimenti e quindici frammenti, tra cui spiccano il sonetto contenuto nella lettera autografa a Giorgio Vasari dell'11 maggio 1555 e il madrigale indirizzato alla marchesa Colonna, sono permeati da una prepotente argomentazione teologica. Ciò che arrovella il peccatore Buonarroti è proprio il dono della salvezza. Michelangelo sostiene l'importanza del libero arbitrio, che permette all'essere umano di ravvedersi e di scegliere la via della salvezza. A tale rivelazione si accompagna la consapevolezza della propria condizione di peccatore. Specialmente in questa fase avanzata della vita dell'artista, tale riflessione diventa un assillante tarlo, sia in ragione della quantità di peccati commessi che dell'angoscia del poco tempo rimasto per redimersi. Maria Maddalena è per Michelangelo, e universalmente per i cristiani, simbolo di misericordia divina e di salvezza. La dimostrazione che la redenzione è possibile, che il pentimento e la vicinanza a Cristo possono salvarci. Nella visione caotica e angosciosa che Michelangelo mette in scena in Sistina, tempio della cristianità per eccellenza, il dettaglio della Maria Maddalena al fianco del Cristo Redentore è la chiave di lettura di un messaggio che Michelangelo rivolge a sé stesso e trasferisce in eredità all'umanità. Sara Penco ci aiuta a decifrarlo, investendo l'affresco di una rassicurante e inedita speranza.

Asia Graziano
Curatrice

vitably connected to the art practice. His writings, especially a group of seventeen compositions and fifteen snippets, among which the sonnet contained in the autographed letter to Giorgio Vasari dated 11th May, 1555, and the madrigal addressed to the Marquise Colonna stand out, are permeated by a forceful theological argumentation. What troubles the sinner Buonarroti is precisely the gift of salvation. Michelangelo supports the importance of free will, which allows the human being to repent and choose the path of salvation. This revelation is accompanied by the awareness of one's own condition as a sinner. Especially in this advanced stage of the artist's life, such reflection becomes a longstanding bugbear, both because of the quantity of sins committed and the anguish of the little time left to redeem oneself. Mary Magdalene is for Michelangelo and universally for Christians a symbol of divine mercy and salvation. The demonstration that redemption is possible, that repentance and closeness to Christ can save us. In the chaotic and anguished vision that Michelangelo stages in the Sistine Chapel, the temple of Christianity par excellence, the detail of Mary Magdalene alongside Christ the Redeemer is the key to understand a message that Michelangelo addresses to himself and passes on as a legacy to humanity. Sara Penco helps us decode it, investing the fresco with a reassuring and unprecedented hope.

Asia Graziano
Curator

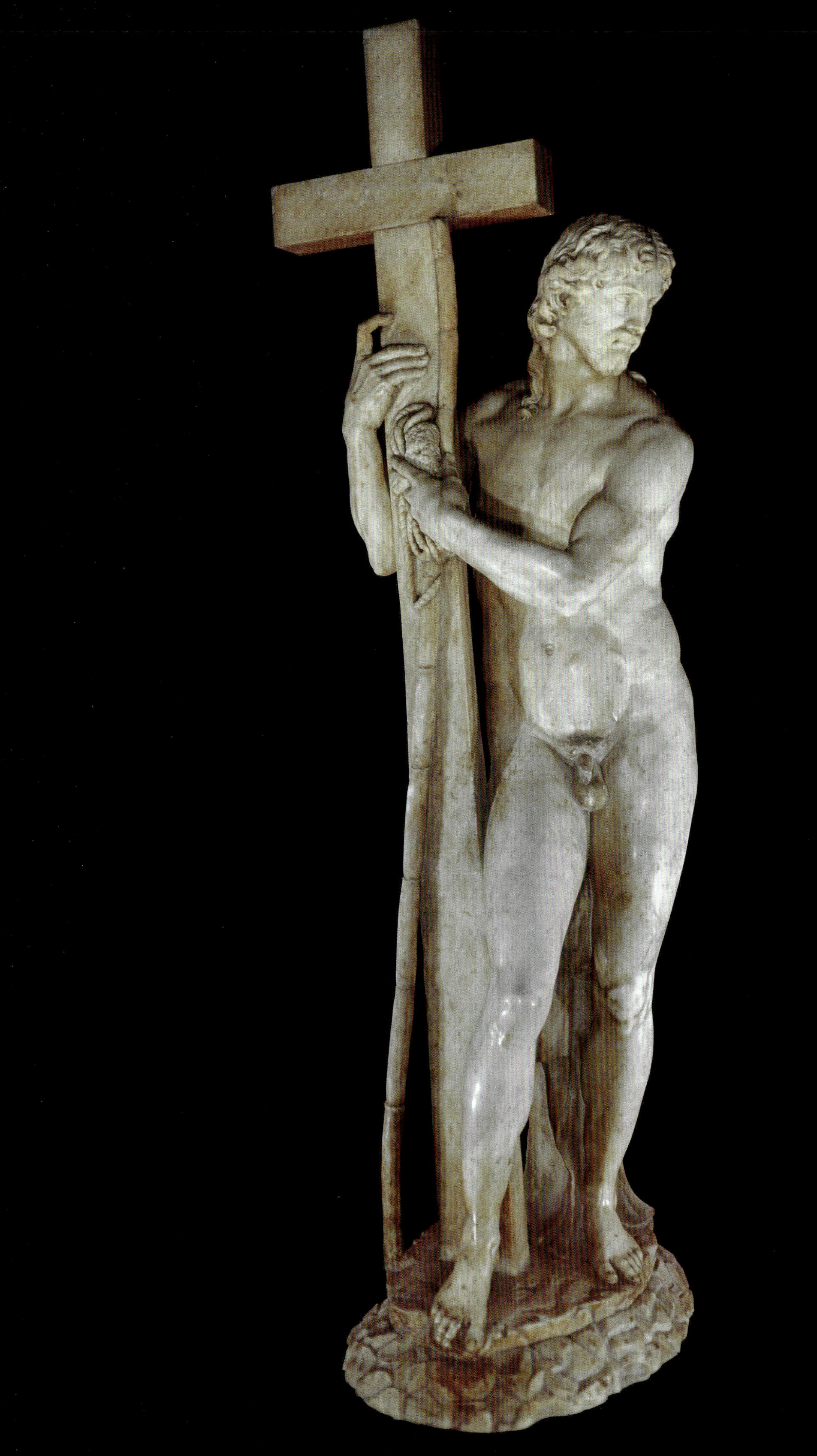

La Maddalena di Michelangelo?

Michelangelo's Magdalene?

Con il *Giudizio Universale*, Sara Penco entra in un campo a lungo studiato e complesso.
All'inizio, il suo testo parla del «cuore pulsante» dell'affresco: «(...) nella testimonianza biblica che Gesù sarà il giudice è contenuta la promessa che il Giudizio di Dio sul male e su ogni colpa sarà un Giudizio di Grazia». Come sappiamo, la composizione di Michelangelo fu controversa fin dall'inizio e avrebbe dovuto essere rimossa subito dopo il suo completamento: seicento persone nude in posizioni a volte molto oscene, le cui intimità sono state dipinte o addirittura reinterpretate nel Concilio Tridentino, non è solo un luogo di gioia. Come nessun altro tribunale, le domande rimangono senza risposta fino al cielo. I dubbi si leggono sui volti, come san Pietro a destra che porge le chiavi a Cristo con un'espressione di incertezza, o l'uomo con la barba che esprime l'orrore. Non è un luogo di pace. Così come l'affresco di Picasso *Guerra e pace*, entrambi sono pieni di paura e speranza allo stesso tempo. Ma l'inferno nel *Giudizio* michelangiolesco è vuoto, apre la vista della speranza per tutti e permea l'intero quadro con la sua promessa.
Qui e in altre opere, Michelangelo ha sempre collegato il principio della speranza con quello della condanna, come unità di tensione. Georg Simmel lo descrive meravigliosamente nel suo libro sull'artista, rivelando il dualismo nell'uomo e anche nelle figure di Michelangelo. La speranza si trova probabilmente nello spazio stesso della tensione. Anche la questione se il *Giudizio Universale* non rappresenti una Resurrezione è controversa, ma in ogni caso la grazia è sempre al centro della sua opera. Questo è il punto di partenza dell'autrice Sara Penco.
Il tema della grazia in Michelangelo è probabilmente paradigmatico. Non solo perché è ripetutamente affrontato nelle opere, negli scritti e nelle poesie, così come nella vita, ma anche perché il suo concetto di grazia si è evoluto nel corso della sua esistenza dal Neoplatonismo alla sua visione riformatrice con Vittoria Colonna al suo misticismo spirituale. Diventando sempre più profondo e creando così spazi di speranza molto diversi nella sua arte. Il filosofo di religione Romano Guardini arriva a utilizzare gli scritti di Michelangelo per mostrare l'arte come luogo di pentimento. Conversione non solo nel senso di una conversione=conversio, ma come metanoia, nel greco antico per un cambiamento di "pensiero" in senso lato, "cambiamento di

With the *Last Judgement*, Sara Penco enters into a long-studied and complex field.
At the beginning, her text speaks of the «beating heart» of the fresco: «(...) the biblical testimony that Jesus will be the judge contains the promise that God's Judgement on evil and on every sin will be a Judgement of Grace». As is known, Michelangelo's composition was controversial from the beginning and should have been removed soon after its completion: Six hundred naked people in some very obscene positions, whose intimacies were painted or even reinterpreted in the Council of Trent, is not only a place of joy. Unlike any other court, questions remain unanswered up to heaven. Doubts can be read on the faces, like Saint Peter on the right who holds out the keys to Christ with an expression of uncertainty, or the bearded man who expresses horror. It is not a place of peace. Like Picasso's fresco *War and Peace*, both are full of fear and hope at the same time. But hell in Michelangelo's *Judgement* is empty, it opens the view of hope for everyone, and permeates the entire painting with its promise.
Here and in other works, Michelangelo has always connected the principle of hope with the one of condemnation, as a unity of tension. Georg Simmel describes it beautifully in his book on Michelangelo, revealing the dualism in the man and also in Michelangelo's figures. Hope can probably be found in the same space of tension. The question of whether the *Last Judgement* does not represent a resurrection is also controversial, but in any case, grace is always at the centre of his work. This is the starting point of the author Sara Penco.
The theme of grace in Michelangelo is probably paradigmatic. Not only because it is repeatedly addressed in his works, writings and poems, as well as in his life, but also because his concept of grace has evolved throughout his existence from Neoplatonism to his reforming vision with Vittoria Colonna to his spiritual mysticism. Becoming increasingly deeper and thus creating spaces of hope so different in his art. The philosopher of religion Romano Guardini will get to use Michelangelo's writings to show art as a place of repentance. Conversion not only in the sense of a conversion=conversio, but as metanoia, from ancient Greek for a change of "thought" in a broad sense, "change of mind", in order to lead to a change of attitude and behaviour. Guardini means a conversion in the sense of a change of mind,

mente", ovvero di atteggiamento e di comportamento. Guardini intende una conversione nel senso di una trasformazione dal centro. Egli è riuscito a mostrare una struttura interna del peccato, del perdono nelle poesie di Michelangelo, collocando le poesie in una sequenza che va dal dolore alla redenzione. Questa visione gioca un ruolo in molte delle sue figure, soprattutto in quelle più note come Mosè, Bacco, Cristo, San Paolo e altre.
È proprio in questo contesto che risulta ancora più provocatoria l'interpretazione di Sara Penco, che cerca di giustificare la presenza di Maria di Màgdala nel *Giudizio Universale*. A differenza di Raffaello, Maria di Màgdala non ha un ruolo nell'*ouevre* di Michelangelo, sebbene sia la figura simbolica della conversione. Michelangelo però sceglie di raccontare la *conversio* in figure maschili della mitologia e della Bibbia, che spesso portano il suo volto come San Bartolomeo e San Paolo.
Nel suo ragionamento, l'autrice fa riferimento alla sua ampia ricerca iconografica e, allo stesso tempo, sottolinea le opinioni e le interpretazioni contrarie. Sara Penco identifica la donna a destra accanto all'uomo con la croce come Maria di Màgdala e, nell'identificazione di Cristo nel portatore della croce, fa riferimento anche all'ipotesi di Padre H. Pfeiffer sj con uno sguardo che da lui si riconosce in Cristo giudice. L'ipotesi che Michelangelo abbia raffigurato la stessa persona in un quadro ma in una funzione diversa è provocante. Nella volta della Cappella Sistina Michelangelo aveva già "superato" il ciclo narrativo del medioevo, creando spazi narrativi completamente nuovi. Michelangelo di solito non rappresenta la metamorfosi di una figura, come ad esempio la prima versione della *Conversione di San Paolo* di Caravaggio, ritraendolo come combattente e convertito in un'unica scena. Mentre la seconda versione, il *Cristo della Minerva*, riconosciuto da G. Panofsky come colui che scende dagli inferi, e la prima versione con *Cristo e la croce* a Bassano Romano seguono l'iconografia classica di Cristo. Invece vediamo al centro del *Giudizio Universale* un Cristo senza barba e senza capelli lunghi. Secondo me potrebbe essere giustificato come un nuovo Adamo nella sua bellezza giovanile che porta la speranza. Michelangelo rivela così diversi significati metaforici della figura di Cristo, ma in opere diverse.
Possiamo vedere chiaramente, come iconografia e teologia si legano nel ragionamento di Sara Penco per formare una visione: la donna che bacia la croce ha un ruolo importante, anche se appare nascosta ai margini dell'immagine e, come dice l'autrice stessa, spesso non si vede affatto ed è spesso tagliata o difficile da riconoscere nelle immagini.
Ma l'autrice sottolinea e conosce il ruolo infinitamente importante della croce per Michelangelo. Solo nel *Giudizio Universale* sono raffigurate due enormi croci. Una donna che bacia la croce innesca molte connotazioni, come figura della Passione perché anche lei sta sotto la croce fino alla fine, con la croce di Cristo come figura della redenzione. In questo modo, l'autrice cerca di tracciare un arco più ampio e di collegare il ruolo della Maddalena con il discorso teologico e umanistico contemporaneo. Ed è proprio qui che credo che l'autrice tocchi una dimensione che va ben oltre il suo stesso ragionamento quando sostiene:

a transformation from the centre. Guardini managed to show an internal structure of sin, of forgiveness in Michelangelo's poems, placing the poems in a sequence that goes from pain to redemption. This vision plays a role in many of his figures, especially among the best known ones such as Moses, Bacchus, Christ, St. Paul and others.
It is precisely in this context that the interpretation of the author Sara Penco, who tries to justify the presence of Mary Magdalene in the *Last Judgement*, becomes even more provocative. Unlike Raphael, Mary Magdalene does not have a role in Michelangelo's artwork, even though she is the symbolic figure of the *conversio*. Michelangelo, however, chooses to tell the story of the *conversio* in male figures of the mythology and the Bible, who often bear his own face like Saint Batholomeus and Saint Paul.
In her reasoning, the author refers to her extensive iconographic research and, at the same time, highlights the opposing opinions and interpretations. Sara Penco identifies the woman on the right next to the man with the cross as Mary Magdalene and, in identifying Christ as the bearer of the cross, she also refers to Father H. Pfeiffer's sj hypothesis of an outline of look that unites the Christ with Christ the Judge. The hypothesis that Michelangelo depicted the same person in the painting but in a different function is provocative. In the ceiling of the Sistine Chapel Michelangelo had already "overcome" the narrative cycle of the Middle Ages, creating completely new narrative spaces. Michelangelo does not usually depict the metamorphosis of a figure, as in Caravaggio's first version of *The Conversion of Saint Paul*, where he portrays him as a fighter and a convert in a single scene.
While the second version, the *Risen Christ* of Minerva, recognised by G. Panofsky as the one who descends into the underworld, and the first version with *Christ and the cross* at Bassano Romano follow the classical iconography of Christ. Instead of we see at the centre of the *Last Judgement* a Christ without a beard and without long hair. In my opinion he could be justified as a new Adam in his youthful beauty who brings hope. Michelangelo thus reveals several metaphorical meanings of the figure of Christ, but in different works of art.
We can clearly see how iconography and theology are linked in Sara Penco's reasoning to form a vision: the woman kissing the cross has an important role, even if she appears hidden on the edges of the image and, as the author herself says, is often not seen at all and is often cut off or difficult to recognise in the images.
But the author underlines and understands the infinitely important role of the cross for Michelangelo. Only in the *Last Judgement* two enormous crosses are depicted. A woman who kisses the cross triggers many connotations, as a figure of the Passion because she also is under the cross until the end, with the cross of Christ as a figure of the Redemption. In this way, the author tries to trace a broader arc and to connect the role of Magdalene with a contemporary theological and humanistic discourse.
And it is precisely here that I believe the author introduces a dimension that goes far beyond her own reasoning when

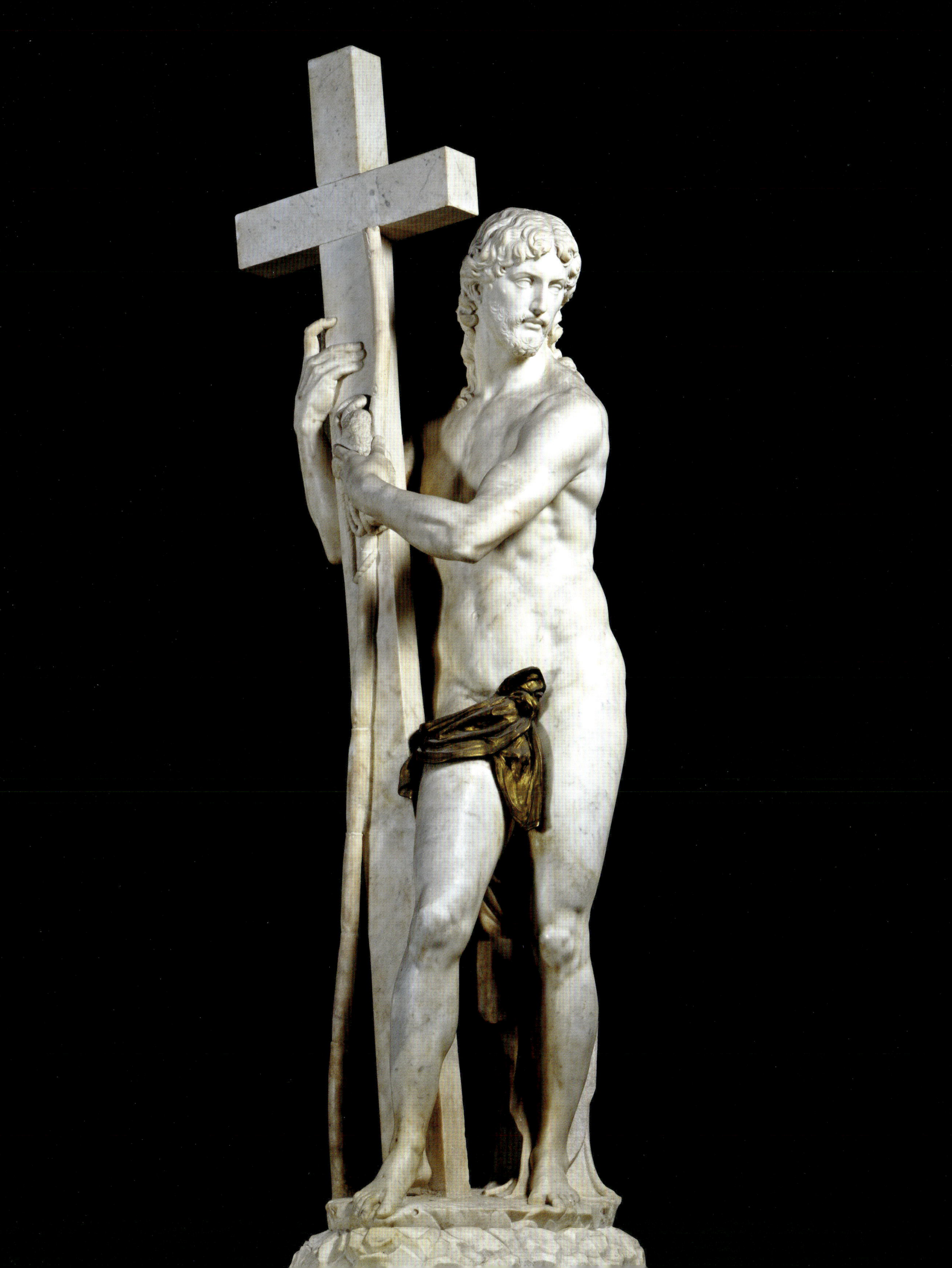

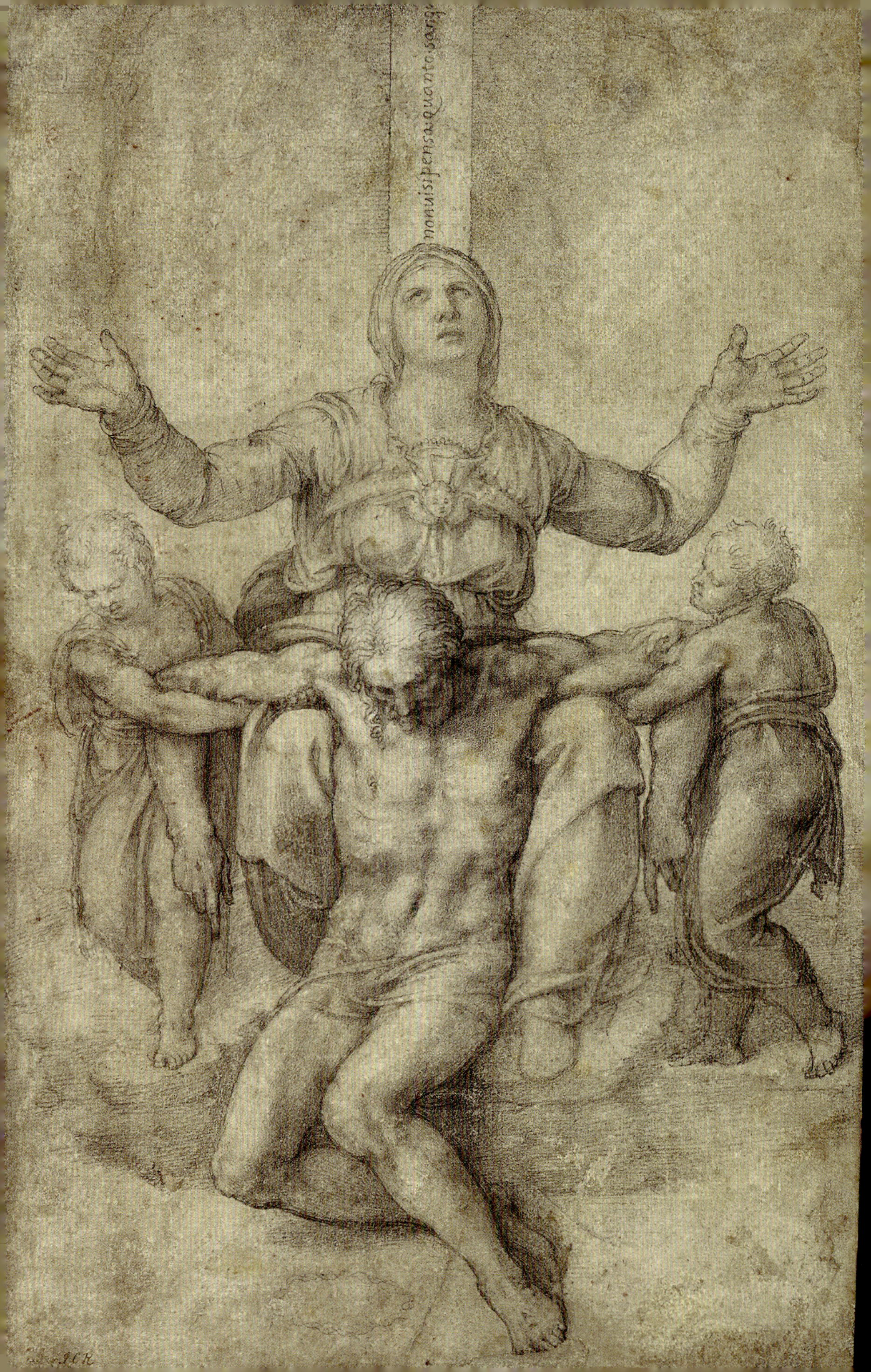
nonuisipensa quanto sang

«Il libro tocca anche il tema del legame di Michelangelo con Vittoria Colonna. Non sembra essere solo un omaggio a Vittoria Colonna e un tentativo di conferirle un ruolo nell'opera, ma potrebbe diventare una figura in cui Michelangelo si rivela nella sua ricerca di redenzione».

In primo luogo, Michelangelo mostra nel suo cielo anche i suoi contemporanei che giocano un ruolo nella sua vita, che gli piacciano o meno; Aretino per esempio. In secondo luogo, il cielo è pieno di "figure esterne". Normalmente non era consuetudine mostrare persone sconosciute in cielo, perché era un luogo di eletti. Perciò spesso ci sono figure la cui esistenza è giustificata teologicamente, come nel caso della *Disputa* di Raffaello. Persone che erano destinate a stare in cielo. Né l'amore tra due uomini poteva essere considerato degno dalla Chiesa dell'epoca, ma per Michelangelo questo amore era finalmente vivibile nel suo paradiso. In questo senso, ispirato dalla ricerca dell'autrice, possiamo andare ancora un passo avanti e affermare che non poteva essere solo Maria Maddalena ma anche Vittoria Colonna a giocare un ruolo nel cielo di Michelangelo.

Nei "disegni di croce" per Vittoria Colonna, Michelangelo inventa iconografie completamente nuove. Nella famosa *Pietà*, Maria diventa parte della croce. Diventa il legno che trasporta Cristo. Lei stessa diventa il luogo del Golgota. Il misticismo della croce gioca qui un ruolo importante. Michelangelo avrebbe potuto svelare un segreto a Vittoria Colonna, la donna che gli aveva insegnato la differenza tra vedere e guardare.

«Dimmi, amore, se qui veramente vedo la bellezza ardentemente desiderata, oppure se essa dimora all'interno della mia anima e se io trasfiguro contemplando il viso della Signora.»

Il legame tra Michelangelo e Vittoria Colonna potrebbe aiutare a giustificare il discorso di Papa Francesco in questo contesto, che Sara Penco rappresenta in modo così convincente e potrebbe mostrare un nuovo atteggiamento verso la donna anche in Michelangelo. Sebbene Michelangelo fosse più devoto agli uomini, si riconobbe in lei e diede così alla donna un ruolo completamente nuovo che andava oltre quello di donatrice e dispensatrice di vita. Alla fine della sua vita, Michelangelo associa la Redenzione e la Resurrezione a Vittoria Colonna. Era così diventata per lui anche l'epitome della santa, come Michelangelo alludeva spesso nelle sue poesie e nelle sue lettere. In lei vedeva la promessa.

Con grande intuizione, Sara Penco ha scoperto qualcosa che definisce l'*essere* dell'arte. L'arte come *un tutto*. Anche se non troviamo Maria di Màgdala nelle sue opere, in questo caso è stato in grado di riconoscere il bacio della croce. Lo immortalò in uno schizzo per Vittoria Colonna, in cui abbiamo l'impressione che Cristo guardi la persona che bacia la croce. La questione va ben oltre l'iconografia del perdono. Si tratta di amore, che, come dice giustamente Sara Penco, ha bisogno di perdono. Michelangelo ne è consapevole e conosce la sofferenza e la redenzione del bacio, soprattutto quando è vissuto da una donna che ama.

Attraverso una profonda analisi iconografica, l'autrice ha introdotto aspetti del tutto inediti per sviluppare il campo della "epistemologia dell'arte" (Kunsterkenntnis). Concludendo con le parole dell'autrice: «Il progetto iconografico del *Giudizio Universale* trae spunto da una

she writes: *«The book also touches on the theme of Michelangelo's connection with Vittoria Colonna. It does not seem to be just a tribute to Vittoria Colonna and an attempt to give her a role in his work, but it could become a figure in which Michelangelo reveals himself in his search for redemption».*

First of all, Michelangelo also shows in his heaven his contemporaries who play a role in his life, whether he likes them or not; Aretino for example. Second, the heaven is full of "external figures." It was not customary, normally, to show unknown people in heaven, because it was a place for the elect. Therefore, there are often figures whose existence is theologically justified, as in the case of Raphael's *Disputation*. People who were destined to be in heaven. Nor could the love between two men be considered worthy by the Church of the time, but for Michelangelo this love was finally liveable in his paradise. In this sense, ispired by the author's research, we can go one step further and say that it could not only be Mary Magdalene but also Vittoria Colonna who played a role in Michelangelo's heaven.

In the "Cross drawings" for Vittoria Colonna, Michelangelo invents completely new iconographies. In the famous *Pietà*, Mary becomes part of the cross. She becomes the wood that carries Christ. She herself becomes the place of Golgotha. The mysticism of the cross plays an important role here. Michelangelo may have revealed a secret to Vittoria Colonna, the woman who had taught him the difference between seeing and looking.

«Tell me, my love, if I truly see here the beauty I ardently desire, or if it dwells within my soul and if I am transfigured contemplating the face of the Lady.»

The relation between Michelangelo and Vittoria Colonna could help to justify Pope Francis' writings in this context, which Sara Penco represents so convincingly, and could show a new attitude toward women also in Michelangelo. Although Michelangelo was more devoted to men, he recognised himself in her and thus gave women a completely new role that went beyond that of giver and dispenser of life. At the end of his life, Michelangelo associated the redemption and resurrection with Vittoria Colonna. She had thus become for him also the epitome of the saint, as Michelangelo often alluded to in his poems and letters. In her he saw the promise.

With great intuition, Sara Penco has discovered something that defines the *being* of art. Art as a *whole*. Even if we do not find Mary Magdalene in his works, in this case he was able to recognise the kiss of the cross. He immortalised it in a sketch for Vittoria Colonna, in which we have the impression that Christ is looking at the person kissing the cross. The issue goes far beyond the iconography of forgiveness. It is about love, which, as Sara Penco rightly says, needs forgiveness. Michelangelo is aware of this and knows the suffering and the redemption of the kiss, especially when it is experienced by a woman that loves.

Through a deep iconographic analysis, the author has introduced completely new aspects to develop the field of "epistemology of art" (Kunsterkenntnis). And so I conclude with the author's words: «The iconographic project of the *Last Judgement* draws inspiration from a

personale e visionaria percezione di fede, che alimenta la ricerca di una simbologia iconografica capace di comunicare efficacemente, attraverso la prefigurazione del messaggio apocalittico, il trionfo della giustizia e dell'ordine morale sul male, ribadendo contestualmente il messaggio teologico insito nella *Parusia*, l'acquisizione della consapevolezza della qualità etica del proprio operato al cospetto di Dio» che è sempre basato sull'esperienza di Michelangelo nel suo contesto storico. E come scrive Antonello Guerrera a proposito di una mostra a Londra al British Museum, «gli schizzi di Michelangelo che raccontano il senso di una fine».

Yvonne Dohna Schlobitten
Professoressa alla Facoltà di Storia e Beni Culturali della Chiesa presso la Pontificia Università Gregoriana

personal and visionary perception of faith, which fuels the search for an iconographic symbolism capable of effectively communicating, through the prefiguration of the apocalyptic message, the triumph of justice and moral order over evil, simultaneously reiterating the theological message inherent in the *Parousia*, the acquisition of awareness of the ethical quality of one's actions in the presence of God» which is always based on Michelangelo's experience in his historical context.
And as Antonello Guerrera writes about an exhibition in London at the British Museum, «Michelangelo's sketches narrate the sense of an end».

Yvonne Dohna Schlobitten
Professor at the Faculty of History and Cultural Heritage of the Church at the Pontifical Gregorian University

(A fronte)
Michelangelo Buonarroti, *La Crocifissione con la Vergine e San Giovanni*, 1555-1564, gessetto nero lumeggiato con bianco di piombo, 41,2 × 27,9 cm, British Museum, Londra.

(Opposite)
Michelangelo Buonarroti, *The Crucifixion with the Virgin and Saint John*, 1555-1564, black chalk illuminated with lead white, 41.2 × 27.9 cm, British Museum, London.

(A pagina 14)
Michelangelo Buonarroti, *Primo Cristo della Minerva*, 1514-1516, marmo, Monastero di San Vincenzo, Bassano Romano.

(On page 14)
Michelangelo Buonarroti, *First Christ of the Minerva*, 1514-1516, marble, Monastery of San Vincenzo, Bassano Romano.

(A pagina 17)
Michelangelo Buonarroti, *Cristo della Minerva*, 1519-1520 circa, marmo, 205 cm, Basilica di Santa Maria sopra Minerva, Roma.

(On page 17)
Michelangelo Buonarroti, *Christ of Minerva*, c. 1519-1520, marble, 205 cm, Basilica of Santa Maria sopra Minerva, Rome.

(A pagina 18)
Michelangelo Buonarroti, *Pietà*, 1540 circa, gesso nero su carta, Isabella Stewart Gardner Museum, Boston.

(On page 18)
Michelangelo Buonarroti, *Pietà*, c. 1540, black chalk on paper, Isabella Stewart Gardner Museum, Boston.

(Alle pagine 22-23)
Veduta della Cappella Sistina dalla parete d'ingresso.

(On pages 22-23)
View of the Sistine Chapel from the entrance wall.

(Alle pagine 24-25)
Michelangelo Buonarroti, *Giudizio Universale*, 1536-1541, affresco, 1370 × 1200 cm, Cappella Sistina, Città del Vaticano. (Dettaglio)

(On pages 24-25)
Michelangelo Buonarroti, *Last Judgement*, 1536-1541, fresco, 1370 × 1200 cm, Sistine Chapel, Vatican City. (Detail)

(A pagina 26)
Pietro Perugino e bottega, *Viaggio di Mosè in Egitto*, 1482, affresco, 350 × 572 cm, Cappella Sistina, Città del Vaticano.

(On page 26)
Pietro Perugino and workshop, *Moses's Journey into in Egypt*, 1482, fresco, 350 × 572 cm, Sistine Chapel, Vatican City.

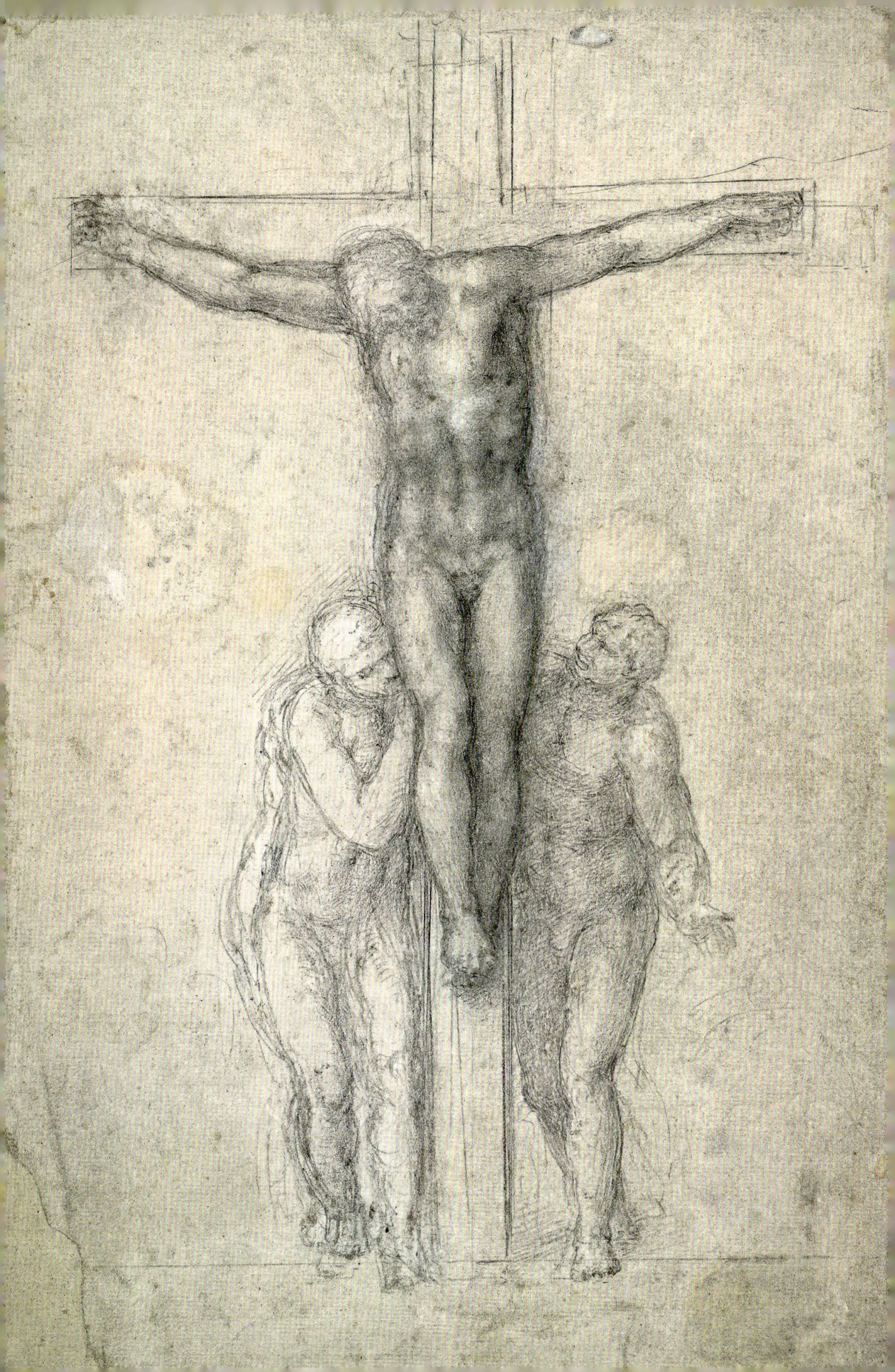

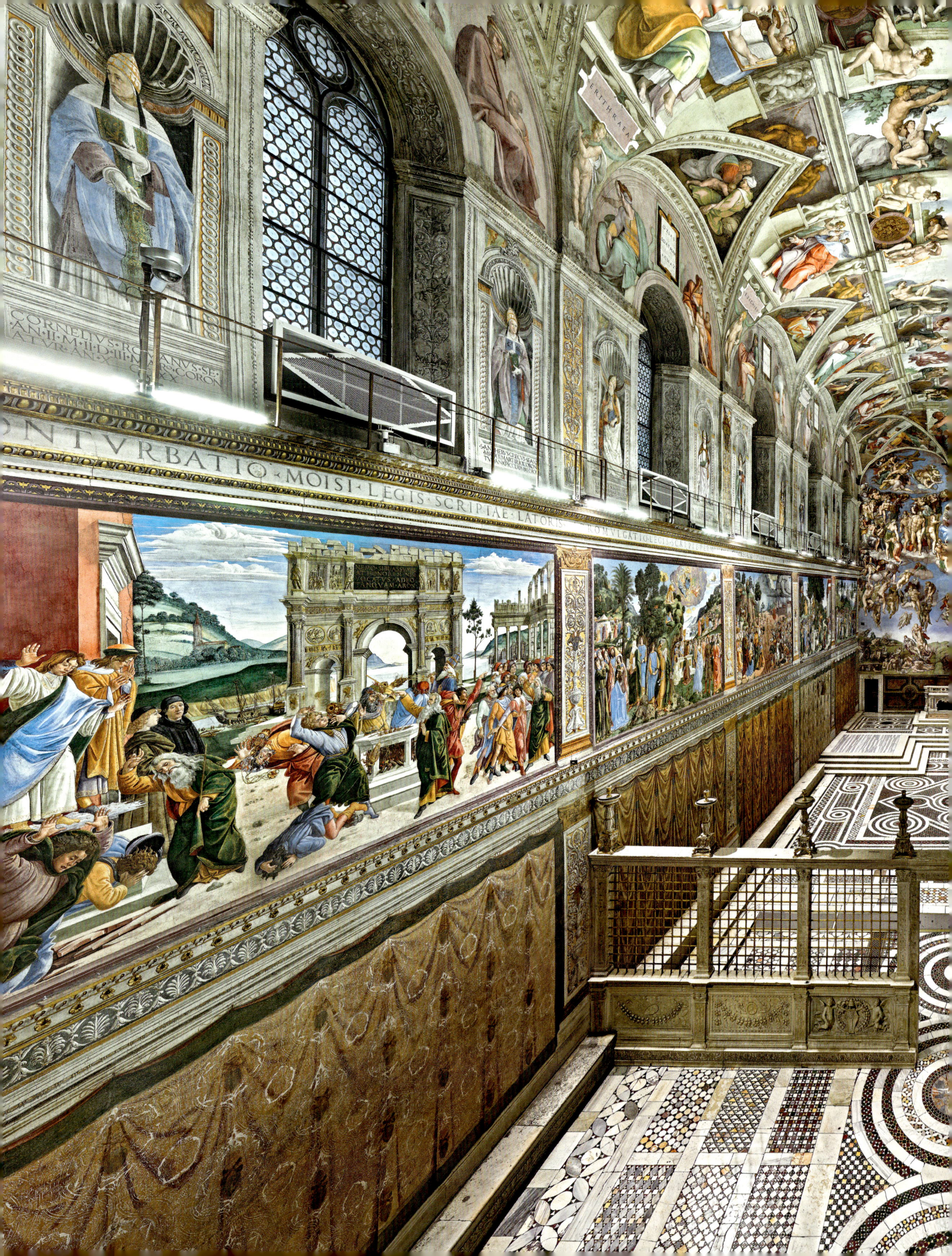
ONTVRBATIO · MOISI · LEGIS · SCRIPTAE · LATORIS

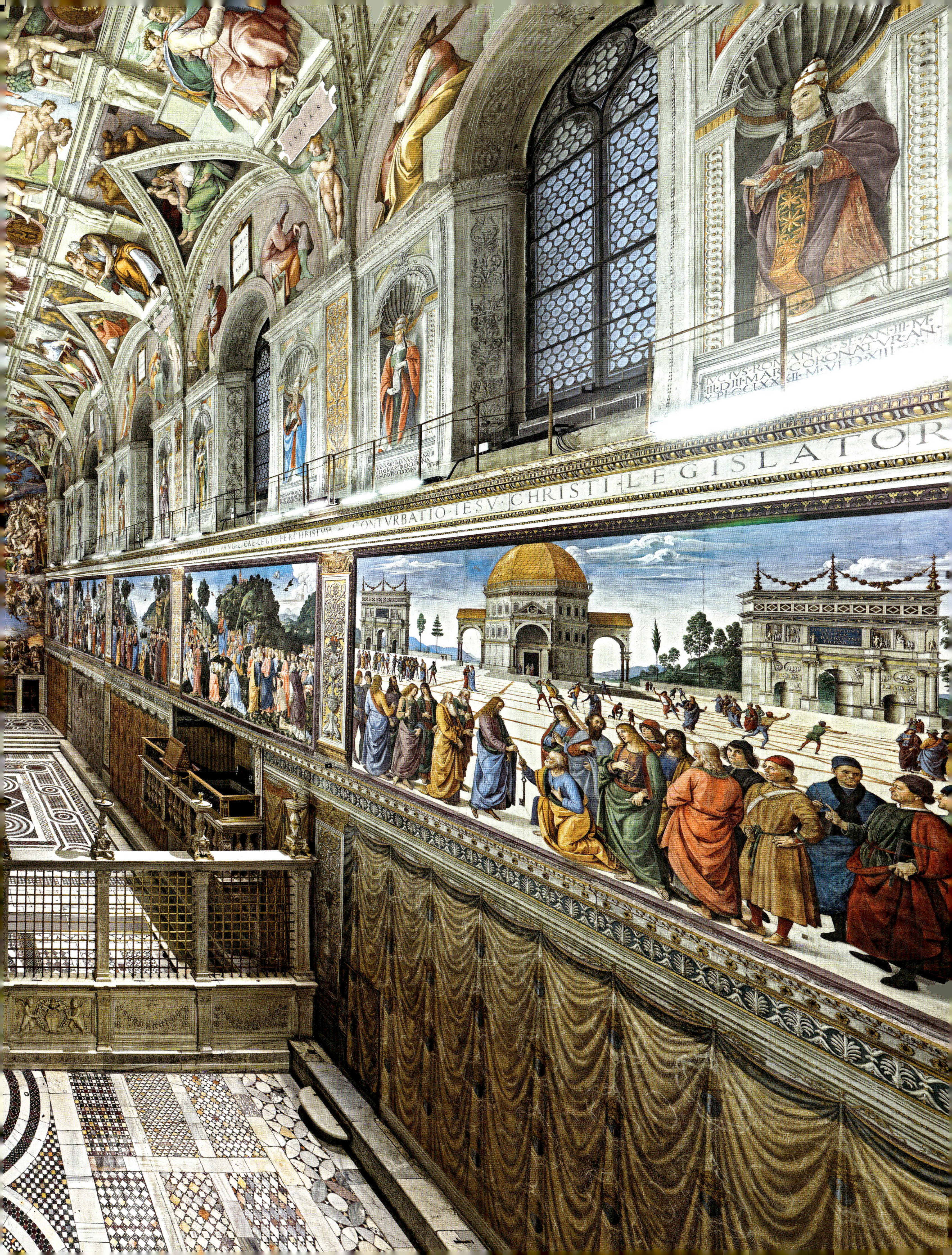
CONTVRBATIO·IESV·CHRISTI·LEGISLATOR

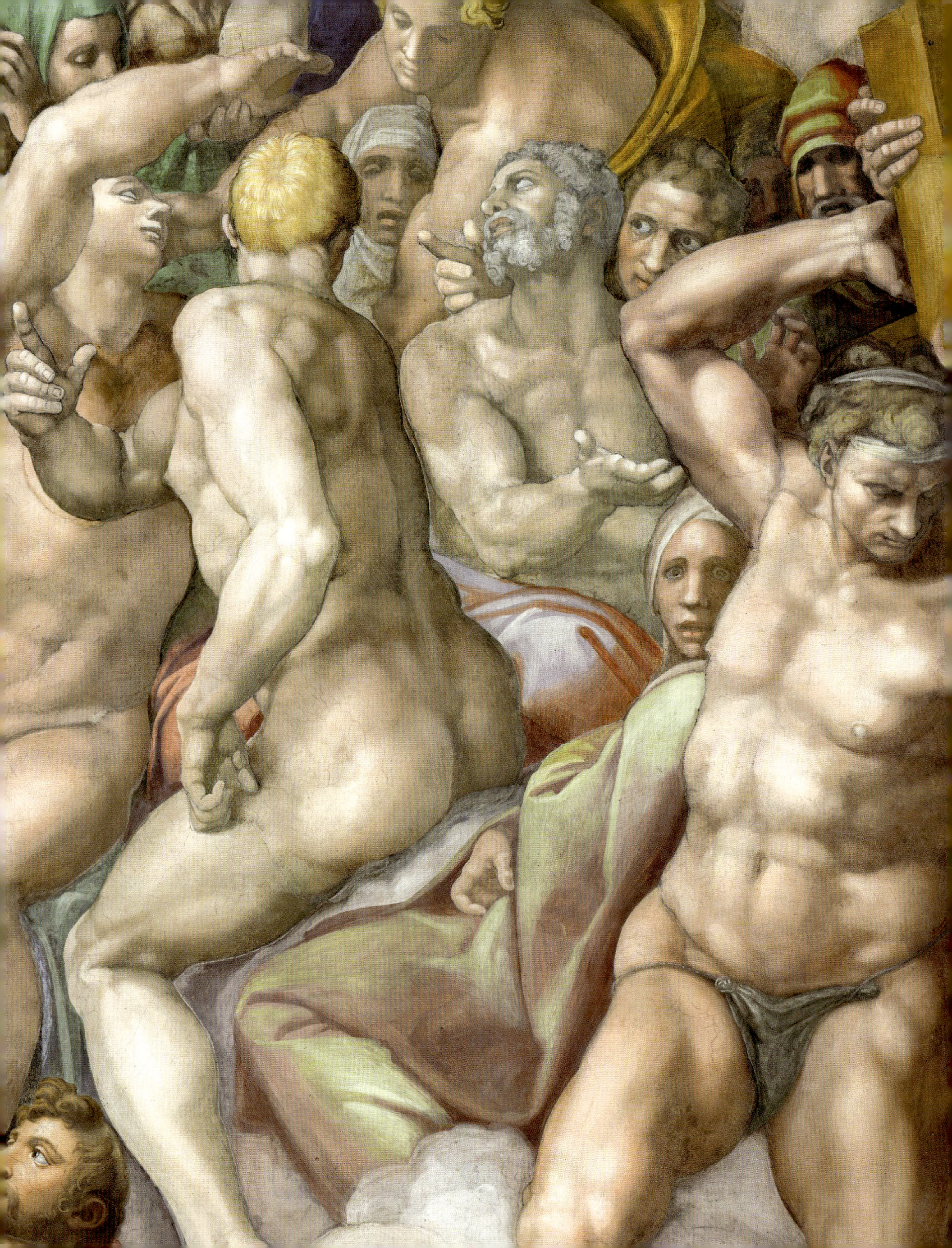

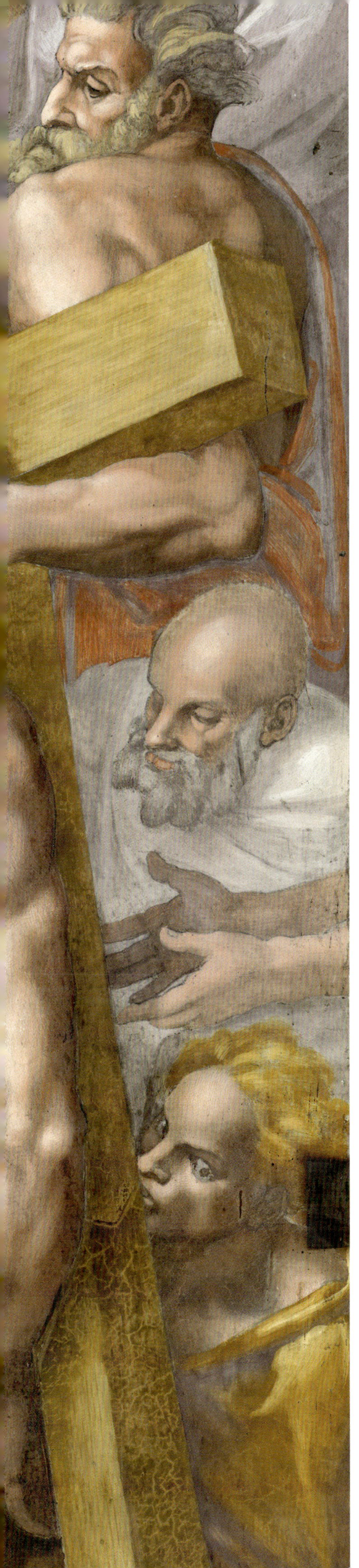

UN GIUDIZIO DI SPERANZA

La presenza di Maria Maddalena al fianco di Cristo Redentore

A JUDGEMENT OF HOPE

The presence of Mary Magdalene beside Christ the Redeemer

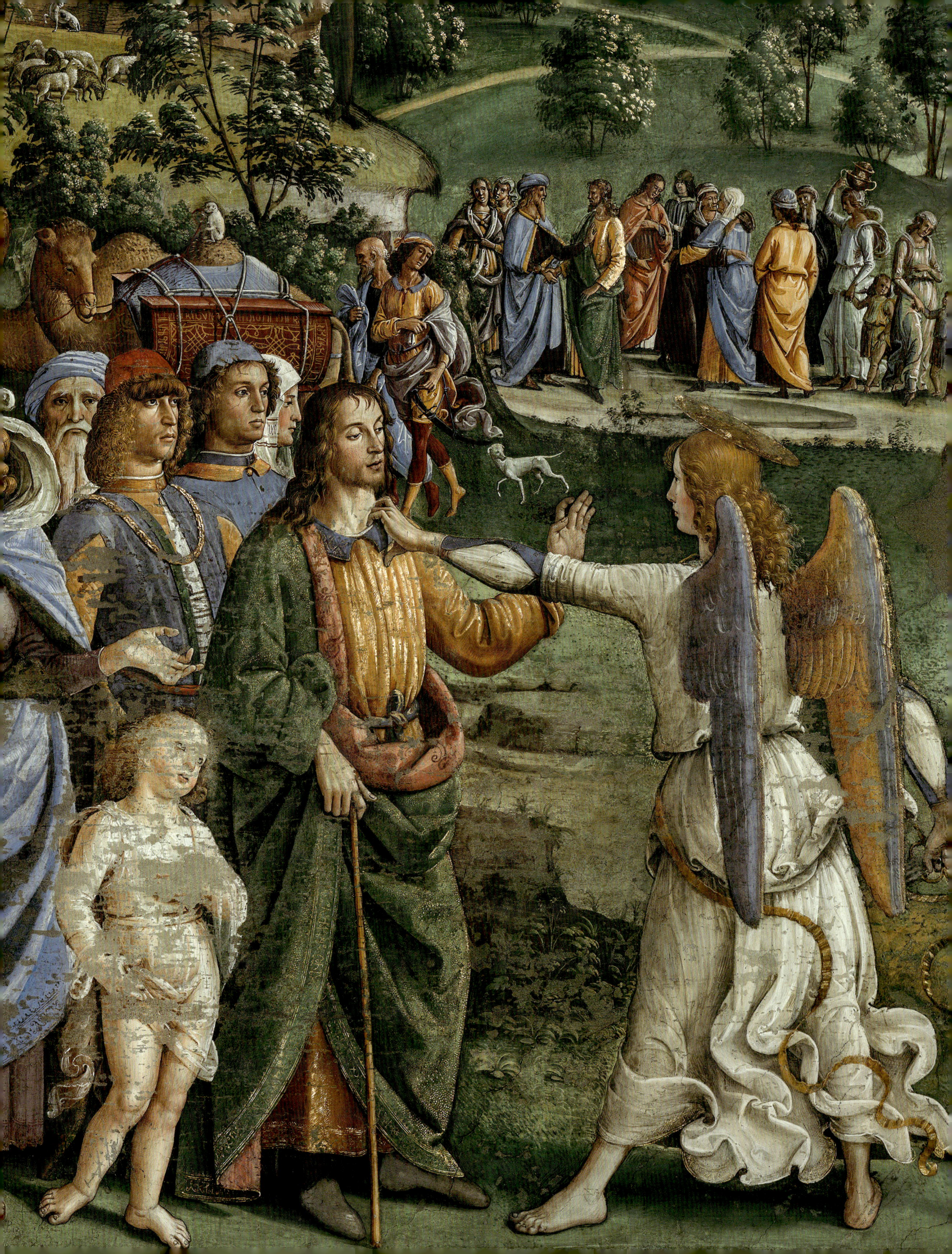

IL LUOGO SIMBOLO DELLA CRISTIANITÀ

La Sistina è il simbolo della cristianità. Si trova nel cuore del Vaticano. È la Cappella più ampia, più maestosa, più studiata e più visitata al mondo e ospita alcune tra le opere d'arte più spettacolari della storia dell'umanità.

Milioni di persone giungono in questo sacello da ogni dove per ammirare la testimonianza di alcuni tra gli artisti più prestigiosi della storia dell'arte che hanno impresso, in questo sacro edificio, il racconto della cristianità e dell'intimo rapporto dell'uomo finito con Dio infinito: dalla Genesi all'Apocalisse.

Gli architetti anonimi del 1368 e poi quelli come Giovannino de' Dolci e Baccio Pontelli, gli scultori come Mino da Fiesole, Andrea Bregno e Giovanni Dalmata, i pittori come Pier Matteo d'Amelia, Pietro Perugino, Sandro Botticelli, Luca Signorelli e gli altri dell'impresa voluta da Sisto IV, come pure gli artigiani che contribuirono a rendere la Sistina una delle eccellenze artistiche mondiali e patrimonio dell'umanità, progettarono i loro capolavori nella consapevolezza dell'importanza di questo luogo.

Dal 1473 ai secoli a venire, la Sistina avrebbe accolto, in quanto Cappella palatina della residenza vaticana, non solo gli ambasciatori, ma anche i cardinali che si riunivano in conclave per eleggere i Papi: uomini ai quali, durante la celebrazione della consegna simbolica delle chiavi di Pietro ai successori dell'apostolo, veniva affidata la missione di servire la Chiesa.

Le nomine dei Papi, che si susseguiranno fino alla fine del mondo, assumono il ruolo di guida delegata a rappresentare la volontà del Signore fino al giorno della Sua seconda venuta, quando avrà inizio il Regno di Dio sulla terra.

Per questi motivi gli artigiani che – nel corso dei secoli – contribuirono alla realizzazione di questo multiforme capolavoro, dovevano sentire la responsabilità della loro missione: vale a dire "comunicare" il messaggio cristiano "per mezzo" della loro arte[1].

La priorità assoluta per coloro che hanno lavorato nella Sistina, dunque, era definire un progetto iconografico efficace, affinché i visitatori potessero comprendere l'ermeneutica legata all'importanza dei complessi significati spirituali che trovavano il punto più alto nella riunione plenaria del conclave.

Il programma decorativo si concentrava, da un lato, sul dimostrare l'affermazione del potere temporale e spirituale dei Papi in quanto deputati alla codifica e alla divulgazione del messaggio di Cristo all'umanità e, dall'altro, nel sottolineare il valore morale delle immagini affrescate sulle pareti della Cappella quale monito per i cardinali stessi; ricordando loro la responsabilità cui erano chiamati durante lo svolgimento del conclave.

I Papi che venivano eletti, infatti, diventando i successori di Pietro erano investiti del compito di evangelizzare i popoli con la parola di Dio, per tutto il corso dei secoli che sarebbero intercorsi

[1] | S. MAGISTER, *"Extra omnes". Ma anche Michelangelo vota. La microcultura tipica del conclave. L'effetto degli affreschi della Cappella Sistina sui cardinali elettori. Il misterioso regno di Giona*, 12 marzo 2013, (https://chiesa.espresso.repubblica.it/articolo/1350462.html); *cfr.* recensione di M. FIRPO, *La santificazione dei Papi*, in "Il Sole 24 ore", 13 novembre 2011, al volume di J.W. O'MALLEY, *Storia dei papi*, Roma, 2011.

THE PLACE THAT SYMBOLISES CHRISTIANITY

The Sistine Chapel is the symbol of Christianity. It is located in the heart of the Vatican. It is the largest, most majestic, most studied and most visited Chapel in the world and hosts some of the most spectacular artworks in the history of humanity.

Millions of people come to this shrine from all over the world to admire the testimony of some of the most prestigious artists in the history of art who have imprinted, in this sacred building, the story of Christianity and the intimate relationship of finite being with infinite God: from Genesis to Revelation.

The anonymous architects of 1368 and then those such as Giovannino de' Dolci and Baccio Pontelli, the sculptors like Mino da Fiesole, Andrea Bregno and Giovanni Dalmata, the painters as Pier Matteo d'Amelia, Perugino, Botticelli, Luca Signorelli and the others who were part of the challenge desired by Sixtus IV, as well as the artisans who contributed to make the Sistine Chapel one of the world's artistic excellences and a World Heritage Site, they conceived their masterpieces with the awareness of the importance of this place.

From 1473 to the centuries to come, the Sistine Chapel would have welcomed, for it was the palatine Chapel of the Vatican residence, not only the ambassadors, but also the cardinals who met in conclave to elect the Popes: men to whom the mission of serving the Church was entrusted, during the celebration of the symbolic handover of Peter's keys to the successors of the apostle.

The appointments of the Popes, which will take place one after the other until the end of the world, assume the role of papal leadership delegated to represent the will of the Lord until the day of His second coming, when the Kingdom of God on earth will begin.

For these reasons, the artisans who – over the centuries – contributed to the creation of this multifaceted masterpiece, had to feel the responsibility of their mission: that is, to "communicate" the Christian message "by means" of their art.[1]

The absolute priority for those who worked in the Sistine Chapel, therefore, was to define an effective iconographic project, so that visitors could comprehend the hermeneutics connected to the importance of the complex spiritual meanings that found the highest point in the plenary meeting of the conclave.

The decorative scheme focused, on one hand, on demonstrating the assertion of the temporal and spiritual power of the Popes as delegates for the encoding and disclosure of Christ's message to humanity and, on the other, focused on underlining the moral value of the images frescoed on the walls of the Chapel as a warning to the cardinals themselves; reminding them of the responsibility to which they were called during the conclave.

The Popes who were elected, in fact, becoming the successors of Peter, were invested with the duty of evangelizing the people with the word of

[1] | S. MAGISTER, *"Extra omnes". But also Michelangelo votes. The typical microculture of the conclave. The effect of the Sistine Chapel frescoes on the cardinal electors. The mysterious kingdom of Jonah*, 12th March, 2013, (https://chiesa.espresso.repubblica.it/articolo/ 1350462.html); *cf.* review by M. FIRPO, *The sanctification of the Popes*, "Il Sole 24 ore" Italian economic-political-financial daily newspaper, 13th November, 2011, to the book of J. W. O'MALLEY, A *History of the Popes: from Peter to the Present*, Rome, 2011.

tra la prima e la seconda venuta di Cristo: ossia fino alla *Parusia*. Il ciclo narrativo si conclude con l'affresco dietro all'altare.
Questa parete ospita il primo capolavoro che accoglie chi entra nella Cappella e corrisponde anche con l'accadimento finale della storia della cristianità: il *Giudizio Universale*; ovvero l'evento che scandisce l'ultima venuta di Cristo e che coincide con la fine dei tempi e l'inizio del Regno di Dio (*Matteo* 25, 31-46).
Secondo la teologia quello sarà il tempo in cui l'umanità dovrà acquisire consapevolezza della qualità etica del proprio operato al cospetto di Dio e «*nella testimonianza biblica che Gesù sarà il giudice è contenuta la promessa che il Giudizio di Dio sul male e su ogni colpa sarà un Giudizio di grazia*»[2].
Questo concetto rappresenta il "cuore pulsante" attorno al quale ruotano le riflessioni e le ipotesi avanzate nelle righe che seguono, finalizzate a comprendere e a interpretare la codifica di un aspetto inedito dell'ermeneutica nel *Giudizio Universale* di Michelangelo.

IL *GIUDIZIO UNIVERSALE*

Michelangelo dipinse la volta della Cappella Sistina tra il 1508 e il 1512.
Gli affreschi gli furono commissionati da Papa Giulio II e raffigurano i racconti dell'umanità *ante legem*, ossia prima che Dio consegnasse a Mosè le Tavole della Legge.
Questo ciclo di decorazioni era il completamento iconologico delle *Storie di Gesù e di Mosè,* che erano state realizzate dal 1481 al 1482 su richiesta di Papa Sisto IV ingaggiando artisti quali Botticelli, Ghirlandaio, Perugino, Signorelli e Cosimo Rosselli.
Il *Giudizio Universale* fu affrescato tra il 1536 e il 1541, su committenza di Papa Clemente VII. Dopo la sua morte fu Paolo III Farnese a confermare l'incarico a Michelangelo.
Il progetto iconografico del *Giudizio* segna una profonda svolta nella rappresentazione di questo tema e una netta innovazione rispetto ai consueti canoni figurativi delle epoche precedenti.
Fino a questo momento era consuetudine ritrarre Cristo Giudice in atteggiamento impassibile e distaccato; quasi "indifferente" al dramma che si sta per consumare sull'umanità peccatrice e perfettamente calato nel ruolo tradizionale di colui che giudica nell'esercizio solenne dell'autorevolezza che gli compete.
Nel progetto di Buonarroti questa tipologia iconografica cede il passo ad un Gesù impetuoso e solenne. Dalla sua figura si innescano un turbinio di sentimenti e di emozioni che contagiano ogni centimetro della parete. Un'energia potente e incontrollabile, destinata ad alimentare un sentimentalismo così fortemente emotivo da coinvolgere, impressionare e travolgere chiunque in uno spazio che non conosce tempo né confini: malgrado il trascorrere dei secoli.
Cristo sta per infliggere la condanna alla figliolanza che ha

[2] | H. VORGRIMLER, *Nuovo dizionario Teologico*, Centro Editoriale Dehoniano, Bologna, 2004, p. 319.

God, throughout all the centuries that would have occurred between the first and the second coming of Christ: that is, until the *Parousia.*
The narrative cycle ends with the fresco behind the altar.
This wall hosts the first masterpiece that welcomes those who enter the chapel and also corresponds to the final event in the history of Christianity: the *Last Judgement*; that is, the event that marks the final coming of Christ and which coincides with the end of time and the beginning of the Kingdom of God (*Matthew* 25, 31-46).
According to theology that moment will be the time in which humanity will have to acquire awareness of the ethical quality of their actions in the presence of God and «*the promise that God's Judgement on evil and on every fault will be a judgement of grace is contained in the biblical testimony that Jesus will be the judge*»[2].
This concept represents the "beating heart" around which the reflections and hypotheses made in the lines that follow revolve, which aim to understand and interpret the encoding of an unprecedented aspect of the hermeneutics in Michelangelo's *Last Judgement.*

THE *LAST JUDGEMENT*

Michelangelo painted the vault of the Sistine Chapel between 1508 and 1512.
The frescoes were commissioned by Pope Julius II and depict the stories of humanity *ante legem*, that is, before God gave the tablets of the Law to Moses.
This cycle of decorations was the iconological completion of the *Stories of Jesus and Moses,* which had been accomplished from 1481 to 1482 requested by Pope Sixtus IV, employing artists such as Botticelli, Ghirlandaio, Perugino, Signorelli and Cosimo Rosselli.
The *Last Judgement* was frescoed between 1536 and 1541, commissioned by Pope Clement VII. After his death it was Paul III Farnese who confirmed the assignment to Michelangelo.
The iconographic project of the *Judgement* marks a profound turning point in the representation of this theme and a clear innovation compared to the usual figurative canons of previous eras.
Until this moment, it was customary to portray Christ the Judge in an impassive and detached attitude; almost "indifferent" to the drama that is about to take place on sinful humanity and perfectly immersed in the traditional role of the one who judges in the solemn exercise of the authority that he deserves.
In Buonarroti's project this iconographic typology gives way to an impetuous and solemn Jesus. From his figure a whirl of feelings and emotions are triggered which contaminate every centimetre of the wall. A powerful and uncontrollable energy, destined to fuel a sentimentality so strongly emotional capable of involving, impressing and overwhelming anyone in a space that knows no time or boundaries: despite the passing of the centuries.
Christ is about to inflict condemnation to the sonship that He has loved so much and for which God has sacrificed the life of His

[2] | H. VORGRIMLER, *New Theological dictionary*, Dehoniano Publishing Centre, Bologna, 2004, p. 319.

tanto amato e per la quale Dio ha sacrificato la vita del Suo stesso Figlio, affinché gli uomini rimettessero i propri peccati. La Vergine è accanto a Lui poiché «*Maria è simbolo della Chiesa (...) fino a che, nello sgomento del Giudizio, siano stati generati al paradiso tutti i credenti*». «*Maria, infatti, è la Chiesa nelle doglie del parto di tutta l'umanità*»[3].

Maria, madre come la Chiesa, è contrita per il destino dei propri figli persi e si scopre inerme dinanzi al gesto divino che non lascia scampo. Per questo motivo, affranta, ruota il volto nella direzione opposta al gesto da cui scaturisce l'evento finale. Incrocia le braccia che accompagnano il sentimento di cordoglio, nel tentativo di rifuggire al dolore per la previsione della catastrofe che si abbatterà su coloro che Lei stessa "ha partorito".

La torsione di ogni muscolo del corpo di Cristo si concentra nella forza che confluisce sul braccio alzato e sul palmo aperto della mano destra, dalla quale si scatena l'impeto con il quale Gesù arresta il trascorrere del tempo e, contestualmente, scatena il turbinio di eventi che lo circondano, animando ogni cosa nell'intera composizione.

Come ha notato padre Pfeiffer: «*Il gesto di condanna di Cristo non solo scuote tutto il suo corpo muscoloso, ma costituisce l'autentico elemento vivificatore dell'affresco. È come se esso facesse tremare tutto il dipinto fin nei suoi angoli più riposti*»[4].

Il progetto di Michelangelo è straordinario e non può che lasciare lo spettatore sbalordito dinnanzi ad un modello intriso di un simile impulso innovatore.

Buonarroti prende così le distanze dalle consuetudini alle quali eravamo abituati: come le opere di Sant'Angelo in Formis, di Torcello o della cupola del Battistero di Firenze, dalle quali, in realtà, si era già allontanato anche Giotto.

Improvvisamente i vecchi schemi si rivelano freddi e insoddisfacenti, perché non trasmettono il coinvolgimento e l'impulso emozionale di Gesù mentre si accinge a giudicare la sua figliolanza.

La dialettica di Michelangelo rompe in modo travolgente quei modelli "freddi e distaccati", chiarendo visivamente come la testimonianza biblica definisca, in modo inequivocabile, che nel ruolo di Cristo Giudice è contenuta «*la promessa che il Giudizio di Dio sul male e su ogni colpa sarà un Giudizio di grazia*».

L'innovazione di Michelangelo impone una metamorfosi profonda non solo nelle consuetudini iconografiche e in quelle iconologiche; poiché introduce una dimensione "sentimentale" mirata a interpretare l'amore di Dio per l'umanità.

IL MESSAGGIO ICONOLOGICO

Per comprendere l'ermeneutica del *Giudizio* occorre tenere presente un presupposto essenziale. Sebbene l'affresco raffiguri, con estremo realismo, la terrificante rappresentazione

[3] | H.W. PFEIFFER, *La Sistina svelata. Iconografia di un capolavoro*, Jaca Book-Libreria Editrice Vaticana, Città del Vaticano-Milano. Prima edizione Febbraio 2010, pp. 223, 225.

[4] | *Ibidem*, p. 222.

own Son, so that men would remit their sins.

The Virgin is next to Him because «*Mary is the symbol of the Church (...) until, in the dismay of the Judgement, all believers have been generated to paradise*». «*Mary, in fact, is the Church in the pains of childbirth of all humanity*».[3]

Mary, a mother as the Church, is contrite for the fate of her lost children and finds out to be defenceless in front of the divine gesture that leaves no escape. For this reason, she is heartbroken and turns her face in the opposite direction of the gesture from which the final event derives. She crosses her arms which accompany her feeling of mourning, in the attempt to avoid the pain of the prediction of the catastrophe that will fall upon those to whom she "gave birth".

The torsion of every muscle in Christ's body is concentrated in the force that flows into the raised arm and the open palm of the right hand, from which the impetus with which Jesus stops the passage of time is unleashed and, at the same time, unleashes the whirlwind of events that surrounds him, animating everything in the entire composition.

As Father Pfeiffer has noted: «*Christ's gesture of condemnation not only shakes his entire muscular body, but constitutes the authentic life-giving element of the fresco. It's as if it made the entire painting tremble right down to its ins and outs*».[4]

Michelangelo's project is extraordinary and can only leave the viewer stunned in front of a model imbued with such an innovative impulse.

Buonarroti thus distances himself from the customs to which we were used to: such as the works of Sant'Angelo in Formis, Torcello or the dome of the Baptistery of Florence, from which, actually, Giotto had already distanced himself.

Suddenly the old patterns turn out to be cold and unsatisfactory, since they do not convey the involvement and emotional impulse of Jesus as he prepares to judge his sonship.

Michelangelo's dialectic breaks in an overwhelming way those "cold and detached" models, visually clarifying how the biblical testimony defines, unequivocally, that the role of Christ the Judge contains «*the promise that God's Judgement on evil and on every guilt will be a judgement of grace*».

Michelangelo's innovation imposes a profound metamorphosis not only in iconographic and iconological customs; because he introduces a "sentimental" dimension aimed at interpreting God's love for humanity.

THE ICONOLOGICAL MESSAGE

In order to understand the hermeneutics of the *Judgement*, an essential prerequisite must be kept in mind. Although the fresco depicts, with extreme realism, the terrifying representation of the

[3] | H. W. PFEIFFER, *The Sistine unveiled. Iconography of a masterpiece*, Jaca Book-Vatican Publishing House, Vatican City, Vatican Museums. First edition February 2010, pp. 223, 225.

[4] | *Ibidem*, p. 222.

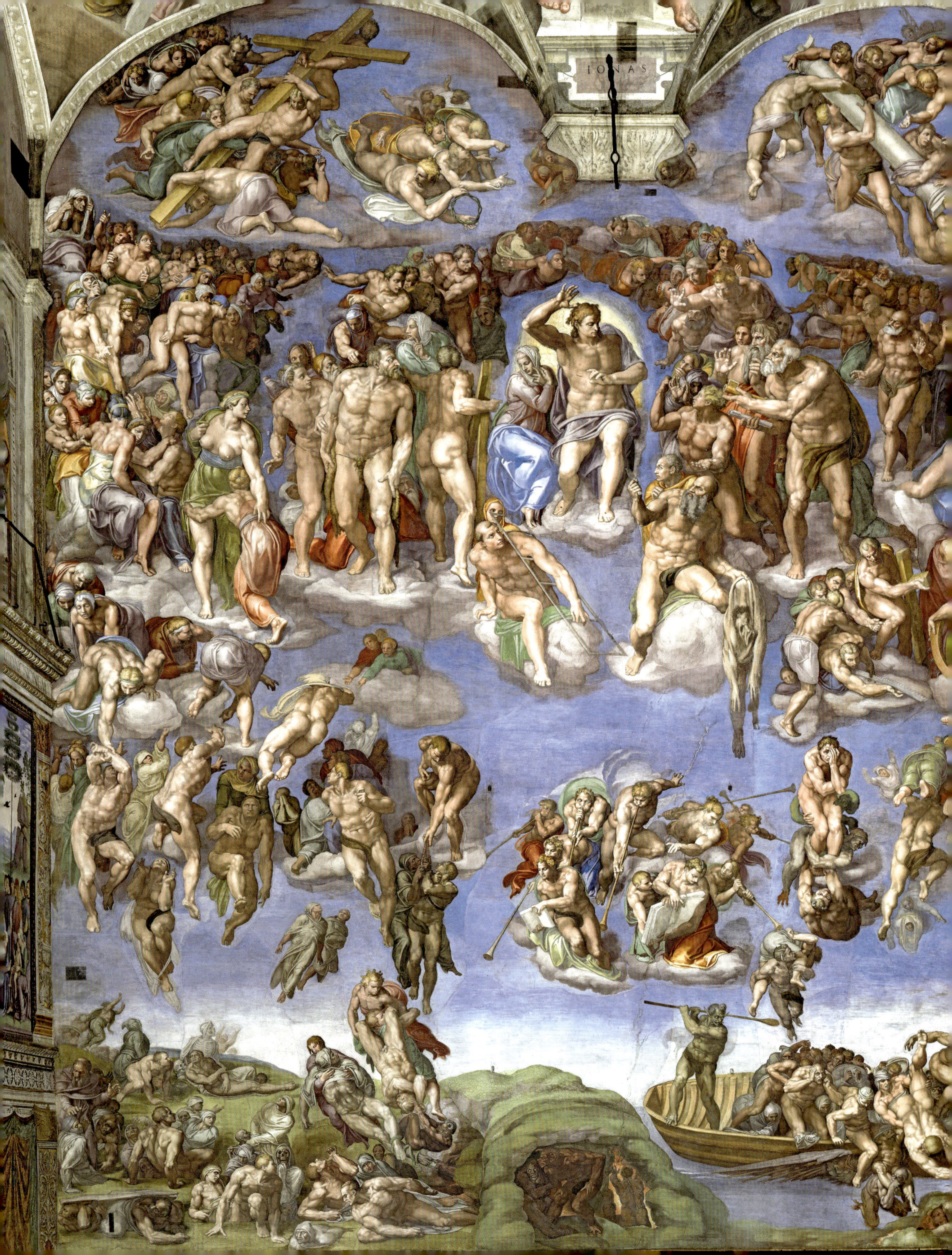
IONAS

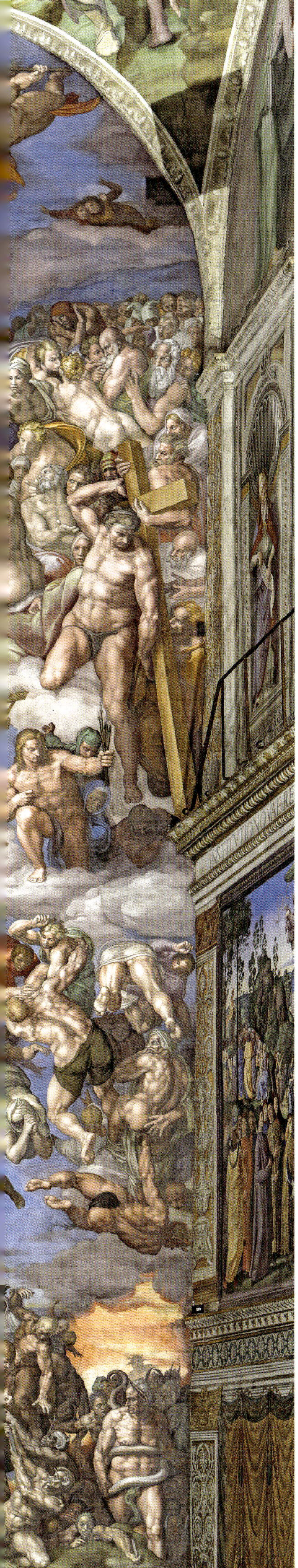

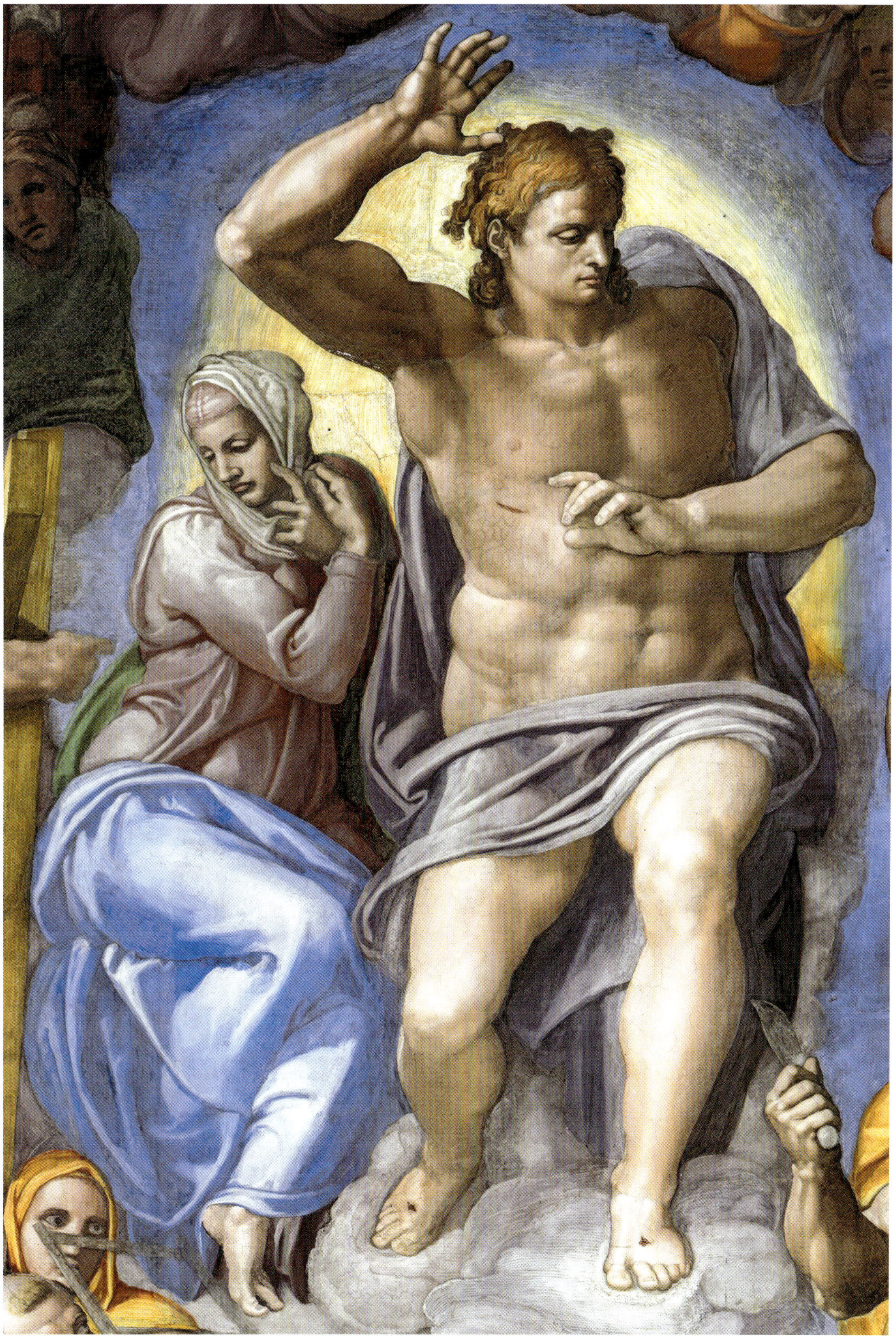

Michelangelo Buonarroti, *Giudizio Universale*, 1536-1541, affresco, 1370 × 1200 cm, Cappella Sistina, Città del Vaticano.

Michelangelo Buonarroti, *Last Judgement*, 1536-1541, fresco, 1370 × 1200 cm, Sistine Chapel, Vatican City.

Michelangelo Buonarroti, *Il Cristo Giudice e la Vergine*. Dettaglio dal *Giudizio Universale*, 1536-1541, affresco, 1370 × 1200 cm, Cappella Sistina, Città del Vaticano.

Michelangelo Buonarroti, *Christ the Judge and the Virgin Mary*. Detail from the *Last Judgement*, 1536-1541, fresco, 1370 × 1200 cm, Sistine Chapel, Vatican City.

della fine dei tempi; quando Michelangelo l'ha progettato era consapevole che, nei secoli a venire, per coloro che entravano nella Cappella, la parete avrebbe ospitato la «*prefigurazione del messaggio apocalittico*»: dunque un avvenimento proiettato verso un futuro ignoto.
La scena, infatti, non si sta svolgendo davvero nel momento in cui lo spettatore osserva l'affresco. Malgrado la sua forza emotiva, essa *è la prefigurazione della Parusia interpretata da Buonarroti e non l'effettivo svolgimento dell'evento stesso.*
Questo nodo è essenziale per comprendere il presupposto sul quale si fonda il programma iconologico di Michelangelo: l'interpretazione del dramma del *Giudizio* rivolto alle anime peccatrici, che *prefigura* la sconfitta del male; *ma anche il monito, l'esortazione a riflettere ed il richiamo alla speranza per le anime* che, salde nella croce, verranno accolte in Paradiso e liberate da ogni afflizione.
Il tempo che sarebbe intercorso tra la realizzazione di questo capolavoro e il reale avvento della *Parusia*, avrebbe dovuto scandire il concetto della concessione di Dio affinché l'umanità possa riflettere e salvarsi guardando all'esempio di coloro che vogliono diventare degni di essere accolti nel Regno dei Cieli: un luogo privo della sofferenza insita nella vita terrena.
È questo significato iconologico, proiettato verso il futuro (la fine del mondo), ad alimentare la ricerca della simbologia iconografica più appropriata per comunicare l'annuncio cristiano di salvezza e la volontà di Cristo nel concedere il perdono e la grazia.
Michelangelo, "strumentalizzando l'arte", sembra gridare all'umanità peccatrice che è il momento per meditare, per pentirsi, per confessare i propri peccati e per chiedere clemenza al Salvatore *prima dell'evento finale.*
Il linguaggio di Buonarroti è sconvolgente, perché travolge chi osserva e lo rende consapevole di non potersi esimere dal porsi il problema di come eludere una simile condanna.
L'affresco è come un "discorso" intriso di profondi significati cristiani, attraverso il quale l'artista "traduce" l'ermeneutica di Dio e la comunica ai fedeli che giungono nella Cappella per partecipare alla celebrazione della Messa.
Non si assiste più a una delle consuete rappresentazioni della *Parusia* concepite come la visualizzazione di un fatto anacronistico e distaccato dalla realtà di chi osserva. Al contrario, l'attenzione viene rapita e travolta nel frenetico svolgimento degli accadimenti che preludono al destino che attende ognuno di noi.
La potenza espressiva di Michelangelo coinvolge intimamente nel dramma che attende l'umanità, del quale l'artista stesso, molto più di tanti altri, si sente investito. Egli, timorato di Dio, riesce a prefigurare l'evento con tale efficacia da rendere malagevole la capacità di liberarsi dall'angosciosa trepidazione e dallo sgomento per riuscire a fare "un passo avanti": diretto a cogliere il *messaggio di speranza* insito nel rammentare che, per coloro che se ne dimostreranno meritevoli, quello sarà il giorno nel quale si apriranno le porte del Paradiso.
Il conflitto interiore di Buonarroti si legge, in tutto il suo *pathos*, in un susseguirsi di annunci terrificanti, che si contrappongono

end of times; when Michelangelo designed it, he was aware that, throughout the centuries, for those who entered the Chapel the wall would host the «*foreshadowing of the apocalyptic message*»: therefore, an event projected towards an unknown future.
The scene, in fact, is not really taking place in the moment in which the spectator observes the fresco. Despite its emotional strength, it is the *prefiguration of the Parousia* interpreted by Buonarroti and *not the actual development of the event itself.*
This knot is essential to comprehend the pre-condition on which Michelangelo's iconological program is based: the interpretation of the drama of the *Judgement* addressed to sinful souls, which *prefigures* the defeat of evil; *but, also the warning, the exhortation to reflect and the call to hope for the souls who*, steadfast in the cross, will be welcomed into Heaven and freed from every affliction.
The time that would have passed between the creation of this masterpiece and the real advent of the *Parousia* should have marked the concept of God's concession so that humanity could reflect and save itself by looking at the example of those who want to become worthy of being welcomed into the Kingdom of Heaven: a place free from the suffering intrinsic in earthly life.
It is this iconological meaning, projected towards the future (the end of the world), that fuels the research for the most appropriate iconographic symbolism to communicate the Christian proclamation of salvation and Christ's will in granting forgiveness and grace.
By "exploiting art", Michelangelo seems to shout to sinful humanity that it is the moment to meditate, to repent, to confess one's sins and to ask the Saviour for mercy *before the final event.*
Buonarroti's language is shocking, because it overwhelms the observer and makes him aware that he can't exempt from considering the problem of how to evade such a condemnation.
The fresco is like a "discourse" imbued with profound Christian meanings, through which the artist "translates" the hermeneutics of God and communicates it to the faithful who arrive to the Chapel to participate in the celebration of Mass.
We no longer witness one of the usual representations of the *Parousia* conceived as the visualization of an anachronistic fact detached from the reality of the observer. On the contrary, the attention is captured and overwhelmed in the frenetic unfolding of events that prelude the destiny that awaits each of us.
Michelangelo's expressive power intimately involves us in the drama that awaits humanity, for which the artist himself, much more than many others, feels invested. He, God-fearing, manages to anticipate the event with such effectiveness that makes it difficult to have the capacity of freeing oneself from the distressing trepidation and consternation in order to take "a step forward": aimed at capturing the *message of hope* intrinsic in remembering that, for those who will be proven worthy, that day will be the day in which the doors of Heaven will open.
Buonarroti's internal conflict can be read, in all its *pathos*, in a succession of terrifying announcements, which contrast with a profound feeling of faith and hope.
The suffering state of mind and the sense of loneliness and incomprehension that tormented the artist throughout his life are revealed in the self-portrait that many experts recognize in the

ad un profondo sentimento di fede e di speranza.
Lo stato d'animo sofferente e il senso di solitudine e di incomprensione che tormenteranno l'artista per tutta la vita, si palesano nell'autoritratto che molti esperti riconoscono nella pelle scorticata di san Bartolomeo.
L'ipotesi è stata avanzata per la prima volta dal medico letterario calabrese Francesco La Cava.
La figura dell'apostolo è posizionata in primo piano nella zona centrale, appena sotto al Cristo Giudice.
La coincidenza dei tratti somatici dell'artista con la pelle scorticata, in effetti, sembra confermare l'attendibilità di questa affermazione.
Il macabro parallelismo può aprire lo scenario a un ventaglio di supposizioni.
L'identificazione di sé nella pelle scorticata potrebbe prefigurare la condanna dalla quale neppure Michelangelo osa sottrarsi: forse a causa dello sconforto per la consapevolezza di essere parte integrante degli eventi. Probabilmente egli stesso si riconosce come un'anima peccatrice, indegna di ricevere la grazia.
Questa ipotesi sarebbe indicativa della profonda capacità introspettiva di Michelangelo e potrebbe rivelarsi fortemente coerente con i sensi di colpa che lo tormentavano da sempre e che si evincono chiaramente anche dai suoi scritti.
Il significato di questa "auto-condanna" assume un'importanza sostanziale se s'interpreta nel contesto iconologico del *Giudizio*, perché potrebbe testimoniare il cordoglio di Buonarroti per i propri peccati e l'intenzione di palesarsi in atteggiamento umile al cospetto di Dio.
Questa lettura si rivela straordinariamente pertinente con tutto l'impianto dell'affresco, poiché l'artista si ritrarrebbe *per primo* quale esempio del monito all'umanità peccatrice. Egli, pur essendo stato delegato al privilegio di comunicare l'ermeneutica del messaggio di Dio attraverso la complessa e ambiziosa impresa della decorazione dell'ultima parete della Cappella dei Papi, avrebbe dimostrato la sua capacità di discernimento anteponendo la consapevolezza della potenza del Signore al successo delle imprese terrene.
Tale modello concettuale potrebbe aver trovato ispirazione nel passo di Mosè: «*Nessun uomo può vedermi e restare vivo*» (*Esodo* 33:20b). La carne verrà restituita a Giobbe dopo la morte: «*Sarò rivestito della mia pelle*». Come Giobbe, Michelangelo infligge su se stesso la punizione con valore di sacrificio a Cristo per la fragilità della sua carne, per la quale debolezza si dimostra afflitto e pentito.
Questi ragionamenti, convincono ad accreditare l'ipotesi di identificazione di Buonarroti nella pelle scorticata; e, di conseguenza, a prendere le distanze da tutte quelle ipotesi volte ad interpretare un Michelangelo così audace ed immodesto da ambire perfino a ritrarre il suo profilo nascosto nel contorno della parte posteriore del velo che cinge la testa della Vergine; finanche, addirittura, a simboleggiare riferimenti allusivi, il tutto contestualizzato nell'immagine di Maria, al suo personale legame con Vittoria Colonna[5].
Sebbene il passo di Giobbe sia stato mal interpretato nella

[5] | M. GRASSO, P. CARLONI, *L'uno e l'altro volto. Michelangelo, Vittoria Colonna e la Vergine del Giudizio Sistino*, Ginevra Bentivoglio EditoriA, Roma, 2016.

flayed skin of Saint Bartholomew.
The hypothesis has been suggested for the first time by the Calabrian physician and writer Francesco La Cava.
The figure of the apostle is positioned in the foreground in the central area just below Christ the Judge.
The coincidence of the artist's somatic features with the flayed skin, as a matter of fact, seems to confirm the reliability of this statement.
The macabre parallelism can open the scenario to a range of assumptions.
The identification of himself in the flayed skin could prefigure the condemnation from which not even Michelangelo dares to escape: perhaps due to the discouragement of the awareness of being an integral part of the events. Probably he recognises himself as a sinful soul unworthy of receiving grace.
This hypothesis would be indicative of Michelangelo's profound introspective capacity and may prove to be extremely consistent with the feelings of guilt that had always tormented him and which are also clearly evident in his writings.
The meaning of this "self-condemnation" takes on a substantial importance if it is interpreted in the light of the iconological context of the *Judgement*, because it could testify Buonarroti's condolences for his own sins and his intention to reveal himself in a humble attitude at the presence of God.
This interpretation proves to be extraordinarily pertinent to the entire layout of the fresco, since the artist would *first* portray himself as an example of the warning to sinful humanity. Despite having been delegated the privilege of communicating the hermeneutics of God's message through the complex and ambitious undertaking of the decoration of the last wall of the Popes' Chapel, he would have demonstrated his capacity for discernment by putting the awareness of the Lord's power before the success of terrestrial undertakings.
This conceptual model may have found inspiration in the passage of Moses «*No man can see me and stay alive*» (*Exodus* 33:20b). The flesh will be returned to Job after his death: «*I will be covered in my skin*». Like Job, Michelangelo inflicts on himself the punishment as a value of sacrifice to Christ for the fragility of his flesh for whose weakness he proves to be afflicted and repentant.
These reasonings, naturally, convince to accredit the hypothesis of identification of Buonarroti in the flayed skin; although and, consequently, to distance oneself from all those hypotheses aimed at interpreting a Michelangelo so bold and immodest as to even aspire to portray his profile hidden in the outline of the back of the veil that encircles the Virgin's head; even to symbolise allusive references to his personal bond with Vittoria Colonna, all contextualised in the image of Mary.[5]
Although the passage of Job was misinterpreted in Jerome's translation, it represents a concept of Resurrection rooted in Christianity that, throughout the centuries, has never lost power, as the theologian Timothy Verdon notes: «*In the 16th century it was*

[5] | M. GRASSO, P. CARLONI, *L'uno e l'altro volto. Michelangelo, Vittoria Colonna e la Vergine del Giudizio Sistino*, Ginevra Bentivoglio EditoriA, Rome, 2016.

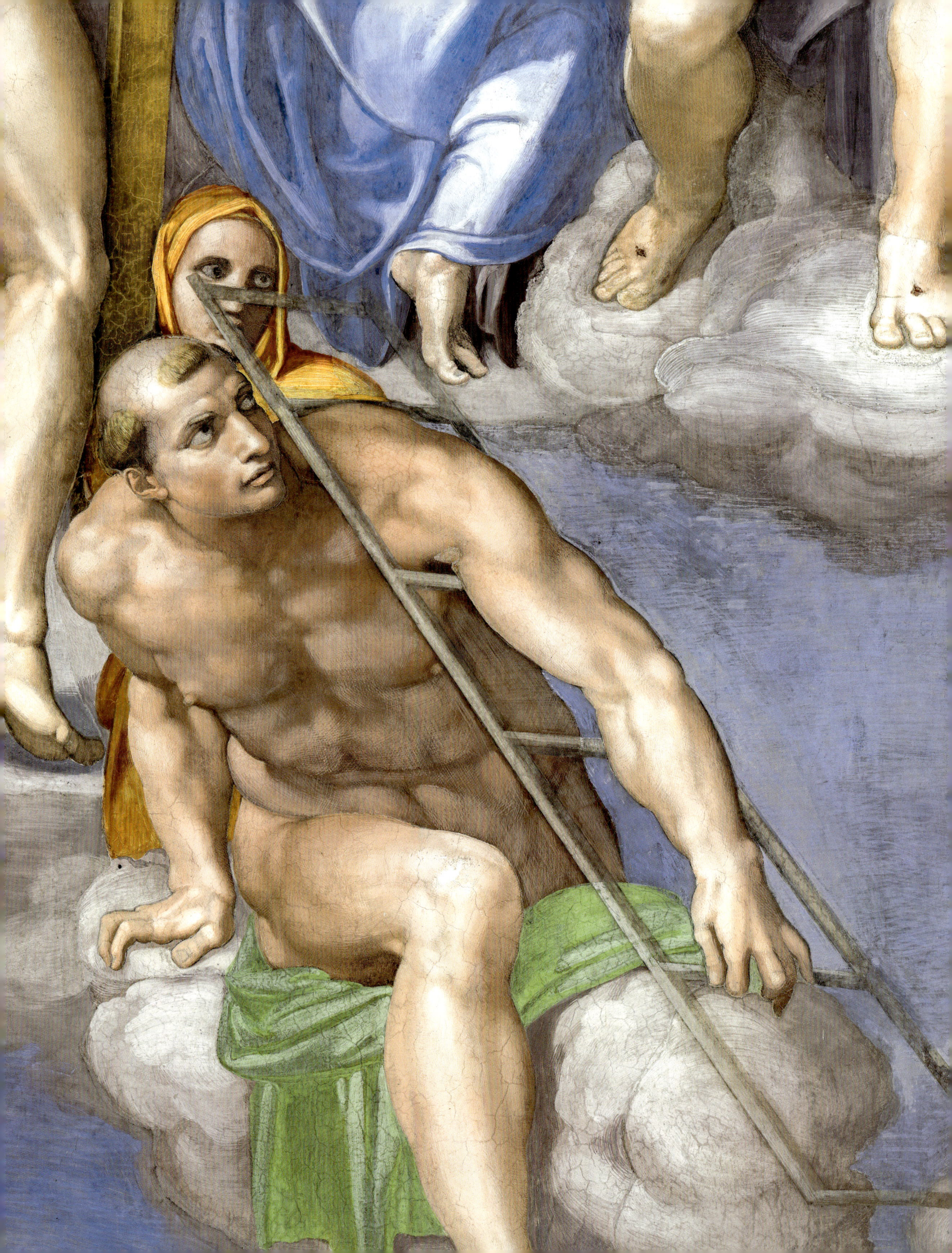

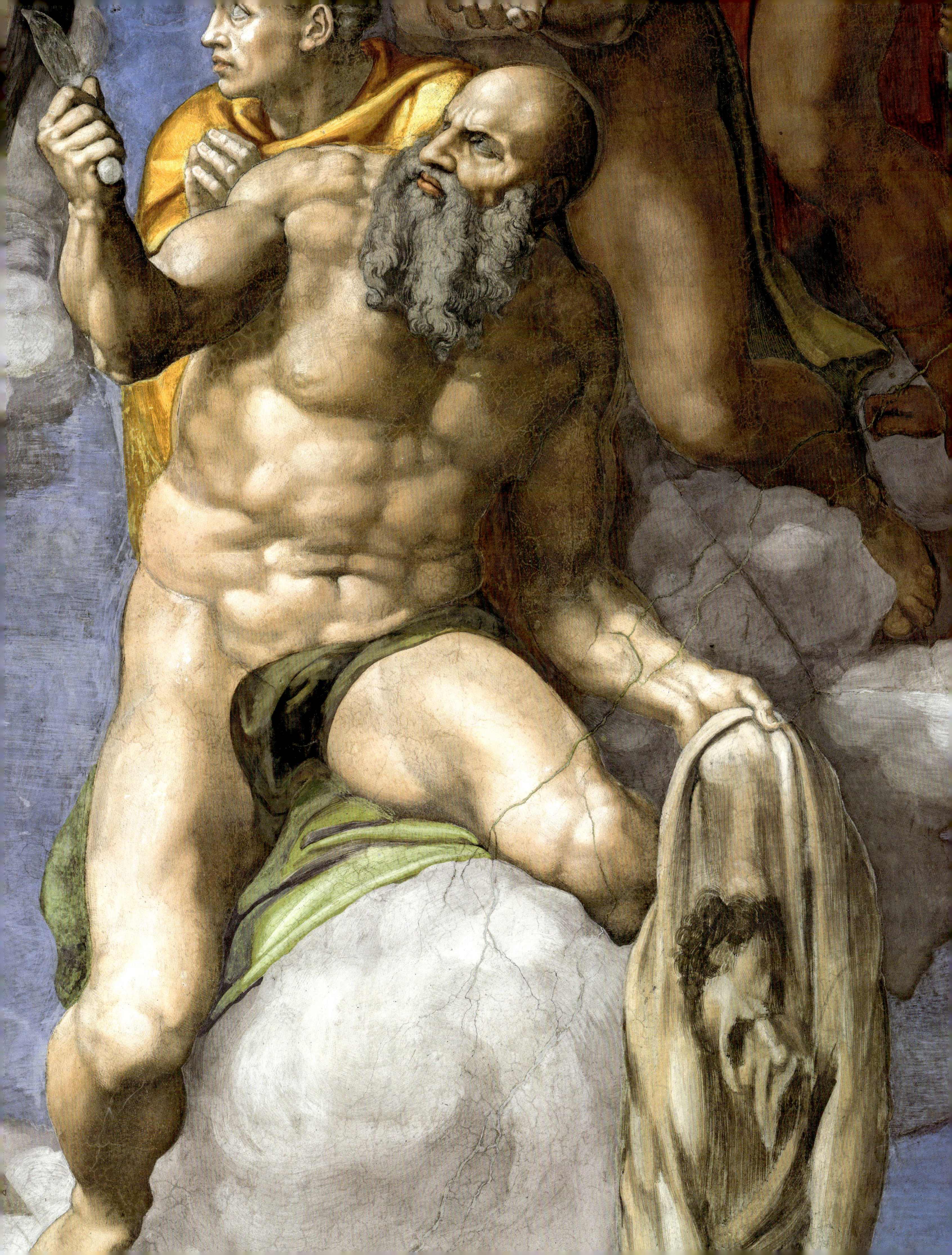

traduzione di Girolamo, esso rappresenta un concetto di Resurrezione radicato nella cristianità che, attraverso i secoli, non ha mai perso potenza, come annota il teologo Timothy Verdon: «*Nel Cinquecento essa è stata accettata senza esitazioni e lo stesso Michelangelo, parlando a Cristo in un frammentario sonetto, ne echeggia la logica dicendo: "Signor mio car, tu sol che vesti e spogli, / E col tuo sangue l'alme purghi e sani / Dalle infinite colpe e moti umani"*»[6].
Verdon spiega che in questa *Rima* Michelangelo si riferisce contemporaneamente sia all'iniziale rivestimento corporeo, che avviene alla nascita, che a quello definitivo per il quale ognuno di noi entra nella vita eterna con la propria carne.
Lo "spogliare" rappresenta l'evento della morte, che prelude anche alla privazione di ogni pretesa e discolpa al cospetto di Gesù morto sulla croce.
Anche le nudità dei corpi nella Sistina si riferiscono, senza dubbio, alla «*spoliazione morale, nello spirito del Nuovo Testamento che afferma: 'Non vi è creatura che possa nascondersi davanti a Dio, ma tutto è nudo e scoperto agli occhi di colui al quale noi dobbiamo rendere conto'* (*Ebrei* 4:13)»[7].
Dagli scritti di Buonarroti che risalgono al periodo dell'esecuzione del *Giudizio*, trapela la consapevolezza dell'approssimarsi alla morte e la paura di non essere degno della salvezza. Era stanco fisicamente, stremato dalle continue pressioni della Chiesa, inquieto per via dei suoi personali turbamenti e dei conflitti interiori.
Nel *Giudizio* c'è tutto Michelangelo e la sua anima ci parla da ogni angolo della composizione: anzi, grida il tormento (che traspare anche dalla lettura del suo Diario, dalle *Rime* e dalle sue lettere). Ed è proprio in questo scenario, intriso di profonda spiritualità, sensibilità personale e religiosa, che si forgia la progettazione del programma iconografico volto a comunicare all'umanità la potenza del messaggio di salvezza e gli ideali puri nei quali l'artista, per primo, ha trovato conforto.
Michelangelo è un esempio di figlio di Dio che anela il perdono per i propri peccati e che teme la collera di Cristo. È il prototipo del buon cristiano che vuole redimersi per tempo e ottenere la grazia.

L'UOMO AL CENTRO DI TUTTO

Buonarroti riflette l'ispirazione antropocentrica che caratterizza il Rinascimento e che pone l'uomo al centro di tutto.
Del resto il presupposto essenziale per poter esercitare la capacità di discernimento deve essere necessariamente quello di porre l'essere umano in una condizione preminente, poiché è da questa libertà di pensiero che egli potrà scegliere se elevare la propria anima a Dio; privilegiando l'amore per Cristo e conquistando il perdono per i propri peccati. L'essere umano, dunque, è collocato al centro dell'Universo, ma viene concepito con immanenza (in

[6] | *Cfr.* Michelangelo Buonarroti, *Rime*, (a cura di) G.R. CERIELLO, Milano, 1954, n. CLXV.

[7] | T. VERDON, *La Cappella Sistina. Cuore e simbolo della Chiesa*, Edizioni Musei Vaticani, Città del Vaticano, 2017, Volume 4 "*Il Giudizio Universale*", pp. 37-39.

accepted without hesitation and Michelangelo himself, speaking to Christ in a fragmentary sonnet, echoes the logic by saying: 'My dear Lord, you alone who dress and undress, / And with your blood purge and heal the soul / From the infinite human faults and motions'».[6]
Verdon explains that in this *Rhyme* Michelangelo refers simultaneously both to the initial corporeal encasement, which occurs at birth, and to the definitive one for which each of us enters eternal life with our own flesh.
The "undressing" represents the event of death, which also preludes the deprivation of all the claims and exculpation in the presence of Jesus who died on the cross.
Even the nakedness of the bodies in the Sistine Chapel undoubtedly refer to «*moral spoliation, in the spirit of the New Testament which states: 'And no creature is hidden from his sight, but all are naked and exposed to the eyes of him to whom we must give account'* (*Hebrews* 4:13)».[7]
From Buonarroti's writings which date back to the period of the execution of the *Judgement*, the awareness of the approaching of death and the fear of not being worthy of salvation emerges. He was physically tired, exhausted by the continuous pressures of the Church, restless because of his personal turmoil and internal conflicts.
In the *Last Judgement* there is everything about Michelangelo and his soul speaks to us from every corner of the composition: indeed, it cries out the torment (which is also evident when reading his Diary, the *Rhymes* and his letters). And it is precisely in this scenario, imbued with profound spirituality, personal and religious sensitivity, that the design of the iconographic programme aimed at communicating to humanity the power of the message of salvation and the pure ideals in which he found comfort.
Michelangelo is an example of a child of God who yearns for forgiveness for his sins and who fears the wrath of Christ. He is the prototype of a good Christian who wants to redeem himself in time and obtain grace.

THE MAN AT THE CENTRE OF EVERYTHING

Buonarroti reflects the anthropocentric inspiration that characterizes the Renaissance and which places man at the centre of everything.
Furthermore, the essential prerequisite for being able to exercise the ability to discern must necessarily be that of placing the human being in a pre-eminent condition, since it is from this freedom of thought that he will be able to choose whether to elevate his soul to God; privileging love for Christ and gaining forgiveness for one's sins.
The human being, therefore, is placed at the centre of the Universe,

[6] | *Cf.* Michelangelo Buonarroti, *Rhymes*, (edited by) G. R. CERIELLO, Milan, 1954, n. CLXV.

[7] | T. VERDON, *Sistine Chapel. Heart and Symbol of the Church*, Vatican Museum Editions, Vatican City, 2017, Volume 4 "*The Last Judgement*", pp. 37-39.

una concatenazione di situazioni legate l'una all'altra nello stesso ambito); creando una vera e propria contrapposizione con tutto ciò che è trascendenza (situazioni che vanno oltre un determinato ambito e sono al di fuori, o al di sopra, di un'altra realtà).
L'immanenza, che risiede nell'uomo e dalla quale egli non può prescindere, è come un insieme che lo contraddistingue e, dunque, ne include le fragilità e l'inclinazione al peccato.

IL MESSAGGIO DI SPERANZA

La cruenza che sprigiona il *Giudizio* di Michelangelo è talmente suggestiva che perfino Papa Paolo III Farnese, quando gli venne mostrato l'affresco per la prima volta, cadde in ginocchio e chiese perdono per i suoi peccati.
Ma l'affresco, in tutta la sua drammaticità, rinnova il sacrificio di Gesù tenendone vivo il significato fino alla Sua seconda venuta.
Dunque, il *Giudizio* è un monito per tutti, a cominciare dalla classe sacerdotale che nella Sistina si riuniva in Conclave dal 1492.
Il monito all'umanità viene ribadito dalla contrapposizione tra la parte superiore dell'affresco, occupata dai gruppi di figure che simboleggiano il percorso di fede che conduce alla salvezza, e la parte bassa con le anime dannate.
Sono convinta che i concetti di speranza e di salvezza trovino la massima espressione attraverso la progettualità iconografica che contraddistingue alcuni dei personaggi che occupano la fascia centrale della composizione, all'estremo margine destro della parete.

I DUE PERSONAGGI AL MARGINE DESTRO DELLA PARETE

All'estremo margine destro della parete affrescata, non passa inosservata la figura di un possente uomo che sorregge una grande croce, mentre una donna ne bacia il legno.
I due personaggi occupano lo spazio tra il gruppo dei Martiri e quello dei Confessori e, come spiega Padre Pfeiffer nel suo studio, queste due figure fanno da congiunzione tra i due gruppi: «*Un imponente portacroce dipinto sul margine destro mette in relazione il gruppo dei Martiri con quello dei Confessori. In un primo tempo Michelangelo ha pensato, probabilmente, a Simone di Cirene, il quale venne costretto dai soldati a portare la croce di Gesù* (*cfr. Matteo* 27:32). *Ha poi sviluppato ulteriormente questo motivo. Infatti, una donna ritratta sul margine destro con il vestito croco del discernimento bacia il legno della croce*»[8].
È curioso come, in molte riproduzioni del *Giudizio Universale*, questa porzione dell'affresco appaia spesso tagliata escludendo, totalmente o in parte, la donna che bacia la croce.
Eppure, come avremo modo di dimostrare, queste due figure debbono necessariamente assumere un ruolo di rilievo nell'affresco;

[8] | H.W. PFEIFFER, *op. cit.*, p. 238.

but is conceived with immanence (in a concatenation of situations linked to each other in the same context); creating a real and proper juxtaposition with everything that is transcendence (situations that go beyond a certain field and are beyond, or above, another reality).
Immanence, which resides in man and from which he cannot be prescinded, is like an ensemble that distinguishes him and, therefore, includes his fragility and inclination to sin.

THE MESSAGE OF HOPE

The violence that Michelangelo's *Last Judgement* unleashes is so evocative that even Pope Paul III Farnese, when the fresco was shown to him for the first time, he fell to his knees and asked for forgiveness for his sins.
But the fresco, in all its drama, renews the sacrifice of Jesus keeping its meaning alive until his second coming.
Therefore, the *Judgement* is a warning for everyone, starting from the priestly class that had met in the Conclave in the Sistine Chapel since 1492.
The warning to humanity is reiterated by the contrast between the upper part of the fresco, occupied by groups of figures that symbolise the path of faith that leads to salvation, and the lower part with the damned souls.
I am convinced that the concepts of hope and salvation find their maximum expression through the iconographic design that distinguishes some of the characters who occupy the central part of the composition, at the extreme right side of the wall.

THE TWO CHARACTERS AT THE RIGHT SIDE OF THE WALL

At the extreme right edge of the frescoed wall, the figure of a mighty man holding a large cross does not go unnoticed, while a woman kisses its wood.
The two characters occupy the space between the group of Martyrs and that of the Confessors and, as Father Pfeiffer explains in his study, these two figures form a connection between the two groups: «*An imposing cross-bearer painted on the right side relates the group of Martyrs with that of the Confessors. At first Michelangelo probably thought of Simon of Cyrene, who was forced by the soldiers to carry the cross of Jesus* (*cf. Matthew* 27:32). *He then developed this motif further. In fact, a woman portrayed on the right side with the crocus dress of discernment kisses the wood of the cross*».[8]
It is curious how, in many reproductions of the *Last Judgement*, this portion of the fresco often appears cut off, excluding totally or partially, the woman who is kissing the cross.
Yet, as we will have the opportunity to demonstrate, these two figures must necessarily assume an important role in the fresco; and not

[8] | H. W. PFEIFFER, *op. cit.*, p. 238.

e non solo per le ragioni compositive già evidenziate da Pfeiffer. Lo studioso riconosce nell'uomo che sostiene la croce la figura di Simone di Cirene (detto il Cireneo), noto per l'episodio evangelico nel quale si narra che fu obbligato dai soldati romani ad aiutare Gesù, provato dalla flagellazione, nel trasporto della croce durante la salita al Gòlgota (*Matteo* 27, 32) e ipotizza che «*l'artista ha, probabilmente, fatto allusione al versetto della lettera di san Paolo ai Galati: "Portate i pesi gli uni degli altri"*» (*Galati* 6:2)[9].
Da qui il Cireneo fu identificato come colui che, per antonomasia, si accolla le fatiche altrui.
Il carico della croce simboleggia il peso dei peccati dell'umanità, che Gesù porta sulle spalle durante la salita al Calvario.
Simone di Cirene, aiutando Gesù a sopportare il fardello, in un certo senso, sembrerebbe anch'egli farsi carico dei peccati dell'umanità.
Timothy Verdon ritiene questa ipotesi poco probabile e riconosce nel portacroce Disma, ossia il "buon ladrone", crocifisso insieme a Cristo e al quale il Salvatore promise l'ingresso nel Regno dei Cieli il giorno stesso, come racconta il *Vangelo di Luca* (23:43).
Il teologo afferma: «*Non ha senso considerarlo Simone il Cireneo, che aveva sì portato la croce di Gesù, ma con cui il Salvatore non ebbe alcun rapporto, almeno secondo quanto narrano le scritture.* (…) *Il Nuovo Testamento specifica invece che i due ladroni giustiziati insieme a Gesù erano anch'essi crocifissi* (*Matteo* 15:27; *Luca* 23:33; *Giovanni* 19:18)»[10].
Secondo Verdon la presenza del buon ladrone trova spiegazione sia per ragioni teologiche sia visive, poiché prega il Redentore con queste parole: «*Gesù, ricordati di me quando entrerai nel tuo Regno*» (*Luca* 23:39-43).
Lo studioso prosegue sottolineando che «*la croce è segno distintivo della regalità del Salvatore, come ricorda il dialogo tra Gesù e Ponzio Pilato al momento della condanna, quando – alla domanda del governatore romano: "Dunque sei tu il re?" – Gesù risponde "Tu lo dici: io sono re. Per questo sono nato e per questo sono venuto al mondo: per dare testimonianza della verità"*» (*Giovanni* 18:37a-b)[11].
Il teologo spiega che Michelangelo ha reiterato la croce quattro volte per «*creare punti di rispondenza atti a organizzare visivamente l'immensa composizione*» e per «*organizzare l'affresco anche con senso tematico, ed è forse questa reiterazione concettuale che più colpisce*»[12].
La reiterazione della croce, pertanto, aveva lo scopo di creare una rispondenza e sottolineare il ruolo di Cristo. Ma non solo.
«*Il Giudizio* (…) *non è una condanna emanata dal Figlio di Dio, bensì la scelta compiuta dagli uomini per o contro Cristo crocifisso. La croce è quindi la forma paradossale in cui il Cristo-luce si presenta: accettarla significa accogliere la salvezza e la vita, rifiutarla significa respingere questi doni* (…). *Ora, nel Nuovo Testamento simili allusioni alla croce non implicano solo il patibolo di legno e il momento*

[9] | *Ibidem.*

[10] | T. VERDON, *op. cit.*, p. 88.

[11] | *Ibidem*, p. 90.

[12] | *Ibidem*, p. 92.

only for the compositional reasons already highlighted by Pfeiffer. The expert recognises the figure of Simon of Cyrene (known as the Cyrenean) in the man holding the cross, noted for the evangelical episode in which it is narrated that he was forced by Roman soldiers to help Jesus, exhausted by the scourging, by carrying the cross during the ascent to Golgotha (*Matthew* 27,32) and speculates that «*the artist has probably alluded to the verse of Saint Paul's letter to the Galatians: 'Bear one another's burdens'*» (*Galatians* 6:2).[9]
From here on the Cyrenean was identified as the one who, by definition, takes on the labours of others.
The burden of the cross symbolises the weight of humanity's sins, which Jesus carries on his shoulders during the ascent to Calvary. Simon of Cyrene, by helping Jesus to bear the burden, in a certain sense, would also seem to take charge of the sins of humanity.
Timothy Verdon considers this hypothesis unlikely and recognises Dismas in the cross-bearer, who is the "good thief", crucified together with Christ and to whom the Saviour promised the entrance to the Kingdom of Heaven on the same day, as the *Gospel of Luke* tells (23:43).
The theologian states: «*It makes no sense to consider him Simon of Cyrene, who had indeed carried the cross of Jesus, but with whom the Saviour had no relationship, at least according to what the scriptures narrate.* (…) *The New Testament specifies instead that the two thieves executed together with Jesus were crucified as well* (*Matthew* 15:27; *Luke* 23:33; *John* 19:18)».[10]
According to Verdon, the presence of the good thief is explained both for theological and visual reasons, since he offered a prayer to the Redeemer with these words: «*Jesus, remember me when you will enter your Kingdom*» (*Luke* 23:39-43).
The expert continues by underlining that «*the cross is a distinctive sign of the Saviour's royalty*, as recalled by the dialogue between Jesus and Pontius Pilate at the moment of condemnation, when – to the Roman governor's question: *«Are you a king then?' Jesus replies 'You say that I am a king. For this I was born and for this I have come into the world: to bear witness to the truth'*» (*John* 18:37a-b).[11]
The theologian explains that Michelangelo reiterated the cross four times to «*create points of correspondence suitable to visually organize the immense composition*» and to «(…) *organize the fresco also with a thematic sense, and perhaps it is this conceptual reiteration that is the most striking*».[12]
The reiteration of the cross, therefore, had the purpose to create a compliance and underline the role of Christ. But not only.
«*The Judgement* (…) *is not a condemnation emanated by the Son of God, but rather the choice made by men for or against the crucified Christ. The cross is therefore the paradoxical form in which Christ the Light presents himself: accepting it means welcoming salvation and life, rejecting it means rejecting these gifts* (…). *Now, in the New Testament similar allusions to the cross do not only imply the wooden scaffold and the historical moment of Calvary, but rather the entire range of humiliations*

[9] | *Ibidem.*

[10] | T. VERDON, *op. cit.*, p. 88.

[11] | *Ibidem*, p. 90.

[12] | *Ibidem*, p. 92.

Michelangelo Buonarroti, *Ascesa degli Eletti*. Dettaglio dal Giudizio Universale, 1536-1541, affresco, 1370 × 1200 cm, Cappella Sistina, Città del Vaticano.

Michelangelo Buonarroti, *Rise of the Elects*. Detail from the Last Judgement, 1536-1541, fresco, 1370 × 1200 cm, Sistine Chapel, Vatican City.

(Alle pagine 34-35)
Michelangelo Buonarroti, *San Bartolomeo*. Dettaglio dal *Giudizio Universale*, 1536-1541, affresco, 1370 × 1200 cm, Cappella Sistina, Città del Vaticano.

(On pages 34-35)
Michelangelo Buonarroti, *Saint Bartholomew*. Detail from the *Last Judgement*, 1536-1541, fresco, 1370 × 1200 cm, Sistine Chapel, Vatican City.

(A pagina 40)
Michelangelo Buonarroti, *Disma, San Biagio, Santa Caterina, San Sebastiano, Simone lo Zelota*. Dettaglio dal *Giudizio Universale*, 1536-1541, affresco, 1370 × 1200 cm, Cappella Sistina, Città del Vaticano.

(On page 40)
Michelangelo Buonarroti, *Dismas, Saint Blaise, Saint Catherine, Saint Sebastian, Simon the Zealot*. Detail from the *Last Judgement*, 1536-1541, fresco, 1370 × 1200 cm, Sistine Chapel, Vatican City.

(A pagina 41)
Michelangelo Buonarroti, *Angeli con gli strumenti della Passione di Cristo*. Dettaglio dal *Giudizio Universale*, 1536-1541, affresco, 1370 × 1200 cm, Cappella Sistina, Città del Vaticano.

(On page 41)
Michelangelo Buonarroti, *Angels with the symbols of Christ's Passion*. Detail from the *Last Judgement*, 1536-1541, fresco, 1370 × 1200 cm, Sistine Chapel, Vatican City.

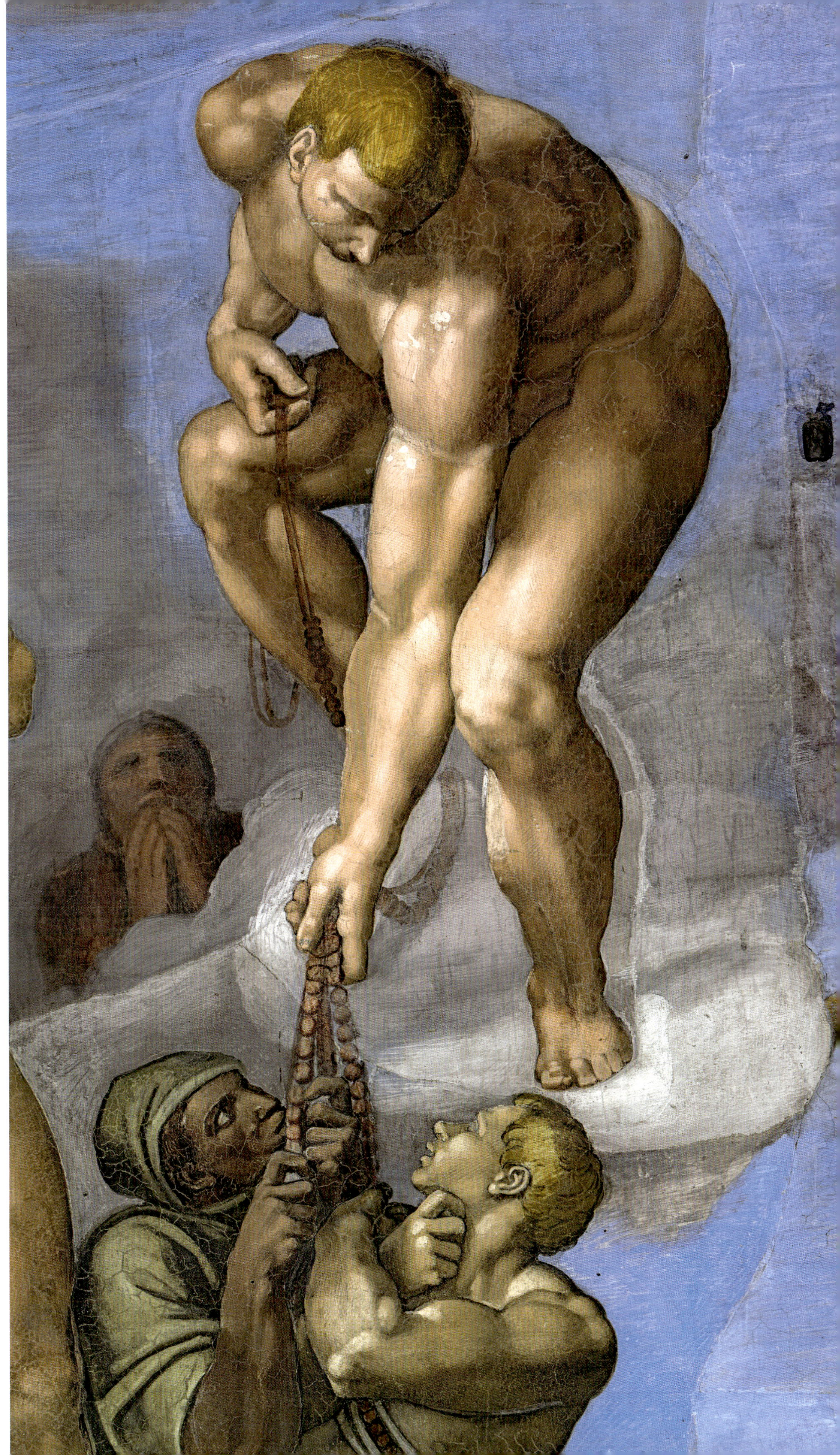

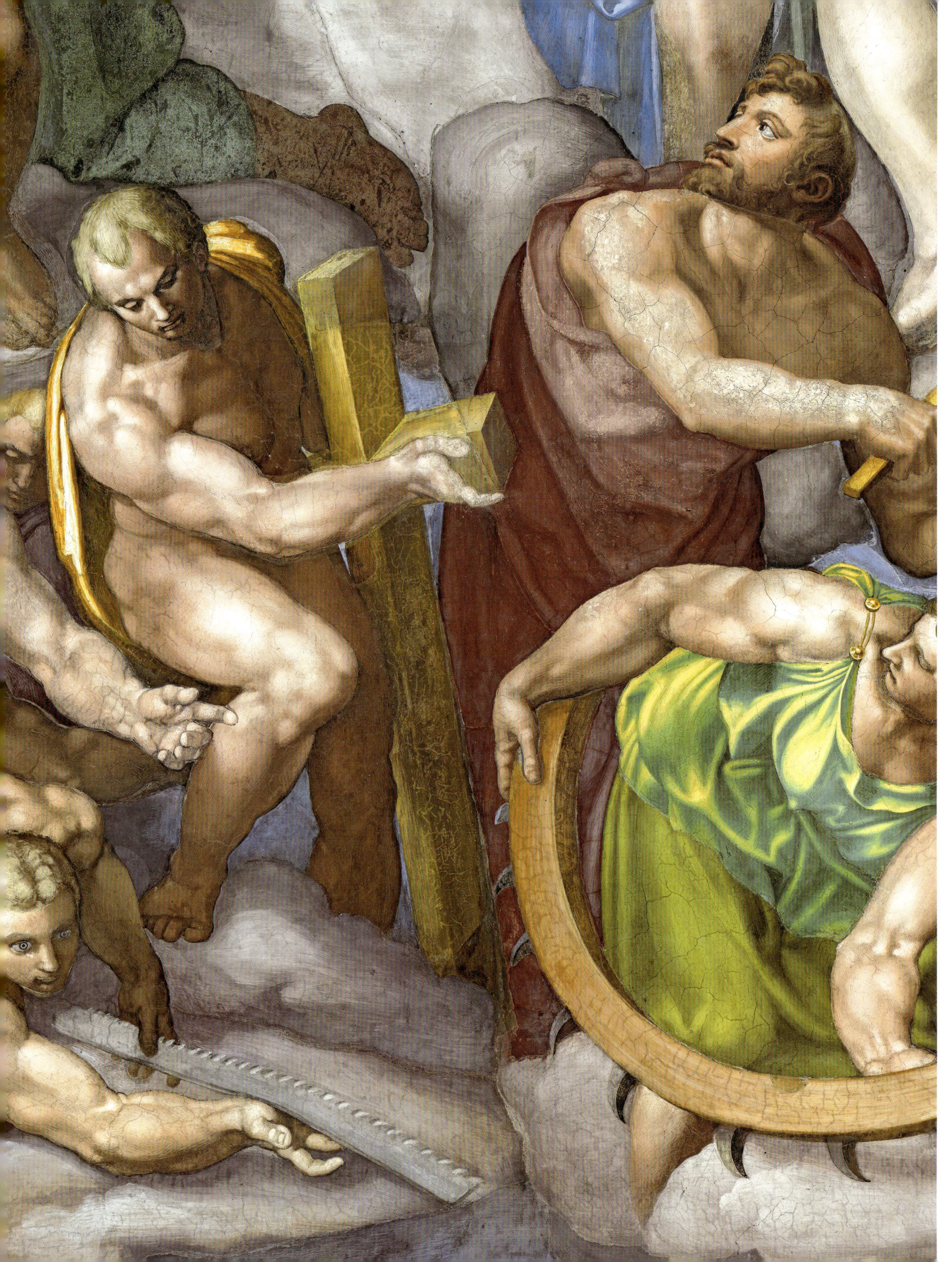

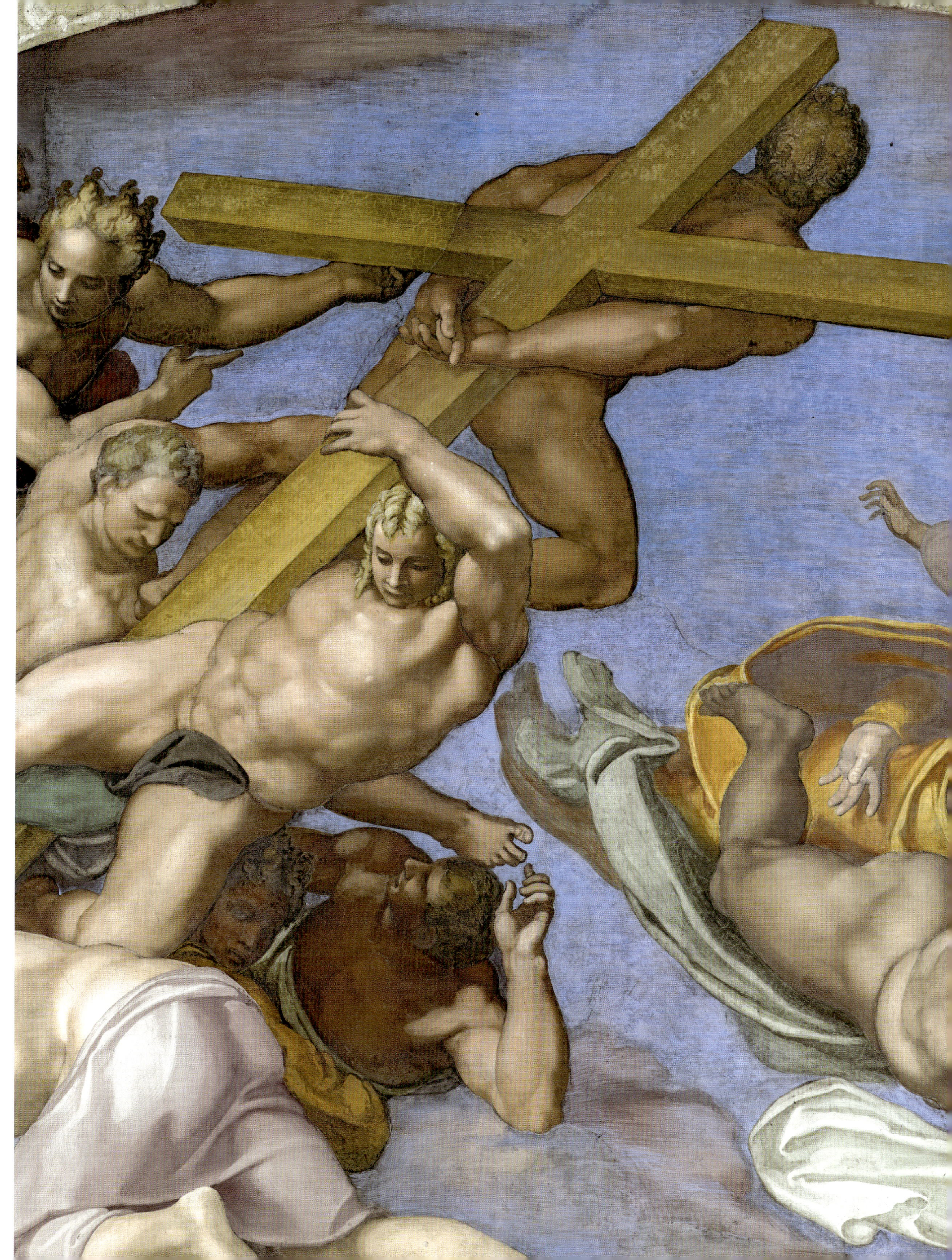

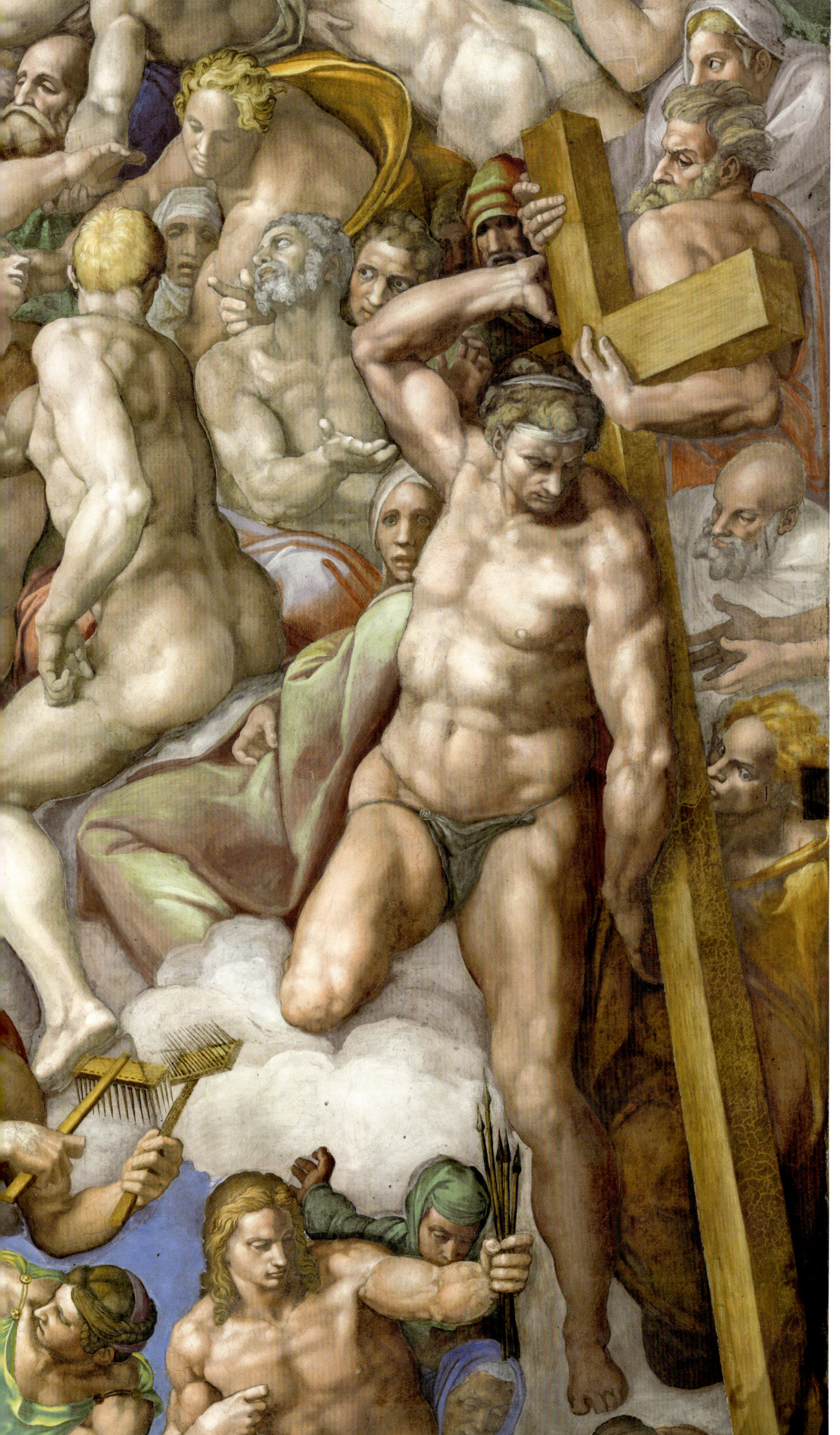

Michelangelo Buonarroti, *Cristo e la Maddalena*. Dettaglio dal *Giudizio Universale*, 1536-1541, affresco, 1370 × 1200 cm, Cappella Sistina, Città del Vaticano.

Michelangelo Buonarroti, *Christ and Mary Magdalene*. Detail from the *Last Judgement*, 1536-1541, fresco, 1370 × 1200 cm, Sistine Chapel, Vatican City.

(A fronte)
Michelangelo Buonarroti, *Portacroce e un gruppo di figure dietro la Croce*. Dettaglio dal *Giudizio Universale*, 1536-1541, affresco, 1370 × 1200 cm, Cappella Sistina, Città del Vaticano.

(Opposite)
Michelangelo Buonarroti, *cross-bearer and a group of characters behind the Cross*. Detail from the *Last Judgement*, 1536-1541, fresco, 1370 × 1200 cm, Sistine Chapel, Vatican City.

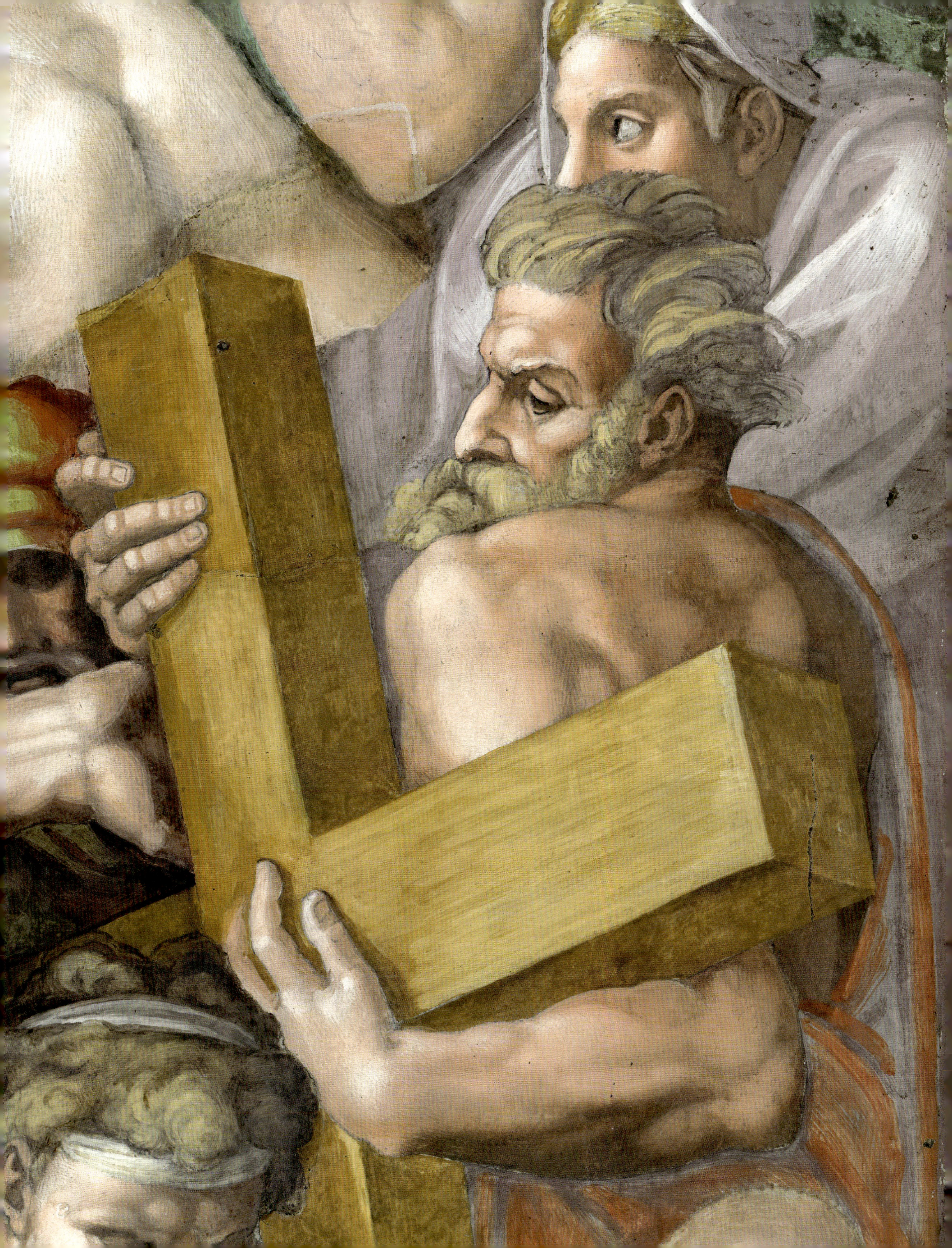

storico del Calvario, ma piuttosto l'intera gamma di umiliazioni e sofferenze che il Figlio di Dio accettò al fine di obbedire al Padre e di salvare il genere umano»[13].
«*Il senso* (*della croce*) (...) *è sempre quello* (...) *e cioè che gli uomini e le donne verranno giudicati in base all'accettazione o al rifiuto del mistero pasquale di Cristo: il mistero che ebbe inizio con la sua Passione e Risurrezione e che culminerà nella rivelazione della sua gloria alla Parusia*»[14].
A questo punto è essenziale introdurre la figura della donna bionda che si scorge raffigurata appena dietro al possente portacroce.
Ella è in stretta relazione con l'uomo e con la croce. È indubbio, pertanto, come questi due personaggi debbano essere interpretati come un tutt'uno o, quantomeno, in un rapporto di evidente reciprocità.
La croce quale «*forma paradossale in cui il Cristo-luce si presenta*» induce a riflettere sul fatto che il portacroce ne porta una sulle spalle che è delle stesse dimensioni di quella nella lunetta in alto a sinistra (le due più evidenti nell'affresco). Anche il fatto che «*accettarla significa accogliere la salvezza e la vita, rifiutarla significa respingere questi doni*» esorta a ragionare sul riconoscimento del gruppo al margine destro della parete: non solo per il loro reciproco legame, ma anche perché la donna *accoglie la croce*.
Eppure l'identità di questa figura non solo non è stata ancora esplicitamente riconosciuta dagli esperti, ma non è stata mai presa nella dovuta considerazione: né "associata" alla codifica del portacroce stesso.
In questa zona della parete, invece, pare concentrarsi un aspetto imprescindibile per la comprensione della progettualità iconografica dell'affresco, perché Michelangelo sembra affidare a questo gruppo un messaggio teologico essenziale: vale a dire quello della croce come strumento di salvezza ed emblema di speranza.
L'artista potrebbe aver ribadito, proprio attraverso la simbologia di questi due personaggi, il concetto che la conquista della salvezza eterna passa attraverso la fede; che l'amore di Cristo è immenso e che la Sua clemenza e il perdono sono potenti tanto quanto l'ira che Dio, alla fine del mondo, scaglierà contro i peccatori e i disobbedienti.

IPOTESI DI IDENTIFICAZIONE DELLA FIGURA DI MARIA MADDALENA

Sebbene il portacroce e la donna siano "relegati" all'estremità della parete, le loro dimensioni, il fatto che siano rappresentati entrambi *a figura intera* e, soprattutto, la condivisione *dell'intimo legame con la grande croce*, conferisce loro un ruolo determinante.
Il possente uomo, rivolgendo il volto nella direzione della donna, sembra quasi "congedarsi" dal travolgente turbinio che pervade tutto il resto nel *Giudizio Universale*.
Questo piccolo gruppo, in effetti, pare proprio "distrarsi" dal cruento svolgimento della scena, che coinvolge tutti gli altri partecipanti in un susseguirsi di eventi che si collegano l'uno all'altro per tutta la parete.

[13] | *Ibidem*, p. 95.

[14] | *Ibidem*.

and sufferings that the Son of God accepted in order to obey the Father and save mankind».[13]
«*The meaning* (*of the cross*) (...) *is always the same one* (...) *and that is that men and women will be judged on the basis of their acceptance or rejection of the paschal mystery of Christ: the mystery that began with his Passion and Resurrection and which will culminate in the revelation of his glory at the Parousia*».[14]
At this point it is essential to introduce the figure of the blonde woman who you can see depicted just behind the mighty cross-bearer.
She is closely related to the man and the cross. There is no doubt, therefore, that these two characters must be interpreted as a whole or, at least, in a relationship of evident reciprocity.
The cross as «*paradoxical form in which Christ the Light presents himself*» leads to reflect on the fact that the cross-bearer carries one on his shoulders which is of the same size as the one in the lunette up on the left (the two most evident in the fresco). Even the fact that «*accepting it means welcoming salvation and life, rejecting it means rejecting these gifts*» exhorts us to think about the recognition of the group on the right side of the wall: not only for their mutual bond, but also because the woman *welcomes the cross*.
However, the identity of this figure has not only been explicitly recognised by experts yet, but has also never been taken into due consideration: nor "associated" to the encoding of the cross -bearer.
In this area of the wall, however, an essential aspect for the comprehension of the iconographic design of the fresco seems to converge, because Michelangelo seems to entrust to this group an essential theological message: namely that of the cross as an instrument of salvation and emblem of hope.
The artist may have reaffirmed, precisely through the symbolism of these two characters, the concept that the conquest of eternal salvation passes through faith; that the love of Christ is immense and that His mercy and forgiveness are as powerful as the wrath that God, at the end of the world, will cast against sinners and disobedient.

HYPOTHESIS OF IDENTIFICATION OF THE FIGURE OF MARY MAGDALENE

Although the cross-bearer and the woman are "relegated" to the extremity of the wall, their dimensions, the fact that they are both represented *full-length* and, above all, the sharing of the *intimate bond with the large cross*, gives them a decisive role.
The mighty man, turning his face in the direction of the woman, almost seems to "take leave" of the overwhelming whirlwind that pervades everything else in the *Last Judgement*.
This small group, in fact, seems to be "distracted" from the bloody unfolding of the scene, which involves all the other participants in a succession of events which are connected one to another along the entire wall.

[13] | *Ibidem*, p. 95.

[14] | *Ibidem*.

Si potrebbe addirittura affermare che le due figure sembrino eludere il concetto di immanenza, che appare invece coerente nel resto della composizione. Nonostante i molteplici e innegabili richiami al loro significativo ruolo, sembrano isolarsi al punto da "ignorare" perfino ciò che accade nelle immediate vicinanze. L'abito giallo croco della donna, i capelli biondi ma, soprattutto, l'intimità con la croce estremizzata nel singolare atto di baciarne il legno, mi inducono ad affermare che non possa che trattarsi di Maria di Màgdala: l'unica figura riconducibile a questa inequivocabile tipologia iconografica.
Sebbene la croce sia un attributo ricorrente per molti santi, essa rappresenta "*l'oggetto del desiderio dei santi*" stessi e, per questa ragione, il legame così confidenziale non può che essere associabile – in modo tanto esplicito quanto indicativo – a colei che ne è degna al punto da diventare un esempio persino per gli Apostoli.
Il ruolo di Maria Maddalena al fianco di Cristo, infatti, è unico e inconfondibile e la sua presenza, comparabile e assimilabile per importanza solo a quella della Vergine Maria, viene testimoniata dai vari passi dei Vangeli in tutti i momenti più significativi della storia di Gesù.
Nei cicli della vita e della leggenda, la narrazione evangelica descrive spesso la Maddalena nel momento del perdono del Redentore: una circostanza che assumerà la massima espressione nel giorno della *Parusia*.
Nel ragionamento pare implicito ricordare che della santa «*se ne ricorda la presenza costante anche in tutte le scene della passione, della deposizione e della risurrezione, in cui ella figura nel gruppo dei testimoni*»[15].
Non possiamo, pertanto, trascurare il fatto che con l'avvento del *Giudizio* le anime degne non otterranno solo il perdono, ma risorgeranno.
Il riferimento alla Resurrezione, in questo frangente, assume un sostanziale ed essenziale aspetto di duplicità: Cristo fattosi uomo, il Redentore, è risorto con la Sua prima venuta sulla terra; Cristo Giudice, concedendo il perdono, quel giorno farà risorgere le anime meritevoli del Paradiso.
La presenza di Maria di Màgdala pare quanto mai appropriata e perfino imprescindibile.
Ho poc'anzi riportato le parole di Timothy Verdon, quando ricorda come l'accettazione della croce significhi accogliere la salvezza e la vita. Ancora una volta la figura della santa è la testimone per eccellenza di questo enunciato.
Ella, infatti, ha un ruolo di privilegio accanto a Gesù, perché non "indietreggia" mai di fronte alle prove della fede, confermandosi "salda" nell'amore per Cristo.
Accogliendo la croce senza riserve ella non solo ne diventa degna ma, come testimonia la copiosa iconografia artistica, ne è meritevole al punto da ottenere la concessione dell'intimità con essa, in una sorta di rapporto decisamente esclusivo.
Cristo accettò le sofferenze pur di *salvare il genere umano*.

[15] | AA.VV., *Enciclopedia dei santi. Bibliotheca Sanctorum*, Edizioni Città Nuova, Roma, 2013, p. 1107. Edita in collaborazione con l'Istituto Giovanni Paolo XXIII della Pontificia Università Lateranense.

It could even be said that the two figures seem to elude the concept of immanence, which instead appears coherent in the rest of the composition. Despite the multiple and undeniable references to their significant role, they seem to isolate themselves to the point of even "ignoring" what happens in the immediate surroundings. The woman's crocus yellow dress, her blond hair but, above all, her intimacy with the cross emphasised in the singular act of kissing its wood, lead me to affirm that it can only be Mary Magdalene: the only figure attributable to this unequivocal iconographic typology.
Although the cross is a recurring attribute for many saints, it represents "*the object of desire of the saints*" themselves and, for this reason, such a confidential bond can be associated – both in an explicit and indicative way – with the person who is worthy of it to the point of becoming an example even for the Apostles.
The role of Mary Magdalene by the side of Christ, in fact, is unique and unmistakable and her presence, comparable and similar in importance only to that of the Virgin Mary, is witnessed by the various passages of the Gospels in all the most significant moments of the history of Jesus.
In the cycles of life and legend, the gospel narrative often describes Magdalene at the moment of the Redeemer's forgiveness: a condition that will take on its maximum expression on the day of the *Parousia*.
In the reasoning it seems implicit to remember that the saint «*her constant presence is also remembered in all the scenes of the passion, the deposition and the resurrection, in which she appears in the group of witnesses*».[15]
We cannot, therefore, overlook the fact that with the advent of the Judgement, worthy souls will not only obtain forgiveness, but will be resurrected.
The reference to the resurrection, at this juncture, assumes a substantial and essential aspect of duplicity: Christ made man, the Redeemer, has risen with His first coming to earth; Christ the Judge, granting forgiveness, will resurrect the souls which deserve Heaven that day.
In this context the presence of Mary seems particularly appropriate and even indispensable.
I have just quoted the words of Timothy Verdon, when he recalls how accepting the cross means welcoming salvation and life. Once again, the figure of the saint is the witness par excellence of this statement.
In fact, she has a privileged role next to Jesus, because she never "steps back" in front of the trials of faith, confirming herself as "firm" in her love for Christ.
By welcoming the cross, unconditionally, she not only becomes worthy of it but, as evidenced by the copious artistic iconography, she is worthy of it to the point of obtaining the concession of intimacy with it, in a sort of remarkably exclusive relationship.
Christ accepted suffering in order to *save the human race*.
Mary Magdalene is the example of righteousness in perfect and harmonious complementarity with the sacrifice of Jesus, since she

[15] | AA. VV., *Encyclopedia of Saints. Bibliotheca Sanctorum*, edited by Città Nuova, Rome, 2013, p. 1107. Published in collaboration with the John Paul XXIII Institute of the Pontifical Lateran University.

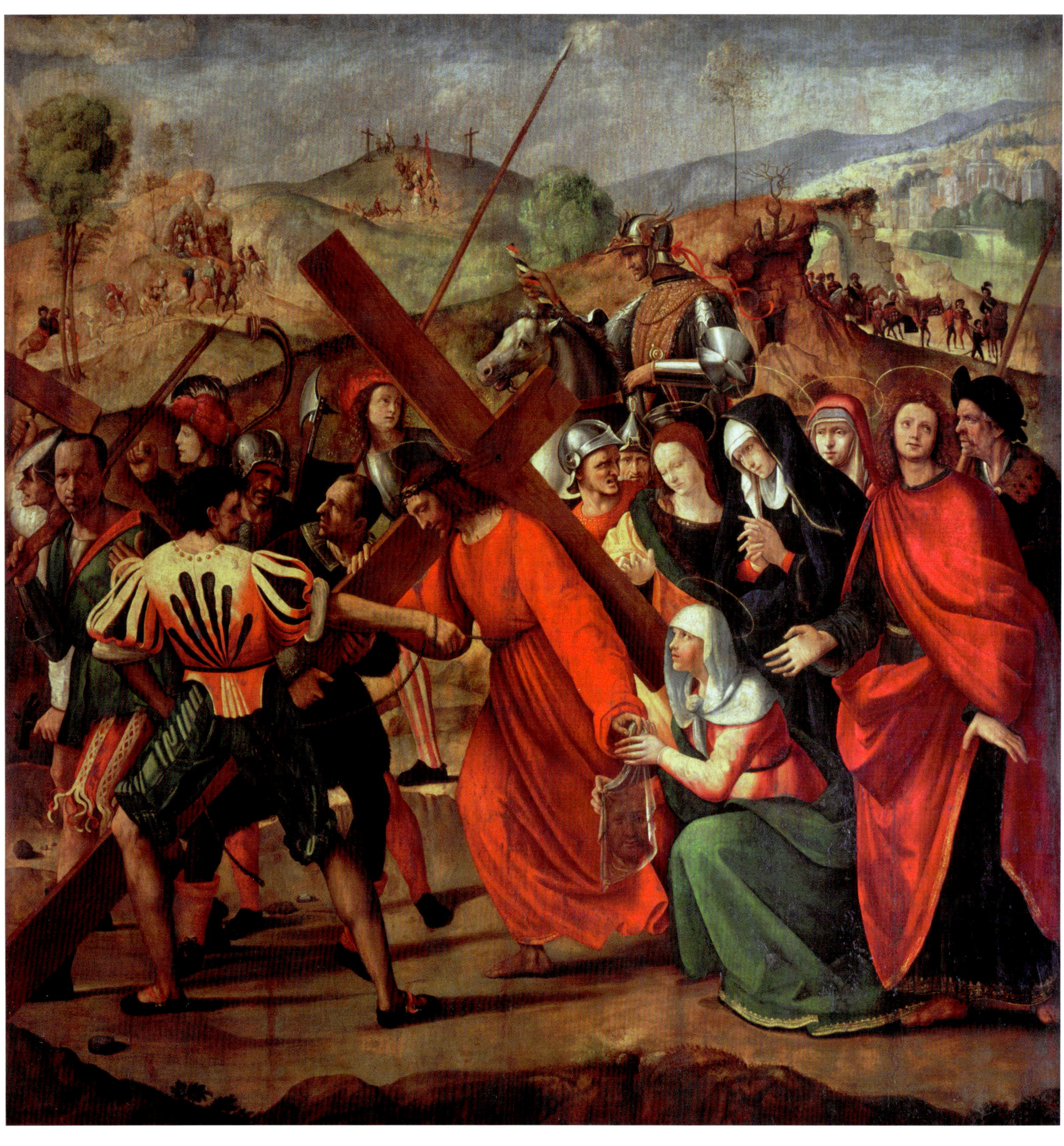

Ridolfo Ghirlandaio, *La Processione al Calvario*, 1505 ca., olio su tela, 166,4 × 161,3 cm. National Gallery, Londra.

Ridolfo Ghirlandaio, *The Procession to Calvary*, c. 1505, oil on canvas, 166.4 × 161.3 cm. National Gallery, London.

(Alle pagine 48-49)
Tiziano Vecellio, *Simone il Cireneo aiuta Gesù Cristo a portare la Croce*, 1560, olio su tela, 98 × 116 cm, Museo del Prado, Madrid.

(On pages 48-49)
Tiziano Vecellio, *Christ on the Way to Calvary*, 1560, oil on canvas, 98 × 116 cm, Prado Museum, Madrid.

Maria di Màgdala è l'esempio di rettitudine in perfetta e armoniosa complementarità con il sacrificio di Gesù, poiché ella non è solo l'«*emblema dell'umanità schiava del peccato*»[16], ma anche l'icona del «*pianto dell'umanità*»[17].

Il giorno della *Parusia*, tema dell'affresco, l'uomo non potrà esimersi dal prendere consapevolezza del proprio operato al cospetto di Dio.

Anche in questo contesto la simbologia insita nella figura della Maddalena rafforza il messaggio che *l'accettazione della sofferenza si forgia nell'amore in Cristo*, poiché ella rappresenta il monito e la redenzione dei peccati, nonché l'esortazione a riflettere: ed ecco che torna il concetto della "prefigurazione del messaggio apocalittico" e dell'intenzione di Michelangelo di comunicare la clemenza di Dio nel concedere all'umanità il tempo per riflettere e per salvarsi; guardando all'esempio di coloro che vogliono diventare degni di essere accolti nel Regno dei Cieli.

Solo attraverso questo percorso, illuminato della luce di Dio, si potranno affrontare le sofferenze senza cadere nelle tentazioni del demonio, poiché Gesù concederà il perdono e la salvezza a chi avrà compreso per tempo questo messaggio, mentre per gli altri rimarrà il cordoglio per la *figliolanza* che non si salverà.

Se è vero che *il senso della croce* è insito nell'accoglimento della croce stessa; che l'umanità verrà giudicata «*in base all'accettazione o al rifiuto del mistero pasquale di Cristo, il mistero che ebbe inizio con la sua Passione e Risurrezione e che culminerà nella rivelazione della sua gloria alla Parusia*»; e se non possiamo esimerci dal ricollegarci alla narrazione evangelica che ricorda *la presenza della santa in tutte le scene della Passione, della Deposizione e delle Resurrezione di Cristo* (lei è la prima a vederlo risorto e ad annunciarlo agli Apostoli): allora possiamo escludere la possibilità che la donna che bacia il legno della croce possa essere identificabile con qualsiasi altra figura che non sia Maria Maddalena.

Il significato della croce quale accettazione della sofferenza sulla terra e riferimento al mistero pasquale di Cristo induce a prendere in considerazione ulteriori riflessioni.

«*Nei Vangeli non si parla (...) di deviazione morale o – come affermerà in seguito Gregorio Magno – di "una vita ricolma di tutti i peccati" (Gregorio Magno, Omelia 33, in Omelie sui Vangeli, PL* 76, 1238). *E niente fa pensare che fosse una prostituta. Inoltre, non esiste una narrazione della sua guarigione da parte di Gesù né si dice che l'abbia liberata. Dobbiamo ipotizzare che Maria sia stata guarita da un male profondo, da una grave condizione di sofferenza e forse di emarginazione*»[18].

Il noto richiamo alla liberazione dai "sette demoni", dunque, dovrebbe essere "ridimensionato", e riferito alle condizioni di sofferenza alle quali la santa sarebbe stata sottoposta come "prove" che ella ha superato, grazie alla capacità di discernimento, diventando degna della croce.

Non si discuterebbe di una sorta di "esorcismi" per liberare

[16] | A. VALERIO, *Maria Maddalena. Equivoci, storie rappresentazioni*, Il Mulino, Farsi un'idea, Bologna, 2020, p. 8.

[17] | Vedi nota 13.

[18] | A. VALERIO, *op. cit.*, p. 18.

is not only the «*emblem of humanity enslaved by sin*»[16], but also the icon of the «*cry of humanity*».[17]

On the day of the *Parousia*, the theme of the fresco, man will not be able to refrain from becoming aware of his actions in the presence of God.

Even in this context, the symbolism inherent in the figure of Magdalene reinforces the message that the *acceptance of suffering is shaped in the love for Christ*, since she represents the warning and the redemption of sins, as well as the exhortation to reflect: and once again the concept returns, the "prefiguration of the apocalyptic message" and Michelangelo's intention to communicate God's mercy in granting humanity the time to reflect and save itself; looking at the example of those who want to become worthy of being welcomed into the Kingdom of Heaven.

Only through this path, illuminated by the light of God, it will be possible to face suffering without falling into the devil's temptations, since Jesus will grant forgiveness and salvation to those who have understood this message in time, while for the others, the mourning for his *sonship* who will not be saved will remain.

If it is true that *the meaning of the cross* is inherent in the acceptance of the cross itself; that humanity will be judged «*on the basis of acceptance or rejection of the paschal mystery of Christ, the mystery which began with his Passion and Resurrection and which will culminate in the revelation of his glory at the Parousia*»; and if we can't help but reconnect to the evangelical narrative which recalls *the presence of the saint in all the scenes of the Passion, Deposition and Resurrection of Christ* (she is the first to see him resurrected and to announce it to the Apostles): then we can exclude the possibility that the woman who kisses the wood of the cross can be identifiable with any other figure that it is not Mary Magdalene.

The meaning of the cross as acceptance of suffering on earth and reference to the paschal mystery of Christ leads us to take further reflections into consideration.

«*In the Gospels there is no mention (...) of moral deviation or – as Gregory the Great later stated – of 'a life filled with all the sins'* (*Gregory the Great, Homily 33, in Homilies on the Gospels, PL* 76, 1238). *And nothing suggests that she was a prostitute. Furthermore, there is no narrative of Jesus healing her nor it is said that he had freed her. We must hypothesise that Mary was healed from a profound evil, from a serious condition of suffering and perhaps marginalisation*»[18].

The well-known reference to the liberation from the "seven demons", therefore, should be "resized" and referred to the conditions of the suffering to which the saint was subjected as "trials" which she overcame, thanks to her capacity of discernment, becoming worthy of the cross.

There would be no question of a sort of "exorcism" to free Mary Magdalene from demonic possession nor, least of all, of dissolution. On the contrary, it would be a reference to the atrocious suffering through which the forces of evil lead to sin: tortures that the

[16] | A. VALERIO, *Mary Magdalene. Misunderstandings, Narratives, Representations*, Il Mulino, Farsi un'idea, Bologna, 2020, p. 8.

[17] | See fn. 13.

[18] | A. VALERIO, *op. cit.*, p. 18.

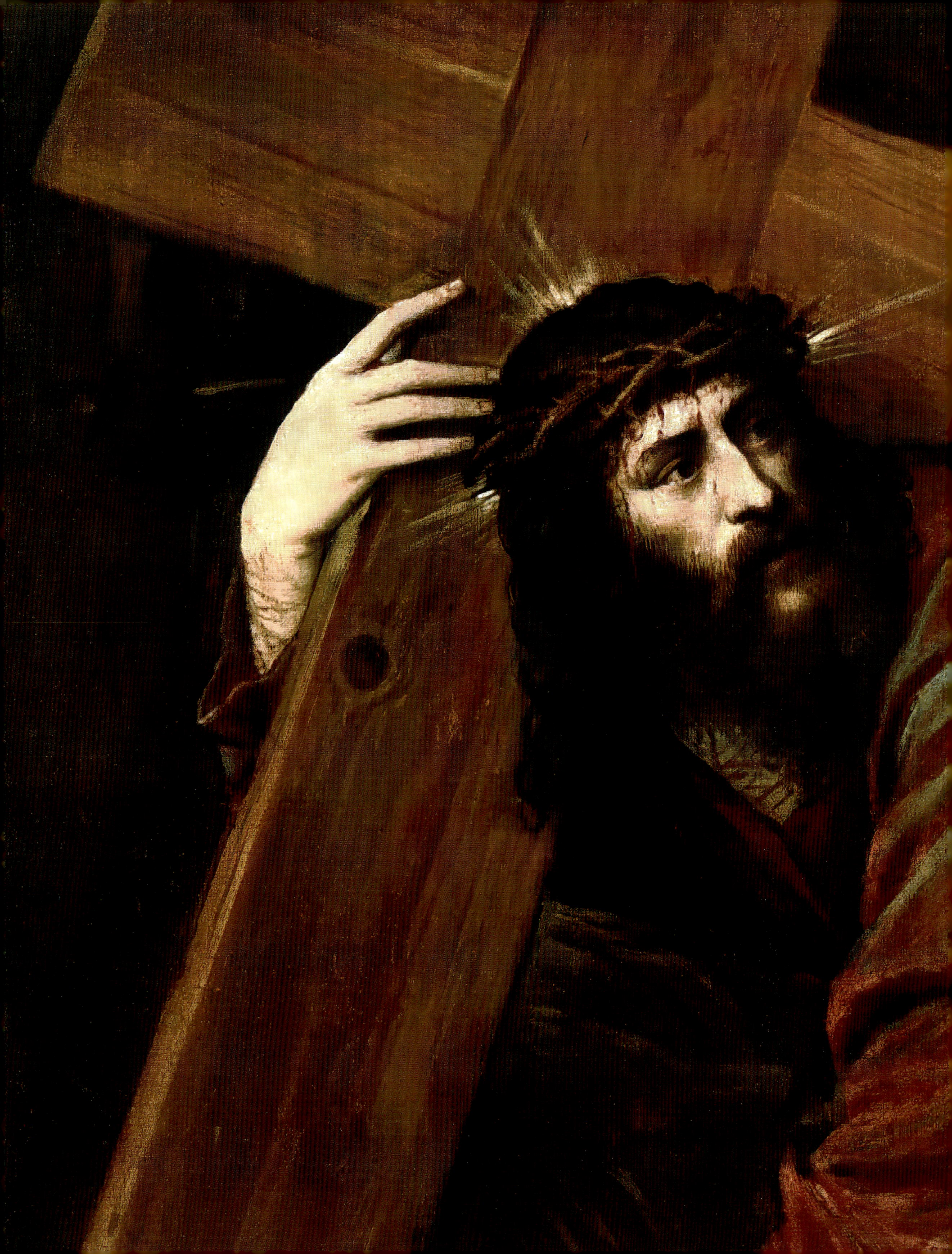

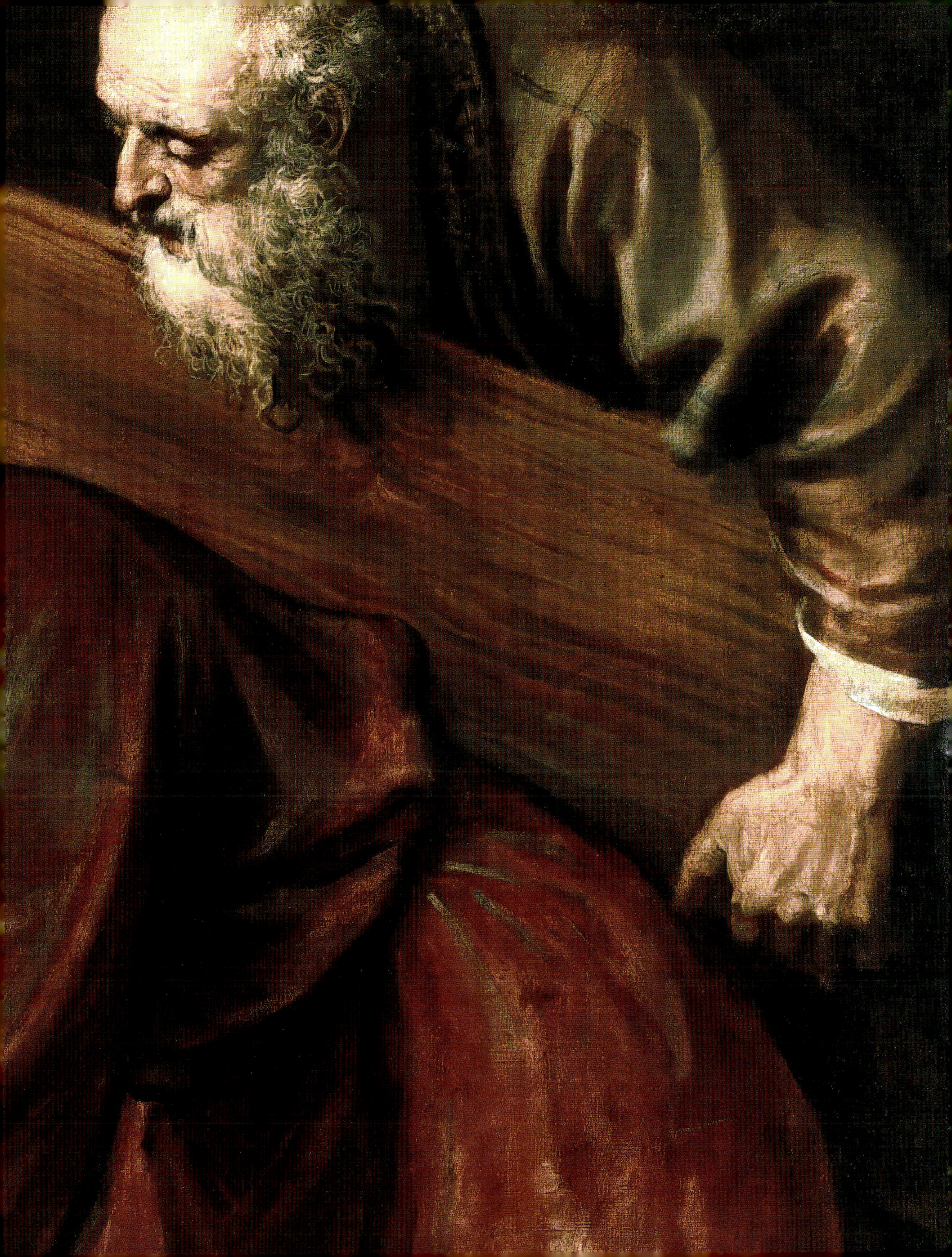

Maria Maddalena dalla possessione demoniaca né, tantomeno, di dissoluzione. Al contrario si tratterebbe del riferimento alle atroci sofferenze per mezzo delle quali le forze del male inducono al peccato: torture che il maligno infligge e che rende tanto più atroci per coloro che rimangono "saldi" nella fede in Cristo. Resistere significa ribellarsi al male e sconfiggerlo.

Neppure gli Apostoli riuscirono a non crollare di fronte a tanto sgomento.

Anche questi riferimenti paiono essenziali per sovrapporre l'iconografia che contraddistingue la donna che bacia la croce, all'esempio della forza incrollabile della santa quale modello di rettitudine e di resistenza alle tentazioni, che si contrappone e che fa da richiamo per la fragile umanità.

E se Michelangelo avesse interpretato proprio in tal senso il messaggio di monito e di speranza rivolto ad accogliere i fedeli per la celebrazione della Messa? Il più straordinario artista di tutti i tempi potrebbe essere rivalutato, ancora una volta, quale "illuminato" anticipatore dei tempi moderni?

Nel maggio 2017 Papa Francesco ha pubblicato il libro *Apostola degli Apostoli. Maria di Màgdala nelle parole del Papa*.

Dopo secoli di erronee interpretazioni, di "leggende" diffamatorie e discriminatorie nei confronti della donna più misteriosa e più affascinante della storia della cristianità, la santa viene finalmente riconosciuta per il suo ruolo di Apostola degli Apostoli.

Questa legittimazione, in armonia con gli studi degli storici dell'arte e di teologia, rappresenta qui un riscontro fondamentale a favore dell'intuizione di Buonarroti circa l'importanza che avrebbe assunto la presenza di Maria di Màgdala nel *Giudizio Universale*, al fianco del portacroce.

È il caso di indagare ulteriori riscontri.

L'evangelista Giovanni esprime la resistenza incrollabile della donna nell'"*andare fino in fondo*", anche di fronte alla prova della morte[19].

«*Una 'resilienza' che l'Evangelista Giovanni esprime con il verbo 'stare' [stavano* (*estékesan*) *presso la croce di Gesù sua madre e la sorella di sua madre, Maria di Clèopa, e Maria di Màgdala]*» (*Giovanni* 19:25). «*'Stanno' vicino non tanto alla croce, quanto al Crocifisso*»[20]. Lo stare «*di Maria di Màgdala evoca dunque fedeltà nella prova, una fedeltà che si contrappone alla fuga di tutti gli altri, di coloro che l'hanno tradito e rinnegato. 'Stare' è l'espressione di fedeltà, una fedeltà messa alla prova, ma salda. Nemmeno al sepolcro lei verrà meno, ma continuerà a rimanere*»[21].

Altri gruppi di fedeli, come si evince dal racconto di *Luca* (23,49), osservavano la crocifissione *da lontano* (*apò makròthen*). «*La distanza ricorda quella di Pietro* (*cfr.* 22:54) *sicché mostra la fragilità della sequela e, insieme, contribuisce a creare una sorta di sospensione narrativa che prepara qualcosa di nuovo*»[22].

[19] | A.M. POLLETTIER, *Intervento a Roma all'Institut Français Centre Saint-Louis*, 21 novembre 2013, in "L'Osservatore Romano", 6 dicembre 2013.

[20] | FRANCESCO, *Apostola degli Apostoli. Maria di Màgdala nelle parole del Papa*, Editore Castelvecchi, Roma, 2017, pp. 20-21. Nota 29: '*Parà tò staurò, presso la croce*'; la forma '*parà*' + dativo serve per accentuare la vicinanza delle donne non tanto con la croce, quanto con Colui che su quella croce è innalzato. Quella è la "Croce di Gesù".

[21] | *Ibidem*.

[22] | *Ibidem*.

malicious inflicts and which makes everything more atrocious for those who remain "firm" in the faith in Christ. Resisting means rebelling against evil and defeating it.

Not even the Apostles managed not to collapse in front of such consternation.

These references also seem essential to overlap the iconography that distinguishes the woman kissing the cross, with the example of the saint's unshakable force as a model of rectitude and resistance to temptation, which contrasts and acts as a reminder of the fragile humanity.

And what if Michelangelo had interpreted the message of warning and hope aimed at welcoming the faithful for the celebration of the Mass in this sense? Could the most extraordinary artist of all time be re-evaluated, once again, as an "enlightened" forerunner of modern times?

In May 2017 Pope Francis published the book *Apostle of the Apostles. Mary of Magdala in the words of the Pope*.

After centuries of erroneous interpretations, defamatory and discriminatory "legends" against the most mysterious and fascinating woman in the history of Christianity, the saint is finally recognised for her role as Apostle of the Apostles.

This legitimation, in harmony with the studies of historians of art and theology, here represents a fundamental confirmation in favour of Buonarroti's intuition regarding the importance that the presence of Mary Magdalene would have assumed in the *Last Judgement*, alongside the cross-bearer.

It is time to investigate for further evidence.

John the Evangelist expresses the woman's unshakable resistance in "*going all the way*" even in front of the ordeal of death.[19]

«*A 'resilience' that the Evangelist John expresses with the verb 'stay' [his mother, his mother's sister, Mary mother of Cleophas and Mary Magdalene stood by the cross of Jesus* (*estékesan*)*]*» (*John* 19:25). «*They 'stay' close, not so much to the cross, but to the Crucifix*».[20] The staying «(…) *of Mary of Magdala therefore evokes loyalty under trial, a loyalty that contrasts with the flee of all the others, of those who betrayed and denied him. 'Stay' is the expression of loyalty, a tested but firm loyalty. Not even at the tomb she will falter, but she will continue to remain*».[21]

Other groups of faithful, as evidenced by Luke's narrative, (23,49), observed the crucifixion from afar (*apò makròthen*).

«*The distance recalls the one of Peter* (*cf.* 2:54) *so it shows the fragility of the discipleship and, at the same time, contributes to create a sort of narrative suspension that prepares something new*».[22]

The biblical scholar Maria Luisa Rigato, regarding the etymology of the saint's name, tends to translate the name of "*Magdalene*"

[19] | A. M. POLLETTIER, *Speech in Rome at the Institut Français Centre Saint-Louis*, 21st November, 2013, in the newspaper of the Holy See "L'Osservatore Romano", 6th December, 2013.

[20] | FRANCIS, *A postle of the Apostles. Mary of Magdala in the words of the Pope*, Castelvecchi Publisher, Rome, 2017, pp. 20-21. Note 29: 'Parà tò staurò, near the cross'; the form 'parà' + dative serves to accentuate the closeness of women not so much with the cross, but with the One who is raised on that cross. That is the "Cross of Jesus".

[21] | *Ibidem*.

[22] | *Ibidem*.

La biblista Maria Luisa Rigato, in merito all'etimologia del nome della santa, si orienta a tradurre il nome di "*Magdalena*" come "*colei che fu resa grande*". Questo appellativo sottolineerebbe la forza e la grandezza della santa riferita alla sua straordinaria determinazione nella fede e testimonierebbe come, già in origine, le fosse riconosciuto il ruolo di assoluto privilegio al fianco di Gesù.
Nel suo articolo *Maria la Maddalena. Ancora riflessioni su colei che fu chiamata "La Resa-grande"* la Rigato, tenendo in considerazione alcune interpretazioni patristiche, interpreta la "Maddalena" come un appellativo anche a Girolamo e a Origene.
Girolamo ricollega alla parola *migdal* il significato di "torre/fortezza" che, nel Primo Testamento, viene attribuito a Dio (*Salmo* 18:3, *Salmo* 61:4, *Proverbi* 18:10, ecc.) ed evidenzia la forza e la grandezza di «*Maria la Magdalena che per il suo zelo e per l'ardore della sua fede ricevette il nome di 'turrita' ed ebbe il privilegio di vedere Cristo risorto prima degli Apostoli*» [Girolamo, *Lettera CXXVII, Alla vergine Principia: Elogio a Marcella*, 5].
Adriana Valerio cita l'articolo della Rigato e ricorda anche Origene perché, dalla ricerca dell'etimologia del nome della santa, ne desume la derivazione dall'ebraico *gadal* ("grande") e afferma che «*si chiama Magdalena, accordandosi bene con il significato del nome della sua patria. Infatti quel luogo viene interpretato come 'grandezza, accrescimento'. E questa Magdalena è stata resa grande, per nessuna altra ragione se non perché aveva seguito Gesù e aveva assistito al mistero della sua passione* [Origene, *Commento al vangelo di Matteo*, c. 26; *PG* 13, 1721-1722]»[23].
Luca si sofferma a sottolineare come «*le donne che lo avevano seguito fin dalla Galilea, stavano da lontano a guardare tutto questo*» (23:49). Poi l'Evangelista si ripete e ribadisce che «*le donne che erano venute con Gesù dalla Galilea seguivano Giuseppe; esse osservavano il sepolcro e come era stato* (*òs etéthe*) *posto il corpo di Gesù*» (*Luca* 23:55).
Le donne dimostrano la loro determinazione nell'osservare e nel portare a compimento tutto ciò che va fatto per onorare la degna sepoltura del corpo di Cristo. Recatesi alla tomba tornano a casa per preparare gli unguenti[24].
Eppure solo Maria Maddalena assume un ruolo di assoluto, incontrastato rilievo.
«*La ripetizione di Luca* (in particolare sul riferimento alla loro origine galilaica) *crea un nesso fra la croce, la sepoltura e la risurrezione*» (*cfr.* 24:1).
Questo nesso si rivela particolarmente significativo: non solo per confermare le ipotesi circa la codifica della simbologia utile a identificare la donna che bacia la croce, ma anche per riflettere sull'identità del portacroce.
Un altro elemento determinante è il contesto nel quale si trovano queste due figure: il *Giudizio Universale*; nel quale la prima e la seconda venuta di Cristo si concludono con la salvezza di coloro che sono degni della croce e con la condanna dei peccatori.
I ragionamenti volti ad identificare la figura di Maria Maddalena nella donna al fianco del portacroce non possono che trovare

[23] | A. VALERIO, *op. cit.*, pp. 15-16.

[24] | D. ATTINGER, *Evangelo secondo Luca*, Qiqajon, Bose, Magnano (BI), 2015, p. 664.

as "*the one who was made great*". This name would underline the strength and greatness of the saint in relation to her extraordinary determination in faith and would testify how, already in origin, an absolutely privileged role alongside Jesus was recognised to her.
In her article *Mary Magdalene. More reflections on the one who was called 'Made Great'*, Maria Luisa Rigato, taking into consideration some patristic interpretations, interprets the name "Magdalene" as a name also for Jerome and Origen.
Jerome links to the word *migdal* the meaning of "tower/fortress" which, in the First Testament, is attributed to God (*Psalm* 18:3, *Psalm* 61:4, *Proverbs* 18:10, etc.) and highlights the strength and greatness of «*Mary Magdalene who for her zeal and the ardour of her faith received the name of 'turrita'* (*provided of towers*) *and had the privilege of seeing the risen Christ before the Apostles*» [Jerome, *Letter CXXVII, To the virgin Principia: Praise to Marcella,* 5].
Adriana Valerio quotes Rigato's article and also recalls Origen because, from the research on the etymology of the saint's name, she deduces its derivation from the Hebrew *gadal* ("great") and states that «*her name is Magdalena, agreeing well with the meaning of the name of her homeland. In fact, that place is interpreted as 'greatness, growth'. And this Magdalena was made great, for no other reason than the fact that she had followed Jesus and had witnessed the mystery of his passion* [Origen, *Commentary on the Gospel of Matthew*, chapter 26; *PG* 13, 1721-1722]».[23]
Luke dwells on underlining how «*the women who had followed him from Galilee stood at a distance watching these things*» (23:49 The evangelist then repeats himself and reaffirms that «(...) *the women who had come with Jesus from Galilee followed Joseph; they observed the tomb and how the body of Jesus had been* (*òs etéthe*) *placed*» (*Luke* 23:55).
The women demonstrate their determination in observing and completing everything that must be done to honour the worthy burial of the body of Christ. After having been to the tomb they return home to prepare the ointments.[24]
Yet only Mary Magdalene takes on a role of absolute, undisputed importance.
«*Luke's repetition* (in particular on the reference to their Galilean origin) *creates a connection between the cross, the burial and the resurrection*» (*cf.* 24:1).
This connection turns out to be particularly significant: not only to confirm the hypotheses regarding the encoding of the symbolism useful to identify the woman kissing the cross, but also to reflect on the identity of the cross-bearer.
Another decisive factor is the context in which these two figures find themselves: the *Last Judgement*; in which the first and second coming of Christ conclude with the salvation of those worthy of the cross and with the condemnation of the sinners.
The reasoning aimed at identifying the figure of Mary Magdalene in the woman next to the cross-bearer can only find confirmation in the aforementioned evangelical narrative, which testifies the presence of Magdalene at the moment of the Redeemer's forgiveness.

[23] | A. VALERIO, *op. cit.*, pp. 15-16.

[24] | D. ATTINGER, *The Gospel according to Luke*, Editions Qiqajon, Bose, Magnano (BI), 2015, p. 664.

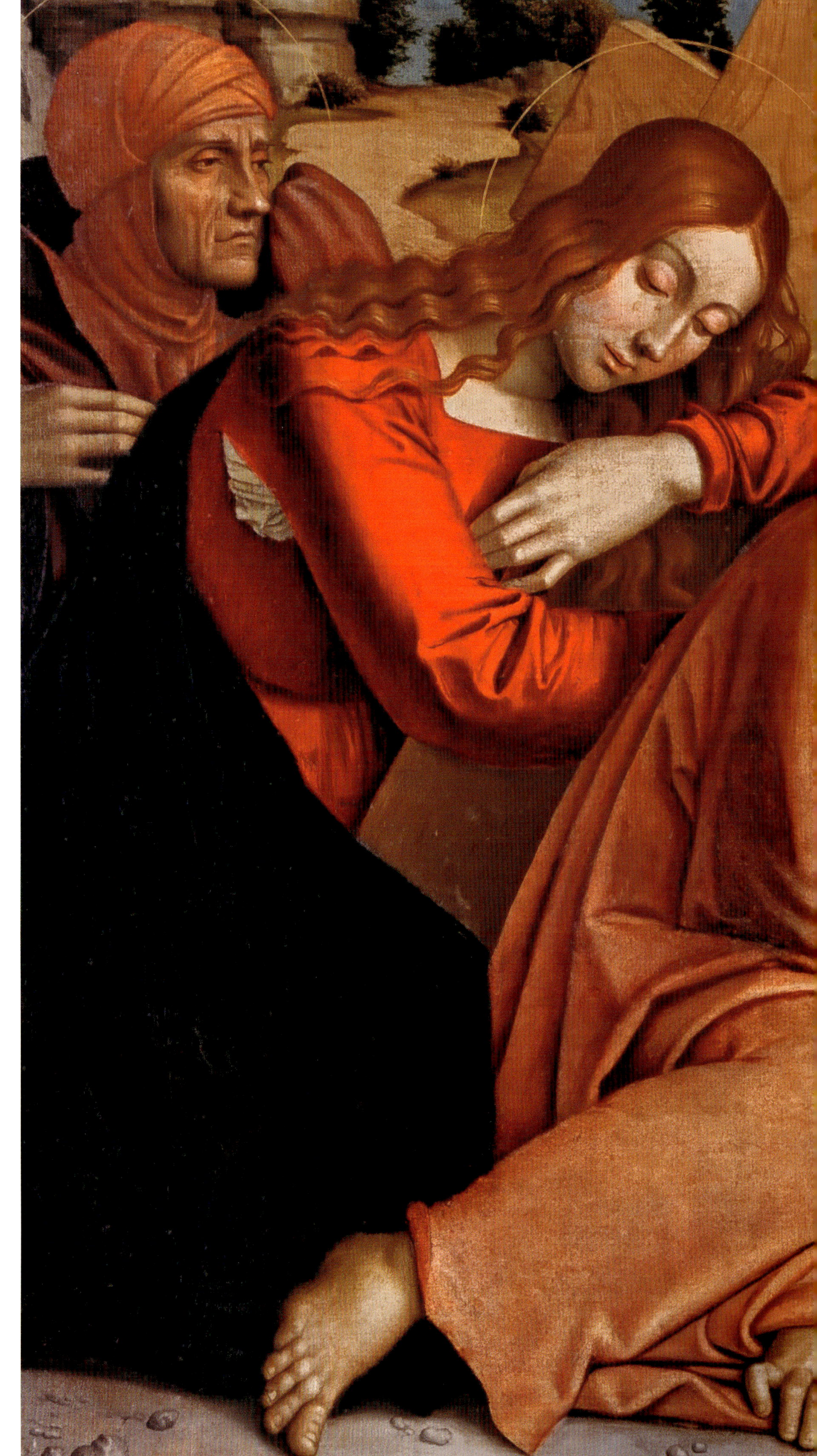

Francesco Bonsignori, *Cristo cade sotto la Croce*, Museo di Palazzo San Sebastiano, Mantova.

Francesco Bonsignori, *Christ falls under the Cross*, Museum of Palazzo San Sebastiano, Mantua.

(A pagina 54)
Caravaggio, *Crocifissione di Sant'Andrea*, 1606-1607, olio su tela, 233,5 × 184 cm, Cleveland Museum of Art, Cleveland.

(On page 54)
Caravaggio, *Crucifixion of Saint Andrew*, 1606-1607, oil on canvas, 233,5 × 184 cm, Cleveland Museum of Art, Cleveland.

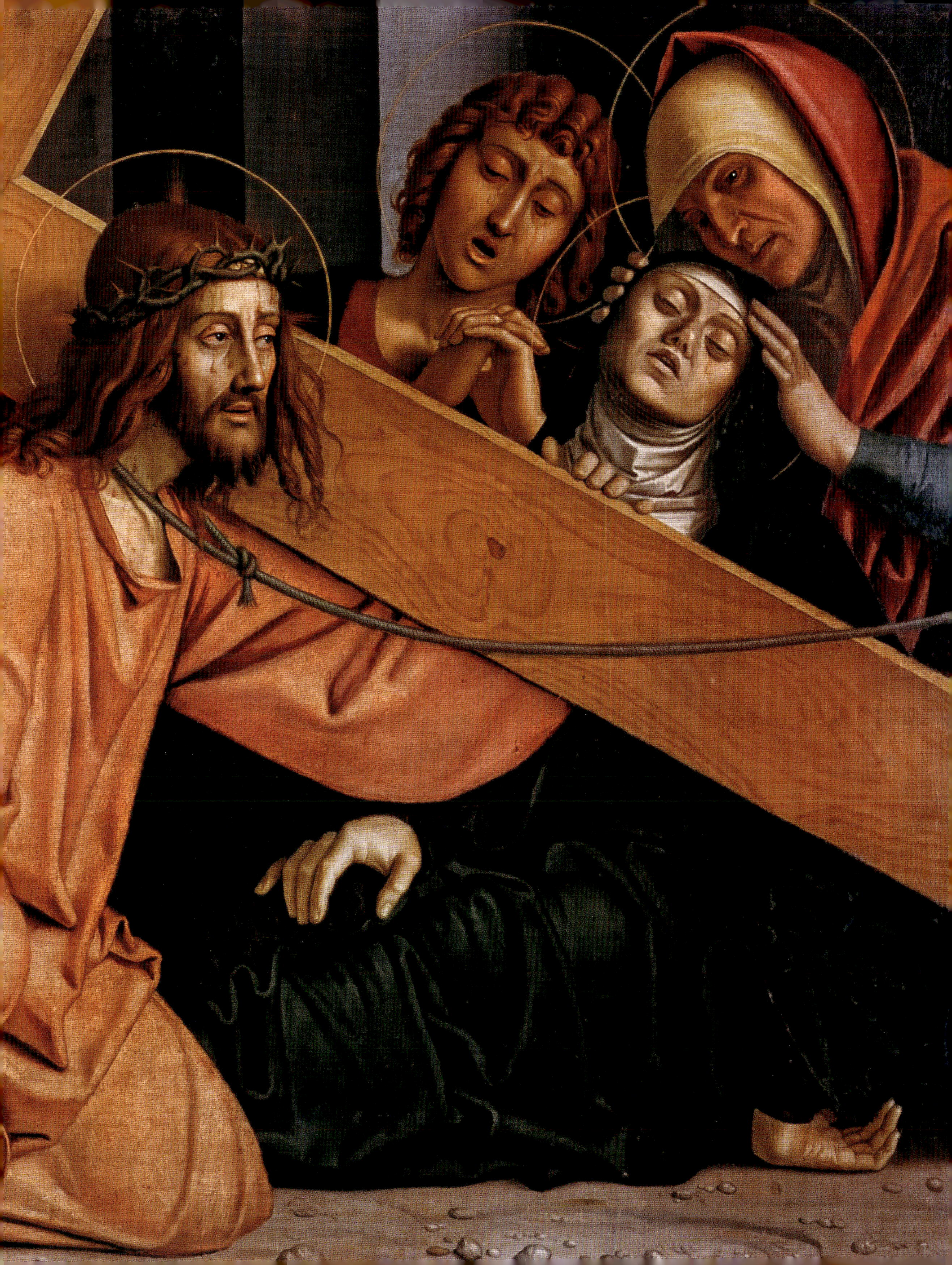

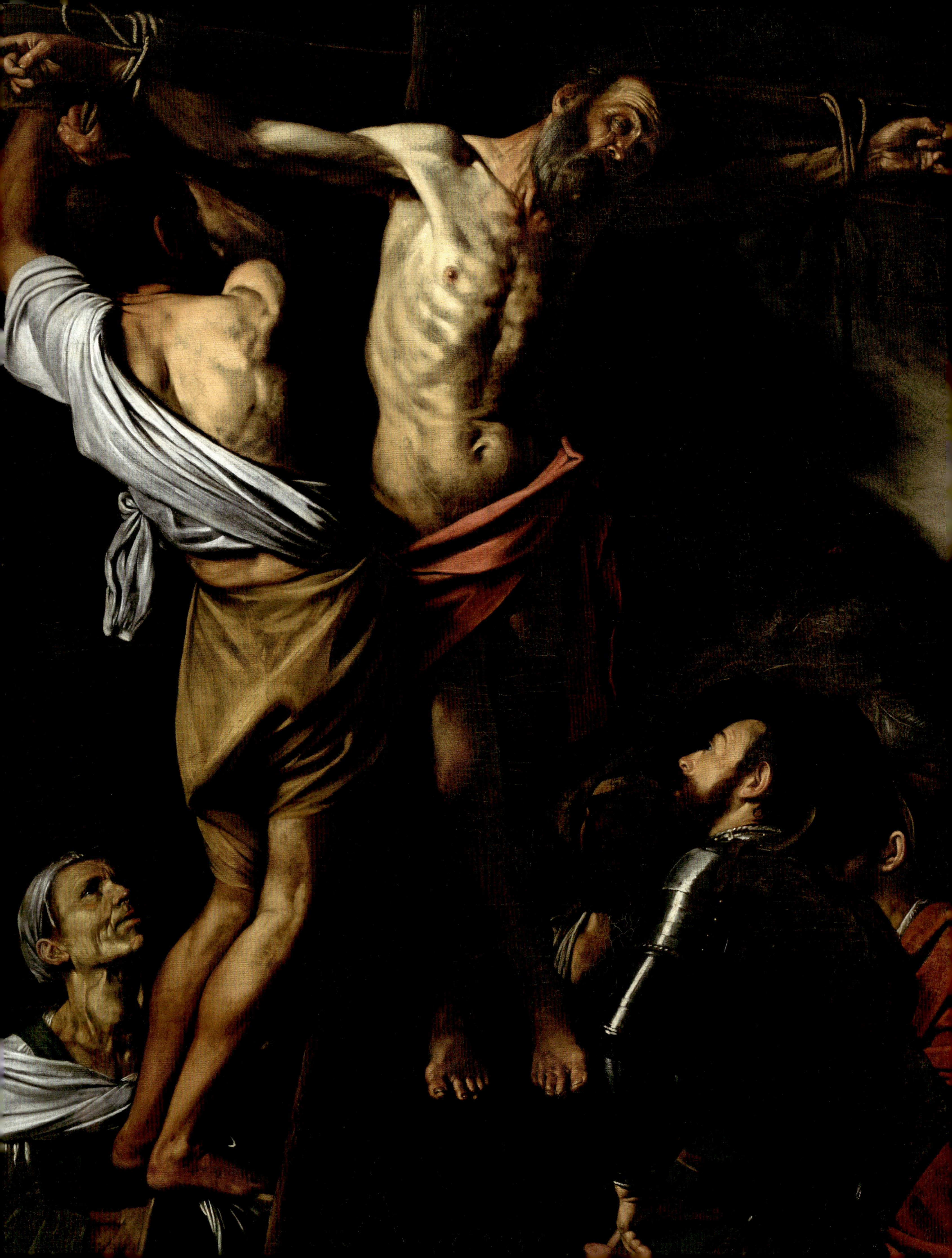

conferma nella già citata narrazione evangelica, che testimonia la presenza della Maddalena nel momento del perdono del Redentore.
Nel testo di Papa Francesco si trova evidenza della disparità di comportamento tra le donne e gli uomini, che viene scandita dall'esempio di Pietro, il *discepolo che Gesù amava*: perfino lui non dimostra di essere capace di rimanere saldo nell'amore per Cristo.
«*I sentimenti delle donne* (*cfr.* 24:2,5,8) *esplicitano il cammino di ricerca, che non si ferma allo sconcerto e al timore, ma perviene al recupero 'memoriale' delle parole di Gesù. Parole che divengono ora comprensibili proprio alla luce dell'annuncio pasquale, ma che restano, viceversa, incomprensibili per gli Apostoli*»[25]. «*Se i discepoli persistono nella loro ottusità e nella loro mancanza di fede, Pietro si reca al sepolcro. Il passaggio dalla perplessità alla chiarezza da parte delle donne è reso possibile dall'appello angelico a ricordare le parole di Gesù. E proprio questo fa la differenza fra le donne e Pietro*»[26]. «*Luca mostra che gli eventi chiedono una interpretazione, e la chiave di tale interpretazione sono le parole di Gesù a proposito della necessità della croce nel piano di Dio*»[27].
Se le «*parole di Gesù divengono comprensibili alla luce dell'annuncio pasquale*», Maria Maddalena, annunciatrice della Resurrezione, è colei che traduce per l'umanità l'ermeneutica del messaggio di Cristo, che neppure i discepoli riescono a comprendere. Ella, infatti, *recupera le parole di Gesù e fa da "memoriale"*; "*interpreta gli eventi e fa chiarezza*" spiegando le "*perplessità*". La chiave per la corretta interpretazione "*necessita della croce*".
Nel *Giudizio Universale* questo tema acquisisce una rilevanza assoluta e Michelangelo sembrerebbe averne rappresentato il concetto con tale eloquenza da estremizzare non solo l'intimità con la croce palesata nel gesto della donna che bacia la traversa, ma lo avrebbe ribadito attraverso la simbologia che rivela l'identità del gruppo costituito dal portacroce e dalla donna vestita di giallo, che fanno un tutt'uno al margine destro della parete.
Il tema principale, almeno per quanto riguarda il programma iconografico dell'affresco, non sembra tanto concentrarsi sulla differenza tra gli uomini e le donne (come vedremo, infatti, l'artista sembra più orientato alla rivalutazione del ruolo paritetico e complementare), quanto sul fatto che Maria di Màgdala fosse davvero l'Apostola degli Apostoli, assolutamente degna della croce: di gran lunga anche più di Pietro.
La figura della santa, per di più, racchiude in sé l'esempio di tutte le qualità che contraddistinguono le altre donne. Infatti lei si reca al sepolcro perché è incapace di stare lontana dal suo amato Gesù per via dell'immenso amore che prova per lui; un legame spirituale che stabilisce un'unione cosmica che va al di là di qualsiasi gesto terreno: di gran lunga oltre i rituali per onorare il corpo del Salvatore di una degna sepoltura.
È indubbio che il ruolo dell'Apostola sia unico, tanto che si può affermare come lei, insieme alla Vergine Maria, sia la donna più conosciuta attraverso le parole dei Vangeli. La Maddalena, inoltre, viene citata sempre per prima tra i nomi di altre figure femminili ed è la prima testimone della Resurrezione di Cristo.

[25] | FRANCESCO, *op. cit.*, p. 23.

[26] | *Ibidem*.

[27] | *Ibidem*, p. 24. Fonte CRIMELLA, *op. cit.*, pp. 365-366.

In Pope Francis' text there is evidence of the disparity in behaviour between women and men, which is marked by the example of Peter, *the disciple that Jesus loved*: even he does not demonstrate that he is capable of remaining steadfast in his love for Christ.
«*The feelings of the women* (*cf.* 24:2,5,8) *make the path of the research explicit, which does not stop with bewilderment and fear, but arrives at the 'memorial' recovery of the words of Jesus. Words which now become understandable precisely in the light of the Easter announcement, but which remain, vice versa, incomprehensible to the Apostles*».[25] «*While the disciples persist in their obtuseness and their lack of faith, Peter goes to visit the tomb. The women's transition from perplexity to clearness is made possible by the angelic call to remember the words of Jesus. And this is precisely what makes the difference between the women and Peter*».[26] «*Luke shows that events require an interpretation, and the key to this interpretation are the words of Jesus regarding the necessity of the cross in the plan of God*».[27]
If the «*words of Jesus become understandable in the light of the Easter announcement*», Mary Magdalene, announcer of the Resurrection, is the one who translates for humanity the hermeneutics of Christ's message, which not even the disciples are able to understand. She, in fact, *recovers the words of Jesus and acts as a "memorial"*; She "*interprets the events and clarifies*" explaining the "*perplexities*". The key to the correct interpretation "*needs the cross*".
In the *Last Judgement* this theme acquires absolute relevance and Michelangelo seems to have represented the concept with such eloquence as to exaggerate not only the intimacy with the cross revealed in the gesture of the woman kissing the crosspiece, but would have reiterated it through the symbolism that reveals the identity of the group constituted by the cross-bearer and the woman dressed in yellow, which act as one on the right side of the wall.
The main theme, at least with regard to the iconographic program of the fresco, does not appear to focus so much on the difference between men and women (as we will see, in fact, the artist seems more oriented towards the revaluation of the equal and complementary role), but rather on the fact that Mary Magdalene was truly the Apostle of the Apostles, absolutely worthy of the cross: even far more than Peter.
Furthermore, the figure of the saint embodies the example of all the qualities that distinguish other women. In fact, she goes to the tomb because she is incapable of staying away from her beloved Jesus because of the immense love she feels for him; a spiritual bond that establishes a cosmic union that goes beyond any earthly gesture: far beyond the rituals to honour the body of the Saviour with a worthy burial.
There is no doubt that the role of the Apostle is unique, so that it can be stated that she, together with the Virgin Mary, is the most well-known woman through the words of the Gospels. Furthermore, Magdalene is always mentioned first among the names of other female figures and is the first witness to the

[25] | FRANCIS, *op. cit.*, p. 23.

[26] | *Ibidem*.

[27] | *Ibidem*, p. 24. Source CRIMELLA, *op. cit.*, pp. 365-366.

Questo, naturalmente, Michelangelo lo sapeva bene.
La croce è il simbolo per eccellenza della conquista di una fede senza riserve. Una fede fondata su un amore talmente saldo da essere riconducibile all'unione cosmica che va oltre la vita stessa, scevra di tutte le fragilità che inducono in tentazione.
Maria Maddalena è degna della croce e, per questa ragione, le è consentito avvicinarsi al punto da stabilirci un rapporto intimo. Essendo questo *l'oggetto dei desideri dei santi* è implicito che si tratta di qualcosa che i santi stessi *ambiscono a raggiungere ma che non hanno ancora conquistato, perché persistono nell'"ottusità"*. Questa supposizione pare scontata dal momento che si può desiderare qualcosa quando ancora non ci appartiene. È lapalissiano che il desiderio della croce implica la sua preclusione fino a quando non se ne diventa degni. L'aspirazione alla sua conquista, quindi, rimarrà viva fino al giorno del *Giudizio* finale. Dio ha concesso all'umanità il tempo per redimersi (che coincide con i secoli che intercorreranno tra la prima e la seconda venuta di Cristo) e sarà con l'avvento della *Parusia* che Egli concederà o negherà la grazia.
La croce è un oggetto ricorrente nell'arte sacra ed è riferibile a diversi santi, ma in questa circostanza abbiamo già ribadito che è il rapporto intimo, estremizzato nell'atto di baciarne il legno, che scandisce la condizione di assoluto privilegio della donna bionda vestita di giallo.
Questi primi elementi, che potrebbero essere già dirimenti, rappresentano il punto di partenza per affrontare un ragionamento ben più complesso e profondo, volto a contestualizzare, osservare, ipotizzare, verificare e comprovare l'imprescindibile importanza che assumerebbe l'identificazione della figura della santa nell'impianto iconografico e iconologico dell'intero *Giudizio*.
La presenza della Maddalena aprirebbe il sipario su una nuova codifica dell'ermeneutica nell'affresco, che potenzierebbe enormemente la comunicazione dello straordinario, struggente e al contempo commovente *messaggio di speranza e di grazia* che Michelangelo avrebbe interpretato sulla parete dietro all'altare che accoglie i fedeli all'ingresso della Cappella.
In questo contesto ben si armonizza anche il legame tra il *Giudizio* e l'*Eucaristia*, che trova riscontro nell'antico canone romano della Messa; poiché prima della consacrazione delle ostie si chiede a Dio di accogliere l'offerta del pane e del vino e poi si pronunciano le parole: «*Salvaci o Signore dalla dannazione eterna ed accoglici nel gregge degli eletti*» ("*Ab aeterna dannatione nos eripi, et in eclectorum tuorum iubeas grege numerari*").
Di qui la necessità di palesare sulla parete il rinnovamento del messaggio di speranza e di salvezza del quale Maria Maddalena è testimone per eccellenza.
Osservando l'affollamento di santi e beati che occupano la composizione sorge spontanea una domanda: è mai possibile che la donna tanto amata da Cristo, l'evangelizzatrice del messaggio pasquale, "l'Apostola degli Apostoli", la santa che racchiude in sé un'importanza fondamentale sotto l'aspetto storico, iconografico, iconologico e teologico *non sia stata inclusa nella maestosa Sistina*?
Questo è il luogo per eccellenza della storia della cristianità. Ogni particolare al suo interno è stato progettato ed elaborato nei minimi dettagli dagli artisti più ingegnosi della storia dell'arte di tutti i tempi.

Resurrection of Christ. This, of course, Michelangelo knew it well.
The cross is the symbol par excellence of the conquest of an unreserved faith. A faith founded on a love so firm that it can be attributable to the cosmic union that goes beyond life itself, free of all the fragilities that lead to temptation.
Mary Magdalene is worthy of the cross and, for this reason, she is allowed to approach close enough to establish an intimate relationship with it. Since this is *the object of the saints' desires*, it is implicit that it is something that the saints themselves *aspire to achieve but which they have not yet conquered, because they persist in "dullness"*. This assumption seems obvious since we can want something when it doesn't yet belong to us. It is self-evident that the desire for the cross implies its foreclosure until one becomes worthy of it. The aspiration to conquer it, therefore, will remain alive until the day of the final *Judgement*. God has granted humanity the time to redeem itself (which coincides with the centuries that will elapse between the first and the second coming of Christ) and it will be with the advent of the *Parousia* that He will grant or deny grace.
The cross is a recurring object in sacred art and it can be referred to various saints, but in this case, we have already reaffirmed that it is the intimate relationship, taken to the extreme in the act of kissing the wood, which marks the condition of absolute privilege of the blond woman dressed in yellow.
These first elements, which could already be decisive, represent the starting point to address a much more complex and profound reasoning, aimed at contextualising, observing, hypothesising, verifying and proving the essential importance of the identification of the figure of the saint in the iconographic and iconological system of the entire *Judgement*.
The presence of the Magdalene would open the curtain on a new encoding of hermeneutics in the fresco, which would enormously enhance the communication of the extraordinary, touching and at the same time moving *message of hope and grace* that Michelangelo would have interpreted on the wall behind the altar which welcomes the faithful at the entrance of the Chapel.
In this context, the link between the *Judgement* and the *Eucharist* also harmonizes well, which is reflected in the ancient Roman canon of the Mass; since before the consecration of the hosts we ask God to accept the offering of bread and wine and then we pronounce the words: «*Save us, O Lord, from eternal damnation and welcome us into the flock of the elect*» ("*Ab aeterna dannatione nos eripi, et in eclectorum tuorum iubeas grege numerari*").
Hence the need to reveal on the wall *the renewal of the message of hope and salvation* of which Mary Magdalene is the witness par excellence.
Observing the overcrowding of saints and blessed who occupy the composition, a question arises spontaneously: is it ever possible that the woman so loved by Christ, the evangeliser of the Easter message, "the Apostle of the Apostles", the saint who contains within herself a fundamental importance from a historical, iconographic, iconological and theological point of view *has not been included in the magnificent Sistine Chapel*?
This is the place par excellence in the history of Christianity. Every detail inside was designed and elaborated in minute detail by the most ingenious artists in the history of art of all time.

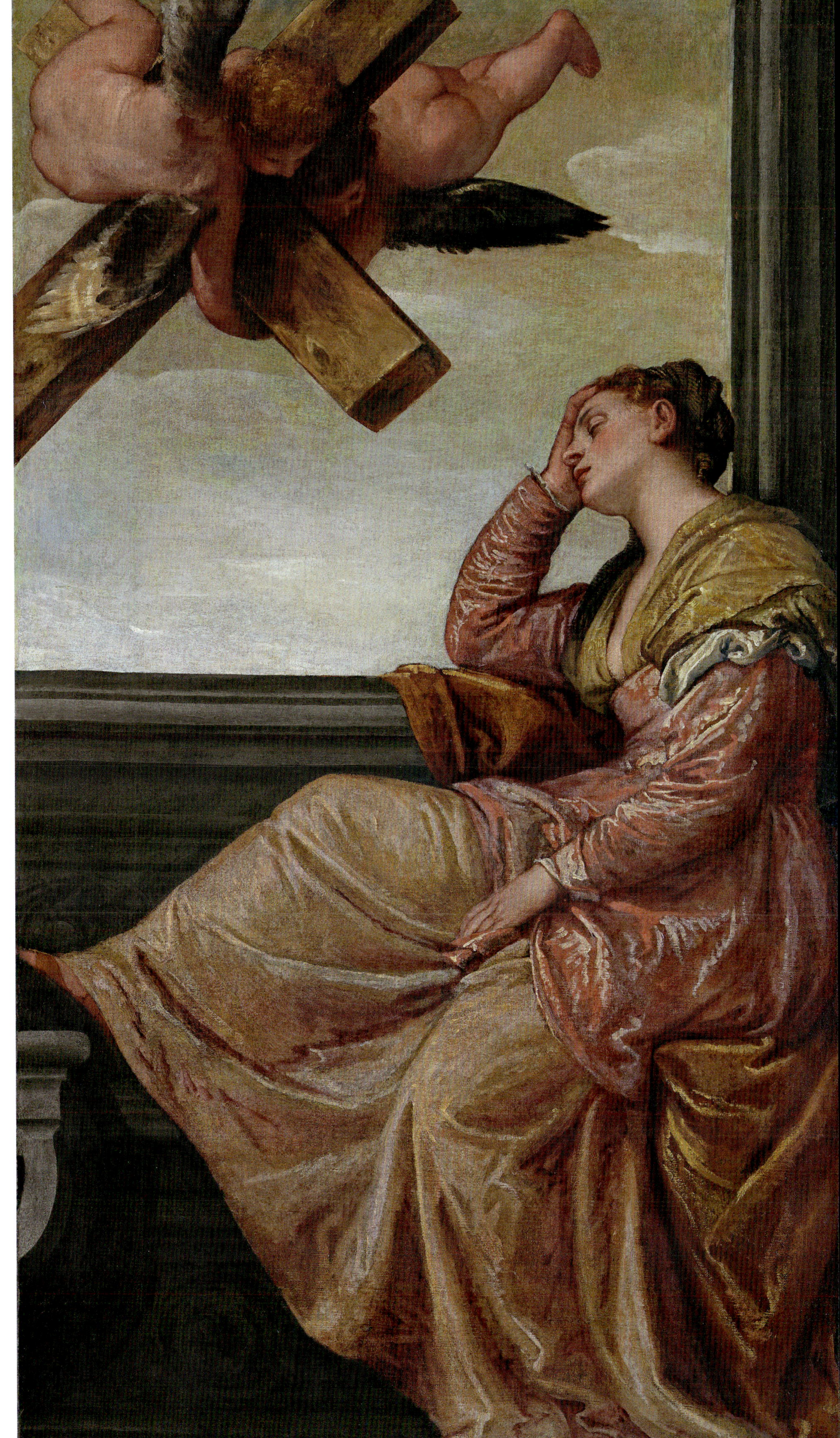

Paolo Veronese, *Sogno di Sant'Elena*,
1575-1578, 198 × 116 cm,
National Gallery, Londra.

Paolo Veronese, *The Vision of Saint Helena*,
1575-1578, 198 × 116 cm,
National Gallery, London.

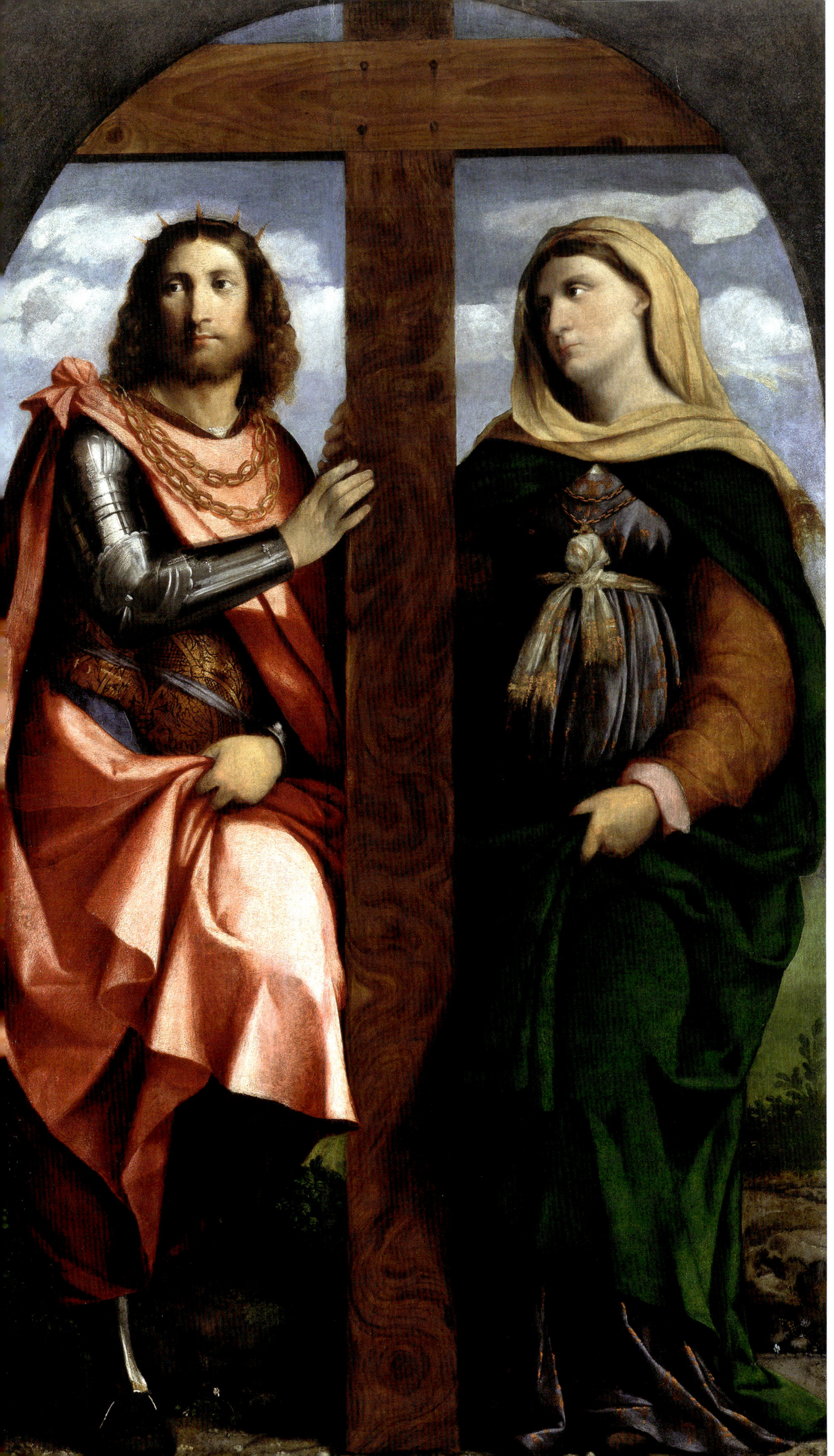

Palma il Vecchio, *San Costantino e Sant'Elena*, 1520-1522, 163 × 84 cm, Pinacoteca di Brera, Milano.

Palma il Vecchio, *Saint Constantine and Saint Helen*, 1520-1522, 163 × 84 cm, Brera Art Gallery, Milan.

(Alle pagine 60-61)
Michelangelo Buonarroti, *Figura a destra del Cristo Giudice che si copre la bocca con la mano, ipoteticamente identificata da Padre Pfeiffer come Maria Maddalena*. Dettaglio dal *Giudizio Universale*, 1536-1541, affresco, 1370 × 1200 cm, Cappella Sistina, Città del Vaticano.

(On pages 60-61)
Michelangelo Buonarroti, *Figure to the right of Christ the Judge covering his mouth with his hand, hypothetically identified by Father Pfeiffer as Mary Magdalene*. Detail from the *Last Judgement*, 1536-1541, fresco, 1370 × 1200 cm, Sistine Chapel, Vatican City.

(A pagina 63)
Caravaggio, *Crocifissione di San Pietro*, 1600, olio su tavola, 230 × 175 cm, Santa Maria del Popolo, Roma.

(On page 63)
Caravaggio, *Crucifixion of Saint Peter*, 1600, oil on panel, 230 × 175 cm, Santa Maria del Popolo, Rome.

Non riesco ad immaginare una valida spiegazione che possa colmare il vuoto di colei che assunse un tale rilievo da essere riconosciuta come la donna che, «*per riassumere in un'unica parola l'intero Vangelo*», Gesù chiama per nome: «*Maria!*»[28].
La sua assenza, proprio nel contesto della *Parusia*, evidenzierebbe una vera e propria contraddizione: sia per una sorta di "trascuratezza" rispetto ai testi sacri; sia per l'inconcepibile "disattenzione" che avrebbe dimostrato Michelangelo nel non includerla. Tale prerogativa non è certamente propria di un artista del suo spessore.
Il tema della salvezza, per di più, è una delle ragioni dell'esistenza del *Giudizio* stesso.
Per molti la santa è l'emblema dell'umanità schiava del peccato e, in tal senso, interpreta il riferimento alla *progenitrice del male nel mondo*. Ella, tuttavia, è anche il prototipo della possibilità di riscatto, che viene concessa grazie alla perseveranza e alla redenzione.
La presenza di Maria Maddalena nel *Giudizio Universale* assumerebbe un profondo significato, poiché «*il monito e la redenzione dei peccati rappresentano l'esortazione a riflettere, nella consapevolezza dei dolenti che, più che mai nell'effige di Maria di Màgdala, simboleggiano il pianto dell'umanità*»[29].
Occorre aprire una parentesi per ricordare che Pfeiffer, sebbene con qualche esitazione, riconosce la santa in una figura tra quelle del gruppo di destra, tra Apostoli e discepole: «*La donna più giovane con la veste verde-gialla del peccato, parimenti spaventata dal Giudizio di condanna, è probabilmente Maria di Màgdala*»[30].
Lo studioso, pertanto, prende in considerazione il fatto che la santa sia presente nell'affresco di Michelangelo, anche se l'identificazione del teologo non coincide con l'ipotesi avanzata in questo testo.

I cannot imagine a valid explanation that can fill the void of the person who assumed such prominence and was recognised as the woman who, "*to summarise the entire Gospel in a single word*", Jesus calls by name: "*Mary*!".[28]
Her absence, precisely in the context of the *Parousia*, would highlight a real contradiction: both due to a sort of "negligence" with respect to the sacred texts; both for the inconceivable "carelessness" that Michelangelo would have shown in not including her. This prerogative is certainly not typical of an artist of his calibre!
The theme of salvation, moreover, is one of the reasons for the existence of the *Judgement* itself.
For many people, the saint is the emblem of humanity enslaved by sin and, in this sense, interprets the mention of the *progenitor of evil in the world*. However, she is also the prototype of the possibility of liberation, which is granted thanks to perseverance and redemption.
The presence of Mary Magdalene in the *Last Judgement* would assume a profound significance since «*the warning and the redemption of sins represent the exhortation to reflect, in the awareness of the mourners who, more than ever in the effigy of Mary Magdalene, symbolise the tears of humanity*».[29]
It is necessary to open a parenthesis to remember that Pfeiffer, although with some hesitation, recognises the saint in a figure among those of the group on the right-hand side, among the Apostles and disciples «*The youngest woman with the green-yellow robe of sin, equally frightened by the Judgement of condemnation, is probably Mary Magdalene*».[30]
The expert therefore, takes into consideration the fact that the saint is present in Michelangelo's fresco, even if the theologian's identification does not coincide with the hypothesis advanced in this text.

L'APOSTOLA DEGLI APOSTOLI

In questo testo si indagano una molteplicità di evidenze, comprovandole non solo sulla base dalla tipologia iconografica riferibile a Maria di Màgdala ma, soprattutto, cercando conferma tanto nei testi bibliografici quanto nella tradizione cristiana e nelle interpretazioni artistiche di tutti i tempi.
La storia del culto della santa è antichissima e, anche grazie al mistero che ha contribuito a renderne viva la memoria, non è mai stata dimenticata.
«*L'iconografia di Maria Maddalena si dispiega con una ricchezza senza pari*»[31].
Nel testo di Papa Francesco il ruolo della Maddalena viene evidenziato quale «*esempio di vera e autentica evangelizzatrice, ossia, di*

THE APOSTLE OF THE APOSTLES

In this text a multitude of evidence is investigated, proving it not only on the basis of the iconographic typology referable to Mary of Magdala but, above all, seeking confirmation both in bibliographic texts as well as in the Christian tradition and in the artistic interpretations of all times.
The history of the cult of the saint is very ancient and it has never been forgotten, also thanks to the mystery that has contributed to keep her memory alive.
«*The iconography of Mary Magdalene unfolds with a richness without equal*».[31]
In Pope Francis' text, the role of Magdalene is highlighted as «*an example of a true and authentic evangeliser, that is, of an Evangelist*

[28] | FRANCESCO, *op. cit.*, p. 28. Fonte D. BARSOTTI, *Meditazioni sulle apparizioni del risorto*, Queriniana, Brescia, 1989, p. 32.

[29] | Vedi nota 13.

[30] | H.W. PFEIFFER, *op. cit.*, p. 229.

[31] | AA.VV., *op. cit.*, p. 1105.

[28] | FRANCIS, *op. cit.*, p. 28. Source D. BARSOTTI, *Meditations on the apparitions of the risen Christ*, Queriniana, Brescia, 1989, p. 32.

[29] | See fn. 13.

[30] | H. W. PFEIFFER, *op. cit.*, p. 229.

[31] | AA. VV., *op. cit.*, p. 1105.

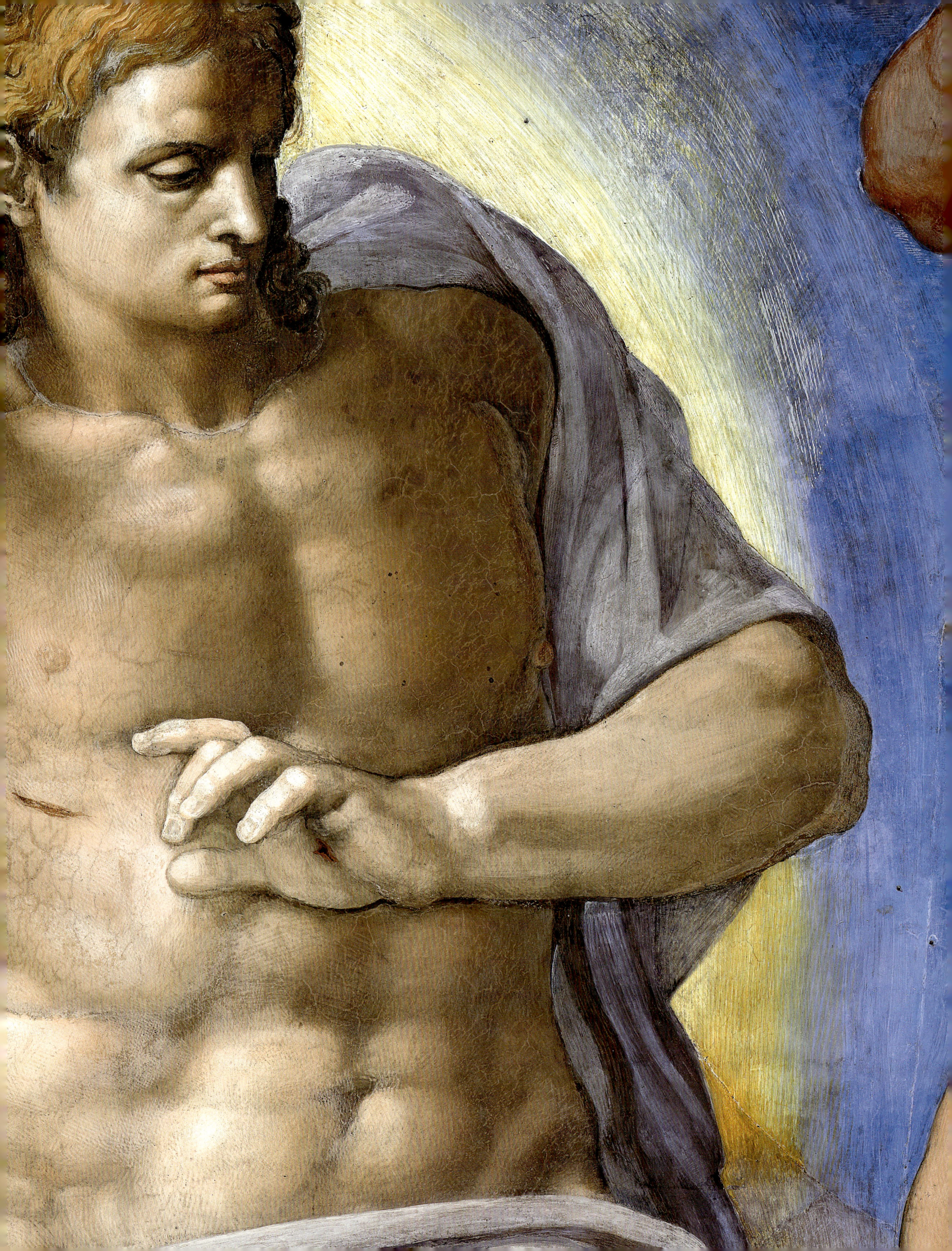

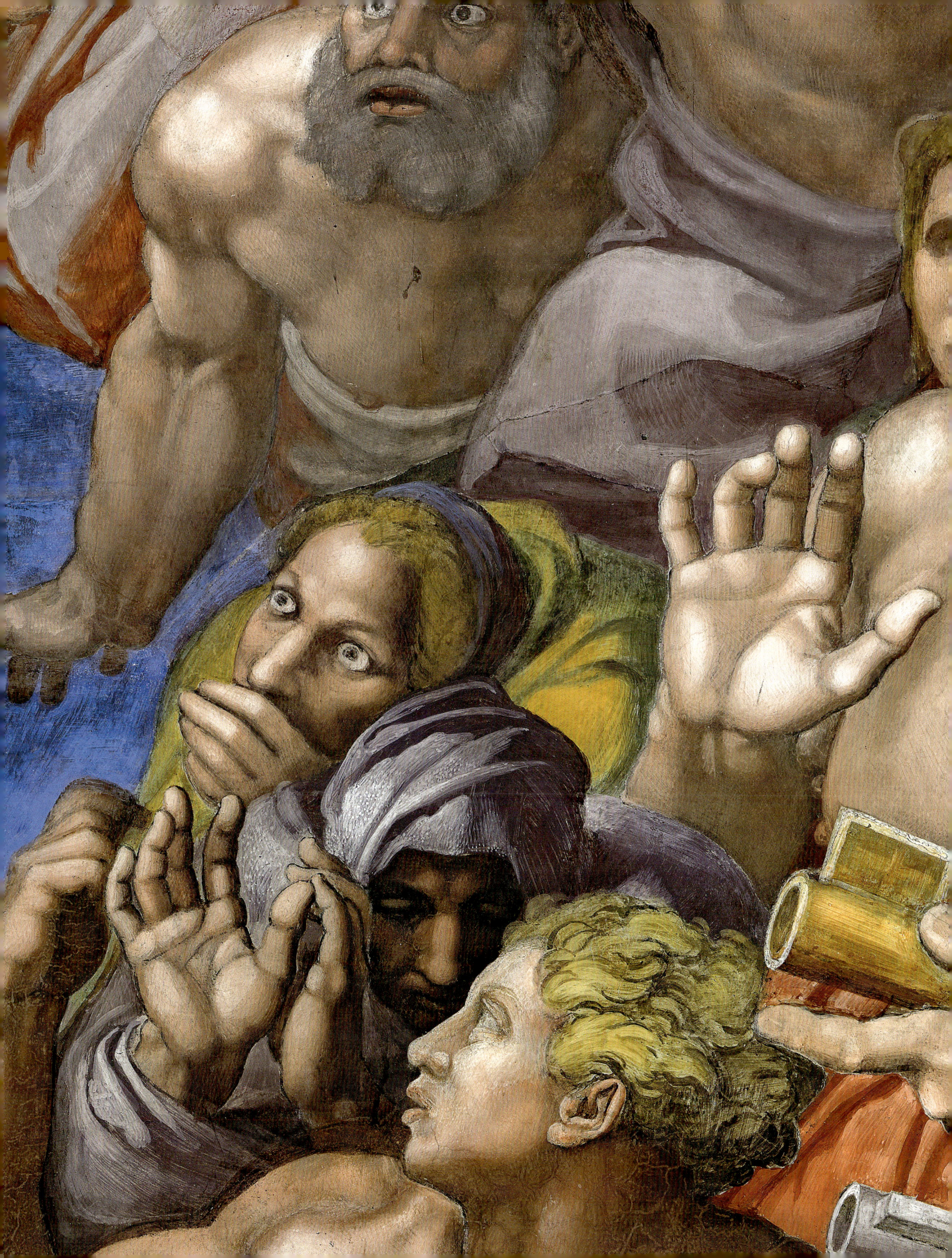

una Evangelista che annunci il gioioso messaggio centrale della Pasqua»[32]. *«Ci sono voluti parecchi secoli prima che ricevesse riconoscimento ufficiale il ruolo di 'Apostola degli Apostoli' che a Maria Maddalena era stato attribuito sin dal III secolo e poi variamente riproposto»*[33].

In un trattato attribuito a Rabano Mauro del XIII secolo, si dice che «*Il Salvatore (…) la istituì Apostola per gli Apostoli della sua ascensione, premiando – con una degna ricompensa di grazia e di gloria e con primo e particolare privilegio di onore – colei che, a buon diritto guida di tutte le sue collaboratrici grazie ai suoi meriti, aveva istituito poco prima evangelista della Resurrezione*»[34].

È incredibile come tutte queste evidenze si armonizzino l'una con l'altra per convergere verso l'effettiva identificazione della santa nell'affresco.

Tommaso d'Aquino afferma che Maria fu resa Apostola degli Apostoli perché a lei fu affidato il compito di annunciare ai discepoli la Resurrezione del Signore: affinché «*come una donna per prima annunciò all'uomo parole di morte, così una donna annunciasse per prima parole di vita*»[35].

Nell'arte di tutti i tempi è assai frequente individuare la presenza della santa durante la Crocifissione, ai piedi della croce, mentre abbraccia il legno della croce.

Maria Maddalena diventa l'esempio della forza profusa nella fede e nell'amore per Gesù, che non solo farà di lei la prediletta del Salvatore, ma la sua immagine diventerà un modello di rettitudine persino per gli Apostoli.

La santa è l'esempio e la guida di colei che ha conquistato la grazia, la gloria e il primo privilegio di onore: dunque è stata purificata dal peccato originale prima della *Parusia*, quando sarà l'umanità a dover acquisire consapevolezza della qualità etica del proprio operato al cospetto di Dio.

È lei che annuncia le parole di morte e di vita.

Gesù l'ha resa *evangelista della Resurrezione*, dunque ella svolge un ruolo fondamentale come "vicaria" di Dio. Nel contesto del *Giudizio Universale* il suo ruolo è imprescindibile, poiché queste citazioni rendono evidente quanto sia essenziale la presenza di Maria di Màgdala quale esempio di come si conquista la salvezza: concetto chiave nella prefigurazione dell'avvento della *Parusia*. Il giorno del Giudizio, quando l'umanità verrà giudicata, Maria di Màgdala sarà già al fianco di Cristo Redentore.

[32] | FRANCESCO, *op. cit.*, p. 10. Nota 3: A. ROCHE, *Apostolorum apostola*, articolo che accompagna il Decreto istituzionale della festa (https://www.vatican.va/roman_curia/congregations/ccdds/documents/articolo-roche-maddalena_it.pdf).

[33] | «Ippolito di Roma nel suo commento al Cantico propone a suo [di Maria Maddalena] riguardo intuizioni che troveranno eco e fortuna nella tradizione successiva. In particolare Maria viene considerata l'"Apostola degli Apostoli" che, con altre "mirofore", compensa con l'obbedienza la caduta di Eva (HIPOL., *Cant.*, 24-25)» (R. INFANTE, *Maria Maddalena tra Oriente e Occidente: Romano il Melode e Gregorio Magno*, in "Studia Antiqua et Archeologica", n. 12, 2006, p. 136). Nota 4: (a cura di) FRANCESCO, *Apostola degli Apostoli. Maria di Màgdala nelle parole del Papa*, Editore Castelvecchi, maggio 2017, pp. 10-11.

[34] | «*Salvator… ascensioni suae eam ad apostolos instituit apostolam, digna mercede gratiae et gloriae, primoque et praecipuo honiris privilegio, digne pro meriti omnium ministrarum suarum remunerans signiferam, quam ante modicum instituerat resurrectionis Evangelistam*» (Ps. RABANO MAURO, *De vita beatae Mariae Magdalenae*, 27). Nota 5: FRANCESCO, *Apostola degli Apostoli. Maria di Màgdala nelle parole del Papa*, Editore Castelvecchi, maggio 2017, pp. 10-11.

[35] | «*Facta est apostolorum apostola, per hoc quod ei committitur ut resurrectionem dominicam discipulis annuntiet: ut sicut mulier viro primo nuntiavit verba mortis, ita et munire primo nuntiaret verba vitae*» (TOMMASO D'AQUINO, *In Joannem Evangelistam expositio*, in *Opera omnia*, X, Parma, 1861, p. 629). Nota 6: FRANCESCO, *op. cit.*, p. 11

who announces the joyful central message of Easter».[32]
«It took several centuries before she received official recognition in the role of 'Apostle of the Apostles' which had been attributed to Mary Magdalene since the 3rd century and then variously re-proposed».[33]

In a treatise attributed to Rabano Mauro of the 13th century, it is said that «*The Saviour (…) instituted her as an Apostle for the Apostles of his ascension, rewarding – with a worthy reward of grace and glory and with a first and particular privilege of honour – the one who, rightfully leader of all her collaborators thanks to her merits, had shortly before instituted her as the evangelist of the Resurrection*».[34]

It is incredible how all these evidences harmonise together to converge towards the effective identification of the saint in the fresco.

Thomas Aquinas states that Mary was made Apostle of the Apostles because she was entrusted the responsibility of announcing the Resurrection of the Lord to the disciples: so that «*just as a woman was the first to announce words of death to man, therefore a woman should be the first to announce words of life*».[35]

In the art of all the times it is very common to identify the presence of a saint during the Crucifixion, *at the foot of the cross, while she embraces the wood of the cross.* Mary Magdalene becomes the example of the strength lavished in the faith and in the love for Jesus, which not only will make her the Saviour's favourite, but her image will become a model of righteousness even for the Apostles.

The saint is the example and guide of the one who conquered grace, glory and the first privilege of honour: therefore, she was purified from original sin before the *Parousia*, when humanity will have to acquire awareness of the ethical quality of its own work before God.

She is the one who announces the words of death and life.

Jesus made her an *evangelist of the Resurrection* therefore, she plays a fundamental role as "vicar" of God.

In the context of the *Last Judgement*, her role is fundamental, since these quotes make clear how essential the presence of Mary Magdalene is as an example of how salvation is achieved: a key concept in the prefiguration of the advent of the *Parousia*. On Judgement Day, when humanity will be judged, Mary Magdalene will already be at the side of Christ the Redeemer.

[32] | FRANCIS *op. cit.*, p. 10. Note 3: A. ROCHE, *Apostolorum apostola*, article accompanying the Institutional Decree of the feast (https://www.vatican.va/roman_curia/congregations/ccdds/documents/articolo-roche-maddalena_it.pdf).

[33] | «Hippolytus of Rome in his commentary on the Canticle offers insights which will find an echo and fortune in later tradition in her regard [Mary Magdalene's]. In particular, Mary is considered the "Apostle of the Apostles" who, with other "Myrrh Bearers", compensates with obedience the fall of Eve (HIPOL., *Cant.*, 24-25)" (R. INFANTE, *Mary Magdalene between East and West: Romanus the Melodist and Gregory the Great*, in "Studia Antiqua et Archeologica", nr. 12, 2006, p. 136. Note 4: (by) FRANCIS, *Apostle of the Apostles. Mary of Magdala in the words of the Pope*, Castelvecchi Publisher, May 2017, pp. 10-11.

[34] | «*Salvator… ascensioni suae eam ad apostolos instituit apostolam, digna mercede gratiae et gloriae, primoque et praecipuo honiris privilegio, digne pro meriti omnium ministrarum suarum remunerans signiferam, quam ante modicum instituerat resurrectionis Evangelistam*» (Ps. RABANO MAURO, *De vita beatae Mariae Magdalenae*, 27). Note 5: FRANCIS, *Apostle of the Apostles. Mary of Magdala in the words of the Pope*, Castelvecchi Publisher, May 2017, pp. 10-11.

[35] | «*Facta est apostolorum apostola, per hoc quod ei committitur ut resurrectionem dominicam discipulis annuntiet: ut sicut mulier viro primo nuntiavit verba mortis, ita et munire primo nuntiaret verba vitae*» (THOMAS AQUINAS, *In Joannem Evangelistam expositio*, in *Opera omnia*, X, Parma, 1861, p. 629). Note 6: FRANCIS, *op. cit.*, p. 11.

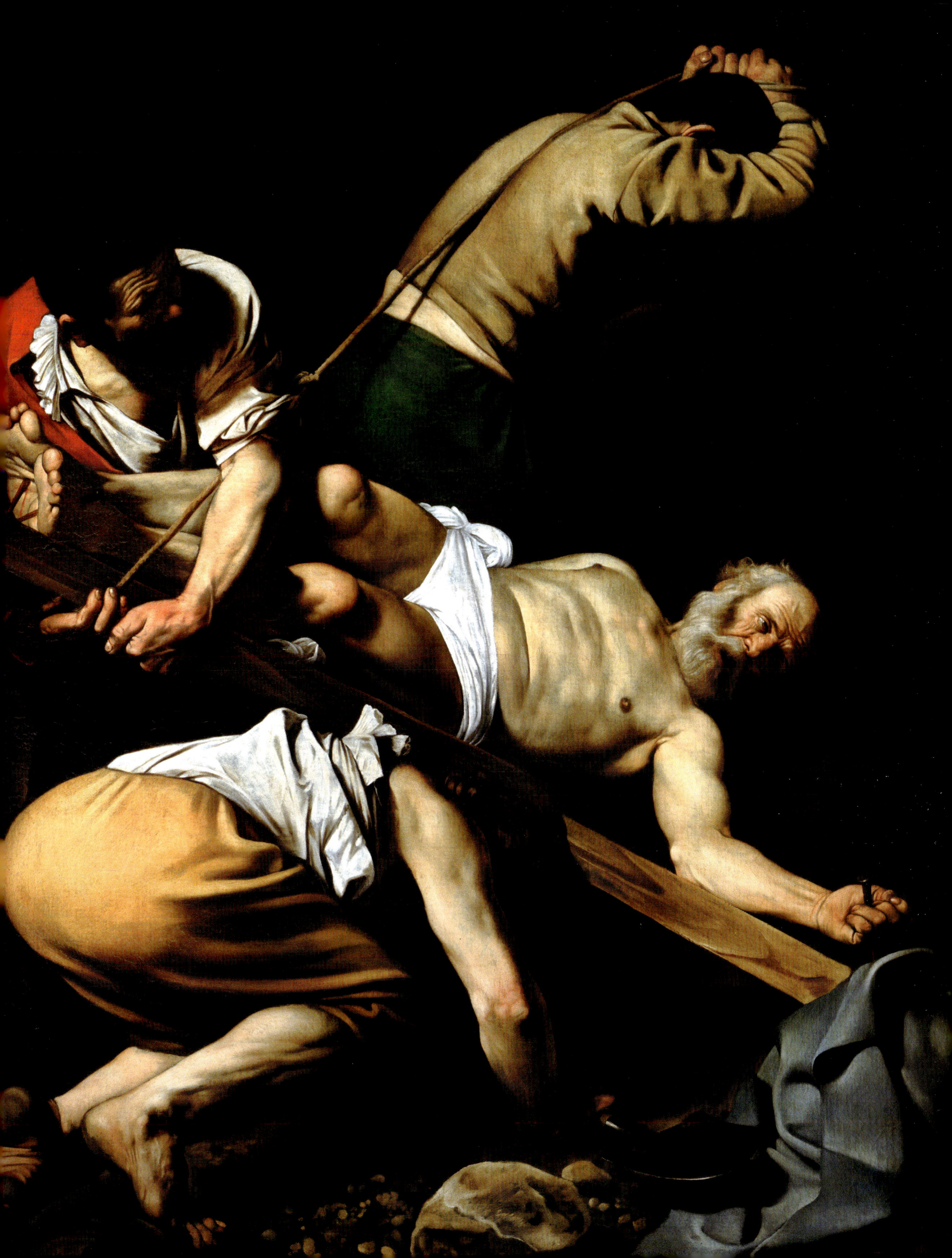

L'INTRAMONTABILE FASCINO DELLA DONNA PIÙ MISTERIOSA DELLA STORIA DELLA CRISTIANITÀ

La tipologia iconografica di Maria di Màgdala "*si dispiega in una ricchezza senza pari*", ma possiamo dividerla sostanzialmente in due momenti: *prima della conversione* e *come penitente*.
L'abito rosso, che spesso indossa la Maddalena nell'iconografia tradizionale, di solito si rifà al primo modello e allude all'espressione simbolica della sua fragile umanità che l'ha indotta a peccare e alla vita dissoluta che la donna avrebbe condotto prima di pentirsi e di implorare e ottenere il perdono di Gesù.
È fondamentale evidenziare che l'abito rosso, proprio perché riferito alla condizione di fragilità, è prevalentemente riconducibile alla vita della santa prima della sua conversione, prima del cordoglio per i suoi peccati e prima del perdono ricevuto da Cristo.
D'altro canto occorre tenere presente che lei è anche l'emblema del pianto dell'umanità e, come tale, è rappresentativa della condizione del genere umano.
La chiave simbolica che si riferisce alla sua *fragile umanità*, dunque, andrebbe forse messa a fuoco in un'ottica meno personale (meno individuale) e più emblematica. L'immagine della santa andrebbe ricondotta: prima della conversione alla metafora della difficoltà dell'essere umano nel discernere il bene dal male; e poi, come penitente, all'esempio di rettitudine che si conquista attraverso la capacità di discernimento, fino alla scelta incondizionata di seguire Cristo.
Per comprendere la complessa figura di Maria Maddalena è fondamentale tenere presente che, se da un lato ella è l'emblema della fragilità umana, contestualmente è anche l'icona della redenzione del genere umano; pertanto interpreta entrambe le condizioni: prima della conversione (fragile umanità) e poi quella penitente (redenzione). Ma è la determinazione con la quale la santa rimane salda nell'amore per Cristo, senza indugiare mai, a scandire il definitivo passaggio tra la prima e la seconda condizione.
È questa fermezza che la rende unica e degna della croce, tanto da divenire l'esempio di rettitudine persino per gli Apostoli.
L'immagine della santa dovrebbe essere reinterpretata in chiave molto più attuale: semplicemente come emblema dell'umanità incapace di compiere una scelta e di rimanere salda in essa; alla quale si contrappone l'esempio della determinazione in Cristo, che conduce alla salvezza.
Questo orientamento si rivelerebbe più adeguato, perché prenderebbe le distanze dall'ormai superata ricostruzione storica riferita agli ipotetici trascorsi della donna come una prostituta.
I tempi moderni sembrano anche palesare l'esigenza di chiarire il delicato tema del ruolo di Maria Maddalena al fianco di Cristo, al fine di stabilire un equilibrio definitivo in merito alla sua legittimazione nella storia e nella cristianità.
Il thriller *Il codice da Vinci* di Dan Brown, con la romanzesca interpretazione di Maria Maddalena, è diventato un best seller di incalcolabile successo. Ha ottenuto una straordinaria popolarità e ha raggiunto tutto il mondo affermando e consolidando la

THE TIMELESS CHARM OF THE MOST MYSTERIOUS WOMAN IN THE HISTORY OF CHRISTIANITY

The iconographic typology of Mary of Magdala "*unfolds itself in a richness without equal*", but we can essentially divide it into two moments: *before the conversion and as a penitent*.
The red dress, which Magdalene often wears in traditional iconography, usually refers to the first model and alludes to the symbolic expression of her *fragile humanity* which led her to sin and to the dissolute life that the woman would have led before repenting and imploring and obtaining Jesus' forgiveness.
It is essential to highlight that the red dress, precisely because it refers to the condition of fragility, is mainly attributable to the life of the saint before her conversion, before the condolence for her sins and before the forgiveness received from Christ.
On the other hand, we have to keep in mind that she is also the emblem of humanity's tears and, as such, she is representative of the condition of mankind.
The symbolic key that refers to her *fragile humanity*, therefore, should perhaps be focused on a less personal perspective (less individual) and more on an emblematic perspective. The image of the saint should be traced back to: before the conversion to the metaphor of the difficulty of human beings in discerning good from evil; and then, as a penitent and example of righteousness that is achieved through the capacity of discernment up to the unconditional choice to follow Christ.
In order to understand the complex figure of Mary Magdalene it is essential to keep in mind that, if on the one hand she is the emblem of human fragility, at the same time she is also the icon of the *redemption* of the human race; she therefore interprets both conditions: before the conversion (fragile humanity) and then the penitent (redemption). But it is the determination with which the saint remains steadfast in her love for Christ, without ever hesitating, that marks the final transition between the first and the second condition.
It is this firmness that makes her unique and worthy of the cross, so as to become the example of righteousness even for the Apostles.
The image of the saint should be reinterpreted in a much more modern key: simply as the emblem of humanity incapable of making a choice and remaining steadfast in it; which is opposed to the example of the determination in Christ, that leads to salvation.
This direction would be more appropriate, because it would distance itself from the now outdated historical reconstruction which refers to the woman's hypothetical past as a prostitute.
Modern times also seem to reveal the need to clarify the delicate issue of Mary Magdalene's role alongside Christ, in order to establish a definitive balance regarding her legitimation in history and Christianity.
The thriller *The Da Vinci Code* by Dan Brown, with the fictional interpretation of Mary Magdalene, has become a best seller of incalculable success. It obtained extraordinary popularity and has spread throughout the world, affirming and consolidating the celebrity of the movie (and the book), counting on the charm, which has never faded over the centuries, which accompanies

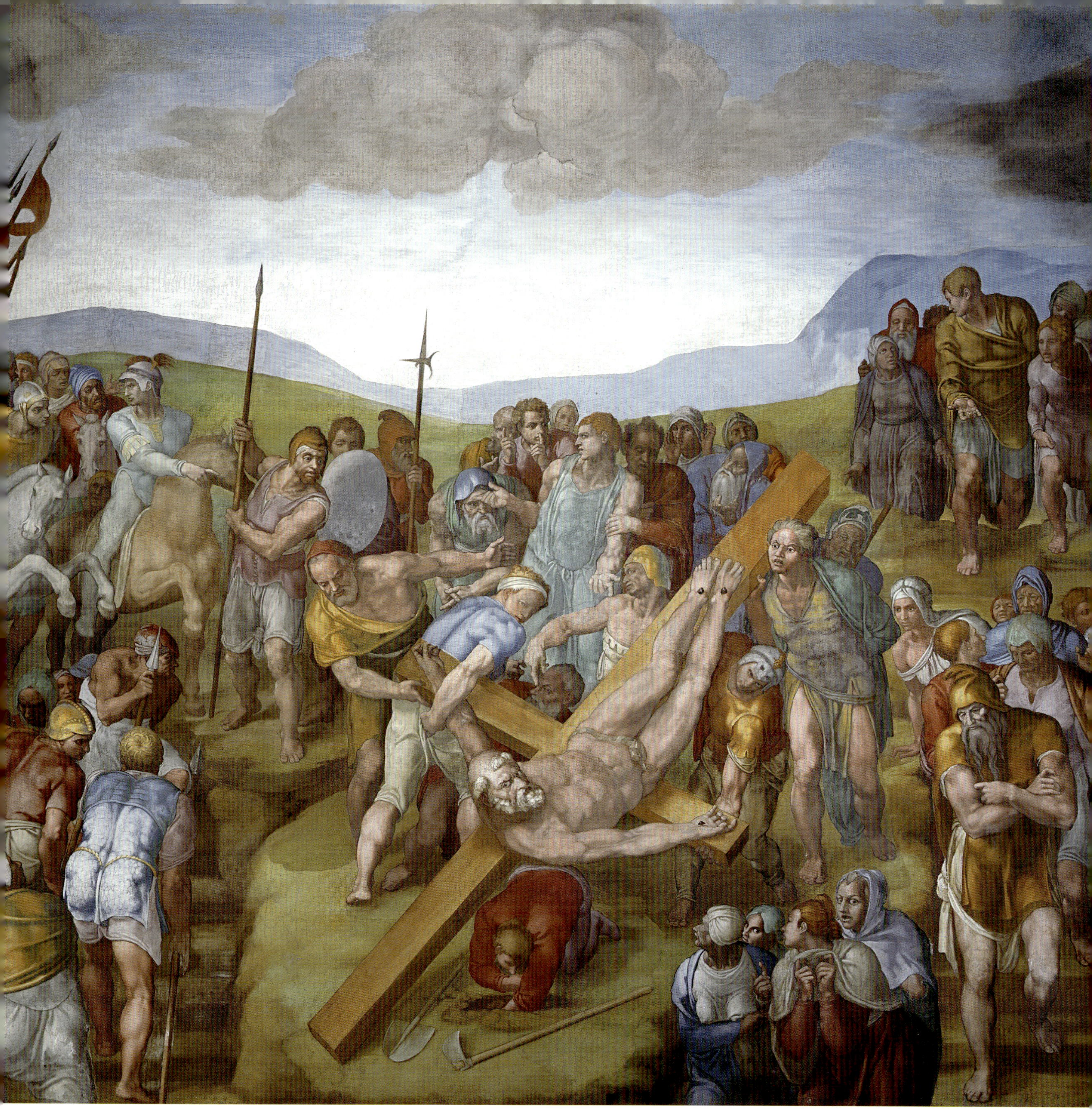

Michelangelo Buonarroti, *Crocifissione di San Pietro*, 1545-1550, affresco, 625 × 662 cm, Cappella Paolina, Palazzi Vaticani, Città del Vaticano.

Michelangelo Buonarroti, *Crucifixion of Saint Peter*, 1545-1550, fresco, 625 × 662 cm, Pauline Chapel, Vatican Palaces, Vatican City.

(A pagina 66)
Masaccio, *Crocifissione*, 1426, olio su tavola, 83 × 63 cm, Museo Nazionale di Capodimonte, Napoli.

(On page 66)
Masaccio, *Crucifixion*, 1426, oil on panel, 83 × 63 cm, National Museum of Capodimonte, Naples.

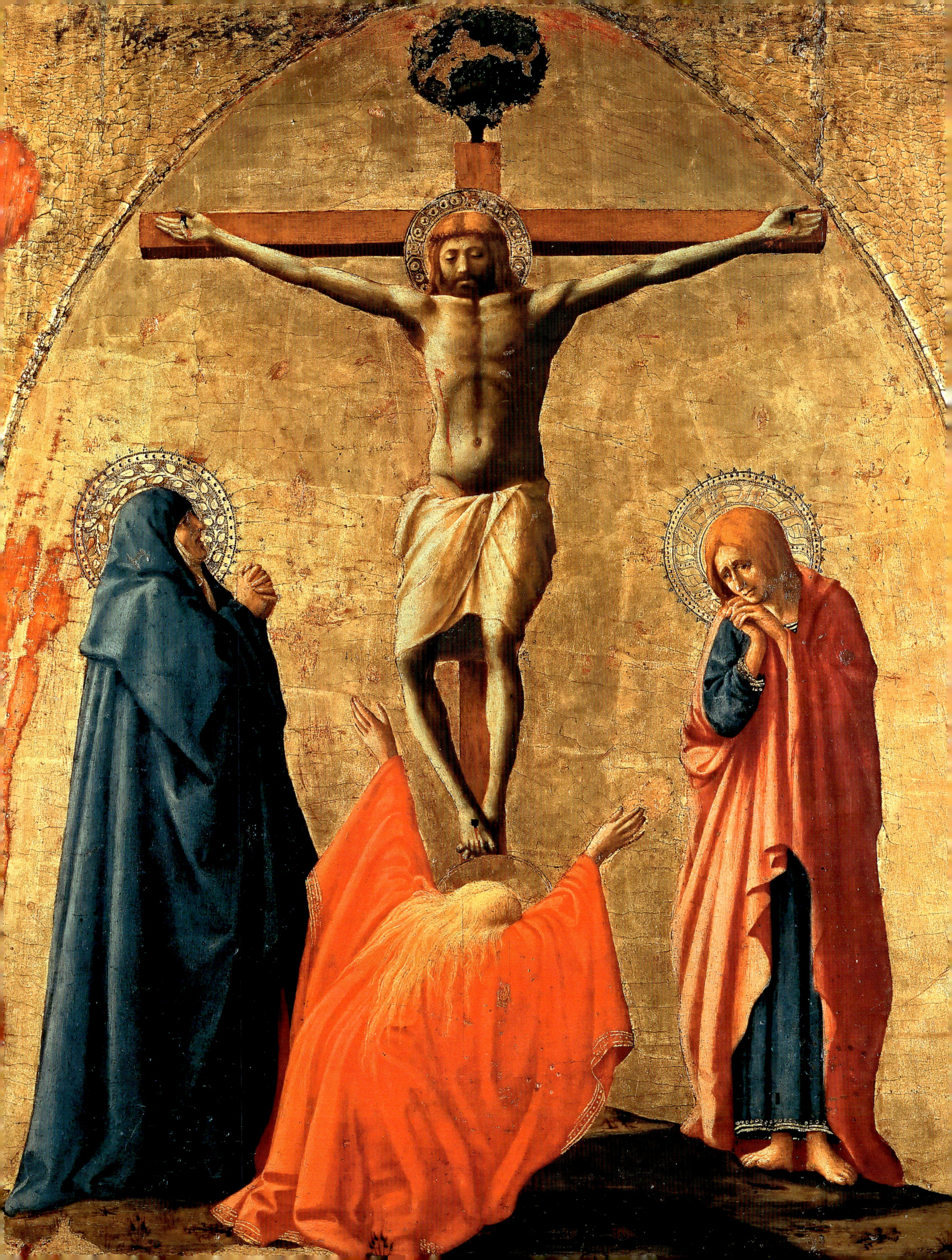

celebrità del film (e del libro), facendo perno sul fascino, mai affievolito attraverso i secoli, che accompagna la storia di questa donna misteriosa e che ha costantemente alimentato curiosità, indiscrezioni e leggende che stimolano e incoraggiano da sempre l'interesse di tutti (a prescindere dalla religione di appartenenza) e che si prestano facilmente al coinvolgimento del grande pubblico.

Non si può sottovalutare il fatto che sono in molti ad aver interpretato nel romanzo di Dan Brown la rivelazione di una verità che la Chiesa avrebbe deliberatamente occultato attraverso i secoli e che sarebbe stata svelata per mezzo di uno strumento efficace e accessibile a tutti come l'appassionante thriller che, però, non ha una finalità documentale né scientifica e che implica arbitrarie interpretazioni circa la vita di Gesù, di Maria Maddalena e dello "spinoso" tema del ruolo della donna nella Chiesa.

In buona sostanza si tratta di un'efficacissima operazione commerciale, ma che sconfina in pericolosi e forvianti equivoci che inducono spesso in inganno.

Sul piano scientifico e teologico la speculazione sulla figura della santa causa, da secoli, profonde e significative implicazioni religiose, per le quali la Chiesa deve conservare il ruolo guida e ripristinare il giusto equilibrio nel rispetto della verità.

Il 3 giugno del 2016 Papa Francesco ha stabilito, con un decreto emanato dalla Congregazione per il Culto Divino e la Disciplina dei Sacramenti, che il 22 luglio sia celebrata la "Festa di Santa Maria Maddalena". Nel 2017 ha pubblicato il già citato libro *Apostola degli Apostoli. Maria di Màgdala nelle parole del Papa*: un testo teologico a carattere scientifico, fondato sulla verità dei Vangeli e sulla lungimiranza di una Chiesa rinnovata.

Anche questo testo ha ottenuto un tale successo che non è facile trovarlo in commercio.

La grande richiesta non può che confermare non solo quanto l'argomento susciti interesse e curiosità, ma anche come la *figliolanza* di Dio senta la necessità di ottenere risposte ufficiali per illuminare la via della fede in Cristo.

I presupposti per il rinnovamento erano già germogliati con Papa Giovanni Paolo II, come si ricorda anche nel Decreto del 2016: «*Fu San Giovanni Paolo II a dedicare una grande attenzione non solo all'importanza delle donne nella missione stessa di Cristo e della Chiesa, ma anche, e con speciale risalto, alla peculiare funzione di Maria di Màgdala quale prima testimone che vide il Risorto e prima messaggera che annunciò agli apostoli la risurrezione del Signore* (*cfr. Mulieris dignitatem, n. 16*)»[36].

Con l'operato di Papa Francesco la Chiesa ha preso posizione su questo delicato tema, "ribadendo", con straordinaria lungimiranza, il Suo ruolo di guida preposta ad indicare ai fedeli la via verso una cristianità capace di rispondere alle esigenze dei tempi moderni. Un rinnovamento tanto coraggioso quanto essenziale, che si traduce in un forte messaggio di speranza, poiché si estende anche nell'accogliere tutti i fedeli nella casa di Dio: abbattendo ogni barriera discriminatoria, anche nei confronti delle coppie di fatto e degli omosessuali.

[36] | https://www.vatican.va/roman_curia/congregations/ccdds/documents/articolo-roche-maddalena_it.pdf

the story of this mysterious woman and which has constantly fed curiosity, indiscretions and legends that have always stimulated and encouraged everyone's interest (regardless of their religion) and which easily engage the involvement of the public.

It cannot be underestimated that many have interpreted Dan Brown's novel as the revelation of a truth that the Church had deliberately hidden throughout the centuries and which would have been revealed by means of an effective tool accessible to all such as the exciting thriller which, however, has no documentary or scientific purpose and which implies arbitrary interpretations regarding the life of Jesus, Mary Magdalene and the "thorny" issue of the role of women in the Church.

Basically, it is a very effective commercial operation, but trespasses into dangerous and misleading misunderstandings that often deceive. On a scientific and theological level, speculation on the figure of the saint has caused, for centuries, profound and significant religious implications, for which the Church must maintain its leading role and restore the right balance in respect of the truth.

On 3rd June, 2016, Pope Francis established, with a decree issued by the Congregation for Divine Worship and the Discipline of the Sacraments, that the "Feast of Saint Mary Magdalene" will be celebrated on 22nd July. In 2017 he published the aforementioned book *Apostle of the Apostles. Mary of Magdala in the words of the Pope*: a theological and scientific text, founded on the truth of the Gospels and on the foresight of a renewed Church.

This text has also achieved such a success that it is not so easy to find. The great request can only confirm not only how much the topic arouses interest and curiosity, but also how *the sonship* of God feels the need to obtain official answers to illuminate the path of faith in Christ.

The prerequisites for the renewal had already germinated with Pope John Paul II, as also recalled in the 2016 Decree: «*It was Saint John Paul II who dedicated great attention not only to the importance of women in the mission of Christ and the Church, but also, and with special emphasis, to the peculiar function of Mary Magdalene as the first witness who saw the Risen Lord and the first messenger who announced the resurrection of the Lord to the Apostles* (*cf. Mulieris dignitatem, n. 16*)».[36]

With the work done by Pope Francis, the Church has taken a position on this delicate issue, "reaffirming", with extraordinary foresight, its role as a guide responsible for outlining the way to the faithful towards a Christianity capable of responding to the needs of modern times. A renewal as courageous as essential, which translates into a strong message of hope, because it also extends in welcoming all the faithful into the house of God: tearing down every discriminatory barrier, even towards de facto couples and homosexuals.

The Decree continues as follows: «*This importance continues today in the Church – this is demonstrated by the current commitment to a new evangelisation – which wants to welcome, without any distinction, men and women of any race, people, language and nation* (*cf. Apocalypse* 5:9), *to announce to them the good news of the Gospel of Jesus Christ, to accompany them on their earthly pilgrimage and to*

[36] | https://www.vatican.va/roman_curia/congregations/ccdds/documents/articolo-roche-maddalena_it.pdf

Il Decreto continua così: «*Questa importanza prosegue oggi nella Chiesa – lo manifesta l'attuale impegno di una nuova evangelizzazione – che vuole accogliere, senza alcuna distinzione, uomini e donne di qualsiasi razza, popolo, lingua e nazione* (*cfr. Apocalisse* 5:9), *per annunciare loro la buona notizia del Vangelo di Gesù Cristo, accompagnarli nel loro pellegrinaggio terreno ed offrir loro le meraviglie della salvezza di Dio. Santa Maria Maddalena è un esempio di vera e autentica evangelizzatrice, ossia, di una evangelista che annuncia il gioioso messaggio centrale della Pasqua* (*cfr. Colletta del 22 luglio e nuovo prefazio*)»[37].

La "*Nuova Stagione della Chiesa*" abolisce le discriminazioni tra fedeli e, implicitamente, è come se prendesse posizione nel palesare il vero messaggio cristiano: non spetta all'uomo giudicare!

Coloro che pronunciano sentenze nei confronti dei loro fratelli trasgrediscono perché sconfinano nel fanatismo e, tratti in inganno dalla loro presunzione, disobbediscono a Dio scatenando la medesima collera che ha dato origine alla condanna inflitta all'uomo divenuto mortale. Si tratta, dunque, di una *reiterazione del peccato originale*.

Del resto è stato proprio Gesù ad insegnarci a "*non giudicare*", forse perché questo ruolo spetta solo a Lui: un concetto esplicito nel *Giudizio*.

L'umanità, infatti, è tutta uguale: «*Qui sine peccato est vestrum, primus lapidem mittat*» ("*Chi tra voi è senza peccato scagli la pietra per primo*", *Giovanni* 8:7).

Cristo vuole riunire il Suo gregge e riportare a sé proprio coloro che perdono la via: è questa la missione che ha affidato ai Suoi vicari.

Se gli uomini e le donne sono tutti egualmente figli di Dio, allora un altro tema essenziale del Decreto del 2016 è insito nel riportare i vicari di Cristo ad assolvere all'incarico del quale sono investiti: la difficile missione di contrastare il male affinché il gregge del Signore non si disperda e possa essere accolto nel Regno dei Cieli liberandolo dalla sofferenza. Nel giorno della *Parusia* il demonio, che è causa di tormento, afflizione, angoscia e dannazione, verrà sconfitto definitivamente.

La vera missione, pertanto, è salvare i più fragili e non lasciare che rimangano soli e preda del demonio.

La "*Nuova Stagione della Chiesa*" testimonia un cambiamento epocale ed è implicito come il riconoscimento della figura di Maria di Màgdala ne rappresenti un simbolo imprescindibile e quanto mai attuale: ella è testimone della volontà di Dio nel concedere tempo alla sua figliolanza affinché possa redimersi.

La figura della santa, nella quale converge e coesiste la duplice tipologia iconografica che contraddistingue il passaggio tra le diverse condizioni – peccatrice e redenta –, testimonia che la fragilità dell'essere umano può essere superata attraverso la volontà, la capacità di discernimento e la determinazione in Cristo. Un messaggio di speranza fortissimo.

La legittimazione della figura di Maria Maddalena come Apostola degli Apostoli induce a riflettere anche sul ruolo della donna come paritetico e complementare a quello dell'uomo.

La storia è testimone del susseguirsi, dalla morte di Cristo e attraverso i secoli, dei più svariati tentativi per ridimensionare e "occultare" il ruolo di Maria Maddalena.

[37] | *Ibidem*.

offer them the wonders of God's salvation. Saint Mary Magdalene is an example of a true and authentic evangeliser, that is, of an evangelist who announces the joyful central message of Easter (*cf. Collect for 22 July and the new Preface*)».[37]

The "*New Season of the Church*" abolishes discrimination between believers and, implicitly, it is as if it were taking a stand in revealing the true Christian message: it is not for man to judge!

Those who pronounce sentences against their brothers transgress because they trespass into fanaticism and, deceived by their presumption, disobey God by triggering the same anger that gave rise to the conviction inflicted on man who had become mortal. Therefore, it is a *reiteration of the original sin*.

After all, it was Jesus himself who taught us "*not to judge*" perhaps because this role belongs only to Him: an explicit concept in the *Judgement*.

In fact, humanity is all the same: «*Qui sine peccato est vestrum, primus lapidem mittat*» ("*He that is without sin among you, let him first cast a stone*", *John* 8:7).

Christ wants to reunite His flock and bring back those who lose their way: this is the mission He has entrusted to His vicars.

If men and women are all equally children of God, then another essential theme of the 2016 Decree is inherent in bringing the vicars of Christ back to fulfil the task with which they are invested: the difficult mission of opposing evil so that the flock of the Lord does not disperse and can be welcomed into the Kingdom of Heaven, freeing them from suffering. On the day of the *Parousia* the devil, who causes torment, affliction, anguish and damnation, will be definitively defeated.

The true mission, therefore, is to save the most fragile and not let them remain alone and prey of the devil.

The "*New Season of the Church*" bears witness to an epochal change and it is implicit that the recognition of the figure of Mary Magdalene represents an essential and very contemporary symbol: she is a witness of God's will in granting time to his sonship so that it can redeem itself.

The figure of the saint, in which the dual iconographic typology that distinguishes the passage between the different conditions – sinner and redeemed – converges and coexists, testifying that the fragility of the human being can be overcome through will, the ability to discern and the determination in Christ. A very strong message of hope.

The legitimation of the figure of Mary Magdalene as Apostle of the Apostles also leads us to reflect on the role of the women as equal and complementary to that of the man.

History bears witness to the sequence, from the death of Christ and through the centuries, of the most various attempts to reduce and "hide" the role of Mary Magdalene.

The allusions to the sinful woman imply the erroneous association of the saint with Eve and, therefore, with the temptress woman. This reference accredits and reinforces the misunderstanding of the vision of the female figure not only as a sinner, but also as the one who deceives, inducing man to commit sin.

[37] | *Ibidem*.

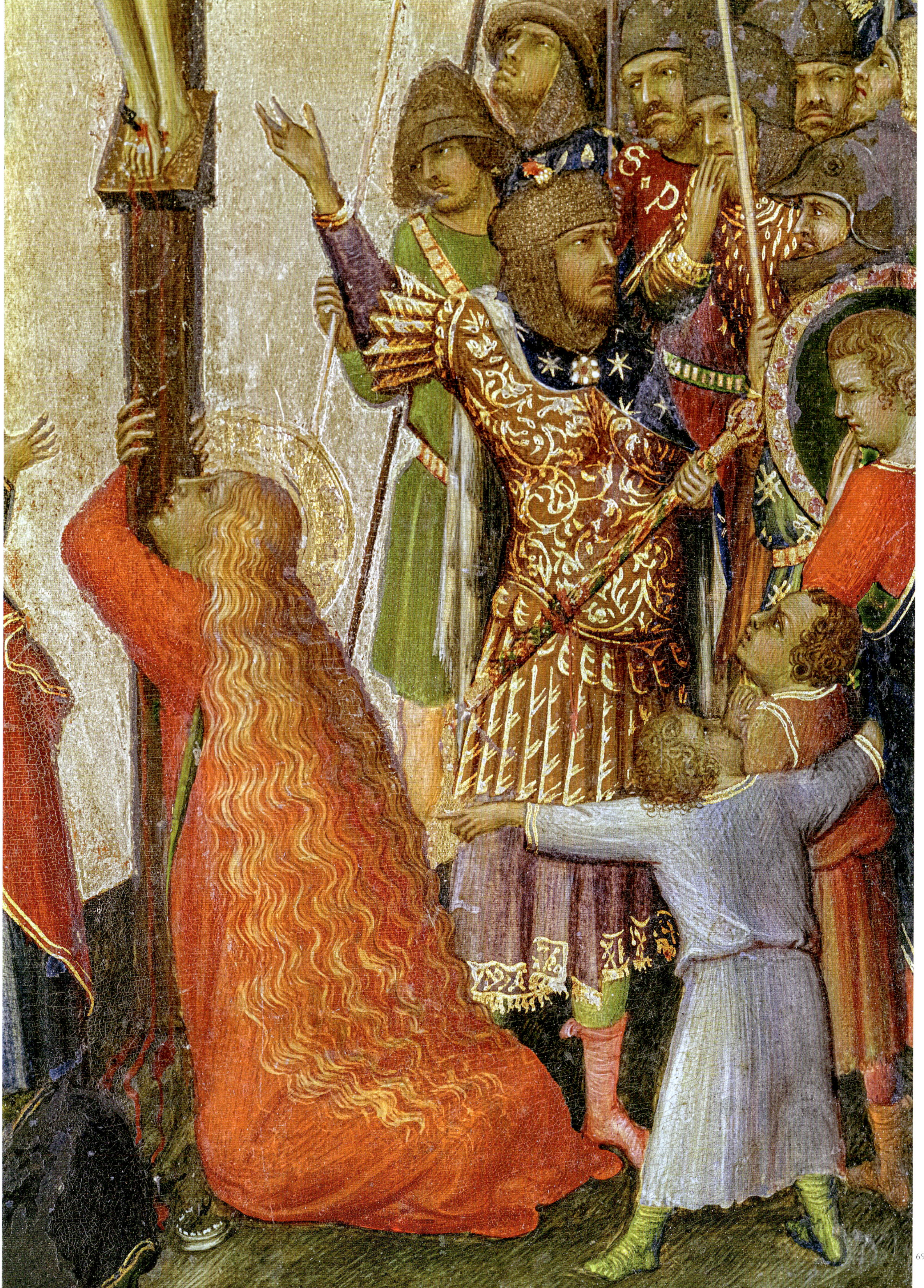

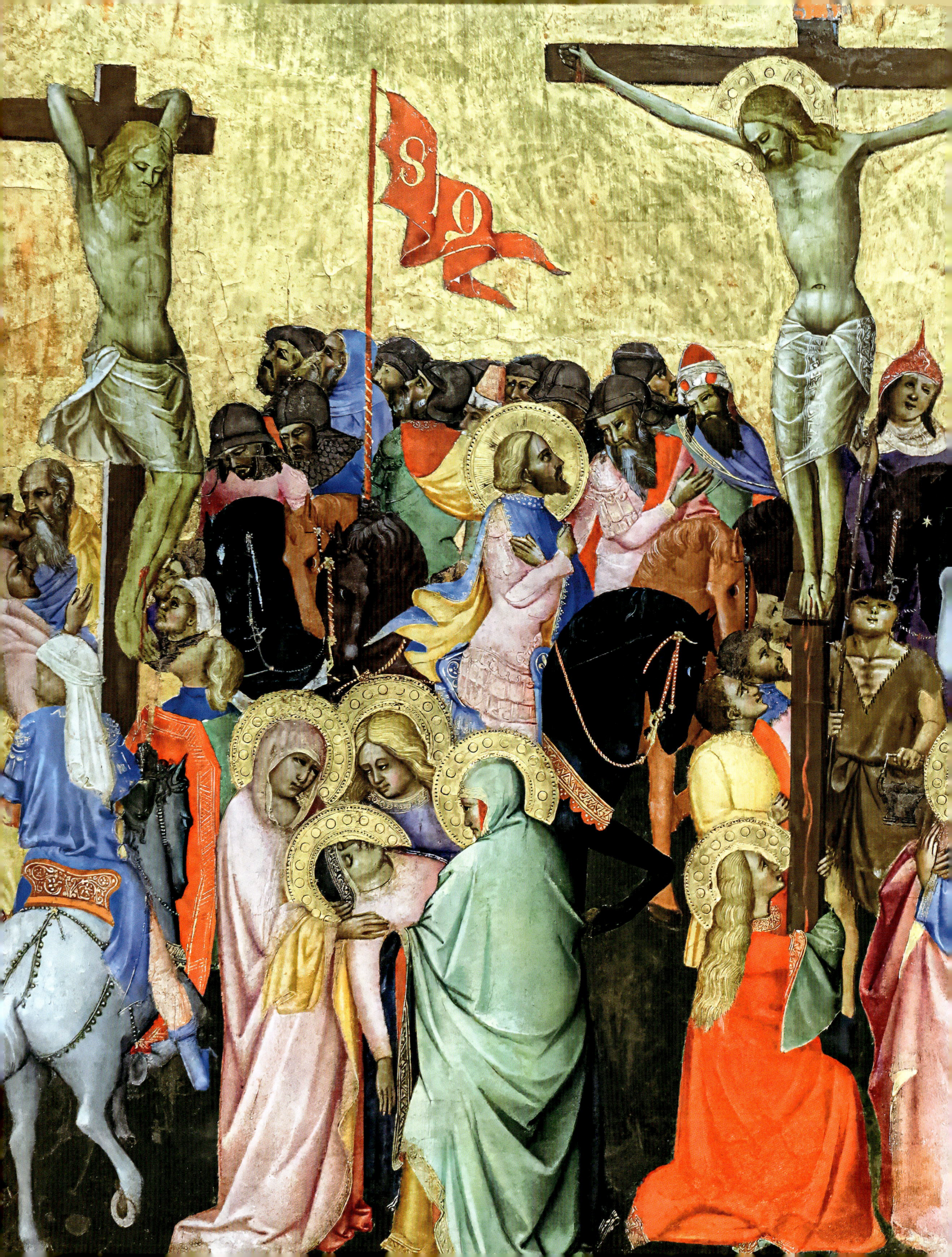

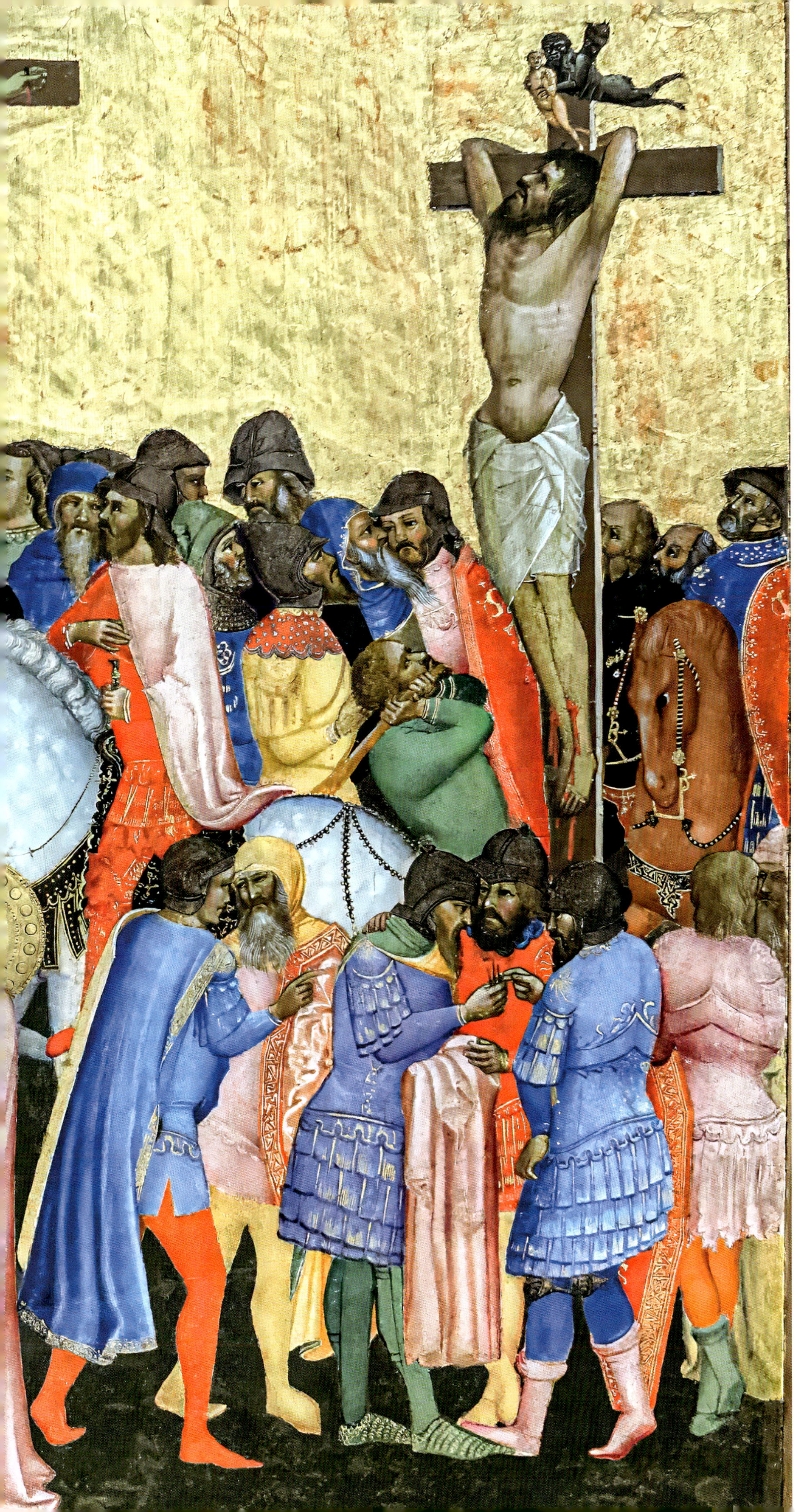

Agnolo Gaddi, *Crocifissione*, 1390-1396, tempera e oro su tavola, 59 × 77 cm, Galleria degli Uffizi, Firenze.

Agnolo Gaddi, *Crucifixion*, 1390-1396, tempera and gold on panel, 59 × 77 cm, Uffizi Gallery, Florence.

(A pagina 69)
Simone Martini, *Maria Maddalena*, 1320-1330, tempera e oro su tavola, 24,4 × 15,5 cm. Dettaglio dal pannello della *Crocifissione* dal *Polittico Orsini*, Musée Royal des Beaux-Arts, Anversa.

(On page 69)
Simone Martini, *Mary Magdalene*, 1320-1330, tempera and gold on panel, 24.5 × 15.5 cm. Detail from the *Crucifixion* panel from the *Orsini Polyptych*, Musée Royal des Beaux-Arts, Antwerp.

(Alle pagine 72-73)
Benedetto Bonfigli, *Crocifissione di Gesù Cristo*, 1465-1466, tempera su tavola, 36 × 50 × 7 cm, Galleria Nazionale dell'Umbria, Perugia.

(On pages 72-73)
Benedetto Bonfigli, *Crucifixion of Jesus Christ*, 1465-1466, tempera on panel, 36 × 50 × 7 cm, National Gallery of Umbria, Perugia.

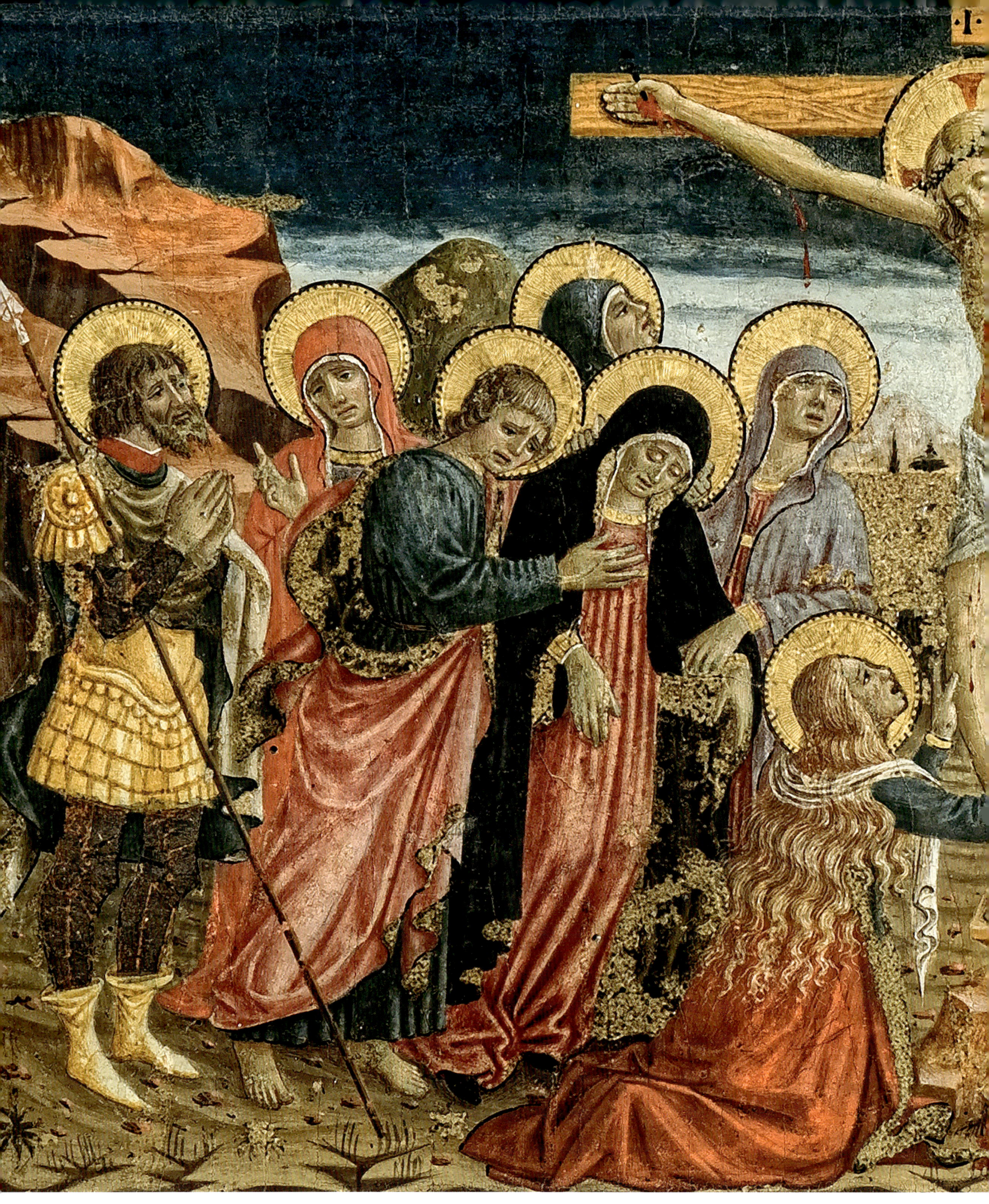

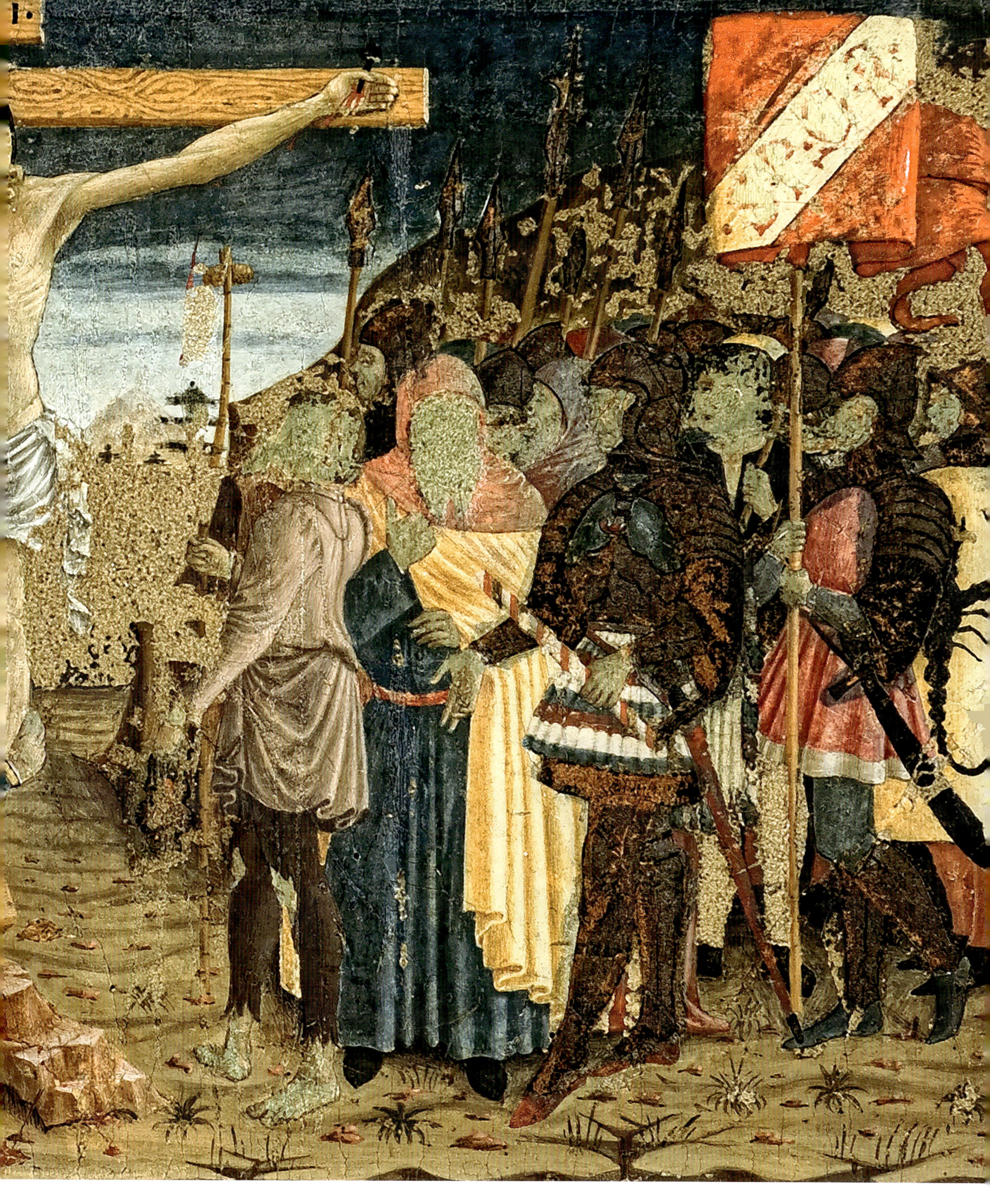

Le allusioni alla donna peccatrice implicano l'erronea associazione della santa a Eva e, quindi, alla donna tentatrice. Questo richiamo accredita e rafforza l'equivoco della visione della figura femminile non solo come peccatrice, ma anche come colei che inganna, inducendo l'uomo a commettere il peccato.
In realtà l'unico termine di paragone tra Eva e la santa è nel fatto che entrambe assumono un ruolo preminente sul genere maschile: Eva per la sua ingannevolezza che induce l'uomo a mangiare il frutto proibito; Maria Maddalena quale esempio di rettitudine persino per gli Apostoli per la sua determinazione nel rimanere salda nell'amore per Cristo. Il paragone pare più in contrasto che in collegamento. Ma c'è di peggio. Non è forse questa una sorta di implicita convalida circa la privazione della capacità di discernimento del genere maschile?
Una simile notazione equivarrebbe ad affermare la prevaricazione della donna sulla capacità di discernimento dell'uomo (nel bene e nel male) e la netta disparità tra i due sessi: sia per il coraggio che per la determinazione nel prendere decisioni in autonomia.
Queste considerazioni accreditano il terrificante equivoco circa la supposta disparità tra l'uomo e la donna nella capacità di distinguere il bene dal male: si tratta, in verità, di un esplicito pregiudizio "discriminatorio" nei confronti del genere maschile.
Sfortunatamente da qui si innesca un meccanismo psicologico terrificante: perché una delle conseguenze insite nel riconoscimento del ruolo preminente della donna è la paura di perderne il controllo, con la conseguente esigenza di prevaricarla, mortificarla e sottometterla. Un tema, purtroppo, molto attuale.
Tutto ciò è sconcertante e in contrasto con il concetto cristiano per il quale dovremmo essere tutti uguali e anche con quello di unione cosmica: perché nega il principio secondo il quale l'uomo e la donna sono paritetici e complementari.
Si tratta di giganteschi paradossi, poiché la capacità di discernimento rappresenta la facoltà che Dio ha concesso all'umanità intera, senza distinzione alcuna. Dirimente il racconto dei Vangeli, secondo il quale fu proprio Gesù, come noto, ad accogliere al suo seguito sia gli uomini che le donne.

In reality the only term of comparison between Eve and the saint is in the fact that both of them assume a prominent role on the male gender: Eve for her deceptiveness which leads the man to eat the forbidden fruit; Mary Magdalene as an example of righteousness even for the Apostles for her determination to remain steadfast in the love for Christ.
The comparison seems more a contrast than a connection.
But there's worse. Isn't this a sort of implicit confirmation that regards the deprivation of the male gender's ability to discern? Such a notation would be equivalent to affirming the prevarication of women over man's capacity of discernment (for better or for worse) and the clear disparity between the two sexes: both in terms of courage and also determination in making decisions on their own.
These considerations give credit to the terrifying misunderstanding that regards the supposed disparity between men and women in the ability to distinguish good from evil: it is, in truth, an explicit "discriminatory" prejudice against the male gender.
Unfortunately, a terrifying psychological mechanism triggers from here: because one of the consequences inherent in the recognition of the prominent role of women is the fear of losing control, with the consequent need to prevail, mortify and subjugate her. A topic, unfortunately, which is very actual.
All of this is disconcerting and in contrast with the Christian concept according to which we should all be equal and also with that of a cosmic union: because it denies the principle according to which man and woman are equal and complementary.
These are huge paradoxes, since the ability to discern represents the faculty that God has granted to all humanity without any distinction.
The story of the Gospels is decisive according to which it was Jesus himself, as it is known, who welcomed both men and women to follow him.

LA VESTE GIALLO CROCO E LA CAPACITÀ DI DISCERNIMENTO

Il giallo croco simboleggia il discernimento spirituale: ossia la facoltà o il carisma che possiede il cristiano di discernere gli spiriti maligni dall'autentico spirito di Dio: la verità dalla menzogna, la buona fede dalla malafede, la trasparenza dall'inganno.
Il Salvatore istituì Maria di Màgdala quale Apostola degli Apostoli, premiandola con la grazia e con la gloria.
Ella è luce e purezza, non ha sentimento di vergogna ed è degna della confidenza con la croce.
In questo studio la santa viene identificata con la donna bionda che bacia il legno di una delle due più imponenti croci presenti nel *Giudizio Universale*.
È raffigurata a figura intera, con la veste giallo croco che la copre fino ai piedi, tanto da non lasciare nude neppure le braccia (riprenderemo il discorso anche più avanti).

THE YELLOW CROCUS DRESS AND THE CAPACITY OF DISCERNMENT

The yellow crocus symbolises spiritual discernment: that is, the faculty or charism that the Christian possesses to discern evil spirits from the authentic spirit of God: the truth from lies, good faith from bad faith, transparency from deception.
The Saviour appointed Mary Magdalene as the Apostle of the Apostles, rewarding her with grace and glory.
She is light and purity, she has no feeling of shame and is worthy of confidence with the cross.
In this study the saint is identified with the blonde woman who kisses the wood of one of the two most imposing crosses present in the *Last Judgement*.
She is depicted full-figure, with the yellow crocus dress that covers her down to her feet, so much so that not even her arms are left bare (we will talk about this later).

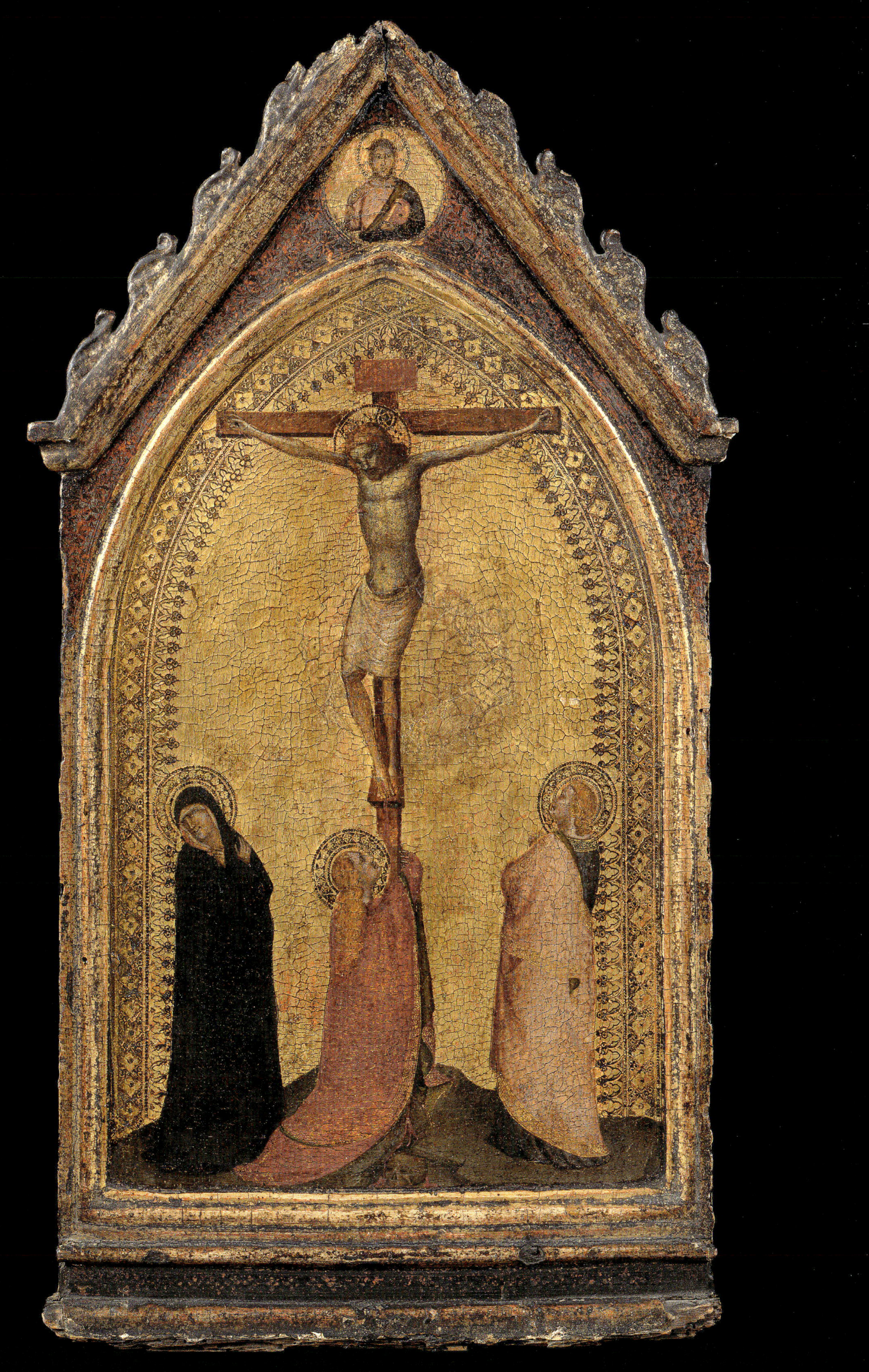

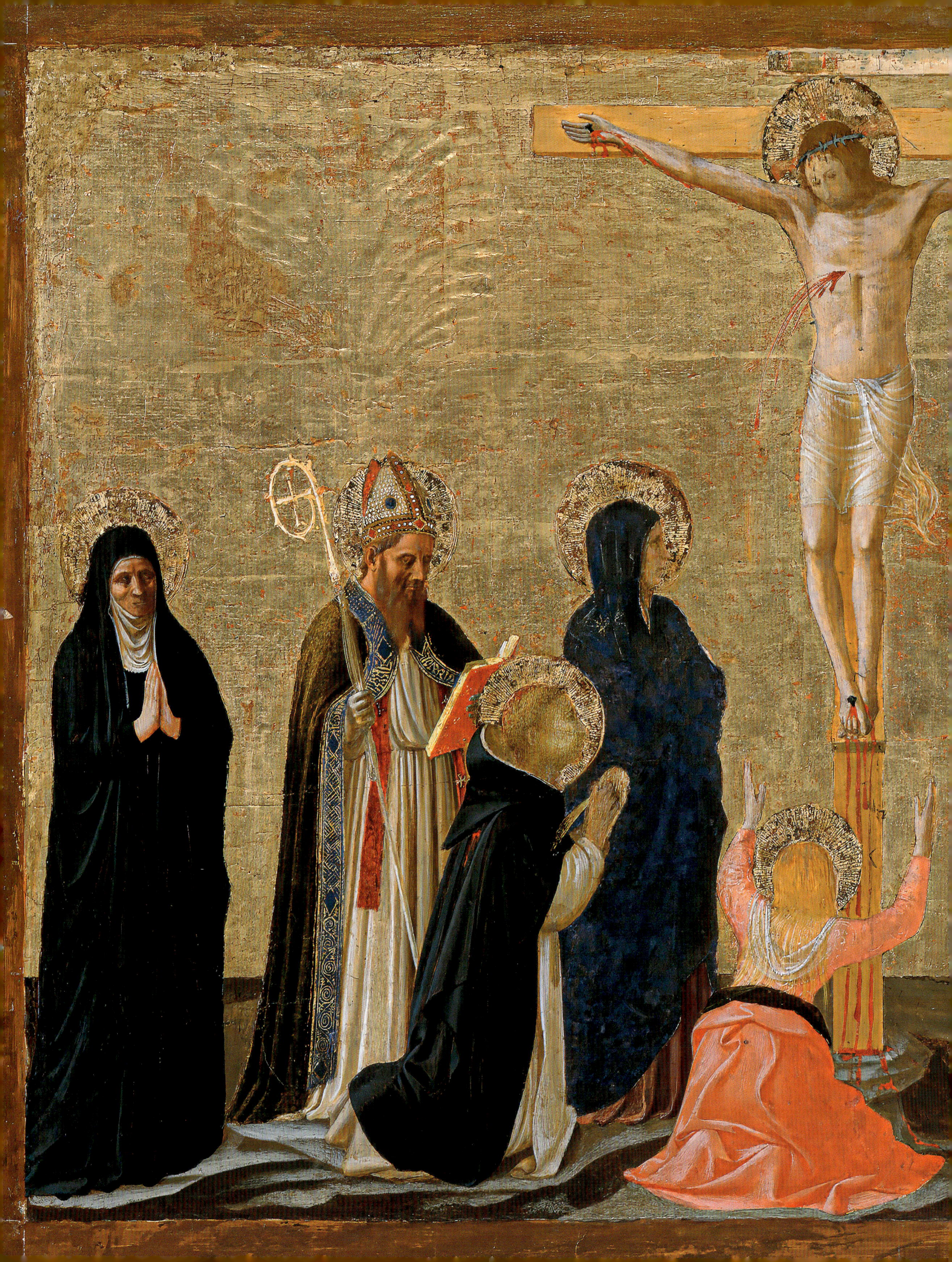

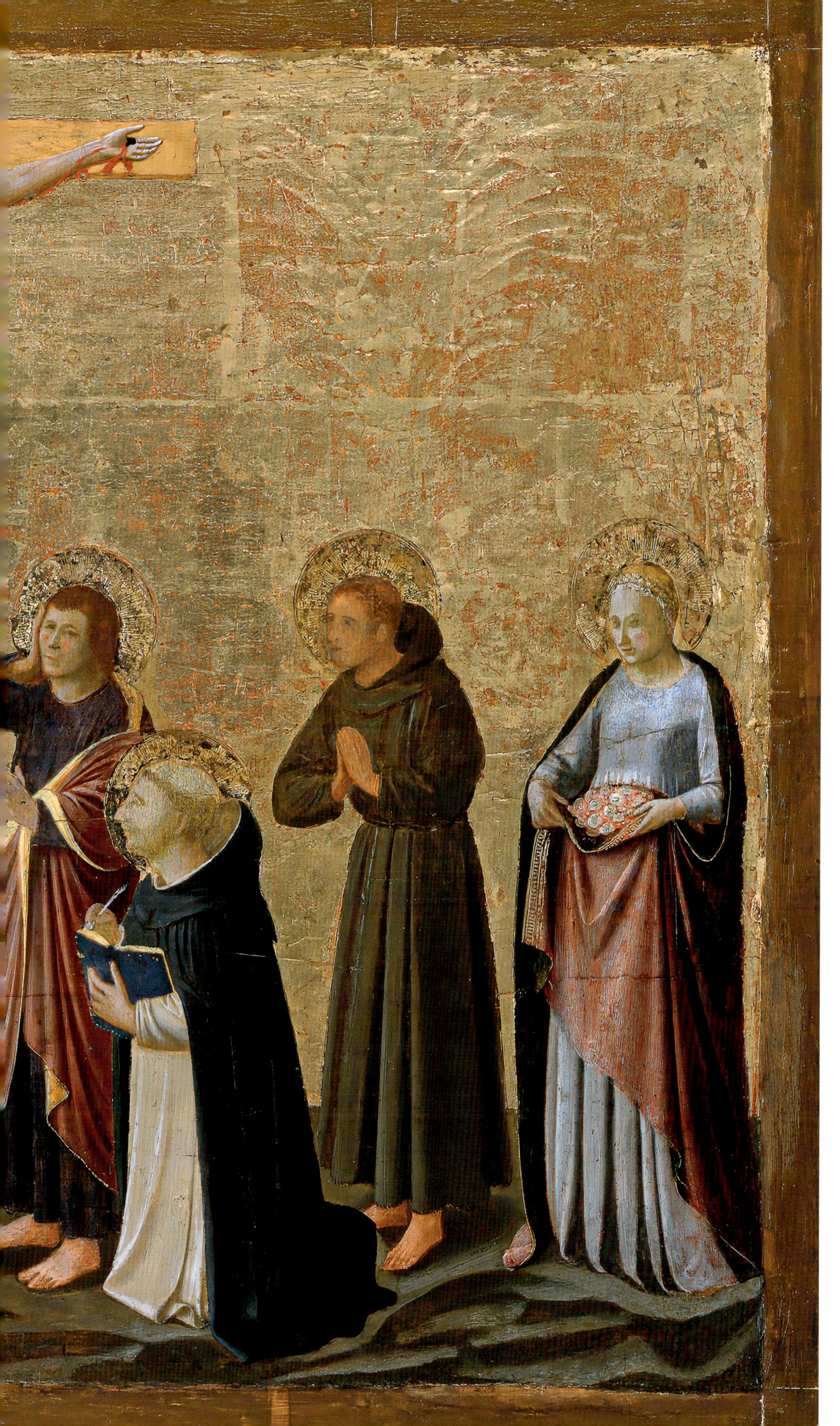

Fra Angelico, *Crocifissione*, 1440 ca., tempera a tela posata su legno, 40 × 54 cm, Metropolitan Museum of Art, New York.

Fra Angelico, *Crucifixion*, c. 1440, tempera on canvas laid on wood, 40 × 54 cm, Metropolitan Museum of Art, New York.

(A pagina 75)
Bernardo Daddi, *Crocifissione con Maria Maddalena, Madonna e Giovanni Evangelista*, tempera su tavola, collezione privata.

(On page 75)
Bernardo Daddi, *Crucifixion with Mary Magdalene, Madonna and John the Evangelist*, tempera on panel, private collection.

La presenza della santa nel *Giudizio* testimonia l'esempio di fede e il "giallo croco" è il richiamo alla capacità di discernimento che, attraverso la redenzione e la forza profusa nella fedeltà a Cristo, fa di lei l'esempio di rettitudine.

LA TENSIONE SUL VOLTO DI MARIA DI MÀGDALA

L'espressione di orrore sul volto della donna che bacia la croce non può che colpire l'osservatore e lasciarlo attonito di fronte a tanto turbamento.
Se questa donna fosse Maria di Màgdala, perché dovrebbe essere sconvolta?
In effetti appare quanto mai irragionevole che l'Apostola degli Apostoli appaia così turbata dall'imminente *Giudizio Universale*. Ella, infatti, dovrebbe desiderare ardentemente questo momento, poiché non teme la condanna.
Il giorno della *Parusia* i peccatori saranno cacciati all'inferno, mentre i giusti verranno privilegiati della luce e del calore che risanerà le anime di coloro che hanno creduto in Gesù e che lo hanno seguito.
Verdon, mentre descrive l'iconografia di Cristo, riferendosi al "*sole di giustizia*" (*Matteo* 3:17b-20) scrive: «*Proprio questa figura, del 'sole di giustizia' a doppio effetto, sembra aver determinato il modo in cui Michelangelo dipinse il Cristo, avvolto in un disco di luce il cui bagliore accoglie anche la Madonna accovacciata sotto il braccio destro alzato del Figlio. Cristo infatti è luce – «la luce vera, quella che illumina ogni uomo»* (*Giovanni* 1:9) *–, ma l'illuminazione che Egli è da alcuni viene accettata, da altri rifiutata. Le diverse conseguenze dell'accettazione o del rifiuto sono temi comuni nelle Scritture, dove Dio parla ai giusti e ai peccatori in chiavi sempre nettamente differenti*»[38].
Queste parole ci riportano, ancora una volta, al senso di accettazione o di rifiuto della croce: dunque alla capacità di rimanere saldi di fronte alla sofferenza e di non fuggire dinanzi alle prove alle quali veniamo sottoposti.
Anche il Cristo Giudice, quando promette: «*Ecco, io vengo presto e ho con me il mio salario per rendere a ciascuno secondo le sue opere*» (*Apocalisse* 22:12) distingue tra giusti e ingiusti dicendo: «*Beati coloro che lavano le loro vesti per avere diritto all'albero della vita e, attraverso le porte, entrare nella città. Fuori i cani, i maghi, gli immorali, gli omicidi, gli idolatri e chiunque ama e pratica la menzogna!*» (*Apocalisse* 22:14-15).
«*Per quanti avranno avuto invece 'sete' della verità e avranno 'lavato le loro vesti' nel sangue dell'Agnello, accettando il perdono dei peccati, ci saranno grandi beni: ecco il frutto positivo del Giudizio, così allettante che lo Spirito e la sposa dicono al Giudice: "Vieni!" Ed egli risponde dicendo: "Sì, vengo presto!"* (*Apocalisse* 22:17a, 20b). *Nei giusti vi è un desio sponsale* (Verdon si riferisce all'unione, che avverrà con il Giudizio, che i santi desiderano ed aspettano per ricongiungersi a Dio) *della venuta del Giudice, una santa*

[38] | T. VERDON, *op. cit.*, pp. 53-55.

The presence of the saint in the *Judgement* witnesses the example of faith and the "yellow crocus" is the reminder of the ability to discern which, through redemption and the strength lavished in faithfulness to Christ, makes her the example of righteousness.

THE TENSION ON THE FACE OF MARY MAGDALENE

If this woman were Mary Magdalene, why would she be upset? In fact, it seems most unreasonable that the Apostle of the Apostles appears so disturbed by the imminent *Last Judgement*. She, in fact, should long for this moment, since she does not fear condemnation.
On the day of the *Parousia*, sinners will be banished to hell, while the righteous will be privileged with the light and heat that will heal the souls of those who believed in Jesus and followed him.
Verdon, while describing the iconography of Christ, referring to the «*sun of justice*» (*Matthew* 3:17b-20) writes: «*Precisely this figure, of the double-effect 'sun of justice', seems to have determined the way in which Michelangelo painted the Christ, wrapped in a disk of light whose glow also welcomes the Madonna crouched under the raised right arm of her Son. In fact, Christ is light – «the true light, which illuminates every man»* (*John* 1:9) *– but the illumination that He is, is accepted by some, rejected by others. The different consequences of acceptance or rejection are common themes in the Scriptures, where God speaks to the righteous and the sinners in always clearly different keys*».[38]
These words bring us back, once again, to the sense of acceptance or rejection of the cross: therefore, to the ability of remaining steadfast facing the suffering and not fleeing from the trials to which we are subjected.
Even Christ the Judge, when he promises: «*Behold, I am coming soon, bringing my recompense with me to repay each one for what he has done*» (*Revelation* 22:12) he distinguishes between the just and the unjust, saying: «*Blessed are those who wash their robes that they may have the right to the tree of life and may go through the gates into the city. Outside are the dogs, sorcerers, sexually immoral, murderers, idolaters and everyone who loves and practices falsehood!*» (*Revelation* 22:14-15).
«*For those who instead have been 'thirsty' for the truth and have 'washed their robes' in the blood of the Lamb, accepting the forgiveness of sins, great goods will be there: here is the positive fruit of the Judgement, so tempting that the Spirit and the bride say to the Judge: 'Come!' And he responds by saying: 'Yes, I am coming soon!'* (*Revelation* 22:17a, 20b). *For the righteous there is a spousal desire* (Verdon refers to the union, which will take place with the Judgement, that the saints desire and await in order to reunite with God) *for the coming of the Judge, a holy greed, which Michelangelo expresses in the gazes of the saints in the upper part of the fresco, intensely addressed to Christ as well as their magnificent bodies are stretched out towards him. Their longing for Christ summarizes the longing for the good of every man and of all history. Saint Augustine, promising that 'God*

[38] | T. VERDON, *op. cit.*, pp. 53-55.

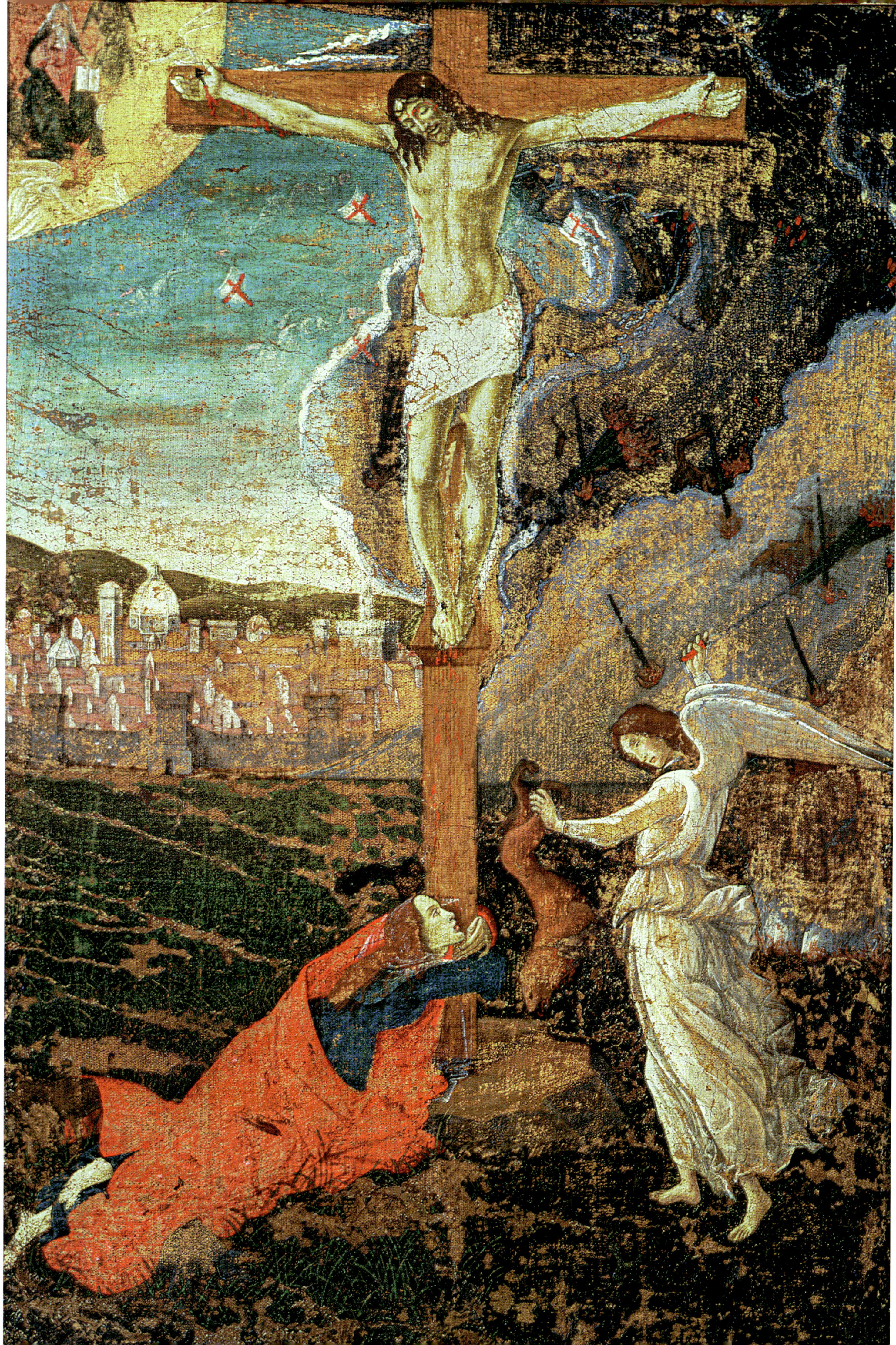

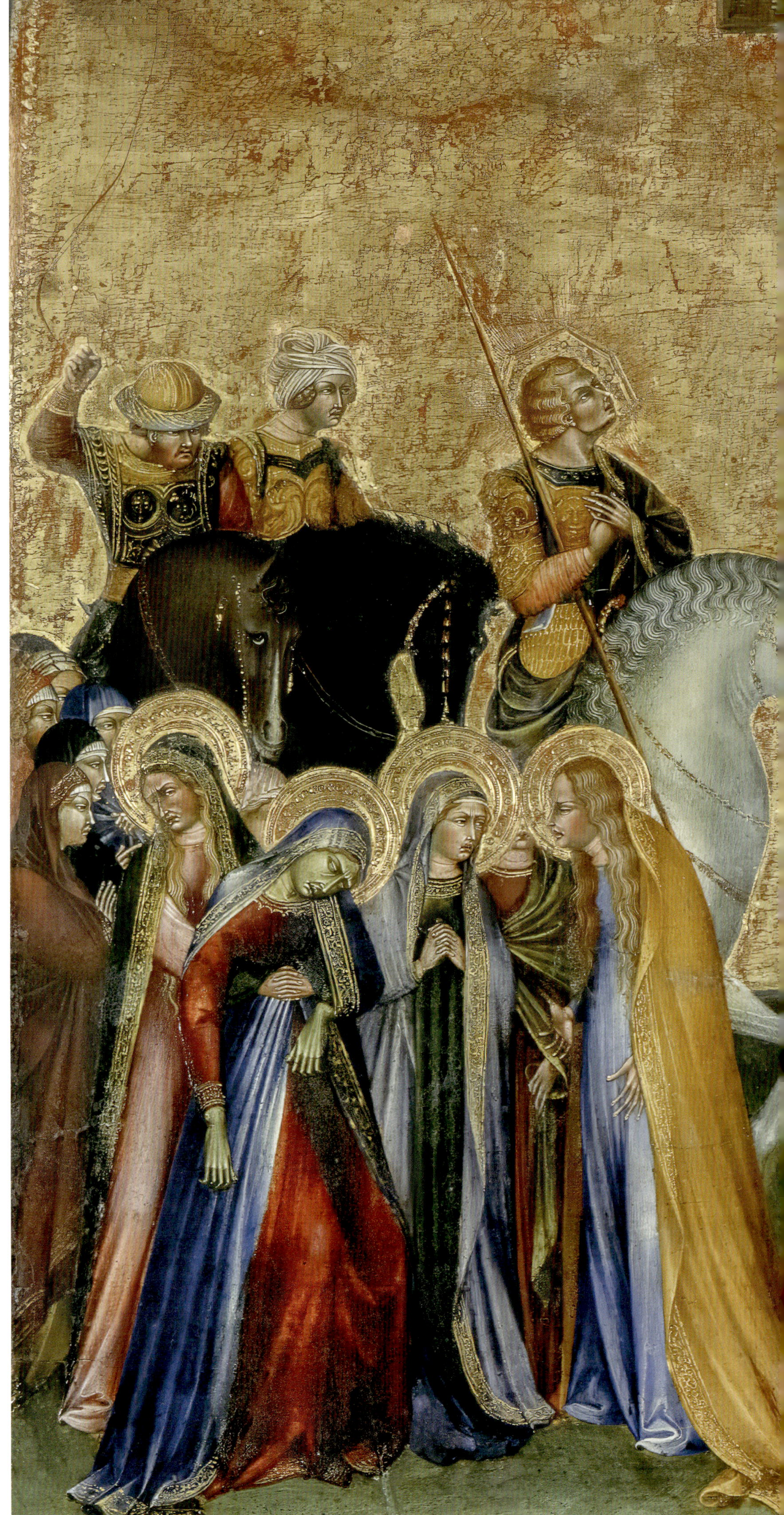

Giovanni di Paolo di Grazia, *Crocifissione*, 1426 ca., tempera su legno di pioppo, 40,5 × 55 cm, Lindenau Museum, Altenburg, Germania.

Giovanni di Paolo di Grazia, *Crucifixion*, c. 1426, tempera on poplar wood, 40.5 × 55 cm, Lindenau Museum, Altenburg, Germany.

(A pagina 79)
Sandro Botticelli, *Crocifissione Mistica*, 1500 ca., tempera su tela, 72,4 × 51,4 cm, Fogg Art Museum, Cambridge.

(On page 79)
Sandro Botticelli, *Mystic Crucifixion*, c. 1500, tempera on canvas, 72.4 × 51.4 cm, Fogg Art Museum, Cambridge.

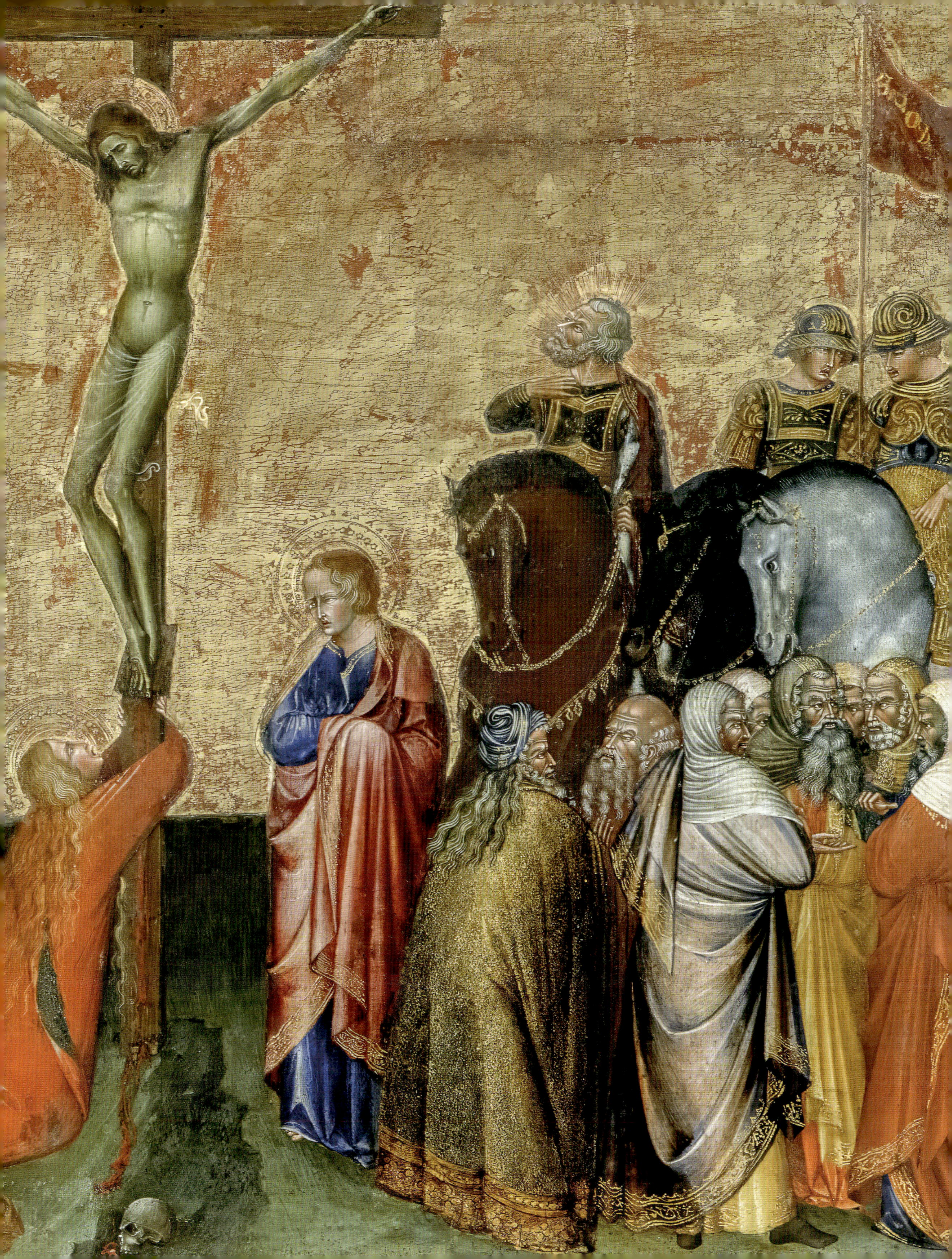

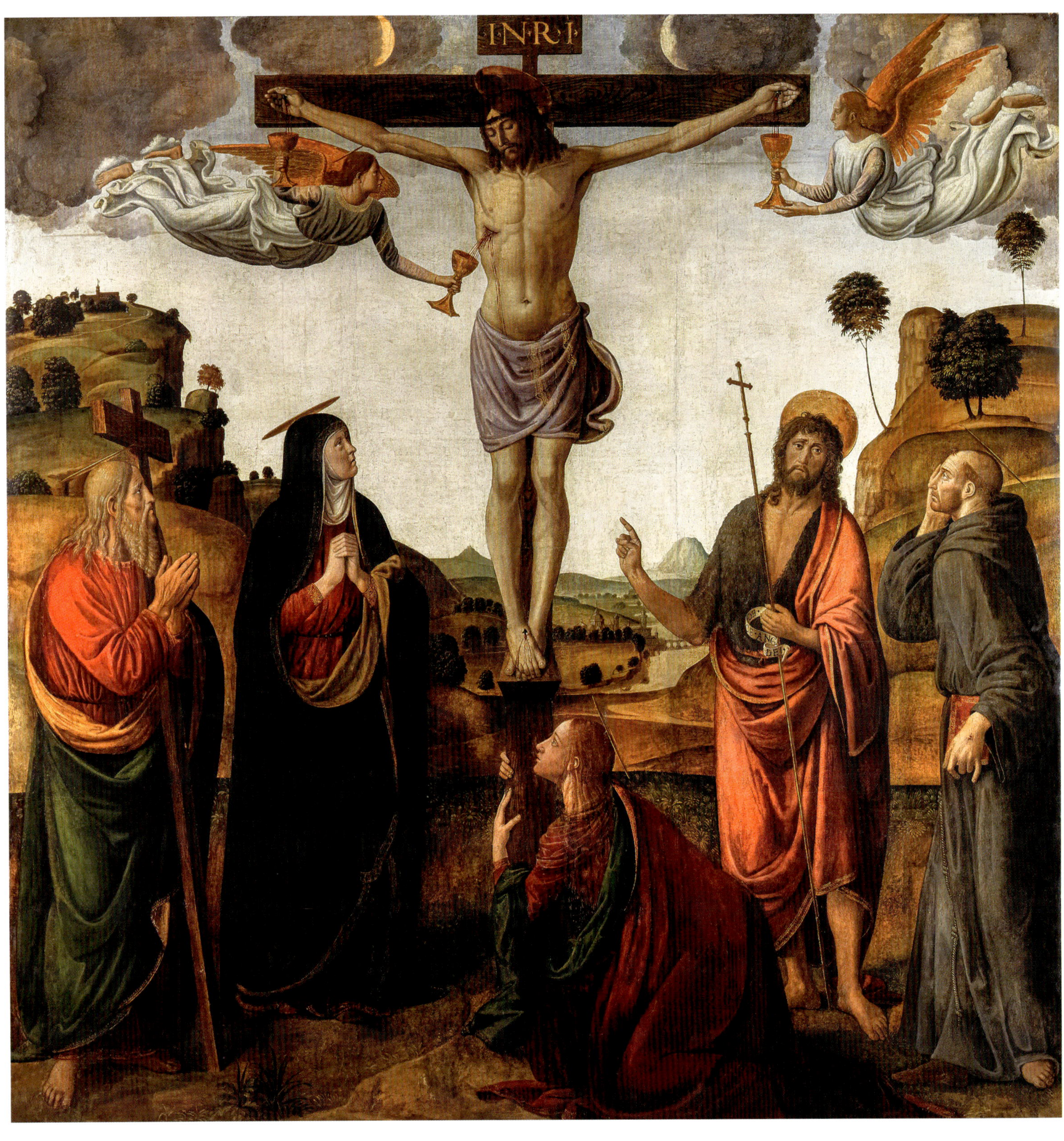

Cosimo Rosselli, *Crocifissione*, 1503,
olio su tavola, 207 × 193,4 cm,
collezione privata. (Dettaglio a fronte)

Cosimo Rosselli, *Crucifixion*, 1503,
oil on panel, 207 × 193.4 cm,
private collection. (Opposite, detail)

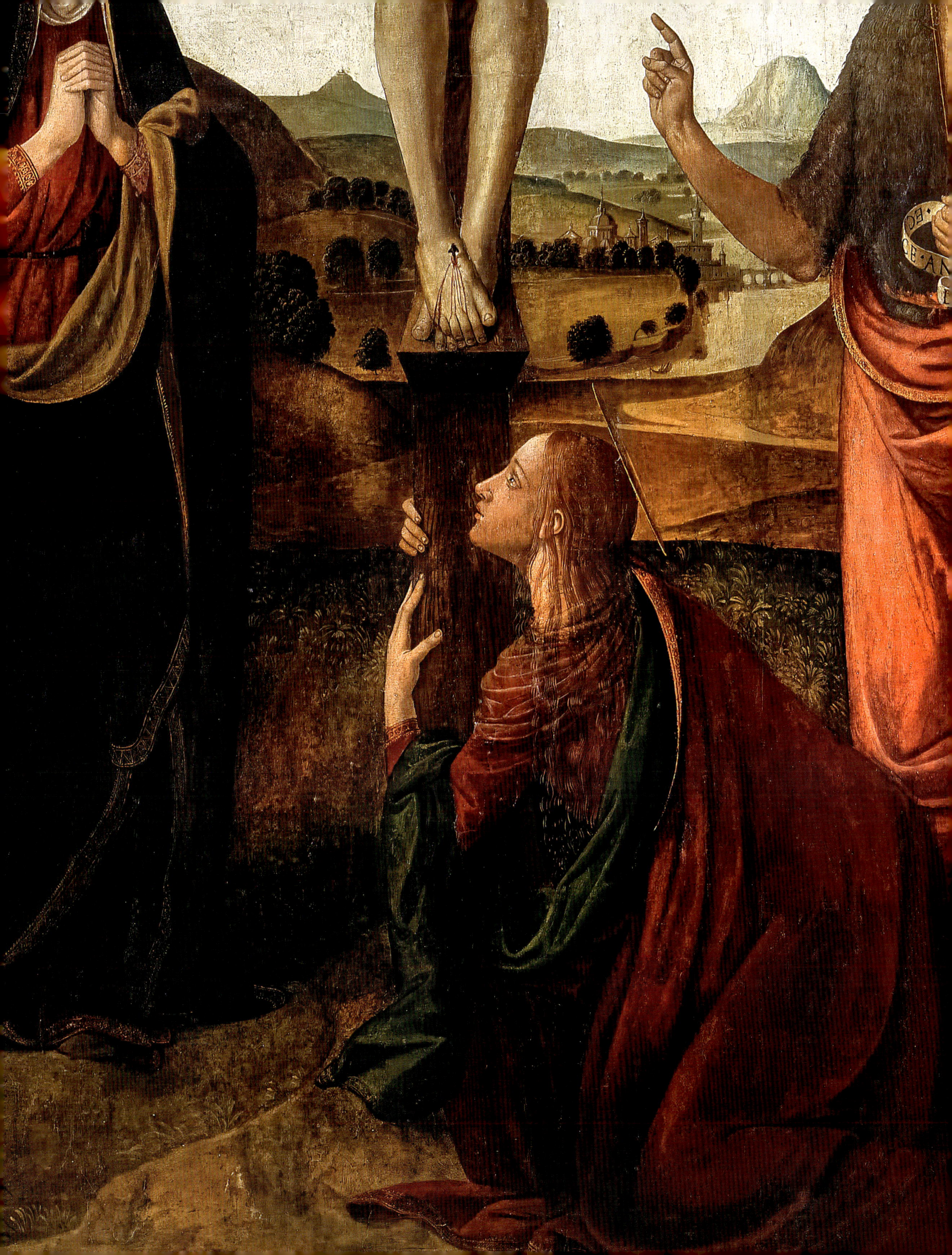

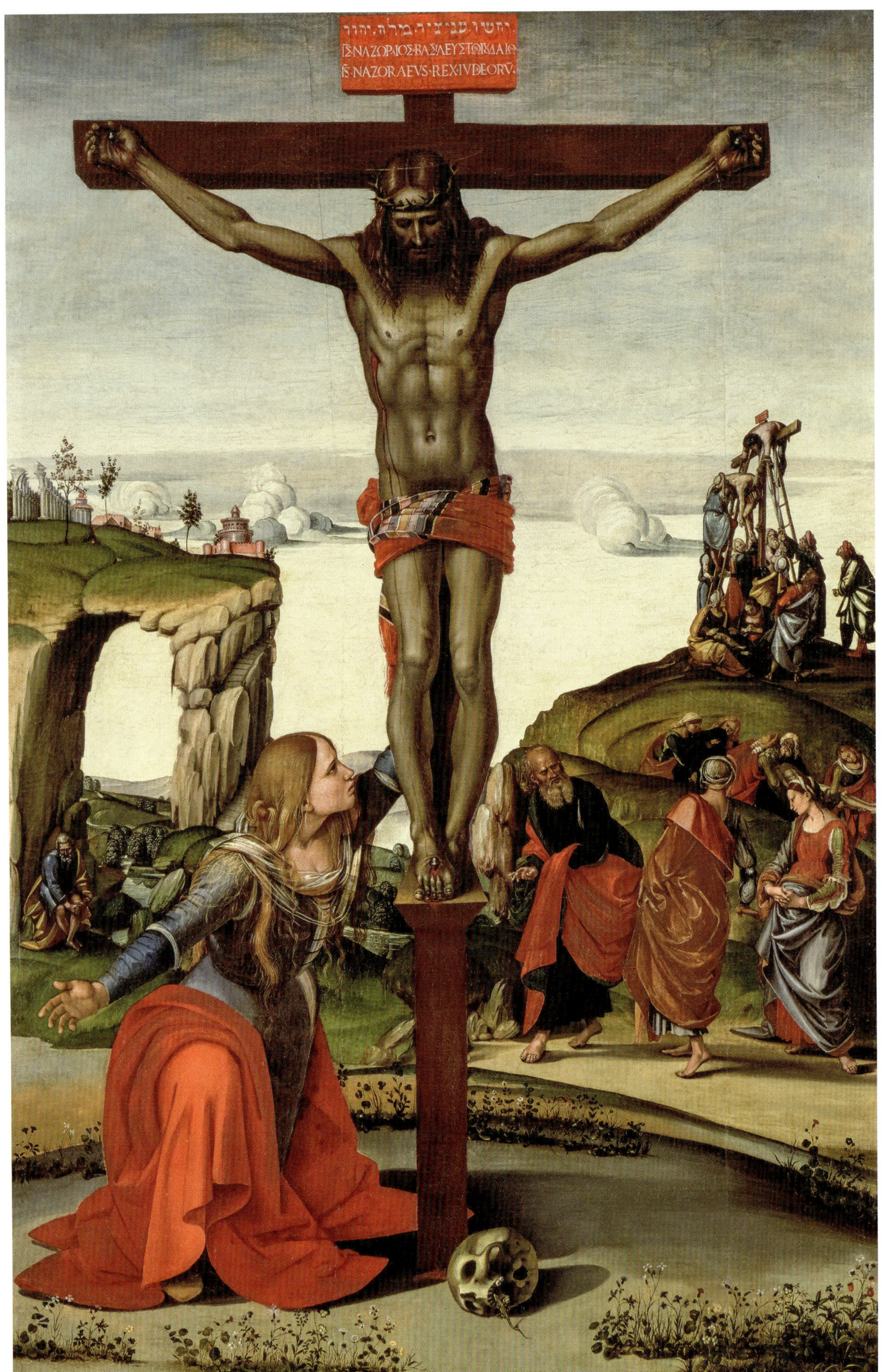

Luca Signorelli, *Crocifissione*, 1502,
olio su tela, 249 × 166 cm,
Galleria degli Uffizi, Firenze.
(Dettaglio a fronte)

Luca Signorelli, *Crucifixion*, 1502,
oil on canvas, 249 × 166 cm,
Uffizi Gallery, Florence.
(Opposite, detail)

(A pagina 86)
Guercino, *Maddalena Penitente*,
1645-1649, olio su tela, 121 × 102 cm,
Museo Nacional del Prado, Madrid.

(On page 86)
Guercino, *Penitent Magdalene*,
1645-1649, oil on canvas, 121 × 102 cm,
Prado National Museum, Madrid.

(A pagina 89)
Il Sassoferrato, *Maddalena Penitente*,
collezione privata.

(On page 89)
Il Sassoferrato, *Penitent Magdalene*,
private collection.

(A pagina 91)
Bernardo Strozzi, *Maddalena Penitente*,
1620 ca., olio su tela, 97 × 73 cm,
Musei di Strada Nuova, Palazzo Bianco,
Genova.

(On page 91)
Bernardo Strozzi, *Penitent Magdalene*,
c. 1620, oil on canvas, 97 × 73 cm,
Strada Nuova Museums, Palazzo Bianco,
Genoa.

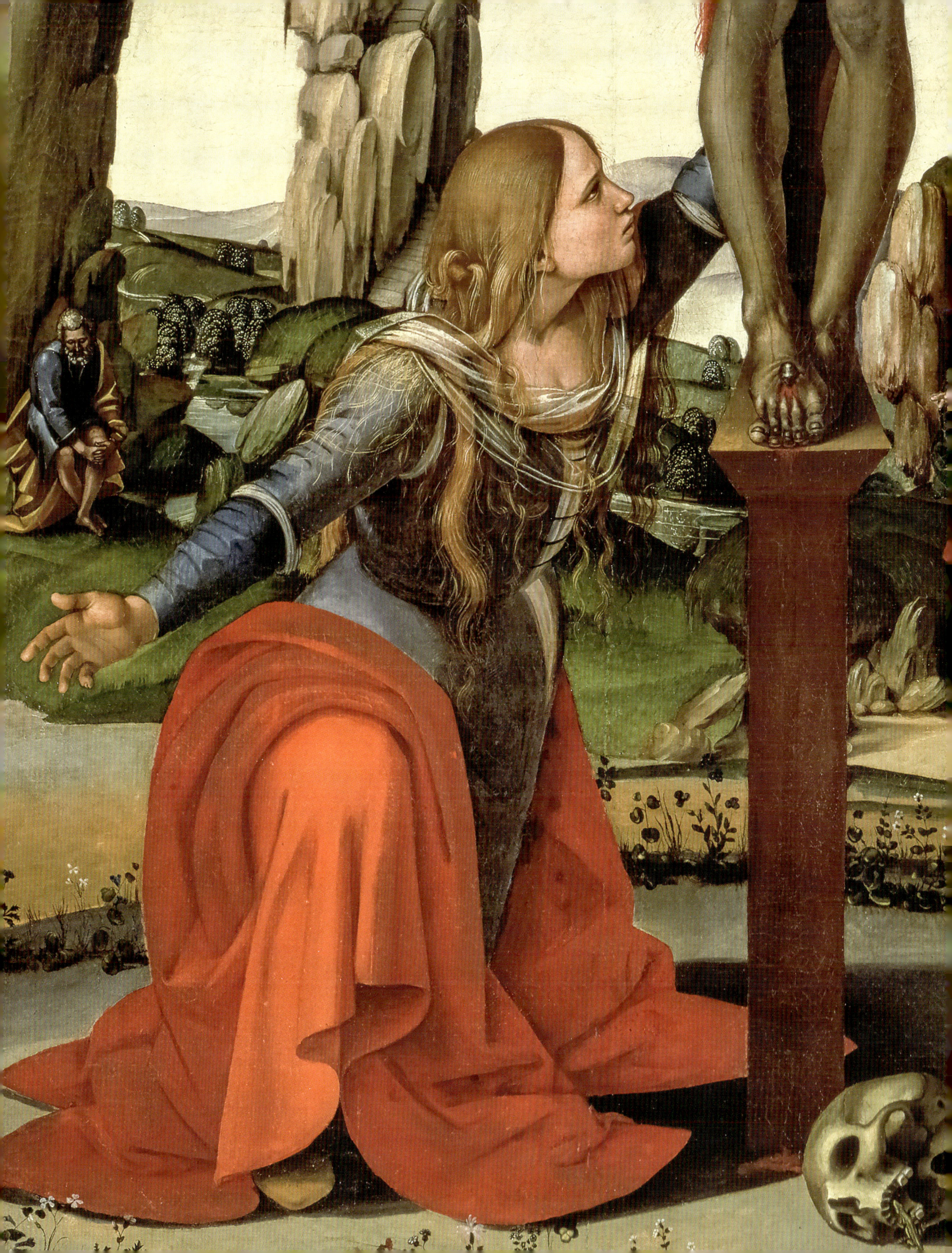

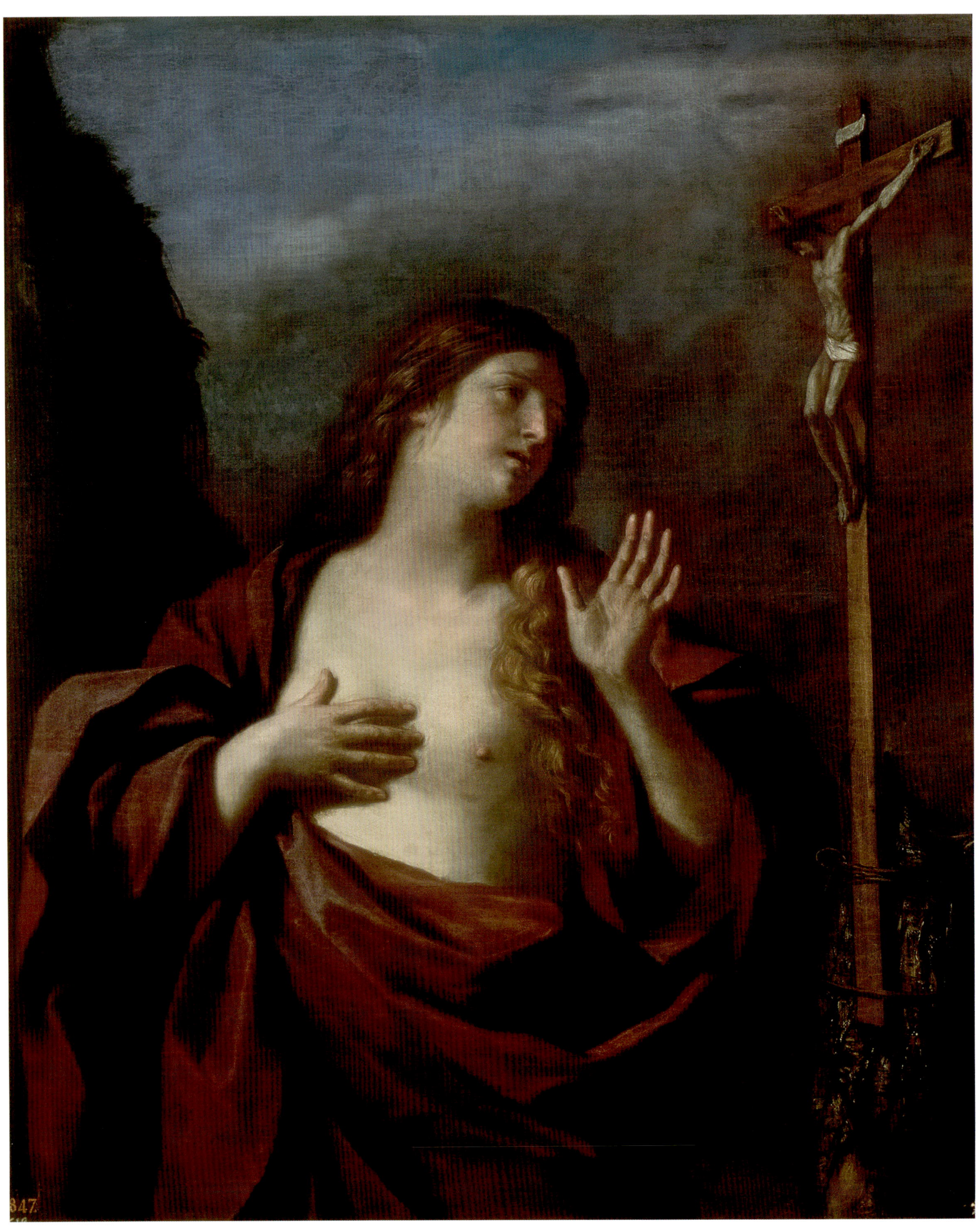

bramosia, che Michelangelo esprime negli sguardi dei santi nella parte alta dell'affresco, rivolti con intensità al Cristo come sono protesi verso di Lui i loro magnifici corpi.
Il loro anelito a Cristo riassume l'anelito al bene di ogni uomo e di tutta la storia. Sant'Agostino, promettendo che "Dio stabilì un tempo per le sue promesse e un tempo per il compimento di esse" aiuta a cogliere l'urgenza dell'umana attesa di Dio e del bisogno esistenziale che l'uomo ha di vedere compiute le sue divine promesse: "Dio promise la salvezza eterna e la vita beata senza fine con gli angeli e l'eredità incorruttibile, la gloria eterna, la dolcezza del suo volto, la dimora santa nei cieli, e, dopo la risurrezione, la fine della paura della morte. Queste le promesse finali verso cui è volta tutta la nostra tensione spirituale: quando le avremo conseguite, niente più cercheremo, niente più domanderemo" (*Commento su Salmo* 109: CCL 40, pp. 1601-1603)[39].
'Queste le promesse finali verso cui è volta tutta la nostra tensione spirituale': ecco una chiave di lettura preziosa al Giudizio di Michelangelo, un'opera in cui l'evidente tensione fisica serve da metafora per la 'tensione spirituale' che l'attesa della venuta di Dio crea»[40].
Coloro che credono in Cristo, dunque, sanno che «*riceveranno la vita*» (*1 Corinzi* 15:22b).
Maria di Màgdala, come gli altri santi, potrebbe manifestare la tensione per la venuta di Cristo, ma questa ipotesi non è poi così convincente né esaustiva. Basti ricordare che uno degli attributi ricorrenti nell'iconografia che contraddistingue la santa sono le lacrime che esprimono il dolore per aver trovato il sepolcro vuoto ed essere stata privata del corpo dell'amato: «*Non solo la vita di Gesù, ma anche il suo misero corpo, le sono stati sottratti. Al dramma si aggiunge la cocente delusione di non poter piangere vicino a quello che restava del suo amato Signore. L'ha perso una seconda volta* (*così crede*) *ma non desiste e piangendo continua a cercarlo*»[41].
La santa affronta una profonda sofferenza per il distacco da Cristo, pertanto non è verosimile che tema l'incontro con Lui. Si tratterebbe, dunque, di un sentimento di "tensione" da ricercare altrove.
Quando Verdon descrive Maria Vergine scrive: «*La Chiesa, figurata in Maria, è il 'corpo' di cui Cristo è il 'capo': rappresenta cioè la comunità di quanti, secondo Lui, risorgeranno dai morti. (...) Così alla venuta del Figlio, Maria – che vediamo vestita del 'sole di giustizia' che Cristo è – ha il primo posto, essendo stata concepita senza macchia di peccato in vista della Pasqua di suo Figlio; più di chiunque poi, come Madre, ella è 'di Cristo'. Se qui il suo atteggiamento tradisce paura – Vasari dirà che Maria è terrorizzata – non è certo per se stessa ma per i figli che Dio le ha dato, ora sottoposti al Giudizio*»[42].
Nel *Giudizio* la "*tensione spirituale*" si legge nello sguardo della maggior parte dei personaggi che affollano la composizione. La si evince chiaramente anche dallo sguardo di san Pietro.
Maria Vergine e Maria di Màgdala sono legate dall'amore per Gesù e il loro legame si riflette sia nel rapporto di duplicità (Maria Vergine

[39] | *Ibidem*, pp. 53-56.

[40] | *Ibidem*.

[41] | R. VIGNOLO, *La fede di chi ama: Maria Maddalena*, in "La rivista del clero italiano", 2006, 6. *Vita e Pensiero*, pp. 458-463.

[42] | T. VERDON, *op. cit.*, pp. 57-58.

established a time for his promises and a time for their fulfilment' helps to seize the urgency of the human expectation of God and the existential need that man has to see his divine promises fulfilled: 'God promised eternal salvation and blessed life without end with angels and incorruptible inheritance, eternal glory, the sweetness of his face, the holy dwelling in heaven, and, after resurrection, the end of the fear of death. These are the final promises towards which all our spiritual tension is directed: when we will have achieved them, we will no longer seek, no longer will we ask'» (*Commentary on Psalm* 109: CCL 40, pp. 1601-1603).[39]
«'These are the final promises towards which all our spiritual tension is directed': here is a precious interpretation of Michelangelo's Judgement, an artwork in which the evident physical tension serves as a metaphor for the 'spiritual tension' that the expectation of the Lord's coming creates».[40]
Those who believe in Christ, therefore, know that «*they will receive life*» (*1 Corinthians* 15:22b).
Mary of Magdala, like the other saints, could manifest tension for the coming of Christ, but this hypothesis is not so convincing or exhaustive. Just remember that one of the recurring attributes in the iconography that distinguishes the saint are the tears that express the pain of having found the tomb empty and having been deprived of the body of the beloved: «*Not only the life of Jesus, but also his lowly body, were taken away from her. Added to the drama there is the bitter disappointment of not being able to cry next to what remained of her beloved Lord. She has lost him a second time* (*so she believes*) *but she doesn't give up and, crying, she continues to look for him*».[41]
The saint faces profound suffering due to separation from Christ, therefore it is not likely that she fears the encounter with Him. There would be, therefore, a feeling of "tension" to be sought elsewhere.
When Verdon describes the Virgin Mary he writes: «*The Church, represented in Mary, is the 'body' of which Christ is the 'head': that is, she represents the community of those who, according to Him, will rise from the dead (...) Therefore, at the coming of the Son, Mary – who we see 'dressed' in the 'sun of justice' which is Christ – has the first place, having been conceived without stain of sin in view of the Easter of her Son; more than anyone else then, as a Mother, she belongs to 'Christ'. If her attitude here reveals fear – Vasari will say that Mary is terrified – it is certainly not for herself but for the children who God has given her, now submitted to the Judgement*».[42]
In the *Judgement* the "*spiritual tension*" can be read in the gaze of most of the characters who crowd the composition. It is also clearly evident from the gaze of Saint Peter.
Virgin Mary and Mary Magdalene are linked by the love for Jesus and their bond is reflected both in the relationship of duplicity (Virgin Mary with Christ the Judge and Mary Magdalene with

[39] | *Ibidem*, pp. 53-56.

[40] | *Ibidem*.

[41] | R. VIGNOLO, *The faith of those who love: Mary Magdalene*, in the Italian monthly magazine "La rivista del clero italiano», 2006, 6. *Life and Thought*, pp. 458-463.

[42] | T. VERDON, *op. cit.*, pp. 57-58.

con Cristo Giudice e Maria Maddalena con il portacroce), che nel cordoglio per la condanna che Gesù infliggerà all'umanità peccatrice.
La tensione o il terrore sul volto delle due donne non è certamente leggibile come la paura della condanna, ma riflette il tormento e la sofferenza per quella parte di umanità che non verrà salvata.
Ebbene, la risposta al quesito circa la pertinenza del tormento che si legge nello sguardo della donna che bacia la croce non può che confermare la sua identità; poiché ci esorta a ricordare che Maria di Màgdala assume un ruolo preminente tra i dolenti che simboleggiano il pianto dell'umanità, in una tradizione che dura da duemila anni[43].

MARIA MADDALENA: IL MODELLO DI RETTITUDINE E IL TRAMITE TRA CRISTO E L'UMANITÀ

Maria Maddalena ricevette il nome di "*turrita*" per la sua devozione nei confronti di Gesù.
Dagli scritti di Girolamo si evince come la parola ebraica *migdal*, che significa "torre-fortezza", sottolinei la forza e la grandezza.
La missione di evangelizzatrice di Maria Maddalena si concentra nell'episodio della Resurrezione e del suo annuncio agli Apostoli. Questo fa di lei la prima evangelizzatrice.
Fu la sua fede a privilegiarla nel vedere Cristo risorto prima degli altri Apostoli (Giacomo, *Lettera CXXVII*, *Alla vergine Principia: Elogio a Marcella*, 5).
È proprio il modello di rettitudine palesato dalla presenza di Maria di Màgdala che, nel contesto del *Giudizio*, assume un'importanza sostanziale; poiché fa da esempio e da monito all'umanità ricordando la testimonianza biblica nella quale si annuncia «*che Gesù sarà il giudice*» e «*la promessa che il Giudizio di Dio sul male e su ogni colpa sarà un Giudizio di grazia*».
In questo contesto ben si armonizza il concetto del tempo che intercorrerà tra la prima e la seconda venuta di Cristo, poiché il trascorrere dei secoli è la concessione di Dio affinché l'umanità possa comprendere, redimersi ed essere accolta nel Regno dei Cieli: quando uomini e donne saranno tutti fratelli.
«*L'allontanarsi di Gesù dal mondo non è per lasciare orfani i discepoli* (*il pianto*), *ma perché egli va a "preparare un posto"* (*la gioia*), *per il momento in cui verrà a prendere con sé tutti i suoi fratelli e realizzare con essi l'unione perfetta*» (*Giovanni* 14:2-3).
«*È la prima e unica volta che nel Quarto Vangelo i discepoli sono chiamati fratelli. È grazie alla Risurrezione che si potrà instaurare quel rapporto di figliolanza tra Dio Padre e l'umanità. E di questo annuncio è messaggera una donna: Maria di Màgdala*»[44].
Questi passaggi ribadiscono come la presenza di Maria Maddalena nel *Giudizio Universale* sia imprescindibile: proprio perché a lei è stato affidato il ruolo di annunciatrice della Resurrezione.
Il concetto di figliolanza ribadisce ancora che l'umanità è tutta

[43] | AA.VV., *op. cit.*, p. 1107.

[44] | FRANCESCO, *op. cit.*, p. 29.

the cross-bearer) and also in the condolence for the condemnation that Jesus will inflict on sinful humanity.
The tension or terror on the faces of the two women is not certainly readable as the fear of condemnation, but it reflects the torment and suffering for that part of humanity that will not be saved.
Well, the answer to the question about the relevance of the torment that can be read in the gaze of the woman kissing the cross can only confirm her identity; since it encourages us to remember that Mary Magdalene assumes a prominent role among the mourners who symbolise the tears of humanity, in a tradition that has lasted for two thousand years.[43]

MARY MAGDALENE: THE MODEL OF RIGHTEOUSNESS AND THE INTERMEDIARY BETWEEN CHRIST AND HUMANITY

Mary Magdalene received the name "*Turrita*" (towered) for her devotion to Jesus.
From Jerome's writings it is clear how the Hebrew word *migdal*, which means "tower-fortress", underlines strength and greatness.
Mary Magdalene's evangelising mission is concentrated in the episode of the Resurrection and its announcement to the Apostles. This makes her the first evangeliser.
It was her faith that favoured her in seeing the risen Christ before the other Apostles (James, *Letter CXXVII, To the virgin Principia: Praise to Marcella*, 5).
It is precisely the model of righteousness revealed by the presence of Mary Magdalene which, in the context of the *Judgement*, takes on a substantial importance; since it acts as an example and a warning to humanity by recalling the biblical testimony in which it is announced «*that Jesus will be the judge*» and «*the promise that God's Judgement on evil and on every sin will be a Judgement of grace*».
In this context, the concept of the time that will elapse between the first and the second coming of Christ harmonises well, because the passing of the centuries is God's concession so that humanity can understand, redeem itself and be welcomed into the Kingdom of Heaven: when men and women will all be brothers.
«*And Jesus' departure from the world is not to leave his disciples orphans* (*the cries*), *but because he goes to "prepare a place"* (*the joy*), *for the moment in which he will come back to take with him all his brothers and achieve with them the perfect union*» (*John* 14:2-3).
«*It is the first and only time in the Fourth Gospel that the disciples are called brothers. It is thanks to the Resurrection that the relationship of sonship between God the Father and humanity can be established. And the messenger of this announcement is a woman: Mary Magdalene*».[44]
These passages reaffirm how the presence of Mary Magdalene in the *Last Judgement* is essential: precisely because she was entrusted with the role of announcer of the Resurrection.
The concept of sonship further reaffirms that humanity is all the

[43] | AA. VV., *op. cit.*, p. 1107.

[44] | FRANCIS, *op. cit.*, p. 29.

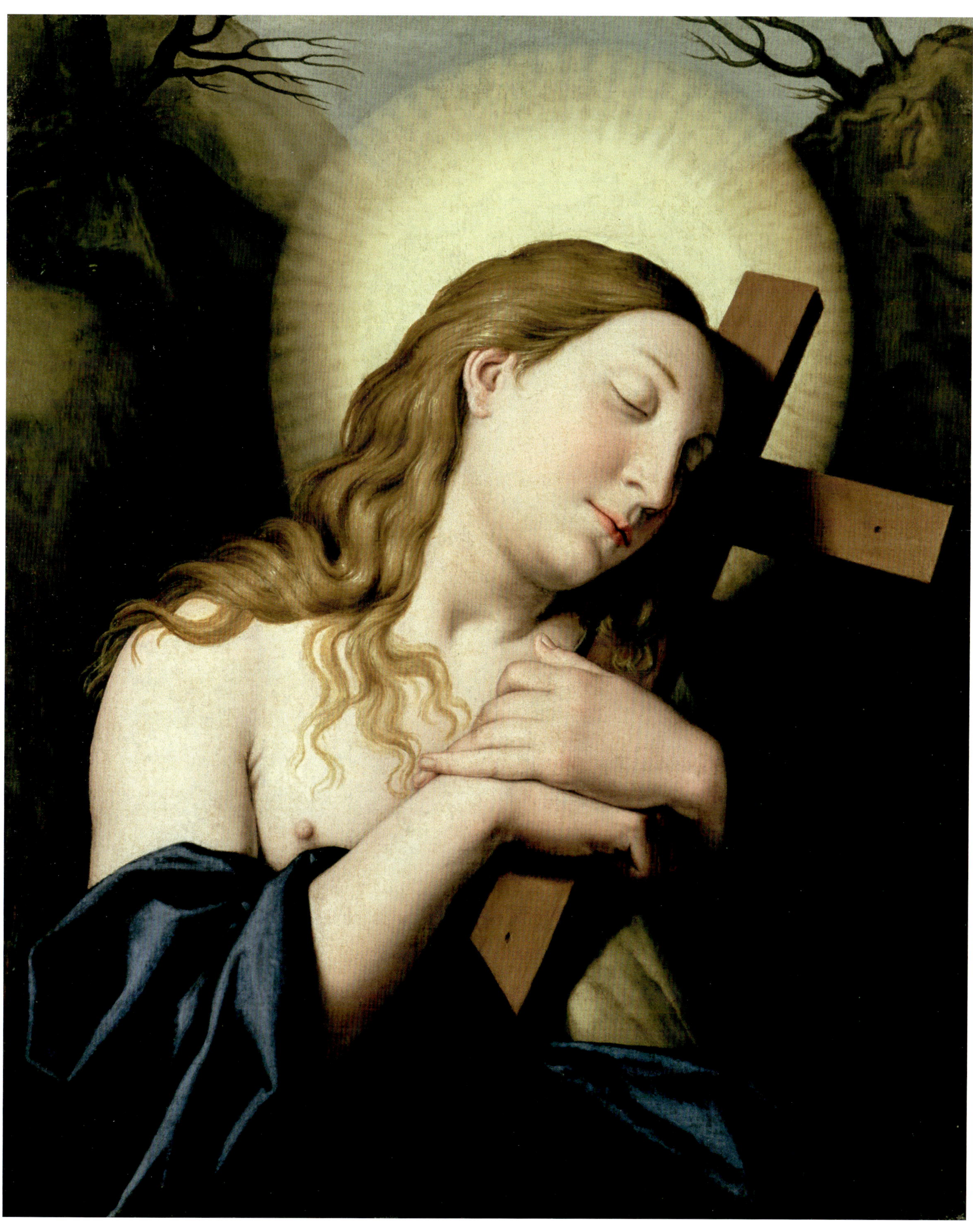

uguale al cospetto di Dio e che, alla fine dei tempi, Egli la riunirà e stabilirà l'unione perfetta.
La *Parusia* è l'evento foriero del passaggio tra la vita terrena e la Resurrezione, attraverso la quale l'umanità si ricongiungerà a Dio: e di questo annuncio è messaggera Maria di Màgdala.
La santa, dunque, non è solo il modello di rettitudine che Gesù ha scelto quale esempio. Lei è il tramite tra Cristo e l'umanità. È la donna che annuncia le parole di morte e di vita. Lei può fare da guida ai fratelli per riunirli. Lei non serba rancore, non prova invidia, non giudica: perché la concessione della grazia e della gloria la rendono pura. Riflette la luce divina, perché è immune all'influenza del male che alimenta i sentimenti impuri.
Maria di Màgdala è la figura fondamentale nell'interpretazione dell'ermeneutica del messaggio di Dio, poiché se ne fa portavoce e ne trasmette il significato agli Apostoli e all'umanità, affinché tutti possano comprendere la parola di Cristo.
È mai possibile che ella non sia presente nella parete che sovrasta l'altare e che ospita il *Giudizio*? È mai possibile che Michelangelo che ha pianificato ogni cosa con straordinaria perfezione e lungimiranza, abbia trascurato l'importanza fondamentale del ruolo di Maria Maddalena nella storia della cristianità e nella rappresentazione della fine dei tempi? Una simile omissione evidenzierebbe un'eclatante ed incongruente dissonanza, che stride con tutto ciò che conosciamo di Michelangelo e che appare in profonda contraddizione non solo con il tema del *Giudizio*, ma con l'armonia dell'intera Cappella.
Mi sento di escludere senza riserve questa possibilità.

same in the presence of God and that, at the end of time, He will reunite it and establish the perfect union.
The *Parousia* is the harbinger of the transition between earthly life and the Resurrection, through which humanity will be reunited with God: and Mary Magdalene is the messenger of this announcement.
The saint, therefore, is not only the model of righteousness that Jesus chose as an example. She is the link between Christ and humanity. She is the woman who announces the words of death and life. She can guide the brothers to reunite them together. She does not hold grudges, she does not feel envy, she does not judge: because the granting of grace and glory makes her pure. She reflects the divine light, because she is immune to the evil influence that fuels impure feelings.
Mary of Magdala is the fundamental figure in the interpretation of the hermeneutics of God's message, since she conveys it and transmits its meaning to the Apostles and to humanity, so that everyone can understand the word of Christ.
Is it possible that she is not present on the wall above the altar which features the *Judgement*? Is it possible that Michelangelo, who had planned everything with extraordinary perfection and foresight, has overlooked the fundamental importance of the role of Mary Magdalene in the history of Christianity and in the representation of the end of time? Such an omission would highlight a striking and incongruous dissonance, which clashes with everything we know of Michelangelo and which appears to be in profound contradiction not only with the theme of the *Last Judgement* but with the harmony of the entire Chapel.
I can exclude this possibility without reservations.

UN *GIUDIZIO UNIVERSALE* SCANDALOSO

Furono molteplici le ragioni che fecero del *Giudizio Universale* di Michelangelo un vero e proprio scandalo.
Nel 1564, un anno dopo la condanna decretata dal Concilio di Trento per le oscene nudità del *Giudizio*, Daniele da Volterra vestì i personaggi dipingendo a tempera le vesti e le foglie di fico sulle parti che gridavano vergogna.
La sua censura, che gli valse il soprannome di "Braghettone", forse contribuì a salvare il capolavoro di Michelangelo dalla rovina.
Alla morte di Pio IV, alla fine del 1565, il lavoro di Volterra fu interrotto, poiché l'impalcatura doveva essere smantellata per lasciare posto al conclave.
Solo in seguito furono aggiunti i perizomi e i panneggi anche nella parte inferiore dell'affresco.
Oggi abbiamo assoluta certezza che Michelangelo aveva pensato e realizzato quasi tutti i corpi nudi. Ne troviamo riscontro alla luce dei documenti storici e delle due copie dell'affresco eseguite rispettivamente da Marcello Venusti (1549) e da Giulio Giovio (metà Cinquecento circa). La prova definitiva è stata acquisita attraverso i resoconti dei lavori di restauro ultimati nel 1994, quando ogni dettaglio è stato studiato e documentato con dovizia di particolari.

A SCANDALOUS *LAST JUDGEMENT*

There were many reasons that made Michelangelo's *Last Judgement* a real scandal.
In 1564, a year after the condemnation decreed by the Council of Trent for the obscene nudity of the *Last Judgement*, Daniele from Volterra dressed the characters by painting the robes and fig leaves in tempera on the parts that screamed shame.
His censorship, which earned him the nickname of "Braghettone" perhaps helped to save Michelangelo's masterpiece from ruin.
Upon the death of Pius IV, at the end of 1565, Volterra's work was interrupted, as the scaffolding had to be dismantled to leave room for the conclave.
Only later the loincloths and the draperies were added to the lower part of the fresco.
Today we have absolute certainty that Michelangelo had conceived and realized almost all the naked bodies. We find confirmation of this in the light of historical documents and in the two copies of the fresco executed respectively: one by Marcello Venusti (1549) and the other by Giulio Giovio (around mid-16th century). The definitive proof was acquired through the reports of the restoration work completed in 1994, when every aspect was studied and documented in great detail.

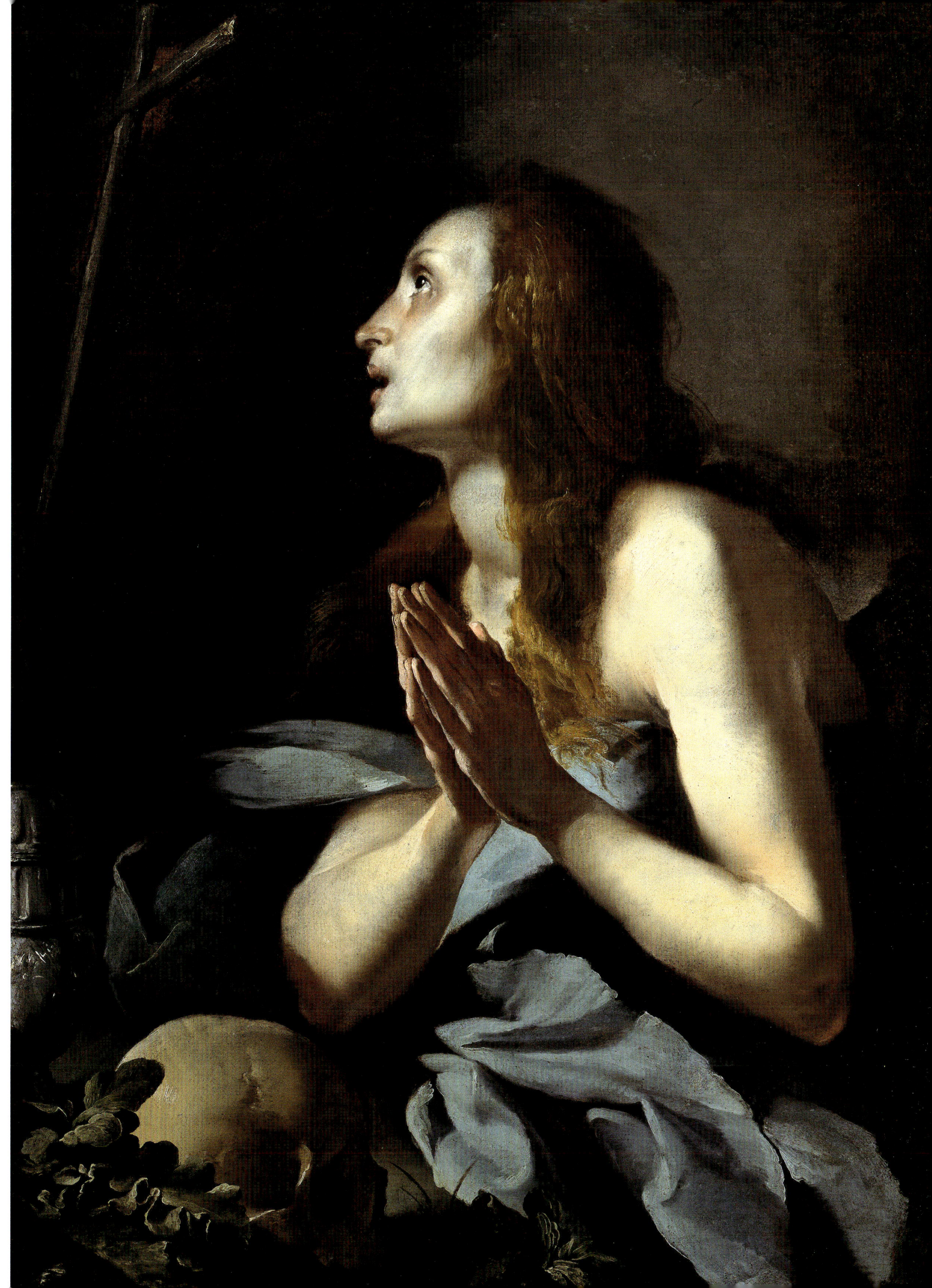

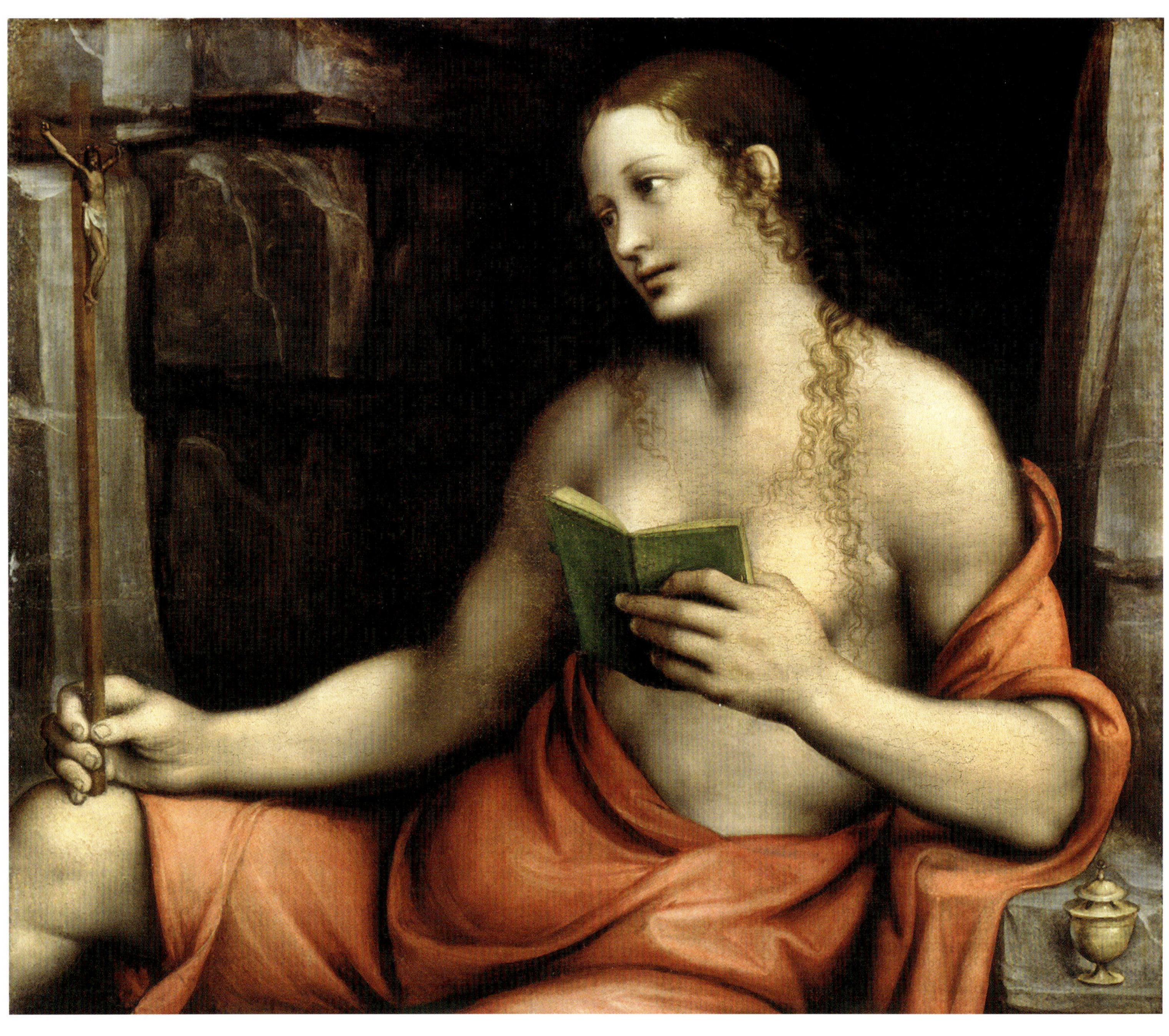

Giampietrino, *Santa Maria Maddalena penitente*, 1520 ca., olio su tavola, 50 × 60 cm, Pinacoteca di Brera, Milano.

Giampietrino, *Penitent Saint Mary Magdalene*, c. 1520, oil on panel, 50 × 60 cm, Brera Art Gallery, Milan.

(A fronte)
Piero della Francesca, *Santa Maria Maddalena*, 1466, affresco, 190 × 105 cm, Duomo di Arezzo.

(Opposite)
Piero della Francesca, *Saint Mary Magdalene*, 1466, fresco, 190 × 105 cm, Arezzo Cathedral.

(Alle pagine 96-97)
Buonamico Buffalmacco, *Giudizio Universale*, 1336-1341, affresco, 600 × 1560 cm, Camposanto Monumentale, Pisa.

(On pages 96-97)
Buonamico Buffalmacco, *Last Judgement*, 1336-1341, fresco, 600 × 1560 cm, Monumental Cemetery, Pisa.

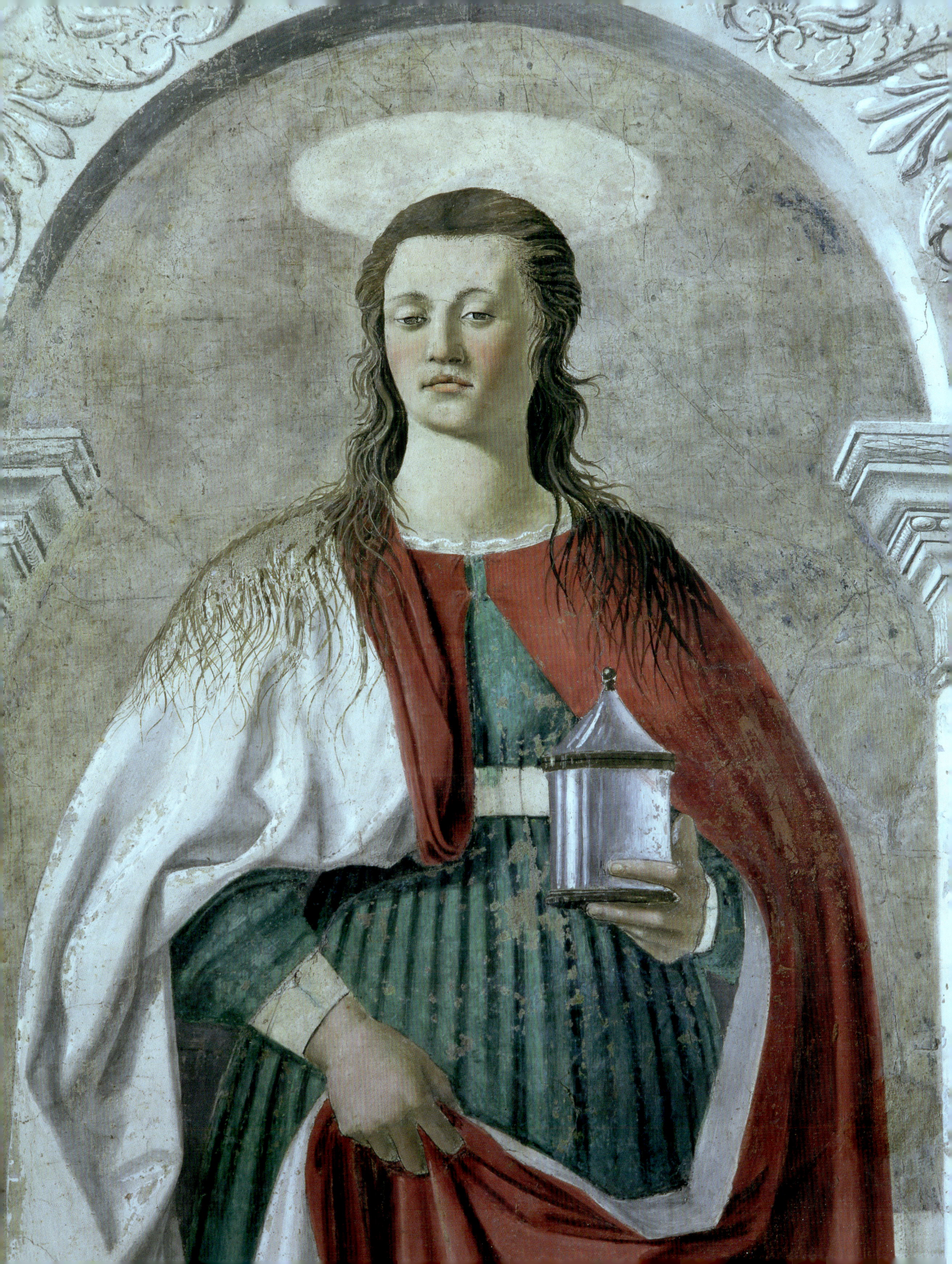

A ben osservare, alcuni personaggi indossano una sorta di abito, ma, comunque, risultano vestiti solo parzialmente: sono scoperti i seni o le spalle o le gambe. Oppure assumono pose non proprio caste, che lasciano spazio a maliziose interpretazioni.
Le impudiche nudità e le pose immorali gridavano allo scandalo al punto da motivare alcuni avvenimenti come quello, eclatante, dell'integrale rifacimento della porzione di affresco con santa Caterina d'Alessandria, che oggi indossa una generosa veste verde.
È imbarazzante il raffronto tra le immagini della santa e di san Biagio così come si vedono nella Cappella Sistina e come ce le ricordano le copie dell'epoca eseguite da Marcello Venusti e da Giulio Giovio nella versione autentica.
Nella replica di Marcello Venusti, fedele all'originale di Michelangelo, si notano le "modifiche" eseguite da Daniele da Volterra. Le sue censure alle nudità del *Giudizio* gli valsero il soprannome con il quale l'artista è passato alla storia: il "Braghettone". Santa Caterina era completamente nuda e san Biagio era accovacciato alle sue spalle in una posa quanto mai equivoca.
La scandalosa raffigurazione di questi due santi ha indotto il "Braghettone" a distruggere questa porzione di parete per rifarla, sempre ad affresco, cancellando definitivamente le posizioni originali.
La censura di Daniele da Volterra rischiava di rappresentare una vera e propria alterazione dell'originale impianto iconografico ed iconologico del *Giudizio Universale*: includendo Caterina d'Alessandria tra le figure vestite, l'ignaro "Braghettone" si apprestava a modificare il complicato ma perfetto programma di Michelangelo.
La coerenza con il resto dell'affresco, tuttavia, deve aver dissuaso Daniele Ricciarelli dal vestire integralmente questi due santi; probabilmente perché non si sarebbero più armonizzati con il resto della composizione. Si limitò, pertanto, a renderli meno scandalosi scongiurando il pericolo di "deviare", sebbene inconsapevolmente, la percezione di elementi essenziali del progetto di Michelangelo.
A questo punto non è più trascurabile il fatto che, in quell'affollamento di corpi nudi, le uniche figure effigiate con l'aspetto virtuoso e illibato siano Maria, la madre di Gesù, e la donna che bacia la croce.
La scelta non poteva che seguire una rigorosa, ben precisa e geniale progettualità, poiché questi elementi distinguono in modo risoluto le due donne rispetto ai canoni con i quali Michelangelo ha rappresentato gli altri personaggi.
È evidente che questa connotazione si riferisce alla loro condizione di purezza, che le distingue per il ruolo di assoluto privilegio. Del resto la Sistina (Sacellum Sixtinum), costruita da Papa Sisto IV della Rovere tra il 1475 ed il 1481, è la Cappella principale del Palazzo apostolico ed è dedicata a Maria Assunta in Cielo[45]. Non si può, dunque, trascurare l'importanza della figura della Vergine che, infatti, è in stretta relazione con Cristo Giudice. Il loro collegamento con la croce, più "scontato" per la Vergine e ribadito nella donna vestita di giallo dall'atto di baciarne il legno, le investe

[45] | G. FRONZUTO, *Organi di Roma. Guida pratica orientativa agli organi storici e moderni*, Leo S. Olschki Editore, Firenze 2007, p. 472. ISBN 978-88-222-5674-4.

If you look closely, some characters are wearing a sort of dress but, in any case, they are only partially dressed: their breasts, or their shoulders or the legs are exposed. Or they assume poses that are not exactly chaste, which leave room for mischievous interpretations.
The shameless nudity and immoral poses were so scandalous that motivated some events such as the striking one of the complete restoration of the portion of the fresco with Saint Catherine of Alexandria, who today wears a generous green robe.
The comparison between the images of the saint and Saint Blaise as they are seen today in the Sistine Chapel and as the copies of the time remind us, made by Marcello Venusti and Giulio Giovio in the authentic version, is embarrassing.
In Marcello Venusti's replica, faithful to Michelangelo's original, we can note the "modifications" made by Daniele Ricciarelli or Daniele da Volterra (his censorship of the nudity of the *Last Judgement* earned him the nickname "Braghettone", by which the artist has gone down in history): Saint Catherine was completely naked and Saint Blaise was crouched behind her in a very ambiguous pose.
The scandalous depiction of these two saints led the "Braghettone" to destroy this portion of the wall to redo it, always as a fresco, definitively erasing the original positions.
The censure of Daniele from Volterra ran the risk of representing a real alteration of the original iconographic and iconological structure of the *Last Judgement*: by including Catherine of Alexandria among the dressed figures, the unaware "Braghettone" was about to modify the complicated but perfect programme of Michelangelo.
The coherence with the rest of the fresco, however, must have dissuaded Daniele Ricciarelli from entirely dressing these two saints; probably because they would no longer harmonise with the rest of the composition. He therefore just made them less scandalous, avoiding the danger of "diverting", although unconsciously, the perception of essential elements of Michelangelo's project.
At this point the fact that, in that crowd of naked bodies, the only figures portrayed with a virtuous and immaculate appearance are Mary, the mother of Jesus, and the woman kissing the cross, cannot be ignored.
The choice could only follow a rigorous, very precise and ingenious project, because these elements decisively distinguish the two women compared to the canons with which Michelangelo has represented the other characters.
It is clear that this connotation refers to their condition of purity, which distinguishes them for their role of absolute privilege.
Moreover, the Sistine Chapel (Sacellum Sixtinum), built by Pope Sixtus IV della Rovere between 1475 and 1481, is the main chapel of the Apostolic Palace and it is dedicated to Mary Assumed into Heaven.[45] Therefore, we cannot ignore the importance of the figure of the Virgin who, in fact, is in close relation with Christ the Judge.
The connection with the cross is more "obvious" for the Virgin and in the woman dressed in yellow is highlighted, intentionally and unequivocally, by the act of kissing the wood. The sharing of the cross involves both with the task of transmitting the "*angelic appeal*"

[45] | G. FRONZUTO, *Organs of Rome. Practical guide to historical and modern organs*, Leo S. Olschki Editore, Florence, 2007, p. 472. ISBN 978-88-222-5674-4.

del compito di trasmettere l'"*appello angelico*" per ricordare le parole di Gesù e le legittima a elette, delegate ad interpretare la "necessità della croce nel piano di Dio".
Il teologo Timothy Verdon ricorda alcune *Rime* di Michelangelo, nelle quali l'artista vede il nudo come una sorta di privazione del proprio corpo con la morte, che coincide con la spoliazione morale. Al cospetto di Dio non c'è più "abito" che possa coprire le nudità. In altre parole, nel momento del *Giudizio* non c'è espediente che possa ingannare Cristo per nascondere o giustificare i nostri comportamenti peccaminosi, poiché Dio vede tutto e legge nel nostro animo. La salvezza, pertanto, non può che passare attraverso la fede pura.
«*In un trattato attribuito a Rabano Mauro, ma risalente al XII secolo, infatti, si dice che "Il Salvatore (...) la istituì Apostola per gli Apostoli della sua ascensione, premiando – con degna ricompensa di grazia e di gloria e con primo particolare privilegio di onore – colei che, a buon diritto guida di tutte le collaboratrici grazie ai suoi meriti, aveva istituito poco prima Evangelista della Resurrezione*»[46].
Ritengo ragionevole ipotizzare che la figura di Maria di Màgdala sia effigiata con caste vesti proprio perché non conosce peccato e perché è stata insignita con «degna ricompensa di grazia e di gloria e con primo particolare privilegio di onore». I suoi meriti non sono paragonabili a quelli di nessun altro santo: neppure agli Apostoli. L'unica figura altrettanto degna è la Vergine Maria che, infatti, è vestita.
Per loro non c'è spoliazione morale, perché la purezza è già conclamata.
L'artista, strumentalizzando l'uso delle vesti (un po' come fa con l'uso dei colori), sintetizza e ribadisce concetti iconologici ben precisi: nel caso delle vesti egli si riferisce alla castità, che esonera le due donne dalla vergogna indotta dalla consapevolezza di essere nudi.

to remember the words of Jesus and legitimizes them as chosen, delegated to interpret the "necessity of the cross in God's plan".
The theologian Timothy Verdon recalls some of Michelangelo's *Rhymes*, in which the artist sees nudity as a sort of deprivation of one's body with death, which coincides with moral despoliation. In the presence of God there is no longer any "robe" that can cover nudity.
In other words, at the moment of the *Judgement* there is no expedient that can deceive Christ to hide or justify our sinful behaviours, since God sees everything and reads inside our souls. Salvation, therefore, can only pass through pure faith.
«*In a treatise attributed to Rabano Mauro of the 13th century, it is said that 'The Saviour [...] appointed her as Apostle for the Apostles of his ascension, rewarding – with a worthy reward of grace and glory and with the first and particular privilege of honour – she who, rightfully guie of all her collaborators thanks to her merits, had appointed evangelist of the Resurrection shortly before*».[46]
I believe it is reasonable to hypothesise that the figure of Mary Magdalene is portrayed with chaste clothes precisely because she knows no sin and because she has been awarded with "a worthy reward of grace and glory and with the first particular privilege of honour." Her merits are not comparable to those of any other saint: not even the Apostles. The only figure equally worthy is the Virgin Mary who, in fact, is dressed.
For them there is no moral spoliation, because purity is already acclaimed.
The artist, by exploiting the use of clothes (a little like he does with the use of colours), summarizes and reiterates very precise iconological concepts: in the case of the robe he refers to chastity, which exempts the two women from the shame induced by the awareness of being naked.

MARIA MADDALENA, UN MODELLO DI RETTITUDINE OLTRE CALUNNIE E MALDICENZE

Malgrado l'incrollabile dedizione di Maria di Màgdala per Gesù e il suo ruolo di Apostola degli Apostoli, lei è la donna che ha subito continui tentativi di infamie e maldicenze, che si sono susseguiti attraverso i secoli nel costante tentativo di occultare, o quanto meno oscurare, la luce della sua purezza e la forza nella fede che ha fatto di lei un esempio perfino per gli Apostoli.
Proprio loro domandavano spesso a Gesù come mai questa donna venisse privilegiata di tanta confidenza al punto da porgli sempre molte domande.
Dopo la morte di Cristo gli Apostoli continuarono a chiedersi perché si fosse mostrato a Maria Maddalena, affidandole il compito di annunciare loro la Sua Resurrezione.
La santa ha sempre suscitato una sorta di risentimento per aver

MARY MAGDALENE, A MODEL OF RIGHTEOUSNESS BEYOND SLANDER AND CALUMNY

Despite Mary Magdalene's unshakeable dedication to Jesus and her role as Apostle of the Apostles, she is the woman who has suffered continuous attempts of slander and infamies, which continued throughout the centuries in a constant attempt to hide, or at least obscure, the light of her purity and the strength of the faith that made her an example even for the Apostles.
They often asked Jesus the reason for which this woman was privileged with such confidence to the point of always asking him many questions.
After the death of Christ, the Apostles continued to wonder about her because the Saviour had shown himself to Mary Magdalene, entrusting her with the task of announcing his Resurrection to them.
The saint has always aroused a sort of resentment for having

[46] | FRANCESCO, *op. cit.*, pp. 10-11. *Cfr.* «*Salvator...ascensionis suae eam ad apostolos, digna mercede gratiae et gloriae, primoque et praecipuo honoris privilegio, digne pro meritis omnium ministrarum suarum remunerans signiferam, quam ante medium instituerat resurectionis Evangelistam*» (*PL, Patrologia latina*, 112, cap. XXVII).

[46] | FRANCIS, *op. cit.*, pp. 10-11. Note 5. *Cf.* «*Salvator...ascensionis suae eam ad apostolos, digna mercede gratiae et gloriae, primoque et praecipuo honoris privilegio, digne pro meritis omnium ministrarum suarum remunerans signiferam, quam ante medium insituerat resurectionis Evangelistam*» (*PL, Patrologia latina*, 112, cap. XXVII).

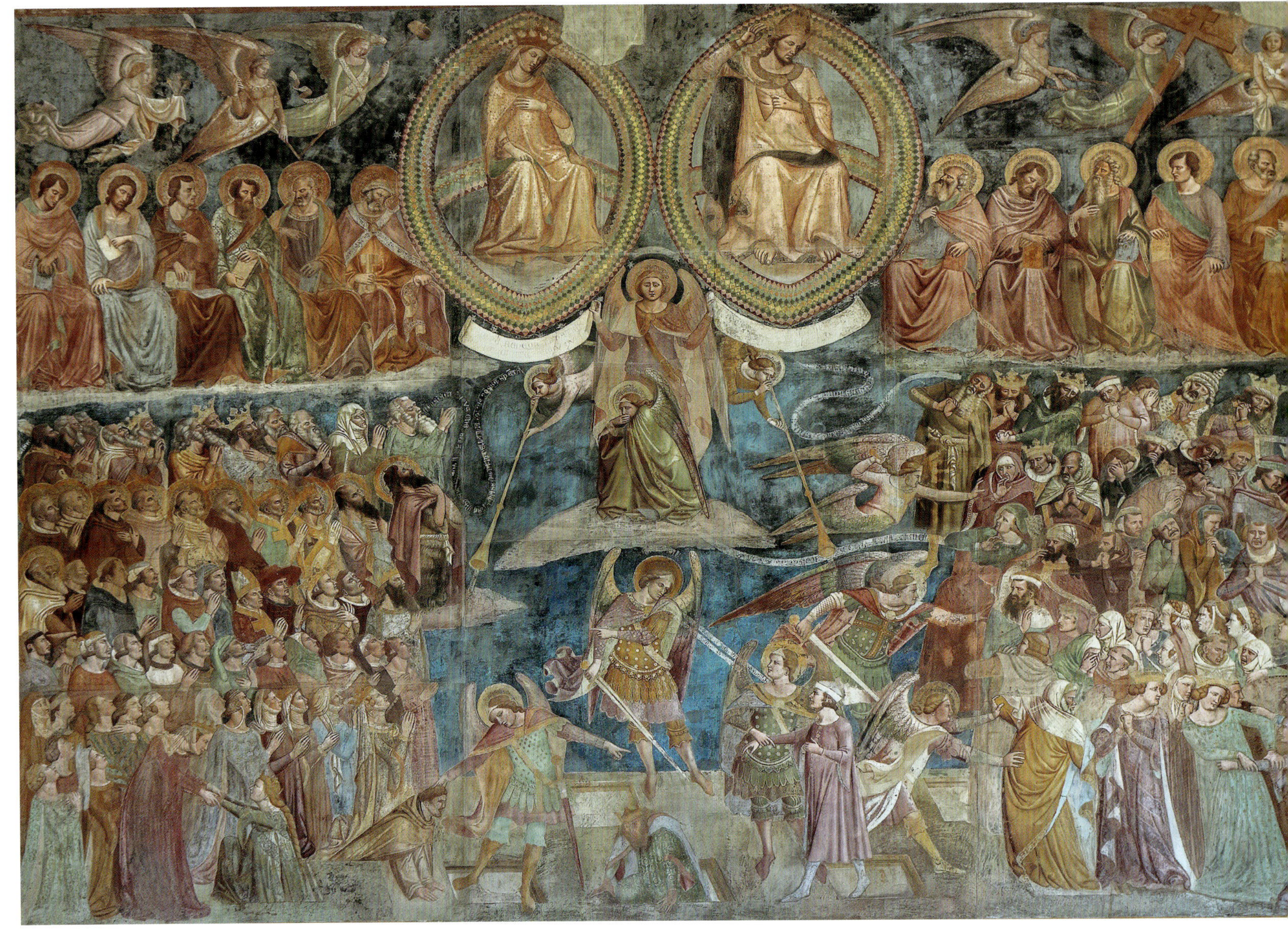

conquistato un posto di privilegio al fianco di Gesù, tuttavia non si è mai distratta dalla sua missione di evangelizzatrice.
Bernardino da Siena, in un famoso Sermone del 1427, affermò: «[La Maddalena] *aveva offeso in sette cose il Creatore: primo, nella ricerca dei piaceri; secondo, nel lussurioso baciare e parlare della sua bocca; terzo, nelle vanità dell'acconciatura della chioma; quarto, nel lascivo guardare degli occhi; quinto, nel superbo camminare e gestire di tutto intero il suo corpo; sesto, nell'inverecondo esercizio della lussuria* […]; *settimo, nel proponimento e nel tentativo di peccare. Ed ebbe una triplice causa induttiva a queste cose, che moltissimo spinge a peccare; la prima, cioè la bellezza del corpo; la seconda, l'abbondanza dei beni temporali; la terza, la rilassatezza del controllo e della libertà. Infatti era bella, era anche ricca e viveva senza essere soggetta a nessuno. È questo il pericoloso per le donne più di tutte le altre anzidette*»[47].
Il monaco Onorio di Autun, nel XII secolo, definì la Maddalena «*volgare meretrice che, dopo essersi fatta postribolo della turpitudine, a*

[47] | B. DA SIENA, *Sermo XLVI*, *Opera omnia*, vol. 3, 1956, 438.

gained a privileged place at Jesus' side, however she has never been distracted from her mission as an evangeliser.
Bernardino from Siena, in a famous Sermon in 1427, stated: «[Magdalene] *had offended the Creator in seven things: first, in the pursuit of pleasures; second, in the lustful kissing and speaking of her mouth; third, in the vanities of her hairstyle; fourth, in the lascivious gazing of the eyes; fifth, in the superb walking and the entire management of her body; sixth, in the shameless exercise of lust [...]; seventh, in the intention and attempt to sin. And she had a triple inductive cause to these things, which pushes her a lot to sin; the first, that is, the beauty of her body; the second, the abundance of temporal goods; the third, the relaxation of control and freedom. In fact, she was beautiful, she was also rich and lived without being under anyone. This is the most dangerous thing for women than any of the others mentioned above*»[47]
The monk Honorius of Autun, in the 12th century, defined the Magdalene as «*a vulgar prostitute who, after having become a brothel of turpitude, with good reason became the scene of demons; in fact, seven*

[47] | B. FROM SIENA, *Sermo XLVI*, *Opera omnia*, vol. 3, 1956, 438.

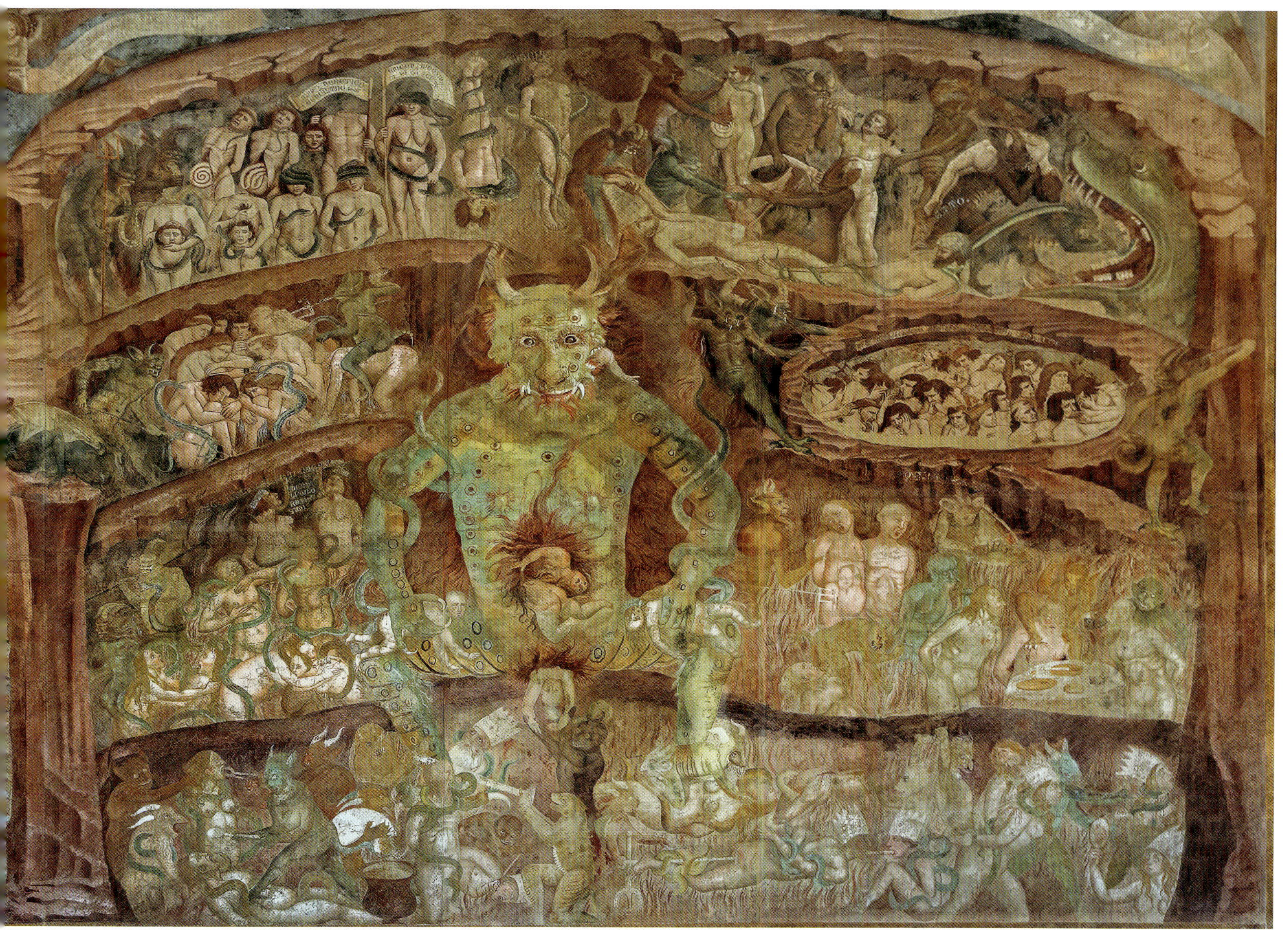

ragione divenne scenario dei demoni; infatti entravano in lei sette demoni tutti insieme e di continuo la tormentavano con desideri immondi»[48].
Ancora una volta la storia è testimone dell'invidia dell'uomo e di come la fragile carne si mostri recidiva nel peccare di presunzione sostituendosi a Dio e giudicando in Suo nome e per Suo conto.

Questi racconti denigratori, forvianti e privi di fondamento, sono solo alcune delle "calunnie" che fecero di Maria Maddalena la donna che, convertitasi al peccato, divenne l'emblema dell'umanità corrotta. La forza della sua fede, tuttavia, ne ha fatto anche l'esempio e il prototipo della speranza per la redenzione.

La sua figura fu naturalmente associata alla progenitrice del peccato nel mondo poiché, essendo la santa l'«*emblema dell'umanità schiava del peccato*», la sua condizione ha fornito il pretesto per associarla a Eva, «*la progenitrice del male nel mondo*»[49].

[48] | O. AUGUSTODUNENSE, *Speculum Ecclesiae. De sancta Maria Magdalena*, in *PL*, 172, 979.

[49] | A. VALERIO, *op. cit.*, p. 8.

demons entered into her all at once and continually tormented her with unclean desires».[48]
Once again, history bears witness to man's envy and how the fragile flesh shows itself to be an unrepentant in being presumptuous by substituting God and judging in His name and on His behalf.

These denigrating, misleading and groundless stories are just some of the "calumnies" that made Mary Magdalene the woman who, once converted to sin, became the emblem of corrupt humanity. The strength of her faith, however, also made her become the example and prototype of hope for redemption.

Her figure was naturally associated with the progenitor of sin in the world since, being the saint who was the «*emblem of humanity enslaved by sin*», her condition provided the pretext for being associated with Eve, «*the progenitor of evil in the world*».[49]

In Michelangelo's *Judgement* the references to the original sin

[48] | H. AUGUSTODUNENSE, *Speculum Ecclesiae. De sancta Maria Magdalena*, in *PL*, 172, 979.

[49] | A. VALERIO, *op. cit.*, p. 8.

Nel *Giudizio* di Michelangelo i riferimenti al peccato originale sono evidenti: ma l'artista non scadrà nel superficiale e sgradevole equivoco di paragonare la Maddalena a Eva; al contrario, consoliderà l'immagine della santa nel ruolo di colei che ha già ottenuto la grazia.

La moltitudine di uomini e donne nude o discinte è il riferimento alla vergogna dell'umanità peccatrice che, avendo indugiato nella fede in Cristo, con l'avvento della *Parusia* prende consapevolezza del proprio operato al cospetto di Dio.

L'affollamento di corpi ignudi, più che essere scandaloso, potrebbe indicare la vita dissoluta e peccaminosa che induce l'uomo alla disobbedienza e alla presunzione di sostituire la propria morale a quella del Creatore. Ma Dio vede tutto e non c'è veste che possa occultare la verità.

Nel giorno del Giudizio, così come è avvenuto per Adamo ed Eva quando «*aprirono gli occhi e presero consapevolezza di essere nudi*», la luce che emanerà Cristo tornando sulla terra farà sì che l'umanità prenda contezza delle proprie colpe e provi vergogna e disagio.

Michelangelo prefigura questo concetto con straordinario realismo, affinché diventi un monito eloquente e persuasivo.

Il vacillare costante dell'uomo, e finanche degli Apostoli, scandisce la sostanziale differenza tra la disobbedienza, che nasce dalla fragilità dell'essere umano e che induce a cedere alla tentazione e all'inganno, e il maligno del demonio.

Per questo Dio concede tempo e clemenza, affinché l'umanità possa fortificarsi nella fede; poiché la volontà di Dio è infliggere la condanna sul male, salvando le anime fragili e ricongiungendole nel Regno dei Cieli: per questo «*il Giudizio di Dio sul male e su ogni colpa sarà un Giudizio di grazia*».

Ricordiamo l'episodio dell'adorazione del vitello d'oro, quando il popolo di Israele, vedendo tardare Mosè dal suo ritorno dal monte Sinai, elesse Aronne come nuova guida.

Aronne raccolse l'oro con il quale forgiò il vitello ispirato agli egizi. Mosè, infuriato, distrusse le tavole della legge, perché il suo popolo lo aveva deluso cedendo alla tentazione della vita profana e dell'idolatria.

L'esempio, uno per tutti, della costante "ricaduta" nelle tentazioni rimarca la debolezza dell'umanità e la fragilità nel rimanere saldi dinanzi alle prove da affrontare per diventare degni della croce.

Gesù perdonerà anche chi si pentirà all'ultimo momento: come ha fatto con il "buon ladrone", mentre la condanna verrà inflitta a tutti coloro che non mostreranno cordoglio per i propri peccati.

La fragilità dell'uomo è implicita nell'essere umano ed è in questa debolezza che il diavolo si insinua: ecco perché il rimanere "salda" nella croce fa di Maria Maddalena un esempio e una guida.

Ed ecco perché Michelangelo, in questo particolare momento della sua vita, si sente investito della responsabilità di imprimere sulla parete della Cappella Sistina il monito per l'umanità.

Facendosi portavoce della parola di Cristo, come un Suo vicario, egli prende le distanze da tutto ciò che induce in tentazione.

L'artista stesso cerca la salvezza attraverso la fede e la speranza, come dimostra la sua personificazione nella pelle scuoiata che san Bartolomeo stringe nella mano sinistra affinché non precipiti negli inferi.

are evident: but the artist will not fall into the superficial and unpleasant misunderstanding of comparing Magdalene to Eve; on the contrary, he will consolidate the image of the saint in the role of the one who has already obtained grace.

The multitude of naked or undressed men and women is a reference to the shame of sinful humanity which, having indulged in the faith in Christ, with the advent of the *Parousia* becomes aware of its actions in the presence of God.

The overcrowding of naked bodies, rather than being scandalous, could indicate the dissolute and sinful life that leads man to disobedience and the presumption of substituting his own morality to that of the Creator. But God sees everything and there is no garment that can hide the truth.

On Judgement Day, as happened to Adam and Eve when they «*opened their eyes and became aware of being naked*», the light that Christ will emanate upon returning to earth will cause humanity to take account of its own sins and feel shame and discomfort.

Michelangelo prefigures this concept with extraordinary realism, so that it becomes an eloquent and persuasive warning.

The constant vacillation of man, and even of the Apostles, marks the substantial difference between the disobedience that arises from the fragility of the human being and which leads to yield to temptation and deception, and the evil spirit of the devil.

For this reason, God grants time and mercy; so that humanity can become stronger through faith; since God's will is to inflict condemnation on evil, saving fragile souls and reuniting them in the Kingdom of Heaven: for this reason, «*God's Judgement on evil and on every sin will be a Judgement of grace*».

We remember the episode of the adoration of the golden calf, when the people of Israel, seeing that Moses was late returning from Mount Sinai, elected Aaron as their new leader.

Aaron collected the gold with which he forged the calf inspired by the Egyptians. Moses, enraged, destroyed the tablets of the law, because his people had disappointed him by giving in to the temptation of profane life and idolatry.

The example, one for all, of the constant "falling back" into temptation emphasises the weakness of humanity and the fragility in remaining steadfast in front of the trials that have to be faced to become worthy of the cross.

Jesus will also forgive those who repent at the last moment: as he did with the "good thief", while condemnation will be inflicted on all those who do not show condolences for their sins.

The fragility of man is implicit in the human being and it is in this weakness that the devil insinuates himself: this is why remaining "firm" in the cross makes Mary Magdalene an example and a guide. And this is why Michelangelo, in this particular moment of his life, feels invested with the responsibility of imprinting the warning for humanity on the wall of the Sistine Chapel.

By acting as a spokesman of the word of Christ, as His vicar, he distances himself from everything that leads to temptation.

The artist himself seeks salvation through faith and hope, as demonstrated by his personification in the flayed skin that Saint Bartholomew holds in his left hand so that he does not fall into hell.

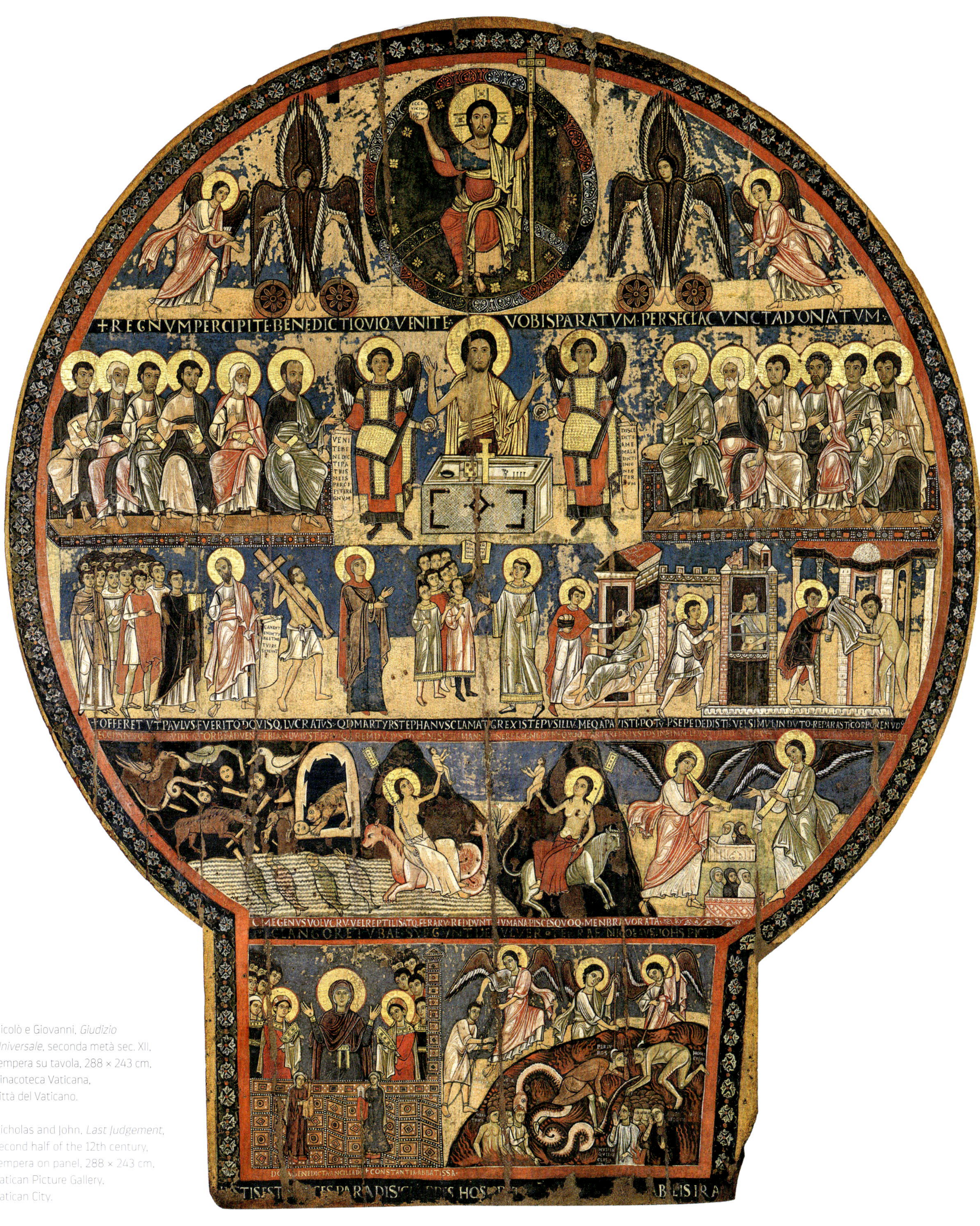

Nicolò e Giovanni, *Giudizio Universale*, seconda metà sec. XII, tempera su tavola, 288 × 243 cm, Pinacoteca Vaticana, Città del Vaticano.

Nicholas and John, *Last Judgement*, second half of the 12th century, tempera on panel, 288 × 243 cm, Vatican Picture Gallery, Vatican City.

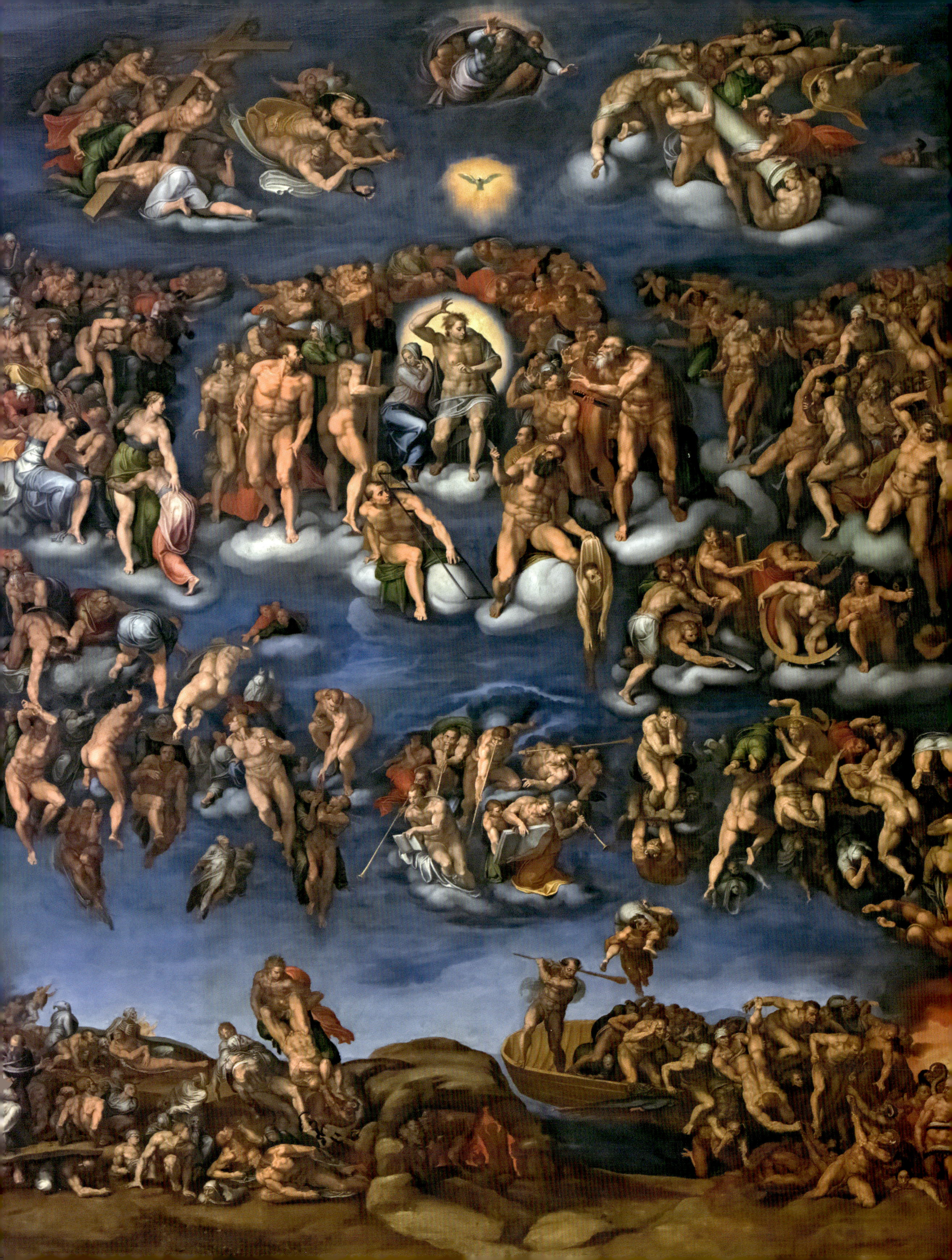

UNA FINESTRA SUL GIARDINO DELL'EDEN

Nel capitolo precedente si è fatto riferimento al tema delle calunnie e delle maldicenze che, per secoli, hanno tentato di screditare la figura di Maria Maddalena, arrivando perfino ad associarla a Eva: la progenitrice del peccato nel mondo.
I noti collegamenti tra la santa quale "prostituta redenta" ed Eva – ma anche il tema delle scandalose nudità nel *Giudizio Universale* – rendono inevitabile riflettere sull'aspetto che implica la vergogna indotta dalla consapevolezza di essere nudi riferita al tema della creazione e del peccato originale.
Nel *Giudizio Universale* Michelangelo definisce il collegamento con la volta e armonizza la consequenzialità delle raffigurazioni, poiché nella Cappella Sistina c'è tutta la storia dell'intimo rapporto dell'uomo con Dio: la creazione, il peccato originale, la prima venuta di Cristo e il tempo concesso affinché l'umanità possa comprendere l'insegnamento di Gesù e redimersi per ottenere la grazia. Tutto si conclude con la seconda venuta sulla terra del Salvatore.
Adamo ed Eva, prima di mangiare il frutto proibito, non erano consapevoli delle loro nudità, che diventeranno una vergogna solo dopo l'atto di disobbedienza che costerà loro la cacciata dal Paradiso Terrestre.
Dio, dopo aver creato l'uomo, lo mise nel giardino dell'Eden e poi avvertì Adamo dicendo: «*Di ogni albero del giardino puoi mangiare a sazietà. Ma in quanto all'albero della conoscenza del bene e del male non ne devi mangiare, poiché nel giorno in cui ne mangerai certamente dovrai morire*» (*Genesi* 2:16).
«*Ma il serpente disse alla donna: "Non morirete affatto! Anzi, Dio sa che quando voi ne mangiaste, si aprirebbero i vostri occhi e diventereste come Dio, conoscendo il bene e il male". Allora la donna vide che l'albero era buono da mangiare, gradito agli occhi e desiderabile per acquistare saggezza; prese del suo frutto e ne mangiò, poi ne diede anche al marito, che era con lei, e anch'egli ne mangiò. Allora si aprirono gli occhi di tutti e due e si accorsero di essere nudi; intrecciarono foglie di fico e se ne fecero cinture*» (*Genesi* 3:4-7).
«*Dove sei?*», chiede l'Altissimo ad Adamo che non trova al suo posto nel giardino di Eden (*Genesi* 3:9); e quando questi risponde che si era nascosto perché aveva paura, essendo nudo, Dio insiste chiedendo: «*Chi ti ha fatto sapere che sei nudo? Hai forse mangiato dell'albero di cui ti avevo comandato di non mangiare?*» (*Genesi* 3:11). Quando poi l'uomo accusa la donna d'avergli dato da mangiare del frutto proibito, Dio si rivolge a lei chiedendo: «*Che hai fatto?*» (*Genesi* 3:13), e quando Eva spiega che è stato il serpente a ingannarla, Dio la maledice, punendo anche la donna, l'uomo e, con lui, la stessa terra sua dimora (*Genesi* 3:14-19).
Il Creatore aveva vietato ai progenitori di mangiare i frutti dell'albero della conoscenza, poiché esso simboleggiava la facoltà di decidere le scelte morali e solo Dio poteva distinguere il bene dal male.
Commettendo il peccato originale, l'uomo manifestava la presunzione nel sostituirsi alla morale di Dio.
Nella storia della cristianità, e nella sua narrazione all'interno

A WINDOW ON THE GARDEN OF EDEN

In the previous chapter the theme of slander and calumnies has been mentioned which, for centuries, have attempted to discredit the figure of Mary Magdalene, even going so far as to associate her with Eve: the progenitor of the sin in the world.
The well-known connections between the saint as a "redeemed prostitute" and Eve – but also the theme of the scandalous nudity in the *Last Judgement* – make it inevitable to reflect on the aspect that implies the shame induced by the awareness of being naked in relation to the theme of the creation and the original sin.
In the *Last Judgement* Michelangelo defines the connection with the vault and harmonizes the consequentiality of the representations, since in the Sistine chapel there is the whole history of man's intimate relationship with God: creation, original sin, the first coming of Christ and the time granted to humanity to understand the teaching of Jesus and redeem themselves to obtain the grace. It all ends with the second coming of the Saviour on earth.
Adam and Eve, before eating the forbidden fruit, were not aware of their nudity, which will become a shame only after the act of disobedience that will cost them the expulsion from the Earthly Paradise.
God, after creating man, placed him in the garden of Eden and then warned Adam saying: «*You may eat freely from every tree of the garden. But you must not eat from the tree of the knowledge of good and evil, for in the day that you eat of it you will surely die*» (*Genesis* 2:16).
«*But the serpent said to the woman: 'You will not surely die! For God knows that in the day you eat of it, your eyes will be opened and you will be like God, knowing good and evil.' When the woman saw that the tree was good for food and pleasing to her eyes and that it was desirable to obtain wisdom, she took the fruit and ate it, and she also gave some to her husband who was with her, and he also ate it. Then the eyes of both of them were opened and they knew that they were naked; they sewed together fig leaves and made coverings for themselves*» (*Genesis* 3:4-7).
«*Where are you?*», the Lord God asks Adam who does not find his place in the garden of Eden (*Genesis* 3:9); and when he replies that he was hiding because he was afraid, being naked, God insists by asking: «*Who told you that you were naked? Have you eaten from the tree whose fruit I commanded you not to eat?*» (*Genesis* 3:11). Then when the man accuses the woman of having fed him the forbidden fruit, God turns to her asking: «*What have you done?*» (*Genesis* 3:13), and when Eve explains that it was the serpent who deceived her, God curses her, punishing also woman, man and, with him, the land where he lives (*Genesis* 3:14-19).
The Creator had forbidden the progenitors to eat the fruits of the tree of knowledge, since it symbolised the capacity to decide on moral choices and only God could distinguish good from evil.
By committing original sin, man manifested the presumption in replacing God's morality.
In the history of Christianity, and in its narration inside the Sistine Chapel, everything is connected in a logical path: the pretentiousness of Adam and Eve provokes the anger of God and the punishment which, with the expulsion from Paradise, condemns them to mortal pain. The Lord, however, in his infinite

della Cappella Sistina, tutto si ricollega in un percorso logico: la supponenza di Adamo ed Eva provoca la collera di Dio e la punizione che, con la cacciata dal Paradiso, li condanna alle sofferenze dei mortali. Il Signore tuttavia, nel Suo infinito e incondizionato amore, continua a ribadire l'indulgenza per la figliolanza: una clemenza che rimane sempre costante e che viene rinnovata perfino dall'annuncio che la *Parusia* sarà un Giudizio di grazia. Per questo il Salvatore (colui che vuole salvare) concede un'altra opportunità: che il tempo sia foriero di una seconda occasione affinché l'uomo, che con arroganza gli aveva disobbedito, possa dimostrare, attraverso un atteggiamento di umiltà, di aver compreso i suoi errori e possa decidere in autonomia se salvarsi elevando la propria anima a Dio (accettazione della croce).

Dio, in un certo senso, acconsente a concedere all'uomo quella facoltà di scegliere della quale si è già prepotentemente impossessato con la sua disobbedienza. Ora, però, l'umanità viene messa alla prova e sottoposta alla sofferenza, alle tentazioni e alla morte; in un percorso che esorta a prendere atto delle conseguenze del proprio operato e a dimostrare cordoglio per le proprie manchevolezze. Solo chi si pente per i propri peccati, infatti, sarà meritevole del perdono.

Il male insidia, tenta e inganna per allontanare la figliolanza da Cristo. La capacità di discernimento (di cui Maria Maddalena è l'esempio) acquisisce un'importanza fondamentale nel riscatto dell'umanità al cospetto di Dio, perché rappresenta la capacità di rimanere saldi nella croce.

Il serpente, spesso raffigurato con la mela in bocca, è il riferimento alla tentazione. La scelta di questo animale scaturisce dal fatto che, nelle antiche civiltà orientali, è il simbolo dell'immortalità, della sessualità e della fertilità ed evoca i culti idolatrici dei cananei (la popolazione indigena che viveva nella terra santa).

Nell'interpretazione del racconto biblico questa figura è associata a Satana. La sua astuzia induce in tentazione offrendo all'uomo un'alternativa alla visione del mondo e a Dio.

Del resto rimanere saldi nella fede per diventare degni della croce implica un cammino di forza e di determinazione forgiato nella sofferenza; nel corso del quale è facile perdersi e cedere all'inganno. Perfino gli Apostoli hanno vacillato.

Il serpente tentatore suscitò la curiosità in Eva e la donna, malgrado il divieto imposto dal Creatore di mangiare dall'albero della conoscenza, disobbedì raccogliendo il frutto e indusse anche Adamo a cibarsene.

Dopo aver mangiato il frutto proibito, Adamo ed Eva aprirono gli occhi, presero consapevolezza di essere nudi e provarono vergogna.

Nel *Giudizio Universale*, considerato osceno e scandaloso, la moltitudine di corpi nudi e il riferimento al peccato originale rappresentano elementi determinanti per comprendere l'ermeneutica legata al concetto della dignità e della fedeltà in Cristo, che preserva dall'imbarazzo e dalla vergogna. Vale la pena avanzare alcune riflessioni su come, anche in questo contesto, Michelangelo possa aver pianificato di ribadire la promessa che «*il Giudizio di Dio sul male e su ogni colpa sarà un Giudizio di grazia*».

Nell'affresco la figura di Eva viene identificata all'estremo margine sinistro della parete.

and unconditional love, continues to reaffirm the indulgence for sonship: a mercy that always remains constant and which is renewed even by the announcement that the *Parousia* will be a Judgement of grace. For this reason, the Saviour – the one who wants to save – grants another opportunity: that time shall be the harbinger of a second opportunity so that man, who had arrogantly disobeyed him, can demonstrate, through an attitude of humility, that he has understood his mistakes and decide independently whether to save himself by elevating his soul to God (acceptance of the cross).

God, in a certain sense, agrees to grant man that faculty of choosing which he has already forcefully taken possession of with his disobedience. Now, however, humanity is being challenged and subjected to suffering, temptations and death; in a path that urges you to take note of the consequences of your actions and exhorts you to show condolences for your deficiencies. In fact, only those who repent for their sins will be worthy of forgiveness.

Evil undermines, tempts and deceives to ward off sonship from Christ. The ability to discern (of which Mary Magdalene is the example) acquires a fundamental importance in the redemption of humanity before God, because it represents the ability to remain steadfast in the cross.

The snake, often depicted with the apple in its mouth, is the reference to temptation. The choice of this animal arises from the fact that, in ancient Eastern civilizations, it is the symbol of immortality, sexuality and fertility and evokes the idolatrous cults of the Canaanite people (the indigenous population who lived in the holy land).

In the interpretation of the biblical story this figure is associated with Satan. His cunning leads to temptation by offering man an alternative to the vision of the world and God.

Moreover, remaining steadfast in faith to become worthy of the cross implies a path of strength and determination forged in suffering; during which it is easy to get lost and yield to deception. Even the Apostles faltered.

The tempting serpent aroused the curiosity of Eve and the woman, despite the prohibition imposed by the Creator about eating from the tree of knowledge, disobeyed by picking the fruit and also induced Adam to eat it.

After eating the forbidden fruit, Adam and Eve opened their eyes, they became aware of being naked and felt ashamed.

In the *Last Judgement*, considered obscene and scandalous, the multitude of naked bodies and the reference to the original sin represent decisive elements to comprehend the hermeneutics linked to the concept of dignity and fidelity in Christ, which preserves from embarrassment and shame.

It is worth anticipating some reflections on how, even in this context, Michelangelo may have planned to reiterate the promise that «*God's Judgement on evil and on every sin will be a Judgement of grace*».

In the fresco the figure of Eve is identified on the far left edge of the wall.

She is the first woman to be recognised, above, among a mass of female bodies that are tangled just below the lunette that hosts the group of angels with the instruments of the Passion. Here one of the two most austere crosses of the composition stands out, which makes the spiritual message aimed at communicating to humanity how

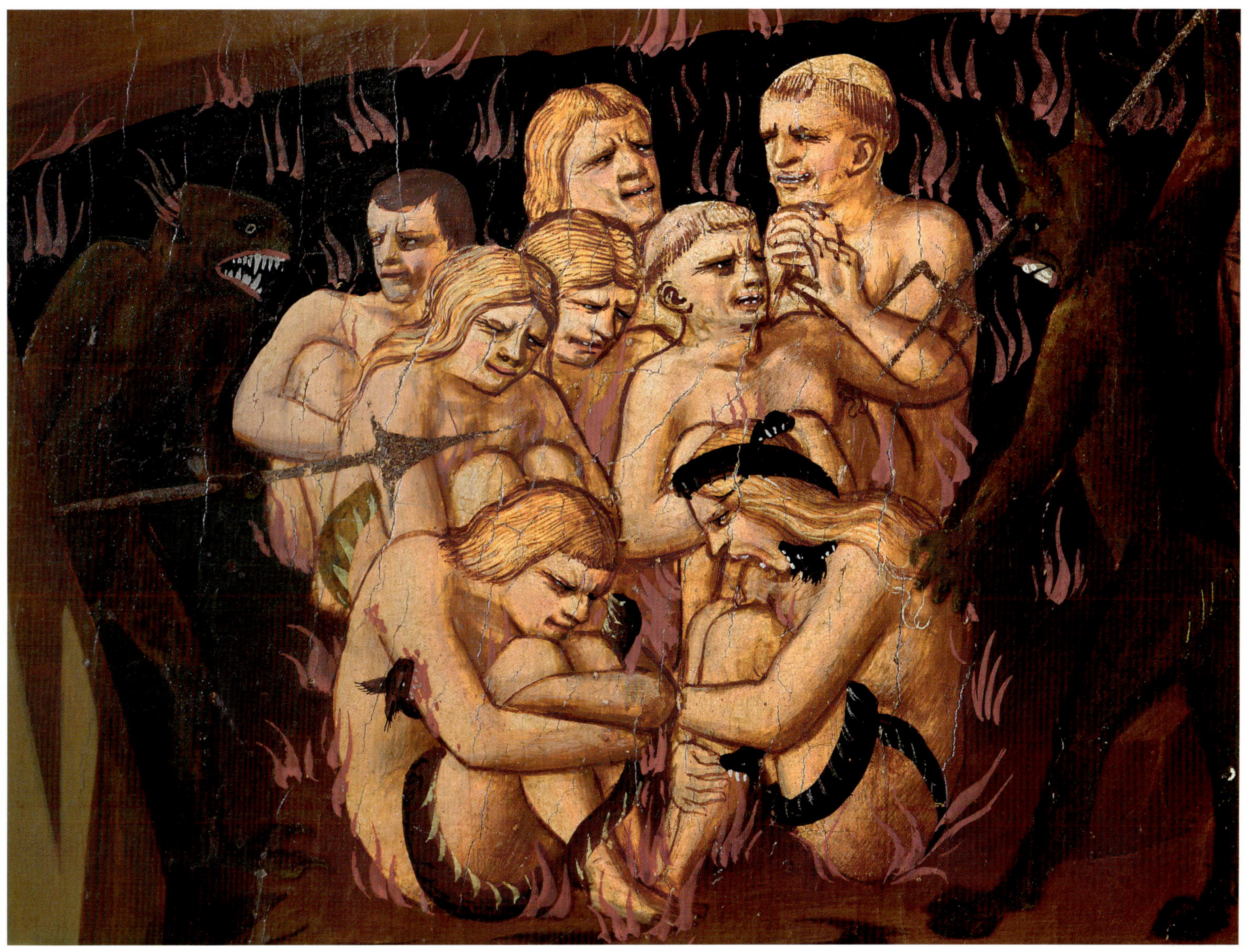

È la prima donna che si riconosce, in alto, tra un ammasso di corpi femminili che si aggrovigliano proprio sotto alla lunetta che ospita il gruppo di angeli con gli strumenti della passione. Qui spicca una delle due croci più austere della composizione, che rende incisivo il messaggio spirituale volto a comunicare all'umanità come ci si possa salvare orientando la speranza verso la croce.
Perché Eva dovrebbe occupare un posto di simile privilegio?
La critica concorda nel riconoscere la «*madre di tutti i viventi*» (Gen 3,20b) nella vecchia con il seno scoperto e avvizzito. Certamente non può passare inosservato lo sguardo dimesso e colpevole che rivolge verso lo spettatore, mentre sembra tirare con entrambe le mani il velo bianco che scende dal suo capo fino sulle spalle, nel tentativo di coprirsi il volto; come a palesare la perenne vergogna e l'imbarazzo per aver disobbedito a Dio, causando la condanna dell'umanità inflitta dall'Altissimo: «*Moltiplicherò i tuoi dolori e le tue gravidanze, con dolore partorirai figli. Verso tuo marito sarà il tuo istinto, ed egli ti dominerà*» (*Genesi* 3:16).
Il seno avvizzito potrebbe indicare la fatica per le sofferenze causate dalle dolorose gravidanze?

we can save ourselves by directing hope towards the cross incisive.
Why should Eve occupy such a privileged position?
Critics agree in recognising the "*mother of all the living*" (Genesis 3:20b) in the old woman with her uncovered and withered breast. Certainly, the humble and guilty look she turns towards the spectator cannot go unnoticed, while she seems to pull with both hands the white veil that falls from her head to her shoulders, in an attempt to cover her face; as if to reveal the perennial shame and embarrassment for having disobeyed God, causing the condemnation of humanity inflicted by the Most High: «*I will make your pains in childbearing very severe, with painful labour you will give birth to children. Your desire will be for your husband and he will rule over you*» (*Genesis* 3:16).
Could withered breasts indicate fatigue from the suffering caused by painful pregnancies?
Verdon explains the reasons for which Michelangelo would have planned to place the figure of the progenitor of the human race in this context, stating that «*Eve has this place of honour in the Sistine Chapel because the entire Chapel is dedicated to Mary, of whom Eve*

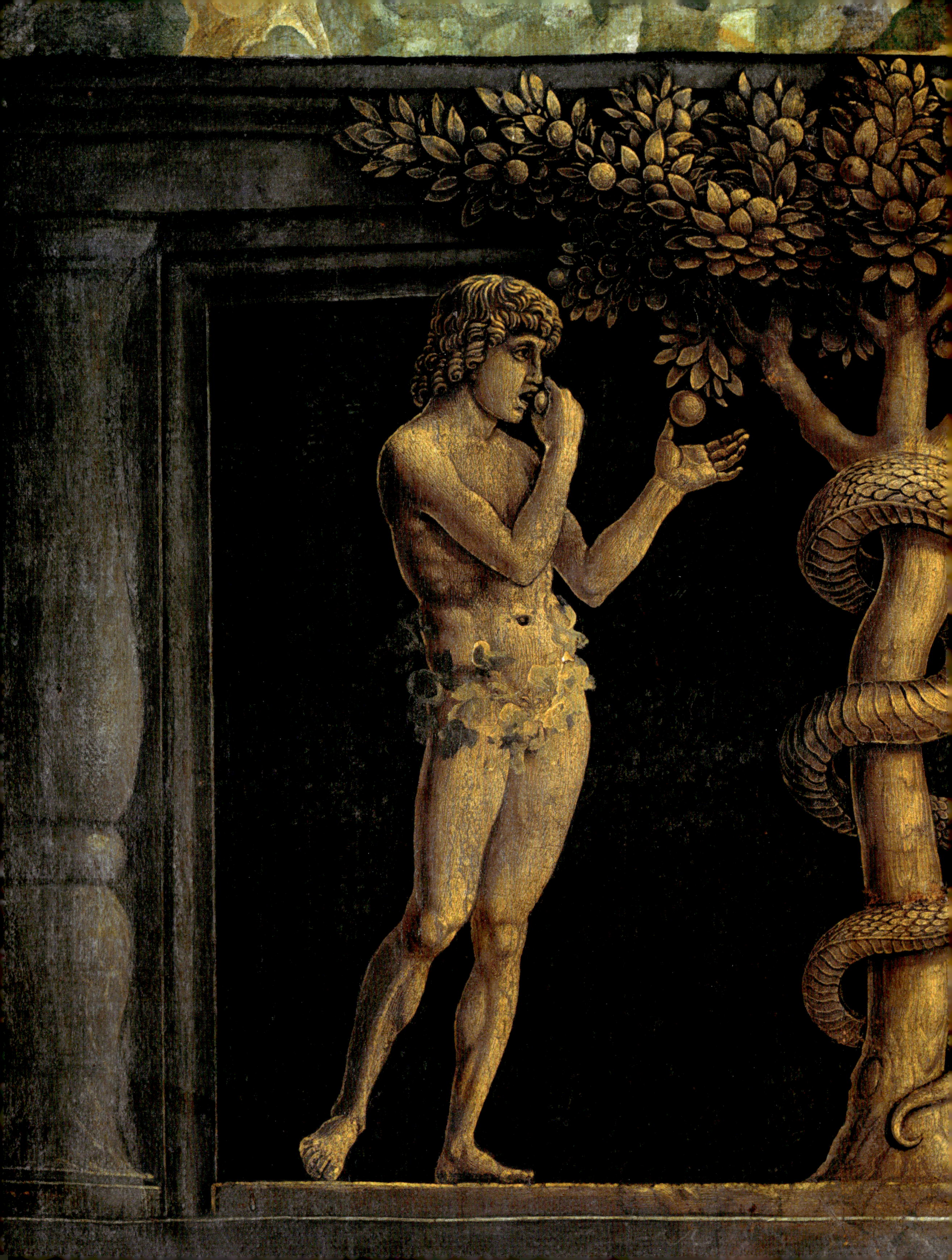

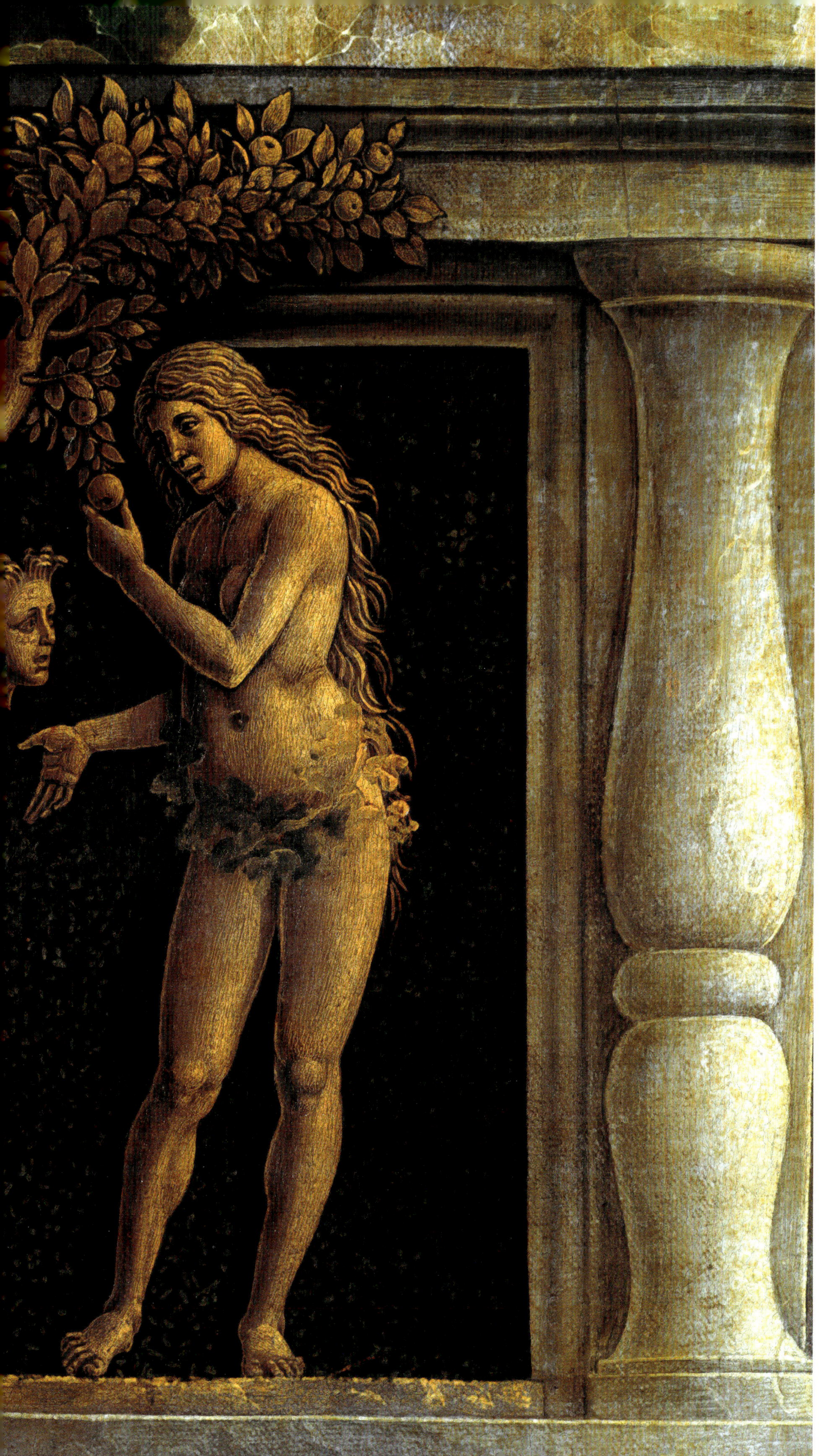

Andrea Mantegna, *Tentazione di Adamo ed Eva*. Dettaglio dalla *Vergine con il Bambino circondata da santi e adorata da Francesco II Gonzaga*, 1496, tempera su legno, 280 × 160 cm, Museo del Louvre, Parigi.

Andrea Mantegna, *Temptation of Adam and Eve*. Detail from *The Virgin and Child surrounded by saints and adored by Francesco II Gonzaga*, 1496, tempera on wood, 280 × 160 cm, Louvre Museum, Paris.

(A pagina 100)
Marcello Venusti, *Giudizio Universale*, 1549, 188,5 × 145 cm, tempera su tavola, Museo Nazionale di Capodimonte, Napoli.

(On page 100)
Marcello Venusti, *Last Judgement*, 1549, 188.5 × 145 cm, tempera on panel, National Museum of Capodimonte, Naples.

(A pagina 103)
Fra Angelico, *Giudizio Universale*, 1431, olio su tavola, Museo di San Marco, Firenze.

(On page 103)
Fra Angelico, *Last Judgement*, 1431, oil on panel, Museum of San Marco, Florence.

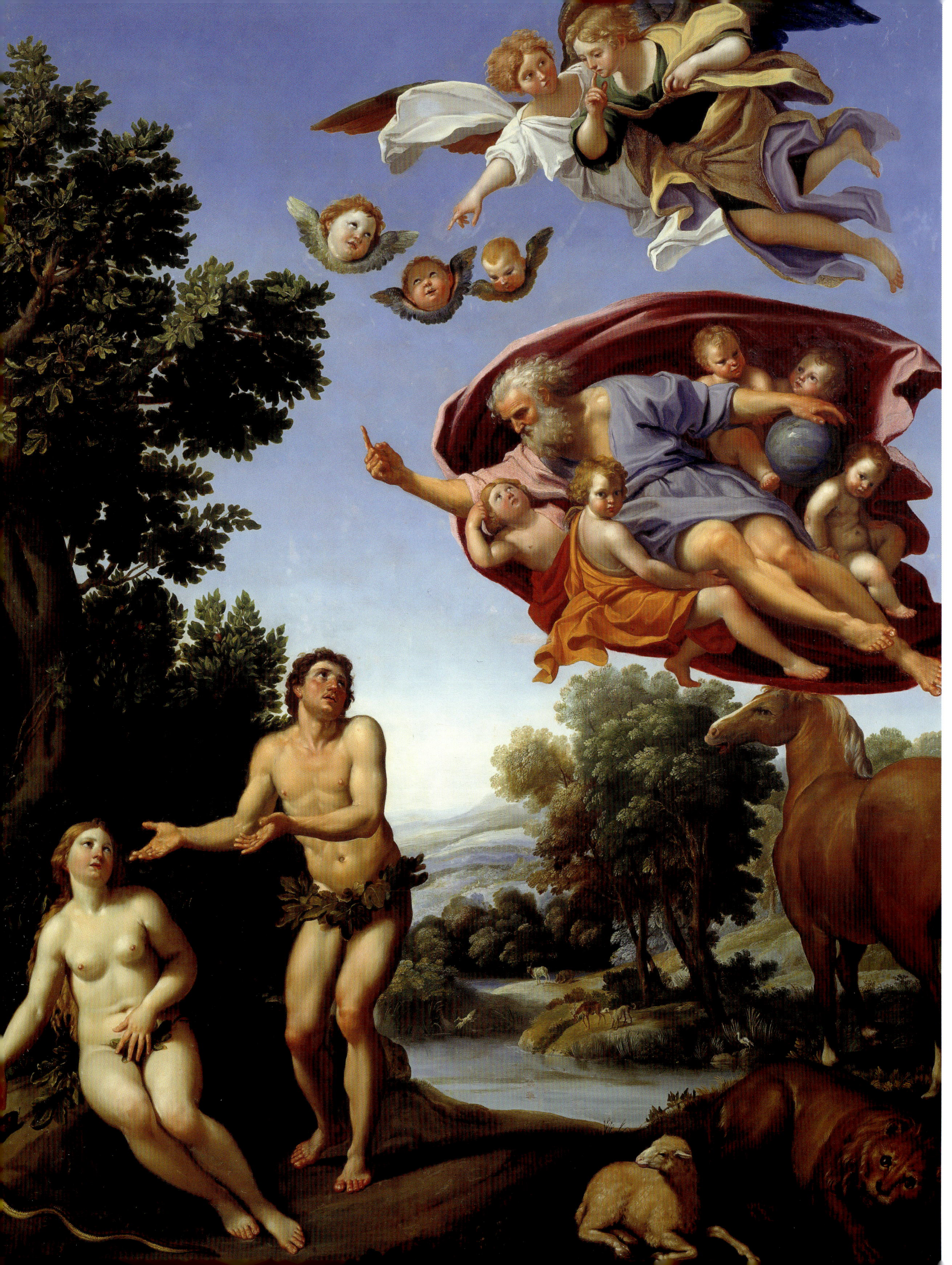

Verdon spiega le ragioni per le quali Michelangelo avrebbe pianificato di posizionare la figura della progenitrice del genere umano in questo contesto, affermando che «*Eva ha questo posto d'onore nella Sistina perché l'intera Cappella è dedicata a Maria, di cui Eva è la 'controfigura' teologica. Già nel II e III secolo la forza di Maria e la sua perfetta obbedienza venivano contrapposte alla debolezza e disobbedienza della prima donna: san Giustino Martire, ad esempio, dice che "se è per mezzo della Vergine che Cristo si è fatto uomo, è nel disegno* (di Dio) *che attraverso la stessa via donde la disobbedienza, nata dal serpente, ha avuto la sua origine vi trovi anche la soluzione*"[50]. *Nel III secolo sant'Ireneo echeggiò quest'idea, insistendo che "come il genere umano è stato legato alla morte da una vergine [Eva], esso è salvato da una vergine* (Maria)"[51]. *Applicando poi lo schema della 'recirculatio', in cui il male contratto dal genere umano sin dall'inizio viene risolto in un circuito contrario, Ireneo chiama Maria addirittura l'"avvocata di Eva*"»[52].

Secondo questo ragionamento, rimodellato sull'idea paolina di una «*ricapitolazione di tutte le cose in Cristo*», si arriva a considerare Maria come la "*nuova Eva*". La peccatrice, dunque, avrebbe ottenuto la concessione della «*vita eterna grazie all'intercessione della Madre di Cristo, Maria, figura della Chiesa la cui preghiera eucaristica sale dall'altare sottostante a favore anche dei morti*»[53].

Questa chiave di lettura induce a considerare la rappresentazione della figura di Eva nell'affresco quale ulteriore esempio a palese testimonianza della promessa di un Giudizio orientato al perdono.

Trovo interessante osservare come non solo la peccatrice primordiale occupi lo spazio appena sotto alla grande croce, ma come sia collocata all'estremità opposta della parete rispetto a Maria Maddalena, che bacia la traversa del legno della seconda delle due più imponenti croci presenti nell'affresco.

Eva, madre dei viventi, punita per il peccato originale, nel giorno della *Parusia* è ancora contrita e mostra il suo cordoglio. Il sentimento di vergogna l'accompagnerà per tutto il tempo che intercorrerà tra l'inizio e la fine dei tempi ma, nel giorno del Giudizio, testimonia all'umanità che perfino lei, che ha dato origine alla mortalità, ha ottenuto la concessione della vita eterna.

Concludo queste riflessioni evidenziando la coerenza del progetto iconologico di Michelangelo che, come un cerchio perfetto, completa la comunicazione del messaggio di un *Giudizio* di grazia proprio attraverso la figura di Maria (alla quale è dedicata la Cappella) che, al fianco di Cristo Giudice e apparentemente inerme dinanzi allo scatenarsi degli eventi, grazie alla Sua intercessione attraverso la preghiera eucaristica, fa sì che i morti, alcuni nudi e altri ancora avvolti nei lenzuoli con i quali erano stati coperti, riescano a risalire dall'inferno «*rapiti insieme* (...) *nelle nubi, per andare incontro al Signore in alto, e così per sempre*» (1 *Tessalonicesi* 4,17b)[54].

[50] | GIUSTINO MARTIRE, *Dialogo con Trifone*, citato in S. DE FIORES, D. MEO, *Nuovo Dizionario di Mariologia*, Nuova Eva, Cinisello Balsamo, 1986, pp. 915-925.

[51] | T. VERDON, *op, cit.*, p. 99. Nota 23. IRENEO DI LIONE, *Adversus Haereses* 5,19,1: *PG* 7, coll. 1775A-1776.

[52] | T. VERDON, *op. cit.*, p. 99.

[53] | *Ibidem*, p. 102.

[54] | *Iidem*, p. 107.

is the theological "double". Already in the 2nd and 3rd centuries, Mary's strength and her perfect obedience were contrasted with the weakness and disobedience of the first woman: Saint Justin Martyr, for example, says that 'if it is through the Virgin that Christ became man, it is in the plan (of God) *that through the same path from where disobedience, born from the serpent, had its origin, there also finds the solution*'.[50] *In the third century Saint Irenaeus echoed this idea, insisting that 'just as the human race was bound to death by a virgin* (Eve), *it is saved by a virgin* (Mary)'.[51] *Then applying the scheme of the 'recirculatio', in which the evil contracted by the human race since the beginning is resolved in a contrary circuit, Irenaeus even calls Mary the 'advocate of Eve'*».[52]

According to this reasoning, remodelled on the Pauline idea of a "*recapitulation of all the things in Christ*", we arrive to consider Mary as the "*new Eve*". The sinner, therefore, would have obtained the concession of «*eternal life thanks to the intercession of the Mother of Christ, Mary, a figure of the Church whose Eucharistic prayer rises from the altar beneath also on behalf of the dead*».[53]

This reading key leads us to consider the representation of the figure of Eve in the fresco as a further example of the clear testimony of the promise of a Judgement oriented towards forgiveness.

I find it interesting to observe how not only the primordial sinner occupies the space just below the large cross, but how she is placed at the opposite end of the wall compared to Mary Magdalene, who kisses the wooden crosspiece of the second of the two most imposing crosses present in the fresco.

Eve, mother of the living, punished for the original sin, on the day of the *Parousia* is still contrite and shows her grief. The feeling of shame will accompany her for all the time that will pass between the beginning and the end of time but, on the day of Judgement, she testifies to humanity that even she, who gave rise to mortality, has obtained the concession of eternal life.

I conclude these reflections by highlighting the coherence of Michelangelo's iconological project which, like a perfect circle, completes the communication of the message of a *Judgement* of grace through the figure of Mary (to whom the Chapel is dedicated) who, alongside Christ the Judge and apparently helpless in front of the unleashing of events, thanks to Her intercession through the Eucharistic prayer, ensures that the dead, some naked and others still wrapped in the sheets with which they had been covered, are able to rise from hell «*caught up together* (...) *in the clouds, to meet the Lord in the air, and be with the Lord forever*» (1 *Thessalonians* 4,17b)».[54]

[50] | JUSTIN MARTYR, *Dialogue with Tryphon*, cited in S. DE FIORES, D. MEO, *New Dictionary of Mariology*, Nuova Eva, Cinisello Balsamo, 1986, pp. 915-925.

[51] | T. VERDON, *op, cit.*, p. 99. Note 23. IRENAEUS OF LYON, *Adversus Haereses* 5,19,1: *PG* 7, coll. 1775A-1776.

[52] | T. VERDON, *op. cit.*, p. 99.

[53] | *Ibidem*, p. 102.

[54] | *Ibidem*, p. 107.

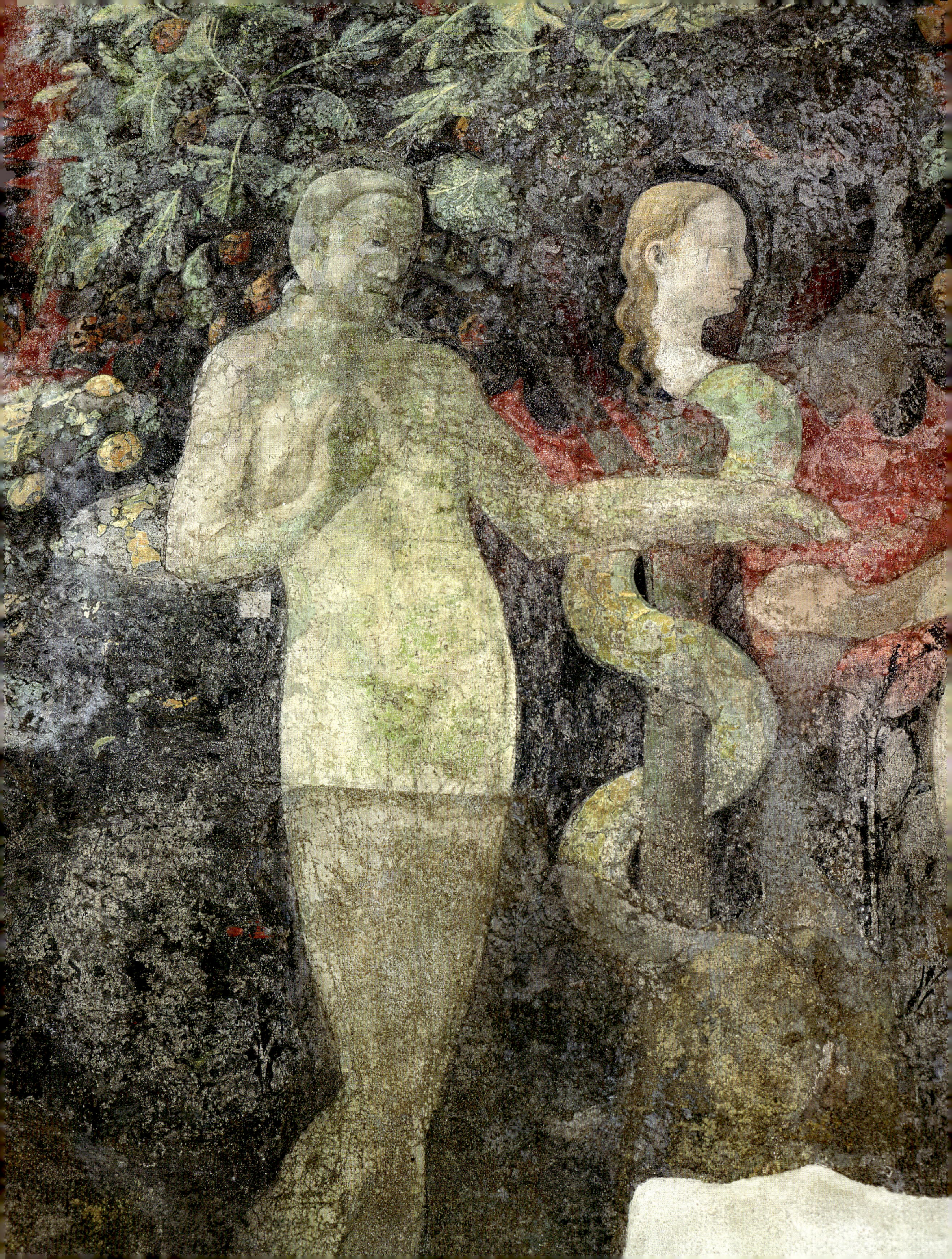

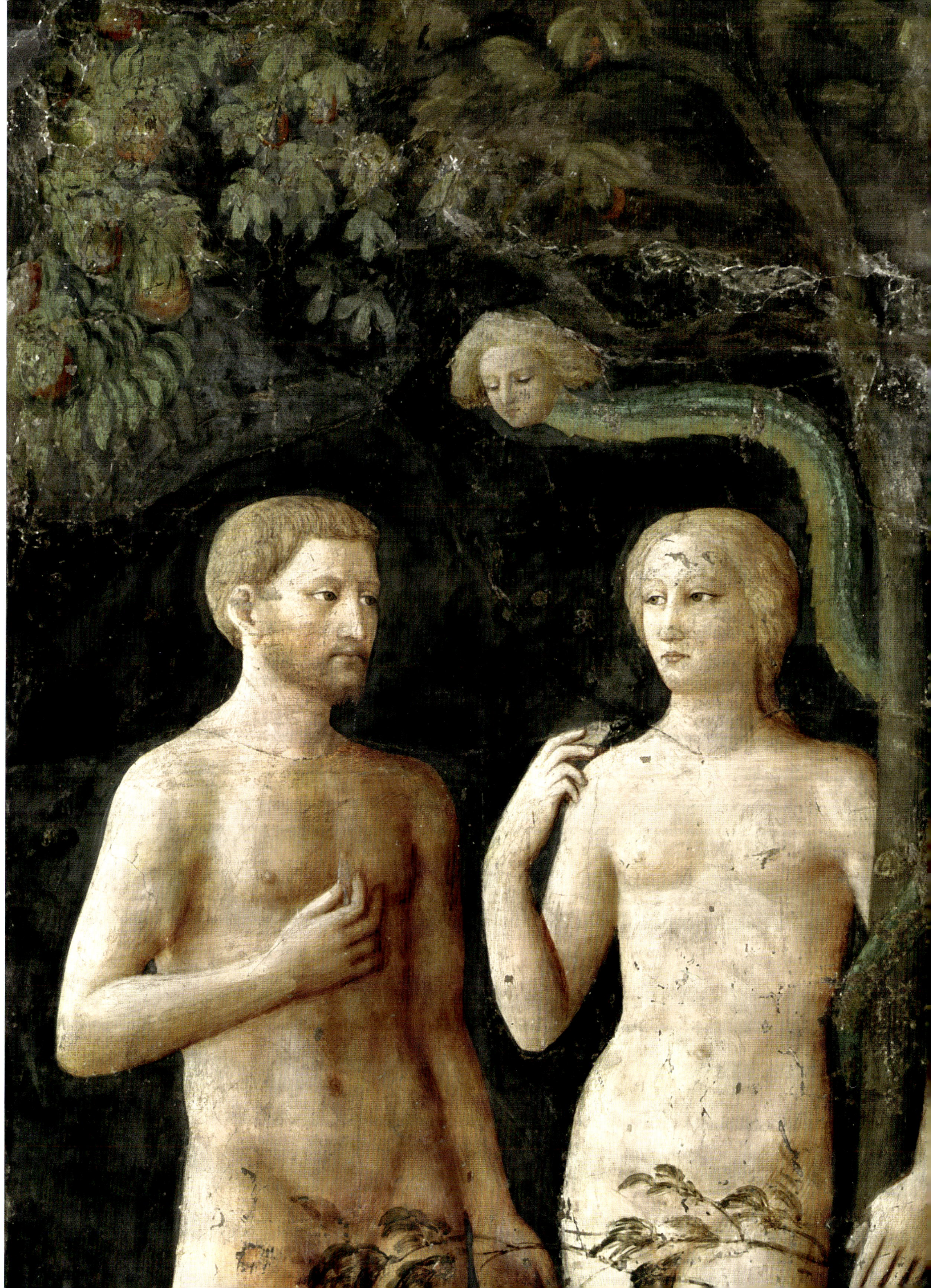

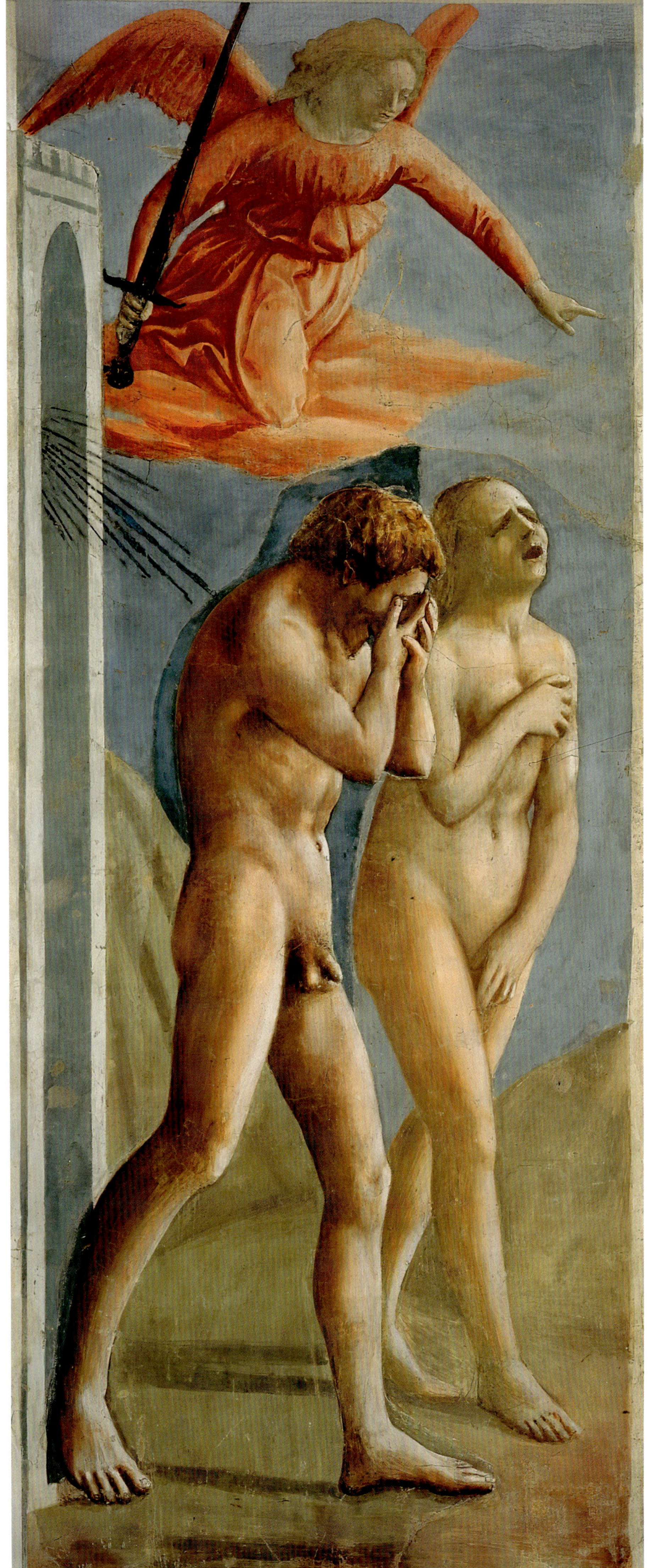

Masaccio, *Cacciata dei progenitori dal Paradiso Terrestre*, 1424-1425, affresco, 214 × 88 cm, Cappella Brancacci, Chiesa di Santa Maria del Carmine, Firenze.

Masaccio, *Expulsion from the Garden of Eden*, 1424-1425, fresco, 214 × 88 cm, Brancacci Chapel, Church of Santa Maria del Carmine, Florence.

(A pagina 106)
Domenichino, *Dio riprende Adamo ed Eva*, 1625, olio su tela, 95 × 75 cm, Musée des Beaux-Arts, Grenoble.

(On page 106)
Domenichino, *The Rebuke of Adam and Eve*, 1625, oil on canvas, 95 × 75 cm, Musée des Beaux-Arts, Grenoble.

(A pagina 108)
Paolo Uccello, *Peccato originale*, 1430 ca., affresco staccato, 488 × 478 cm, Chiostro Verde, Museo di Santa Maria Novella, Firenze.

(On page 108)
Paolo Uccello, *Original Sin*, c. 1430, detached fresco, 488 × 478 cm, Green Cloister, Museum of Santa Maria Novella, Florence.

(A pagina 109)
Masolino da Panicale, *Peccato originale*, 1423-1425 ca., affresco, Chiesa di Santa Maria del Carmine, Firenze.

(On page 109)
Masolino da Panicale, *Original Sin*, c. 1423-1425, fresco, Church of Santa Maria del Carmine, Florence.

LA CONDIVISIONE DELLA CROCE COME SORGENTE DI SPERANZA

Nel *Giudizio Universale* la croce, simbolo per eccellenza della fede cristiana e sorgente di speranza, evidenzia un rimando comune per entrambe le donne amate da Gesù: Maria Vergine e Maria Maddalena.

Pfeiffer descrive così la figura di Maria Vergine: «*Maria in relazione con questo gruppo* (il gruppo di sinistra) *guarda alle travi disposte a forma di croce. Indossa un vestito viola chiaro che, per la delicatezza dei toni, si armonizza bene col viola purpureo scuro del mantello del Figlio. Il suo mantello, invece, è del medesimo rilucente colore azzurro lapislazzuli del cielo dell'affresco. Se il viola rosato del suo vestito è il colore della penitenza, così l'azzurro del cielo indica la contemplazione. Maria è completamente rapita nella contemplazione dei due legni della croce e là, dove il suo sguardo incontra i legni che si incrociano, appare la fodera verde del mantello: si vuole probabilmente dire che, nello sgomento suscitato dal Giudizio finale, la croce sarà l'unica sorgente di speranza. (…) Maria è simbolo della Chiesa e, come tale, è incinta fino a che, nello sgomento del Giudizio, siano stati generati al paradiso tutti i credenti*»[55].

Maria di Màgdala, all'estremo margine destro della composizione, bacia il legno di una croce ancora più imponente di quella che contempla Maria: probabilmente Michelangelo intende ribadire il concetto di fede e di speranza. La Maddalena, simbolo dell'umanità, ha già ottenuto la grazia e il suo gesto rappresenta l'esempio e il monito per l'umanità, esortandola a riflettere e a redimersi prima della fine del mondo.

A conferma di queste riflessioni è bene ricordare che Maria Maddalena è di per sé la figura simbolo che esorta l'umanità alla fede cristiana. La sua immagine, infatti, può essere anche accompagnata dalle iscrizioni: «*Ne desperetis vos qui peccare soletis exemploque meo vos reparate Deo*» ("Non disperate, voi che siete nel peccato, ma ravvedetevi seguendo il mio esempio e con l'aiuto di Dio") e «*Optimam partem elegit*» ("Scelse la parte migliore")[56].

Nel testo di Papa Francesco viene menzionato il racconto di Luca che si riferisce al tema del 'ricordo': «*I due 'uomini in vesti sfolgoranti' annunciano alle donne: "Perché cercate tra i morti colui che è vivo* (il Vivente)*? Non è qui, è risorto. Ricordatevi come vi parlò quando ancora era in Galilea* (…). *Ed esse si ricordarono delle sue parole"* (*Luca* 24:5-8). *Si tratta, semplicemente, di una doppia risurrezione: quella di Gesù e quella della 'memoria'*»[57].

Se rammentiamo l'appello angelico circa l'interpretazione delle parole di Gesù, non possiamo che tornare al concetto della necessità della croce nel piano di Dio.

Maria Maddalena e la Vergine condividono la croce perché entrambe presenziano ai momenti più importanti della vita e della Resurrezione di Gesù e perché sono degne di testimoniare il messaggio cristiano.

[55] | H.W. PFEIFFER, *op. cit.*, p. 223.

[56] | AA.VV., *op. cit.*, p. 1107.

[57] | FRANCESCO, *op. cit.*, p. 23.

SHARING THE CROSS AS A SOURCE OF HOPE

In the *Last Judgement*, the cross, symbol par excellence of the Christian faith and source of hope, highlights a common reference for both of the women loved by Jesus: Virgin Mary and Mary Magdalene.

Pfeiffer describes the figure of the Virgin Mary like this: «*Mary in relation to this group* (the group on the left) *looks at the beams arranged in the shape of a cross. She wears a light purple dress which, due to the delicacy of its tones, harmonises well with the dark purple cloak of the Son. Her cloak, however, is of the same shining lapis lazuli blue colour of the sky in the fresco. Mary is completely enraptured in the contemplation of the two pieces of wood of the cross and there, where her gaze meets the pieces of wood that intersect, the green lining of the cloak appears: this probably means that, in the consternation caused by the Final Judgement, the cross will be the only source of hope (…) Mary is the symbol of the Church and, as such, will be pregnant until, in the dismay of the Judgement, all believers have been generated to paradise*».[55]

Mary of Magdala, at the extreme right margin of the composition, kisses the wood of an even more imposing cross than the one that Mary is contemplating: probably Michelangelo intends to reaffirm the concept of faith and hope. Magdalene, symbol of humanity, has already obtained grace and her gesture represents the example and the warning for humanity, urging it to reflect and redeem itself before the end of the world.

To confirm these reflections, it is important to remember that Mary Magdalene is in herself the symbolic figure that urges humanity to the Christian faith. Her image, in fact, can also be accompanied by the inscriptions: «*Ne desperetis vos qui peccare soletis exemploque meo vos reparate Deo*» ("Do not despair, you who are in sin, but repent by following my example and with the help of God") and «*Optimam partem elegit*» ("He chose the best part").[56]

In Pope Francis' text, Luke's story which refers to the theme of 'remembrance' is mentioned: «*The two 'men in shining garments' announce to the women: 'Why do you seek among the dead the one who is alive* (the Living One)? *He is not here, he has risen. Remember how he spoke to you while he was still in Galilee* (…) *And they remembered his words'* (*Luke* 24:5-8). *It is, simply, a double resurrection: that of Jesus and that of 'memory'*».[57]

If we remember the angelic appeal regarding the interpretation of Jesus' words, we can only return to the concept of the necessity of the cross in God's plan.

Mary Magdalene and the Virgin share the cross because they both attend the most important moments of the life and Resurrection of Jesus and because they are worthy of bearing witness to the Christian message.

[55] | H. W. PFEIFFER, *op. cit.*, p. 223.

[56] | AA. VV., *op. cit.*, p. 1107.

[57] | FRANCIS, *op. cit.*, p. 23.

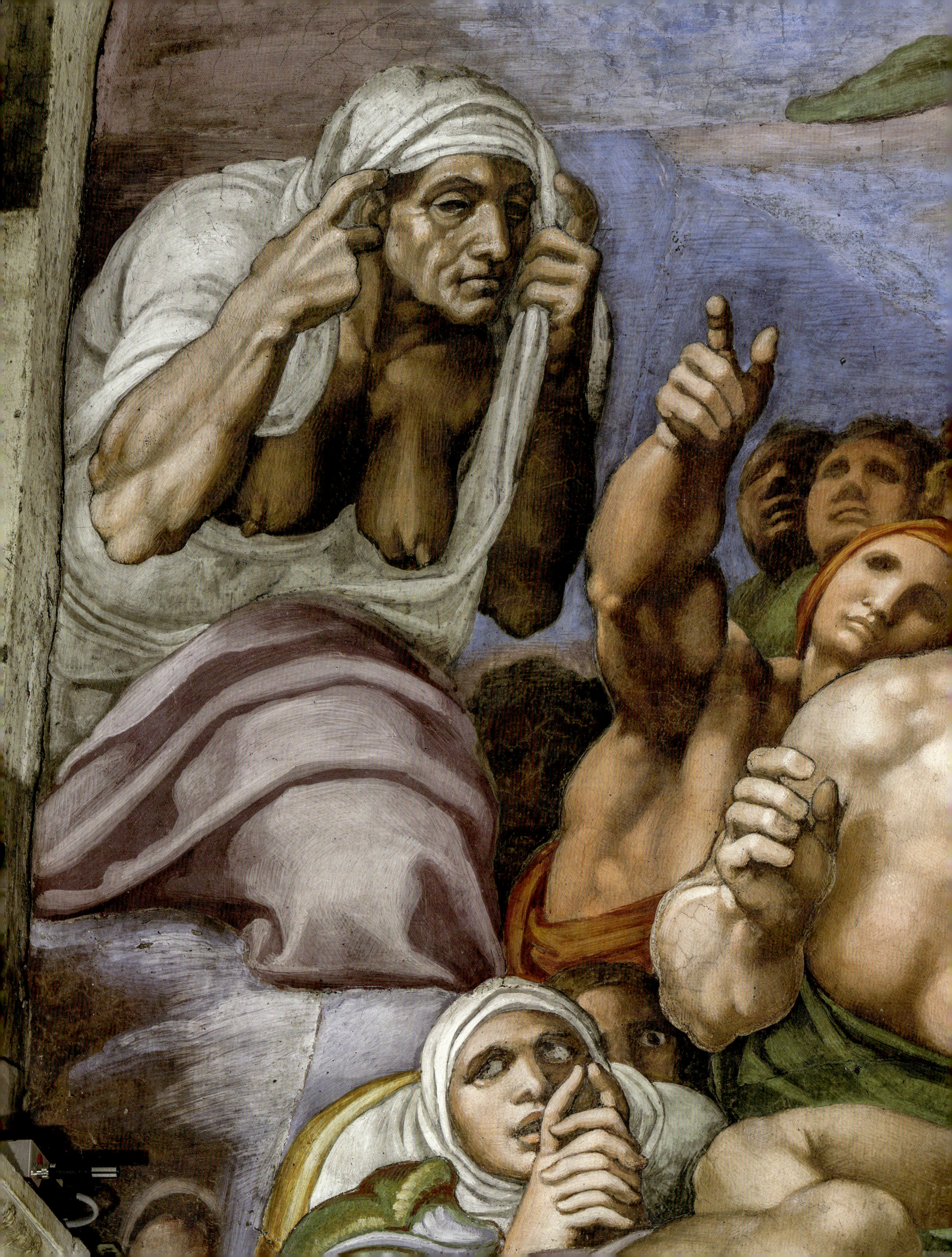

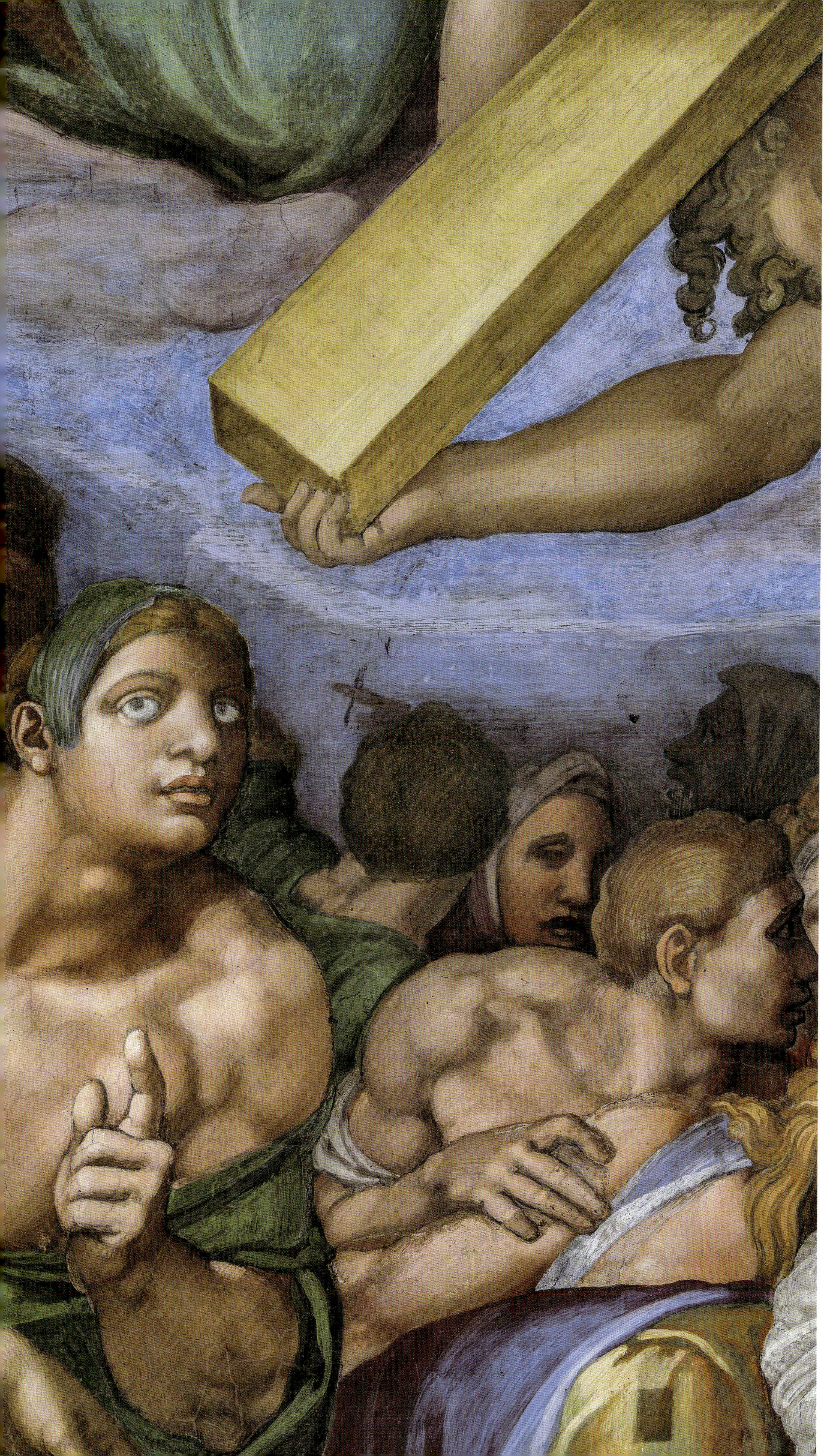

Michelangelo Buonarroti, *Figura con i seni avvizziti che si copre il capo, identificata come Eva*. Dettaglio dal *Giudizio Universale*, 1536-1541, affresco, 1370 × 1200 cm, Cappella Sistina, Città del Vaticano.

Michelangelo Buonarroti, *Figure with withered breasts covering her head, identified as Eve*. Detail from the *Last Judgement*, 1536-1541, fresco, 1370 × 1200 cm, Sistine Chapel, Vatican City.

(Alle pagine 114-115)
Michelangelo Buonarroti, *Giudizio Universale*. La rielaborazione grafica evidenzia la contrapposizione tra due figure: Eva, in alto all'estrema sinistra, e la figura identificata dall'autrice come Maria Maddalena, all'estrema destra.

(On pages 114-115)
Michelangelo Buonarroti, *Last Judgement*. The graphic highlights the juxtaposition between two figures: Eve, at the top on the far left, and the figure identified by the author as Mary Magdalene, on the far right.

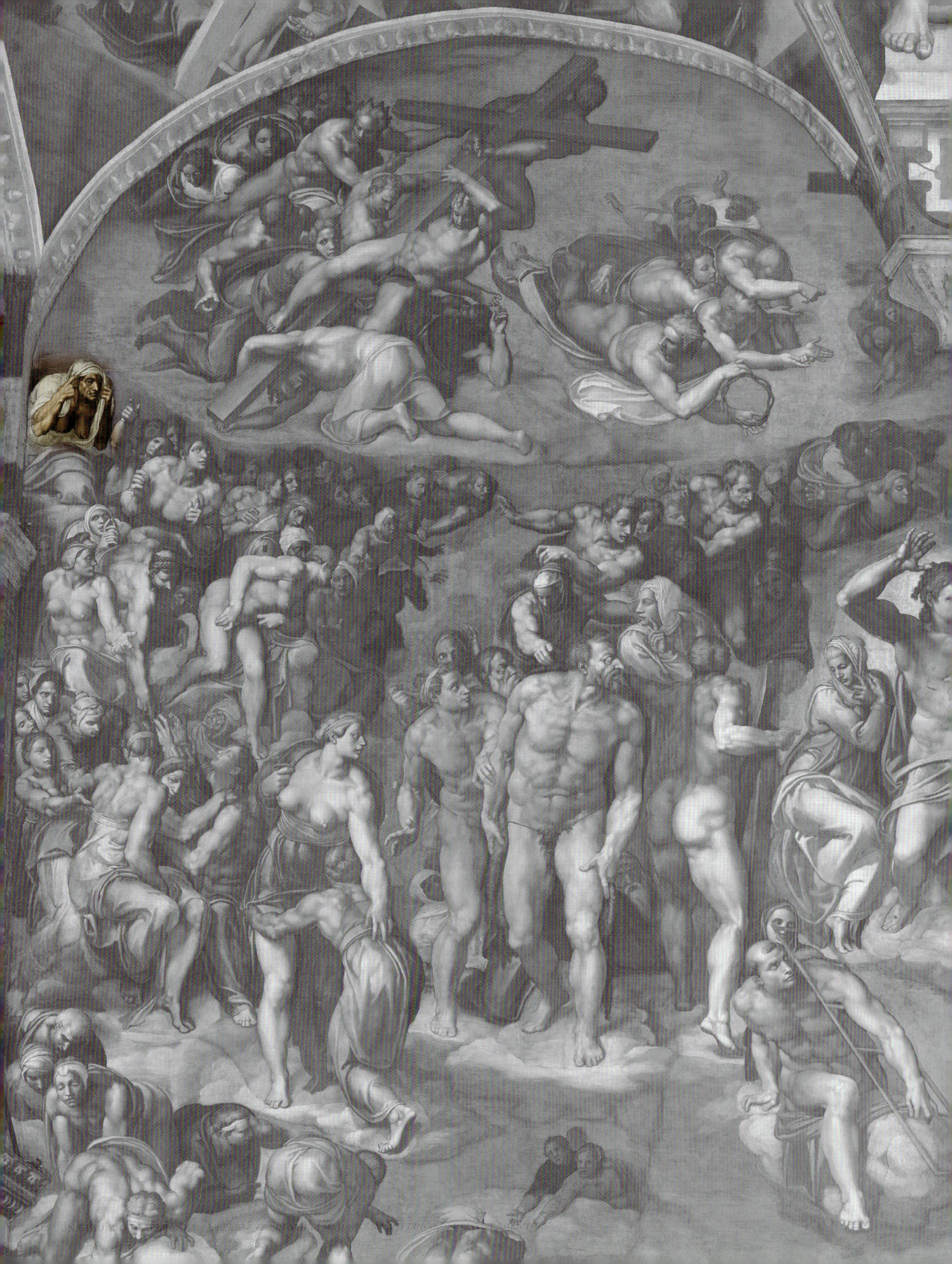

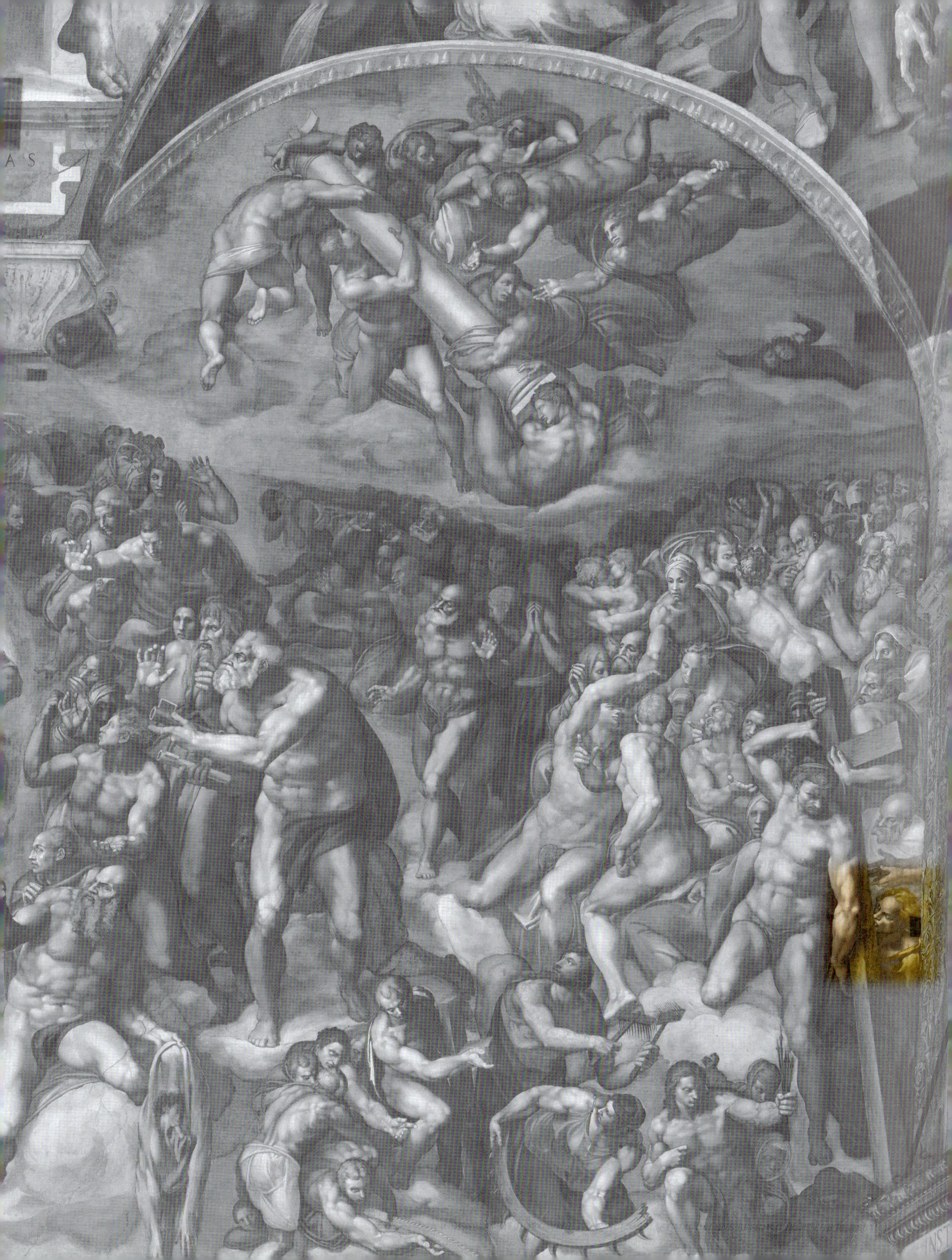

NECESSITÀ DELLA CROCE NEL PIANO DI DIO

Nel *Giudizio Universale* di Michelangelo si contano ben quattro croci. Questo attributo rappresenta il principale riferimento alla fede cristiana perché si riferisce alla crocifissione di Gesù che, attraverso la passione e la morte, si è sacrificato per redimere gli uomini nel nome dell'amore di Dio.
La prima croce compare nella lunetta di sinistra, dove sono raggruppati alcuni angeli. Uno di loro è vestito di verde speranza e abbraccia la croce. Questo gruppo si contrappone a quello della lunetta di destra, dove un altro affollamento di angeli è intorno alla colonna della flagellazione. La sopportazione del peso di questi due strumenti di tortura esige un enorme sforzo, perché i due gruppi richiamano la sopportazione delle sofferenze di Cristo (qui ricorre il riferimento alle anime pure che si addossano il peso dei peccati dell'umanità).
La seconda croce è accanto a Maria.
La terza croce si trova a destra, sotto san Pietro, dove prende posto un gruppo di Martiri con i relativi strumenti della passione. In mezzo a loro una figura con il mantello giallo regge un'altra croce. Pfeiffer identifica quest'uomo nudo con il "buon ladrone" il quale, secondo la tradizione «*porta il nome di Disma e ricevette dal Cristo in croce la certezza del paradiso*».
La quarta croce è sulle spalle del possente portacroce. La donna vestita di giallo, alle sue spalle, bacia il legno della trave: «*Alla stessa altezza, verso il margine estremo sulla destra del dipinto del Giudizio, un colosso ha preso sulle spalle un'altra croce. Qui si presentano due proposte interpretative: Michelangelo può aver pensato a Simone di Cirene oppure all'apostolo Filippo. Occupandoci dei particolari del dipinto ritorneremo ancora sulla questione, optando per la prima delle due. Per il momento sottolineiamo la presenza reiterata della croce nell'affresco*»[58].
La reiterata presenza della croce ribadisce il monito per l'umanità che, attraverso la previsione apocalittica della fine del mondo, induce a comprendere che l'unica speranza per la conquista della salvezza eterna è rimanere saldi nella fede.
La volontà di Michelangelo è rappresentare un *Giudizio* che esorti gli uomini alla *speranza*, attraverso la ricerca della *salvezza* raggiungibile grazie all'amore in Cristo.
Le considerazioni avanzate in questo studio circa l'identità della donna che bacia il legno della croce, nonché i riferimenti che la collegano alla Vergine, trovano conferma in alcune ulteriori riflessioni che scaturiscono da quanto scrive Pfeiffer in merito all'interpretazione iconografica delle lunette con le *Arma Christi*.
L'esperto spiega come il tema della croce venga ripreso nella lunetta di sinistra, dove alcuni angeli nudi e vestiti «*si adoperano energicamente per far intendere i singoli momenti della crocifissione. Un angelo vestito di verde abbraccia l'albero della croce per indicare che si può sfuggire al Giudizio orientando la speranza verso la croce di Cristo. Il verde è il colore della speranza e l'angelo che abbraccia l'estremità inferiore dell'albero della croce, come a rizzarlo, è stato rivestito da Michelangelo con delle brache viola chiaro: la mescolanza di bianco e di viola esprime la fede e la penitenza*»[59].

[58] | H.W. PFEIFFER, *op. cit.*, p. 217.

[59] | *Ibidem.*

NECESSITY OF THE CROSS IN GOD'S PLAN

In Michelangelo's *Last Judgement* there are four crosses. This attribute represents the main reference to the Christian faith because it refers to the crucifixion of Jesus who, through passion and death, has sacrificed himself to redeem men in the name of the love of God.
The first cross appears in the left lunette, where some angels are grouped. One of them is dressed in green, the colour of hope and embraces the cross. This group is opposed to the one of the right lunette, where another crowd of angels is around the Column of the Flagellation. Bearing the weight of these two instruments of torture requires an enormous effort, because the two groups recall the bearing of the sufferings of Christ (here the reference to pure souls who shoulder the weight of humanity's sins, occurs).
The second cross is next to Mary.
The third cross is located on the right, under Peter, where a group of Martyrs take place with the related instruments of the passion. Among them, a figure in a yellow cloak holds another cross. Pfeiffer identifies this naked man with the "good thief" who, according to tradition «*bears the name of Dismas and received the certainty of paradise from Christ on the cross*».
The fourth cross is on the shoulders of the mighty cross-bearer. The woman dressed in yellow, behind him, kisses the wood of the beam: «*At the same height, towards the extreme edge on the right-hand side of the painting of the Judgement, a colossus has taken another cross onto his shoulders. Here two interpretative proposals are presented: Michelangelo may have thought of Simon of Cyrene or of the apostle Philip. Dealing with the details of the painting we will return to this matter again, opting for the first of the two. For the moment we underline the repeated presence of the cross in the fresco*».[58]
The repeated presence of the cross reiterates the warning for humanity which, through the apocalyptic prediction of the end of the world, leads us to understand that the only hope for the conquest of eternal salvation is to remain steadfast in faith.
Michelangelo's will was to represent a *Judgement* that exhorts men to *hope*, through the search for *salvation* achievable thanks to the love in Christ.
The considerations advanced in this study regarding the identity of the woman who kisses the wood of the cross, as well as the references that connect her to the Virgin, are confirmed in some further reflections that arise from what Pfeiffer writes regarding the iconographic interpretation of the lunettes with the *Arma Christi*.
The expert explains how the theme of the cross is taken up again in the lunette on the left, where some naked and dressed angels «*work energetically to convey the individual moments of the crucifixion. An angel dressed in green embraces the tree of the cross to indicate that we can escape Judgement by orienting hope towards the cross of Christ. Green is the colour of the hope and the angel who embraces the lower end of the tree of the cross, as if to raise it, has been covered by Michelangelo with light purple trousers: the mixture of white and purple expresses faith and penance*».[59]

[58] | H. W. PFEIFFER, *op. cit.*, p. 217.

[59] | *Ibidem.*

Il giallo croco, simbolo del discernimento, «*fa avvicinare gli uomini alla croce*». «*Gli ultimi due angeli, sul margine di sinistra, indossano un camiciotto bianco e un mantello rosso-verde: colori che caratterizzano la fede e la carità mescolata alla speranza, virtù necessarie perché la croce possa essere abbracciata diventando strumento di salvezza*»[60].
Michelangelo fa un generoso uso dei colori quali simboli essenziali per esprimere il messaggio spirituale. Il color giallo croco, in particolare, assume un'importanza centrale nel *Giudizio*, perché è simbolo del discernimento e fa avvicinare gli uomini alla croce. Il giallo croco e la croce, dunque, indicano la via che conduce alla salvezza.
La donna che bacia la croce, identificata in questo studio con Maria Maddalena, indossa una veste intera giallo croco che si riferisce alla capacità di discernimento e, essendo la santa il simbolo dell'umanità, fa da congiunzione tra gli uomini e la croce, consentendo a coloro che si avvicinano di salvarsi.
Se mostrassimo a un bambino l'immagine del *Giudizio Universale* e se gli chiedessimo di identificare "a colpo d'occhio" dove vede le croci, sicuramente le prime due che indicherebbe sarebbero: quella che sorreggono gli angeli nella lunetta in alto a sinistra e quella sulle spalle del portacroce.
L'imponenza di queste due grandi croci sembra ribadire la metafora dell'oggetto del desiderio di chi aspira alla salvezza. Ma non solo: il contesto nel quale sono inserite evidenzia e stabilisce un collegamento reciproco ancora più sottile. È come se il concetto di duplicità ricorresse per tutta la parete: per la Vergine Maria e la Maddalena come anche per le due croci più piccole e per quelle più gradi. Le croci sono associate al concetto di avvicinare gli uomini a Dio e la loro dimensione ne ribadisce l'importanza, introducendo questo significato nel contesto nel quale vengono collocate: quella sorretta dagli angeli prelude alla fede, alla carità e alla speranza quali virtù affinché possa "*essere abbracciata diventando strumento di salvezza*"; quella che bacia Maria di Màgdala allude al modello di come si arriva a conquistarla, poiché tutti possiamo diventare degni di "abbracciare" la croce attraverso la fede: e lei ne è l'esempio.
Se la croce rappresenta l'oggetto del desiderio dei santi, la donna alla quale è concesso il privilegio di baciarne il legno, come testimonia la tradizione iconografica riferita solo a Maria di Màgdala, non può che identificarsi con l'Apostola degli Apostoli: simbolo dell'umanità e riferimento alla fede, alla carità e alla speranza.
Questi concetti vengono ribaditi dal portacroce, poiché egli non solo se ne addossa il peso, ma indossa il perizoma color verde speranza mentre, dietro di lui, il mantello color rosso-verde ribadisce ancora il concetto di fede, carità e speranza.
Sappiamo che la scelta dei pigmenti non è mai casuale. L'artista ne fece un uso significativo per affermare i concetti iconografici: il viola chiaro simboleggia la penitenza, il colore chiaro o bianco la fede, il verde la speranza e il giallo croco il discernimento spirituale.
È risaputo anche come la genialità di Michelangelo lo abbia indotto a concentrarsi sull'uso dei colori per suggerire l'identità dei personaggi: come nel caso di Maria Maddalena. «*Per amore, per espiazione e per la speranza degli uomini disposti a fare*

[60] | *Ibidem*, p. 218.

The yellow crocus colour, symbol of discernment, «*brings men closer to the cross.*» «*The last two angels, on the left margin, wear a white shirt and a red-green cloak: colours that characterise faith and charity mixed with hope, virtues necessary in order to embrace the cross which becomes an instrument of salvation*».[60]
Michelangelo makes generous use of colours as essential symbols to express the spiritual message. The yellow crocus colour, in particular, assumes a central importance in the *Judgement*, because it is the symbol of discernment and brings men closer to the cross. Yellow crocus and the cross, therefore, indicate the path that leads to salvation.
The woman who kisses the cross, identified in this study with Mary Magdalene, wears a full yellow crocus robe which refers to the ability of discernment and, since the saint is the symbol of humanity, she acts as a conjunction between men and the cross, allowing to those who approach to save themselves.
If we showed a child the image of the *Last Judgement* and if asked him to identify "at a glance" where he sees the crosses, the first two that he would surely indicate would be: the one supported by the angels in the lunette at the top left and the one on the shoulders of the cross-bearer.
The grandeur of these two large crosses seems to reiterate the metaphor of the desirable object of those who aspire to salvation. But not only: the context in which they are inserted highlights and establishes an even thinner mutual connection. It is as if the concept of duplicity recurs throughout the entire wall: for the Virgin Mary and Magdalene as well as for the two smaller crosses and the larger ones.
The crosses are associated with the concept of bringing men closer to God and their size reiterates their importance, introducing this meaning in the context in which they are placed: the one supported by the angels preludes to faith, charity and hope as virtues so that it can "*be embraced becoming an instrument of salvation*"; the one which Mary Magdalene kisses alludes to the model of how we get to conquer it, since we can all become worthy of "embracing" the cross through faith: and she is the example of it.
If the cross represents the object of desire of the saints, the woman who is granted the privilege of kissing the wood, as evidenced by the iconographic tradition only referred to Mary Magdalene, she can only be identified with the Apostle of the Apostles: symbol of humanity and reference to faith, charity and hope.
These concepts are reaffirmed by the cross-bearer, since he not only entails the burden, but wears the green loincloth, the colour of hope, while behind him, the red-green cloak again reiterates the concept of faith, charity and hope.
We know that the choice of pigments is never casual. The artist made significant use of them to affirm iconographic concepts: light purple symbolises penitence, light colour or white faith, green hope and yellow crocus spiritual discernment. It is also well known how Michelangelo's genius led him to focus on the use of colours to suggest the identity of the characters: as in the case of Mary Magdalene.

[60] | *Ibidem*, p. 218.

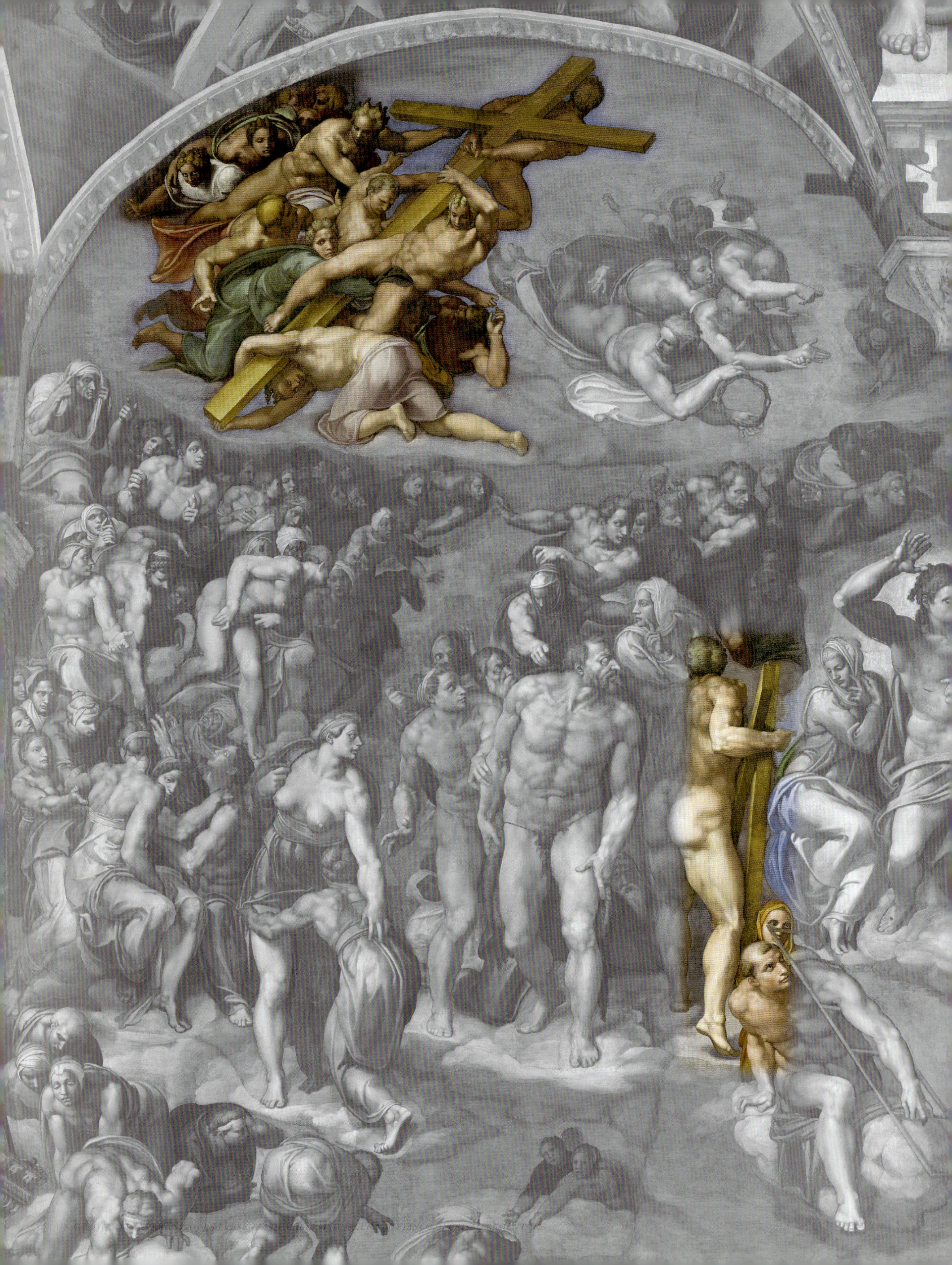

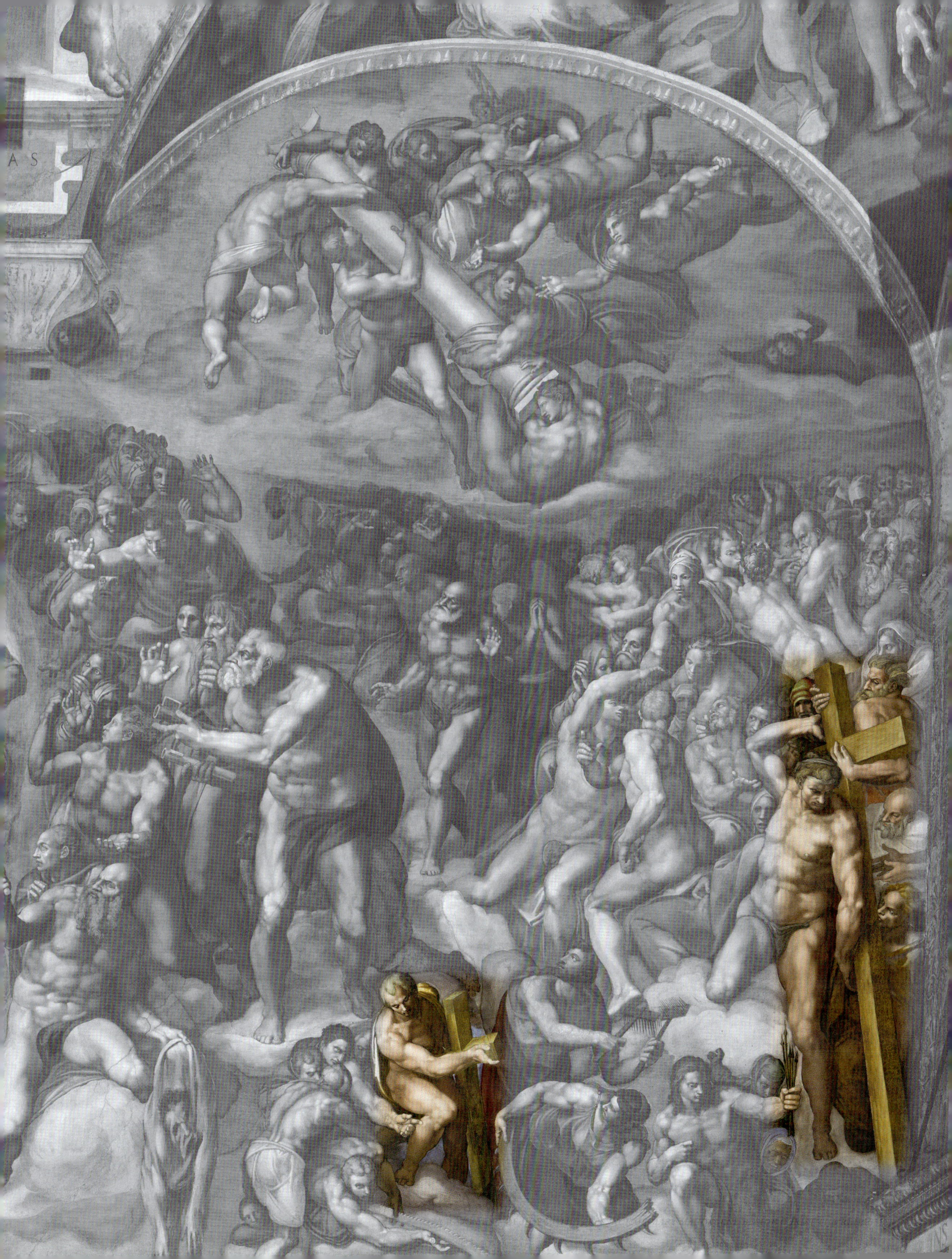

penitenza, il Figlio di Dio si sottopose alla flagellazione. Questo è il significato dei colori sulle diverse vesti. Fin dall'inizio della sua attività, Michelangelo applica con sicurezza quanto appreso da un consulente di teologia in merito al significato dei colori»[61].

«*For love, for expiation and for the hope of men willing to do penance, the Son of God subjected himself to flagellation. This is the meaning of the colours on the different robes. Since the beginning of his activity, Michelangelo confidently applied what he had learnt from a consultant in theology regarding the meaning of colours*».[61]

IL COLLEGAMENTO TRA IL PORTACROCE E LA DONNA CHE BACIA LA CROCE. IL GRUPPO DEI MARTIRI E QUELLO DEI CONFESSORI

Hendrich Pfeiffer nota come «*il possente portacroce e la donna che bacia la croce mettono in relazione il gruppo dei martiri con quello dei confessori*»[62].

Per la precisione il portacroce e la donna bionda vestita di giallo, *uniti dalla croce*, fanno da collegamento tra i due gruppi.

Nell'arte cristiana la figura di Maria Maddalena è il prototipo della penitente e il suo ruolo si ricollega perfettamente sia al gruppo dei Martiri che a quello dei Confessori.

Dal Medioevo in poi, ma soprattutto a partire dalla Controriforma, la sua immagine si può riferire al proposito della Chiesa di stimolare il sentimento di devozione per i sacramenti e, in particolare modo, per quello della Confessione.

Il legame con i Confessori è evidente, anche in riferimento al fatto che la donna, confessando pubblicamente i suoi peccati, ottiene il perdono di Cristo.

Il collegamento al gruppo dei Martiri è nel fatto che la santa è la testimone del discernimento riferito alla sua condizione di emarginata sociale, che Cristo recupera attraverso il perdono.

Il riferimento al martirio, tuttavia, potrebbe essere inteso anche come il percorso di sofferenza che implica il superamento delle prove alle quali il buon cristiano deve essere sottoposto per diventare degno della croce.

La pertinenza del collegamento della santa e del portacroce con il gruppo dei Martiri e con quello dei Confessori è esplicito.

In tutto l'affresco Michelangelo suddivide i personaggi in "gruppi". Questo "ordinamento" semplifica l'identificazione dei gruppi stessi e dei singoli personaggi che ne fanno parte.

Si tratta di una soluzione che consente di sintetizzare gli attributi di ognuno anche per il fatto che, dato l'affollamento nella composizione, l'introduzione di troppi oggetti avrebbe rappresentato una sorta di "distrazione" all'essenzialità del già complicato programma iconografico.

Strumentalizzando la disposizione delle figure, il riconoscimento è intuitivo e ci permette di distinguere "i ruoli" di ognuno.

Questa soluzione consentirà a Michelangelo di concentrare l'attenzione dell'osservatore sul monito all'umanità e sul messaggio di speranza.

Un tale rigoroso ordinamento impone di non poter riconoscere l'identità dei personaggi se non correlandoli tra loro nello specifico contesto di appartenenza.

[61] | *Ibidem*, p. 220.

[62] | *Ibidem*, p. 238.

THE CONNECTION BETWEEN THE CROSS BEARER AND THE WOMAN WHO KISSES THE CROSS. THE GROUP OF MARTYRS AND THE ONE OF THE CONFESSORS

Hendrich Pfeiffer points out that «*the mighty cross-bearer and the woman kissing the cross relate the group of martyrs with the one of the confessors*».[62]

To be precise, the cross-bearer and the blonde woman dressed in yellow, united by the cross, act as a connection between the two groups.

In Christian art the figure of Mary Magdalene is the prototype of the penitent and her role is perfectly linked to both groups, the group of Martyrs and the one of the Confessors.

From the Middle Ages onwards, but above all starting from the Counter-Reformation, her image can refer to the Church's purpose of stimulating the feeling of devotion for the sacraments and, in particular, for that of the Confession.

This binding with the Confessors is evident, also in reference to the fact that the woman, by publicly confessing her sins, obtains Christ's forgiveness.

The connection to the group of Martyrs lies in the fact that the saint is the witness of the discernment related to her condition as a social outcast, which Christ recovers through forgiveness.

The reference to martyrdom, however, could also be considered as the path of suffering that implies the overcoming of the trials to which the good Christian must be subjected to become worthy of the cross.

The relevance of the connection of the saint and the cross-bearer with the group of Martyrs and with the group of Confessors is explicit. Throughout the fresco Michelangelo divides the characters into "groups".

This "sorting" simplifies the identification of the groups themselves and the individual characters who are part of them.

This is a solution that allows us to summarise the attributes of each one also due to the fact that, given the crowding in the composition, the introduction of too many objects would have represented a sort of "distraction" to the essentiality of the already complicated iconographic scheme.

By exploiting the arrangement of the figures, recognition is intuitive and allows us to distinguish "the roles" of each one.

This solution will allow Michelangelo to focus the observer's attention on the warning to humanity and on the message of hope.

Such a rigorous ordering requires that the identity of the characters cannot be recognised without correlating them with each other in the specific context to which they belong.

[61] | *Ibidem*, p. 220.

[62] | *Ibidem*, p. 238.

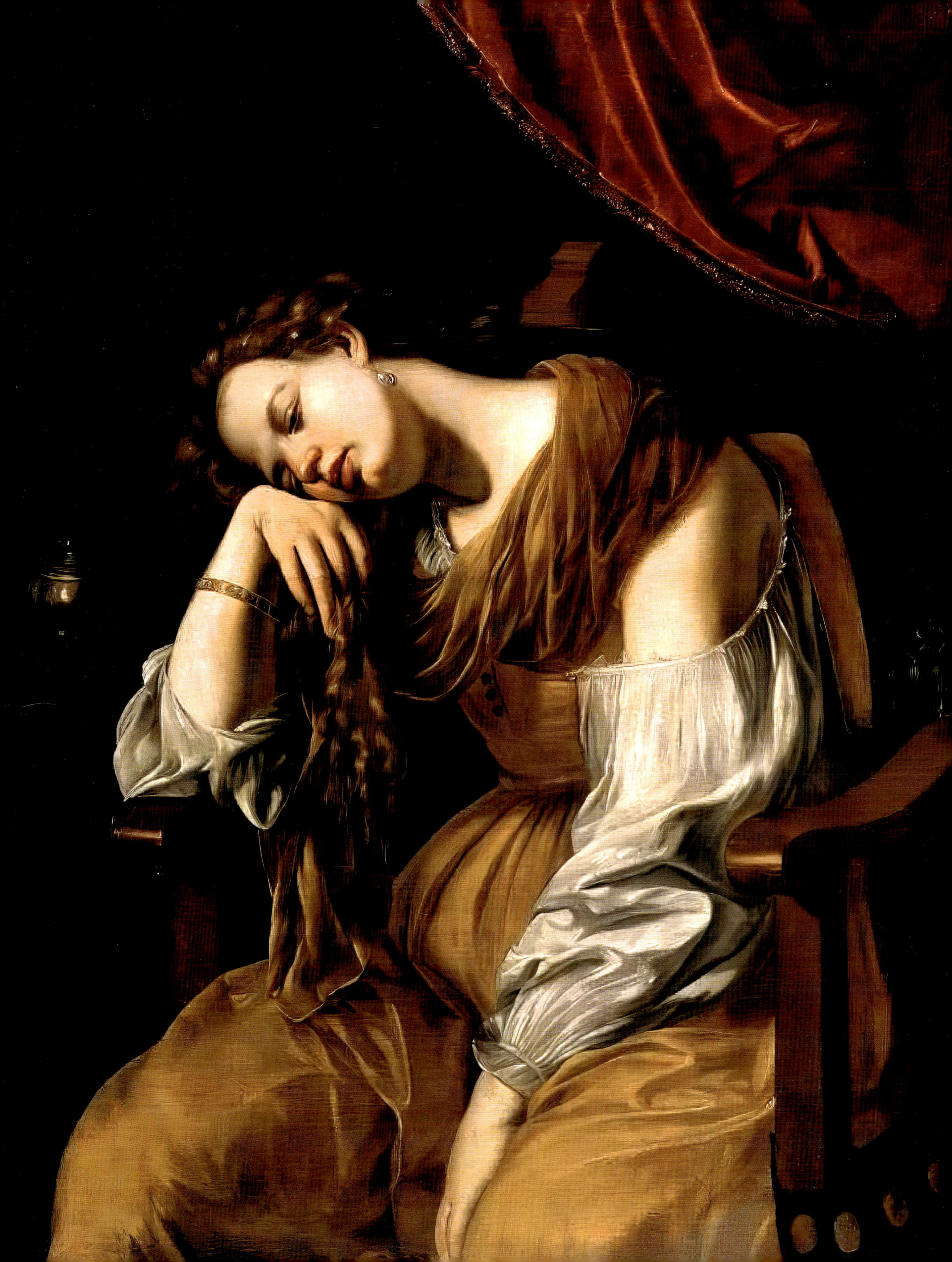

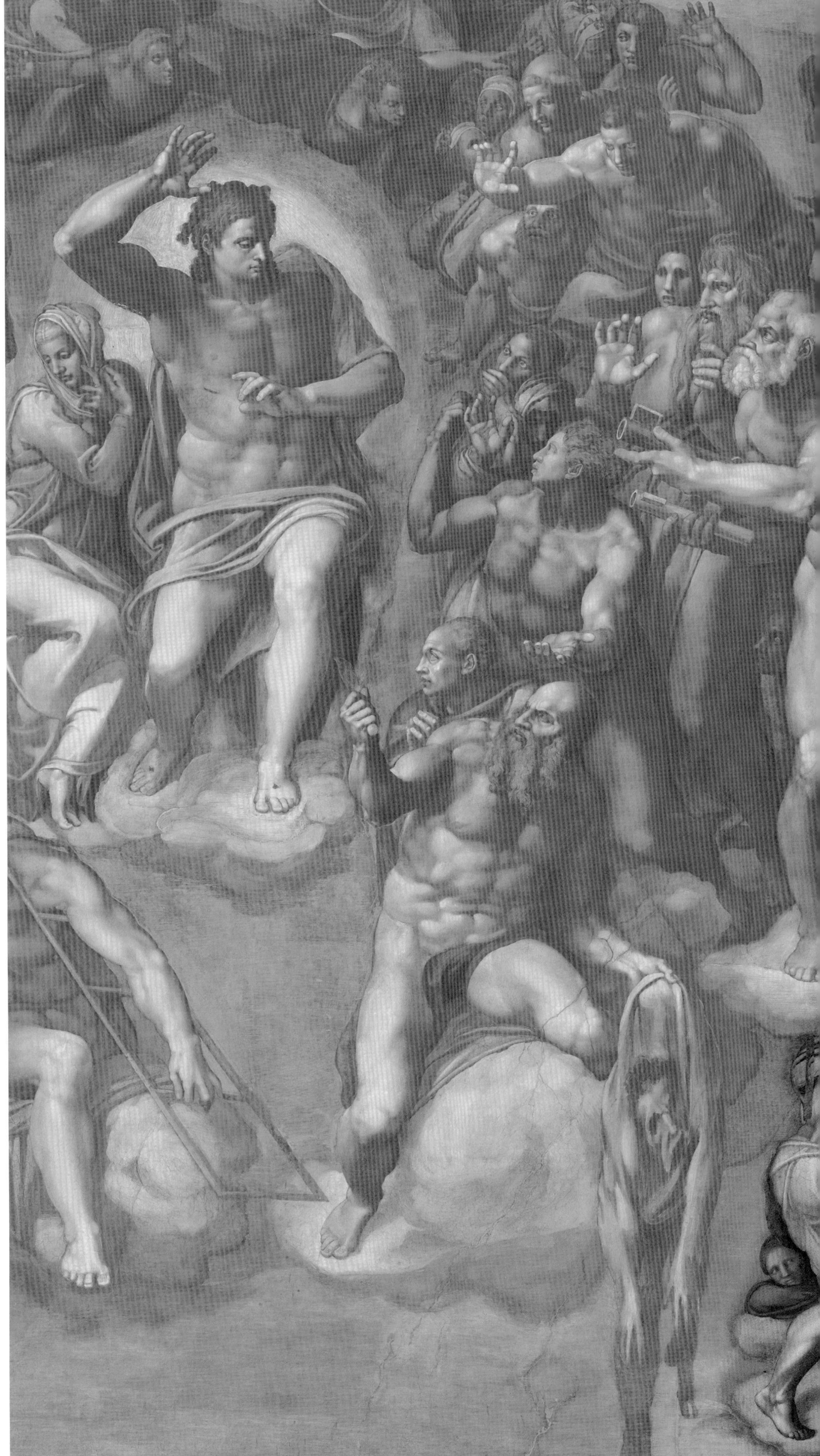

Michelangelo Buonarroti, *Giudizio Universale*. L'elaborazione grafica evidenzia come il gruppo del portacroce con la donna che bacia la traversa facciano da cardine tra il gruppo dei Confessori, in alto, e quello dei Martiri, in basso.

Michelangelo Buonarroti, *Last Judgement*. The graphic shows how the group of the cross-bearer with the woman kissing the crossbeam act as a hinge between the group of Confessors, above, and the group of Martyrs, below.

(Alle pagine 118-119)
Michelangelo Buonarroti, *Giudizio Universale*. La rielaborazione grafica evidenzia la collocazione delle quattro croci nell'affresco.

(On pages 118-119)
Michelangelo Buonarroti, *Last Judgement*. The graphic highlights the placement of the four crosses in the fresco.

(A pagina 121)
Artemisia Gentileschi, *Conversione della Maddalena*, 1622-1625, olio su tela, 122 × 96 cm, Cattedrale di Siviglia.

(On page 121)
Artemisia Gentileschi, *Conversion of the Magdalene*, 1622-1625, oil on canvas, 122 × 96 cm, Seville Cathedral.

(A pagina 127)
Lo Spadino, *Maria Maddalena*, 1625-1635, olio su tela, 133 × 98,7 cm, Walters Art Museum, Baltimore.

(On page 127)
Lo Spadino, *Mary Magdalene*, 1625-1635, oil on canvas, 133 × 98.7 cm, Walters Art Museum, Baltimore.

(A pagina 128)
Giuseppe Maria Crespi, *Maddalena Penitente*, 1730-1735, olio su tela, 98 × 78 cm, Pinacoteca Nazionale di Bologna, Bologna.

(On page 128)
Giuseppe Maria Crespi, *Penitent Magdalene*, 1730-1735, oil on canvas, 98 × 78 cm, National Art Gallery of Bologna, Bologna.

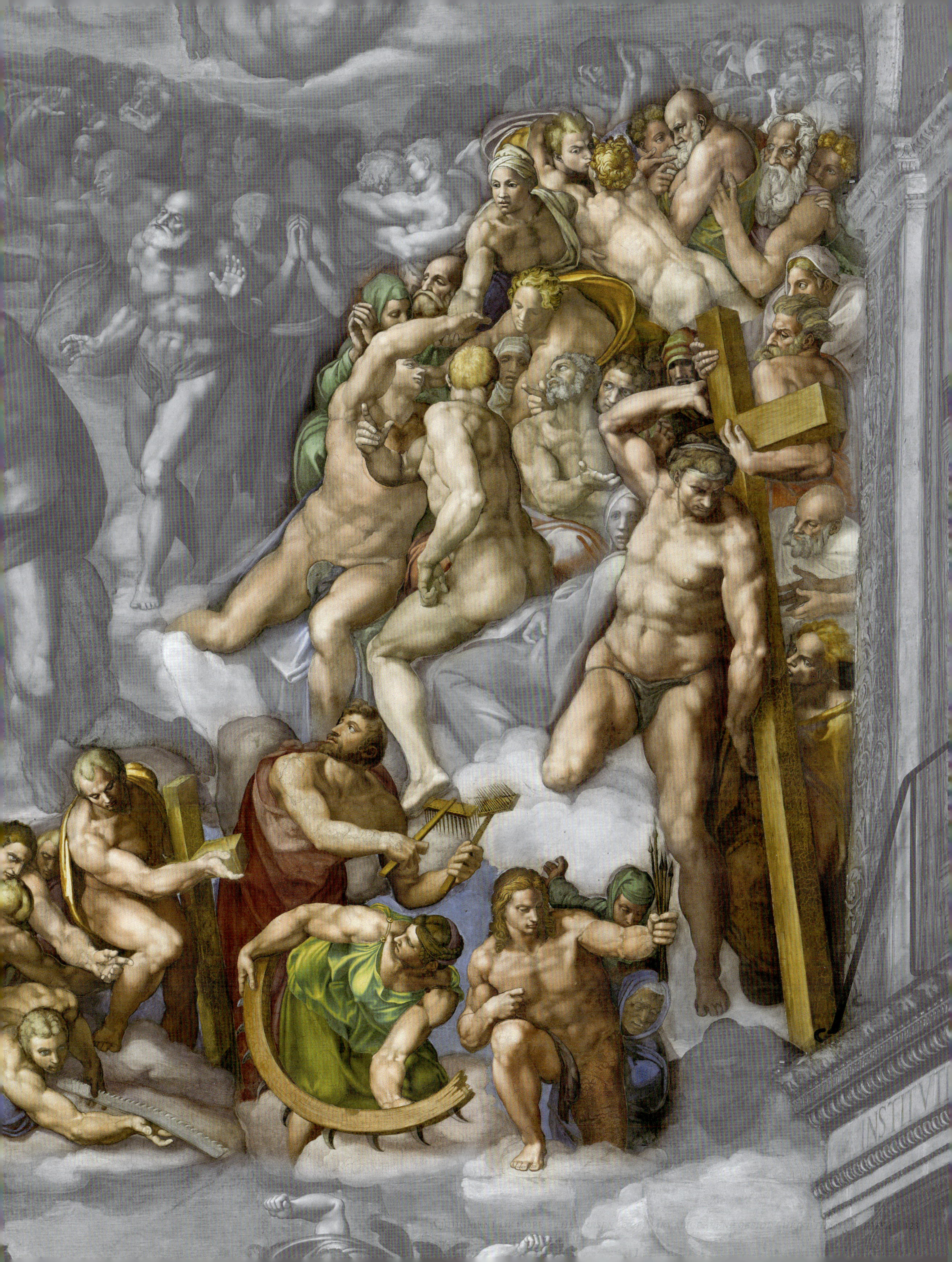
INSTITVI

A questo punto è d'obbligo una domanda: se la donna che bacia la croce è Maria di Màgdala, chi è il portacroce?

At this point a question now is due: if the woman kissing the cross is Mary Magdalene, who is the cross-bearer?

CHI È IL POSSENTE PORTACROCE?

Pfeiffer identifica il portacroce con Simone di Cirene.
Verdon lo riconosce nel "buon ladrone".
Ancor prima di affrontare il tema della sua identificazione, tuttavia, occorre osservare come questa figura presenti una pluralità di caratteristiche che gli conferiscono un ruolo di assoluto rilievo finalizzato, probabilmente, a dare ragione a Pfeiffer quando afferma che il possente uomo e la donna dietro di lui stabiliscono un equilibro parallelo e speculare con la figura di Cristo.
L'uomo, attraverso l'armoniosa torsione di ogni muscolo del suo corpo, introduce un complesso "concetto iconografico ed iconologico".
Partiamo dal fatto che la Sua possente fisicità, come vedremo, si riferisce a una simbologia molto ampia, ma in questo contesto basti ricordare che allude anche la potenza della fede che, grazie alla forza e al sacrificio necessari per la redenzione, è in grado di sollevare con disinvoltura l'enorme fardello della croce, che allude al peso dei peccati dell'umanità.
Egli, tuttavia, più che "comunicare" allo spettatore lo sforzo, sembra concentrarsi nel subordinare la torsione delle membra per assecondare la donna che è intenta a baciare la trave di legno.
Anche l'orientamento della testa del portacroce, reclinata verso il basso e rivolta nella direzione della donna, assume una postura che sembra lasciar intuire come l'uomo stia rivolgendo anche lo sguardo verso di lei: nella direzione opposta a Cristo Giudice.
Si tratta di una vera e propria "eccezione" rispetto ai criteri che regolamentano la costruzione dell'impianto iconografico dell'intera parete; rigorosamente incentrati sulla convergenza di ogni particolare verso gli accadimenti che si innescano a partire dalla scena centrale, e viceversa.
Questa peculiarità distingue le due figure rispetto alla logica che governa il resto della scena, nella quale ogni cosa assume un ruolo specifico; ma sempre in perfetta coerenza con il fulcro degli avvenimenti che si animano dal centro della parete, partendo dal gesto del Giudice.
All'occhio dell'osservatore attento, in effetti, non può sfuggire come questi due personaggi siano volutamente in stretta relazione e sembrino "distrarsi" dalla scena che pervade il *Giudizio*.
Queste osservazioni assumono ancor più rilievo se consideriamo che, dietro di loro, l'affresco finisce e la parete confina con quella adiacente.
Il fatto che il portacroce si concentri verso la donna, e non verso il centro della scena, appare piuttosto curioso e non può essere casuale.
La Sua figura è imponente e risulta essere al pari solo di pochi altri santi; ognuno dei quali rimarca un ruolo di rilievo nella storia della cristianità. Vediamone solo alcuni, partendo dai due uomini che occupano una posizione equidistante e bilanciata alla destra e alla sinistra del Giudice.

WHO IS THE MIGHTY CROSS-BEARER?

Pfeiffer identifies the cross-bearer with Simon of Cyrene.
Verdon recognises him in the "good thief".
Even before addressing the issue of his identification, however, it is necessary to observe how this figure presents a plurality of characteristics that give him a role of absolute importance aimed, probably, at agreeing with Pfeiffer when he states that the mighty man and the woman behind him establish a parallel and specular balance with the figure of Christ.
The man, through the harmonious torsion of every muscle of his body, introduces a complex "iconographic and iconological concept".
Let's start from the fact that his powerful physicality, as we will see, refers to a very wide symbolism. But in this context just remember that it also alludes at the power of faith which, thanks to the strength and sacrifice necessary for redemption, it is able to lift the enormous burden of the cross with ease, which alludes to the weight of the sins of humanity.
However, rather than "communicating" the effort to the viewer, he seems to concentrate on subordinating the twisting of the limbs to accommodate the woman who is intent on kissing the wooden beam.
Even the alignment of the head of the cross bearer, reclined downwards and facing in the direction of the woman, assumes a posture that seems to suggest that the man is also directing his gaze towards her: in the opposite direction of Christ the Judge.
This is a real "exception" compared to the criteria that regulates the construction of the iconographic system of the entire wall; rigorously focused on the convergence of every detail towards the events that trigger starting from the central scene, and vice versa.
This peculiarity distinguishes the two figures compared to the logic that governs the rest of the scene, in which everything assumes a specific role; but always in perfect coherence with the heart of the events that come to life from the centre of the wall, starting from the Judge's gesture.
It cannot escape to the careful eye of the observer, in fact, how these two characters are deliberately in close relationship and seem to "distract" themselves from the scene that pervades the *Judgement*.
These observations assume even more importance if we consider that, behind them, the fresco ends and the wall borders the adjacent one.
The fact that the cross-bearer is concentrated towards the woman, and not towards the centre of the scene, appears rather curious and cannot be accidental.
His figure is imposing and seems to be equal to only a few other saints; each of which highlights an important role in the history of Christianity. Let's look at just a few of them, starting from the two men who occupy an equidistant and balanced position on the right and on the left of the Judge.

Riconosciamo san Giovanni Battista: il santo patrono di Firenze che, come sottolinea Timothy Verdon, «*echeggia le informazioni fornite dal Nuovo Testamento e che è il messaggero mandato davanti al Messia per "preparargli la via"* (*Marco* 1:2; *Luca* 7:27; *cfr. Malachia* 3:1)*; è la "voce di uno che grida nel deserto: 'Preparate la via del Signore, raddrizzate i suoi sentieri'"* (*Marco* 1:3; *cfr. Isaia* 40:3). *"Vestito di peli di cammello, con una cintura di pelle attorno ai fianchi"* (*Marco* 1:6), *è "profeta" e "più che un profeta", come dice lo stesso Gesù* (*Luca* 7:26), *aggiungendo che "fra i nati da donna non vi è alcuno più grande di Giovanni"* (*Luca* 7:28a)».
Sul lato opposto c'è san Pietro che, come riporta Verdon, «*oltre a vedere, Pietro come Giovanni Battista ha testimoniato la divinità del Salvatore, rispondendo alla domanda di Gesù agli Apostoli, "Voi, chi dite che io sia?", con la dichiarazione: "Tu sei il Cristo, il Figlio del Dio vivente"* (*Matteo* 16:15-16). *Pietro è inequivocabilmente identificabile per via delle chiavi che è pronto a restituire a Cristo*»[63]. Pietro e Giovanni Battista, scrive ancora Verdon, testimoniarono la loro fede con il martirio. Questo spiegherebbe il parallelismo speculare con il quale Michelangelo dispone i due santi.
Accanto a san Giovanni Battista, di schiena, c'è ancora un personaggio di assoluto rilievo: colui che il teologo identifica come sant'Andrea per via della croce sulla quale fu martirizzato con le travi di legno incrociate a X. Altri riconoscono in lui i simboli di san Giuseppe che, come sostiene Pfeiffer, consentirebbero di identificarlo come falegname, soprattutto per la sua vicinanza a Maria Vergine.
Verdon ritiene improbabile che questa figura possa essere identificata con san Giuseppe, perché «*se è vero che quest'uomo è raffigurato vicino a Maria, è anche vero che egli è vigoroso e completamente nudo, caratteristiche che neanche Michelangelo avrebbe attribuito al casto sposo della Vergine e padre solo 'putativo' di Gesù*»[64]. Lo studioso si orienta a riconoscere nell'uomo di spalle sant'Andrea, poiché è uno dei due discepoli di Giovanni Battista che era presente quando egli indicò Gesù come «*l'agnello di Dio*».
Il teologo osserva come l'identificazione dell'apostolo Andrea sia conforme al criterio che Buonarroti sembra essersi imposto nella scelta dei personaggi collocati in prossimità della figura di Cristo: coloro che sono tra i primi testimoni del Salvatore.
A questo punto è d'obbligo chiedersi, ancora una volta, come sia possibile che Michelangelo abbia ben congegnato la presenza dei primi testimoni del Salvatore ma non abbia incluso proprio Maria Maddalena, la testimone della Resurrezione di Cristo e colei alla quale Gesù affidò il compito di annunciare l'evento agli Apostoli.
Ma torniamo al margine destro della parete.
Si è poc'anzi affermato come sia necessario ragionare sull'identificazione del portacroce e della donna che ne bacia il legno considerandoli come un tutt'uno. Pertanto è d'obbligo rispondere al seguente quesito: se la donna fosse Maria di Màgdala, chi potrebbe essere il portacroce?

[63] | T. VERDON, *op. cit.*, pp. 63-67.

[64] | *Ibidem*, p. 78.

We recognise Saint John the Baptist: the patron saint of Florence who, as Timothy Verdon underlines, «*echoes the information provided by the New Testament and is the messenger sent before the Messiah to 'prepare the way for him'* (*Mark* 1:2; *Luke* 7: 27; *cf. Malachi* 3:1)*; it is the 'voice of one crying in the desert: Prepare the way of the Lord, make straight his paths'* (*Mark* 1:3; *cf. Isaiah* 40:3). *'Clothing made of camel's hair, with a leather belt around his waist'* (*Mark* 1:6), *he is a 'prophet' and 'much more than a prophet', as Jesus himself says* (*Luke* 7:26), *adding that 'among those that are born of women there is not a greater prophet than John'* (*Luke* 7:28a)».
On the opposite side there is Saint Peter who, as Verdon reports, «*Peter like John the Baptist, in addition to seeing, also testified to the divinity of the Saviour, answering Jesus' question to the Apostles, 'Who do you say that I am?', with the declaration: 'You are the Christ, the Son of the living God'* (*Matthew* 16,15-16). *Peter is unequivocally recognizable because of the keys that he is ready to give back to Christ*».[63]
Peter and John the Baptist, Verdon writes, witnessed their faith with martyrdom.
This would explain the specular parallelism with which Michelangelo arranges the two saints. Next to Saint John the Baptist, with his back turned, there is still a character of absolute importance: the one whom the theologian identifies as Saint Andrew because of the cross on which he was martyred with the wooden beams crossed in an X. Others recognise in him the symbols of Saint Joseph which, as Pfeiffer claims, would allow him to be identified as a carpenter, especially due to his closeness to the Virgin Mary.
Verdon considers unlikely that this figure can be identified with Saint Joseph, because «*if it is true that this man is depicted next to Mary, it is also true that he is vigorous and completely naked, characteristics that not even Michelangelo would have attributed to the chaste spouse of the Virgin and only 'putative' father of Jesus*».[64]
The scholar is inclined to recognise Saint Andrew in the man seen from behind, since he is one of the two disciples of John the Baptist who was present when he indicated Jesus as the «*the lamb of God*».
The theologian observes how the identification of the Apostle Andrew conforms to the criterion that Buonarroti seems to have imposed himself in the choice of the characters placed near the figure of Christ: those who are among the first witnesses of the Saviour.
At this point it is necessary to ask ourselves, once again, how is it possible that Michelangelo has well-conceived the presence of the Saviour's first witnesses but has not included Mary Magdalene, the witness of the Resurrection of Christ and the one to whom Jesus entrusted the task of announcing the event to the Apostles?
But let's go back to the right edge of the wall.
It was previously stated that it is necessary to think about the identification of the cross-bearer and the woman who kisses the wood, considering them as a whole. Therefore, it is necessary to answer the following question: if the woman was Mary Magdalene, who is the cross-bearer?

[63] | T. VERDON, *op. cit.*, pp. 63-67.

[64] | *Ibidem*, p. 78.

Se è vero, com'è evidente, che i primi testimoni di Cristo "spiccano" per imponenza, che sono ritratti a figura intera e collocati nelle prossime vicinanze del Salvatore, il possente portacroce assume una singolare rilevanza nell'affresco: perché non è tra i testimoni di Gesù.
È l'unica figura contraddistinta dalle medesime dimensioni dei personaggi in rilievo, ma è collocata al margine destro della parete. Per di più, ha un'enorme croce sulle spalle e si volta dalla parte opposta agli eventi. Sorregge l'oggetto del desiderio dei santi: una delle due grandi croci inserite nella composizione. Ed è in stretta relazione con l'Apostola degli Apostoli.
Il possente uomo indossa un perizoma verde, il colore della speranza, che potrebbe indicare sia la volontà di espiare le colpe dell'umanità attraverso il pentimento per i peccati e la Confessione (riferimento al gruppo dei "Confessori"), che le umiliazioni, le sofferenze e le persecuzioni subite per obbedire alla volontà di Dio Padre e per la salvezza del genere umano (riferimento al gruppo dei "Martiri").
Ma anche la donna che bacia la croce si ricollega a questi concetti e li completa assumendo il ruolo di esempio e di testimone nel ribadire che coloro che rimangono saldi nella fede e nell'amore per Cristo non dovranno temere il Giudizio, perché per loro si apriranno le porte del regno dei Cieli.
Timothy Verdon scrive:
«*Ai Cristiani s'insegna infatti che "è in lui* (Cristo) *che abita corporalmente tutta la pienezza della divinità, e voi partecipate alla pienezza di lui, che è il capo di ogni Principato e di ogni Potenza"* (*Colossesi* 2:9-10). *Così che "quando Cristo, la vita vostra, sarà manifestato, allora anche voi apparirete con lui nella gloria"* (*Colossesi* 3:4). *Proprio questo è "il mistero nascosto da secoli e da generazioni, ma ora manifestato ai (...) santi": Cristo in noi, la nostra speranza di gloria* (*cfr. Colossesi* 1:26). *Questi rimandi aiutano a capire il Giudizio di Michelangelo, la cui composizione fa vedere i santi schierati a destra e a sinistra di Cristo come emanazioni della sua santità e irradiazioni della sua energia. Nella loro eroica muscolosità addirittura gli assomigliano, dal momento che quelli che Dio "da sempre ha conosciuto, li ha anche predestinati a essere conformi all'immagine del Figlio suo, perché egli sia il primogenito tra molti fratelli"* (*Romani* 8:29).
I loro corpi sono potenti alla stregua di quello del Risorto perché sono stati "resi forti di ogni fortezza secondo la potenza della sua gloria" (*Colossesi* 1:11), *perfezionandosi "nel Signore e nel vigore della sua potenza"* (*Efesini* 6:10)»[65].
«*Ed ecco ancora la parola Chiesa. Il Padre ha dato suo Figlio risorto alla Chiesa, ed "essa è il corpo di Lui, la pienezza di Colui che è il perfetto compimento di tutte le cose"* (Efesini 1:23).
Nella Cappella del Papa, la fitta massa di santi a destra e a sinistra di Cristo rappresenta il "corpo mistico" del Risorto nella sua parte celeste: la 'Chiesa trionfante' posta davanti a quella ancora 'militante' in terra "una moltitudine immensa che nessuno poteva contare, di ogni nazione, tribù, popolo e lingua" (*Apocalisse* 7:9)»[66].
Verdon ribadisce come nel *Giudizio* di Michelangelo l'imponenza dei personaggi assuma un preciso significato iconologico, consen-

If it is true, as it is evident, that the first witnesses of Christ "stand out" for their grandeur, that they are full-figure portraits and placed in the proximity of the Saviour, the mighty cross-bearer assumes a singular importance in the fresco: because he is not among the witnesses of Jesus.
It is the only distinctive figure of the same size as the characters in relief, but it is placed at the right edge of the wall. Furthermore, he has a huge cross on his shoulders and turns away to the opposite side of the events. He supports the object of the saints' desire: one of the two large crosses included in the composition. And he is in close relationship with the Apostle of the Apostles.
The mighty man wears a green loincloth, the colour of hope, which could indicate both the will to expiate the sins of humanity through repentance for sins and Confession (reference to the group of "Confessors") and the humiliations, sufferings and persecutions endured for obeying the will of God the Father and for the salvation of mankind (reference to the group of "Martyrs").
But the woman who kisses the cross is also connected to these concepts and completes them by assuming the role of example and witness in reiterating that those who remain steadfast in the faith and in the love for Christ will not have to fear the Judgement, because the gates of the kingdom of Heaven will open for them.
Timothy Verdon writes:
«*Christians are taught that 'in him* (Christ) *all the fullness of the Deity lives in bodily form, and in Christ you have been brought to fullness, he is the head of every Authority and of every Power'* (*Colossians* 2:9-10). *So that 'when Christ, who is your life, appears, then you also will appear with Him in glory'* (*Colossians* 3:4). *This is precisely the 'mystery that has been kept hidden for ages and generations, but is now disclosed to (...) saints': Christ in us, our 'hope of glory'* (*cf. Colossians* 1:26). *These references help to understand Michelangelo's Judgement, whose composition shows the saints lined up to the right side and to the left side of Christ as emanations of his holiness and radiations of his energy. In their heroic muscularity they even resemble him, for those whom God 'foreknew, he also predestined to be conformed to the image of his Son, so that he might be the firstborn among many brothers and sisters'* (*Romans* 8:29). *Their bodies are powerful like that of the Risen One because they 'have been strengthened with all the power according to his glorious might'* (*Colossians* 1:11), *improving themselves 'in the Lord and in the strength of his might'* (*Ephesians* 6:10)»[65].
«*And here again there is the word Church. The Father gave his resurrected Son to the Church, and 'which is His body, the fullness of Him who fills all things in every way'* (*Ephesians* 1:23).
In the Pope's Chapel, the thick mass of saints on the right hand side and left hand side of Christ represents the "mystical body" of the Risen One in his celestial part: the "triumphant Church" placed in front of the still "militant" one on earth "a great multitude, that no one could count, from every nation, tribe, people and language" (*Revelation* 7:9)»[66].
Verdon reaffirms how in Michelangelo's *Judgement* the grandeur of the characters assumes a precise iconological meaning, allowing us to identify and distinguish a sort of "hierarchy": not only thanks to the

[65] | *Ibidem*, p. 63.

[66] | *Ibidem*, p. 67.

[65] | *Ibidem*, p. 63.

[66] | *Ibidem*, p. 67.

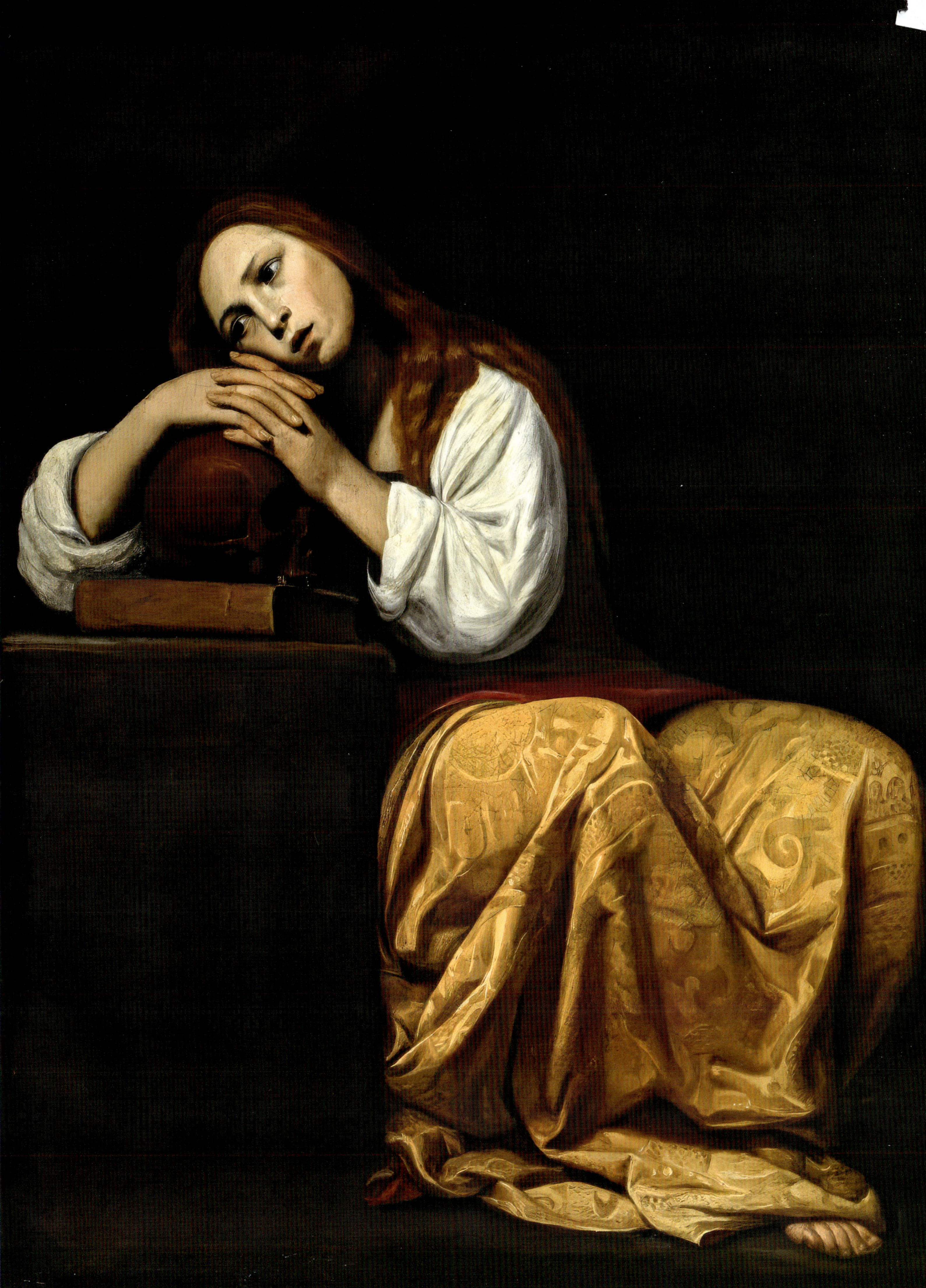

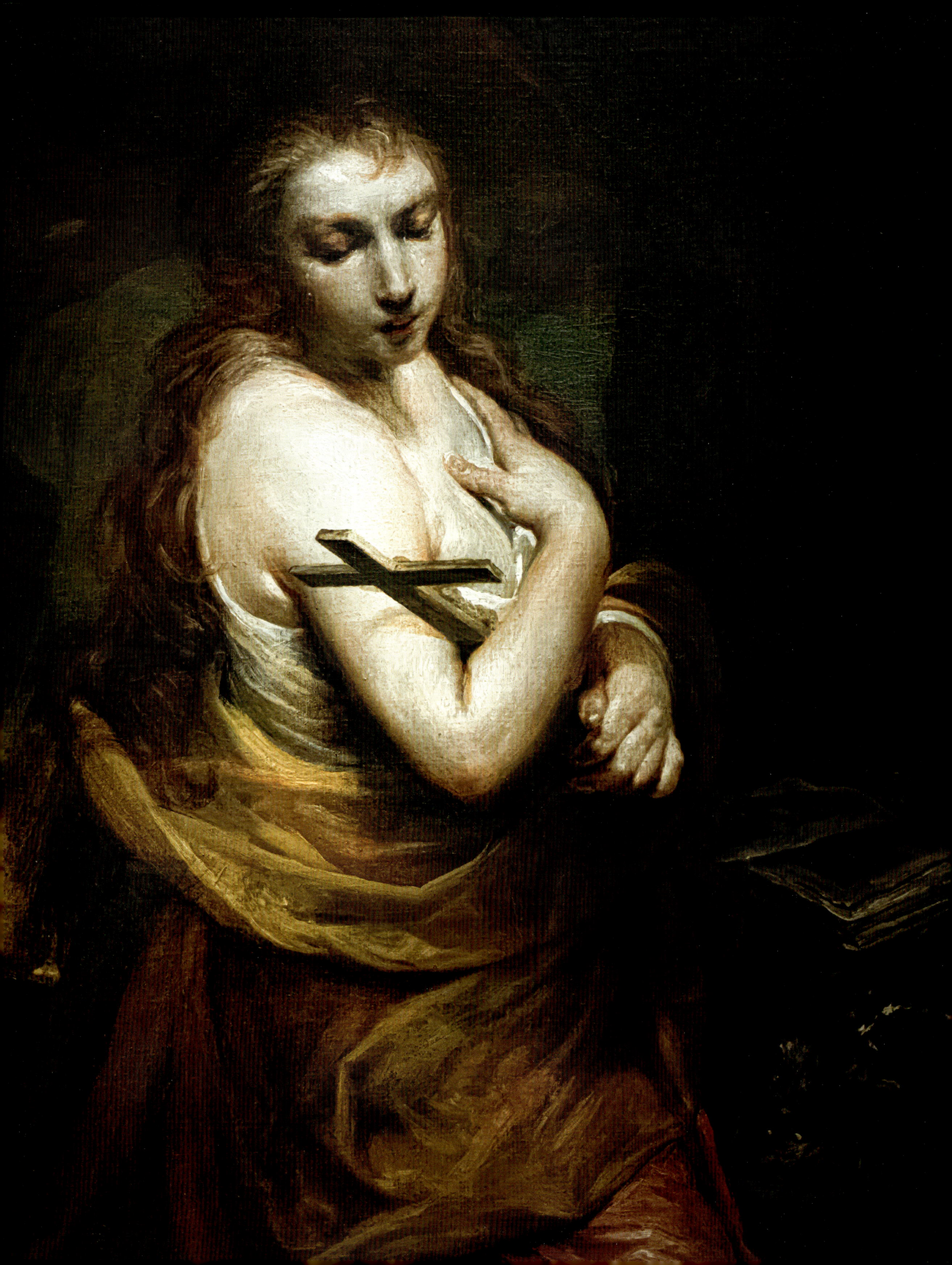

tendoci di identificare e di distinguere una sorta di "gerarchia": non solo grazie alla disposizione di coloro che sono i testimoni del Salvatore rispetto agli altri, ma anche in relazione alla loro forza nella fede; tanto che si sono perfezionati nel Signore e nel vigore della sua potenza al punto da assumerne le caratteristiche corporee.
Se i santi sono "leggibili" come una sorta di emanazione della santità di Cristo, che viene testimoniata dalla «*eroica muscolosità*» estremizzata nella «*somiglianza*» (al punto da renderli «*conformi all'immagine del Figlio suo*»), il portacroce è certamente da includere, più di chiunque altro, nel novero dei personaggi eletti che «*sono potenti alla stregua del Risorto, perché sono stati resi forti di ogni fortezza secondo la potenza della sua gloria*».
Abbiamo esaminato il significato legato all'imponenza dei corpi degli eletti, ma questo ragionamento esorta a prendere in considerazione ulteriori riflessioni.
Malgrado le sue dimensioni, abbiamo osservato come l'uomo con la croce sia posizionato al margine della parete, e non tra la fitta massa di santi alla destra e alla sinistra di Cristo.
Osservando l'affresco è evidente che l'immagine di Gesù stabilisce un singolare "*parallelismo*" con il portacroce e, per di più, le due figure denotano un'eccezionale "*somiglianza*".
La corpulenza della figura del portacroce coincide perfettamente con quella di Gesù.
Anche la speculare sovrapponibilità gestuale risalta la medesima ed equivalente posizione del particolare del braccio alzato, che ribadisce un indubbio quanto non trascurabile collegamento tra le due figure. Sembrano una proiezione l'una dell'altra.
Ma c'è un altro elemento che colpisce e lascia attoniti: i tratti somatici del volto del portacroce sono perfettamente sovrapponibili con quelli di Cristo Giudice. Sono assolutamente identici: come se Michelangelo avesse adottato lo stesso modello e la stessa postura per ritrarre entrambi. Una coincidenza? Certamente no.
Questa particolare duplicità estetica comporta, naturalmente, importanti implicazioni simboliche, che non ci consentono di trascurare la disamina delle motivazioni per le quali Michelangelo abbia compiuto una simile scelta.
Pare addirittura scontato che siffatto rilievo sia fondamentale e imprescindibile per orientarsi in qualsiasi ragionamento volto alla codifica dell'ermeneutica dell'intero *Giudizio*; poiché è dall'imperativo gesto del braccio alzato di Cristo che trae origine l'animazione che coinvolge ogni particolare del groviglio di figure che affollano i 180,21 metri quadri dell'affresco.
Perché replicarlo nel portacroce, al margine della parete?
All'azione di Gesù si subordina ogni cosa nell'intero impianto: armonizzandosi e ricollegandosi perfino con le storie degli affreschi che decorano le pareti precedentemente realizzate all'interno della Cappella. Anche l'altare, che ospita la celebrazione della Messa, sembra far parte del programma del *Giudizio*. Ed è così.
La gestualità di Cristo rappresenta uno dei particolari più innovativi con i quali Michelangelo sconvolgerà le consuetudini dei suoi predecessori.
Cristo domina la scena, ma ne è parte integrante. Non è un Giudice impassibile. Anzi, è proprio Lui che, con l'imperativo gesto, dà inizio agli eventi.

arrangement of the ones who are the Saviour's witnesses compared to the others, but also in relation to their strength in faith; so much so that they were perfected in the Lord and in the vigour of his power to the point of assuming his corporeal characteristics.
If the saints are "readable" as a sort of emanation of the holiness of Christ, which is witnessed by the *heroic muscularity* taken to the extreme in the *resemblance* (to the point of making them *conform to the image of his Son*), the cross-bearer certainly has to be included, more than any another, among the list of the chosen characters who «*are powerful like the Risen One, because they have been made strengthened with all the power according to his glorious might*».
We have examined the meaning linked to the grandeur of the bodies of the elect, but this reasoning exhorts us to take further reflections into consideration.
Despite his size, we observed how the man with the cross is positioned at the edge of the wall: and not among the thick mass of saints to the right and left of Christ.
By observing the fresco, it is evident that the image of Jesus establishes a singular "*parallelism*" with the cross-bearer and, moreover, the two figures denote an exceptional "*resemblance*".
The corpulence of the figure of the cross-bearer perfectly corresponds with the one of Jesus.
Even the specular gestural overlapping highlights the same and equivalent position of the detail of the raised arm, which reiterates an undoubted yet not negligible connection between the two figures. They look like a projection of each other.
But there is another element that strikes us and leaves us astonished: the somatic features of the face of the cross-bearer are perfectly comparable to those of Christ the Judge. They are absolutely identical: as if Michelangelo had adopted the same model and the same posture to portray both. A coincidence? Absolutely not.
This particular aesthetic duplicity naturally involves important symbolic implications, which do not allow us to ignore the examination of the reasons for which Michelangelo made such a choice.
It even seems obvious that such relevance is fundamental and essential to orient in any reasoning aimed at encoding the hermeneutics of the entire *Judgement*; since it is from the imperative gesture of Christ's raised arm that the entertainment which involves every detail of the tangle of figures that crowd the 180.21 square metres of the fresco, originates. Why repeat it in the cross-bearer, at the edge of the wall?
Everything in the entire system is subordinated to the action of Jesus: even harmonising and reconnecting with the stories of the frescoes that decorate the walls previously created inside the Chapel. Even the altar, which hosts the celebration of Mass, seems to be part of the scheme of the *Judgement*. And that's how it is.
Christ's gestures represent one of the most innovative details with which Michelangelo will overturn the habits of his predecessors.
Christ dominates the scene, but is an integral part of it. He is not an impassive Judge. Indeed, it is precisely He who, with the imperative gesture, starts off the events.
We can clearly perceive the sensation of how the previous iconographic model is abruptly and definitively fading and how the now outdated static nature of the narrative "gives way" to an

Si percepisce nitidamente la sensazione di come il precedente modello iconografico stia bruscamente e definitivamente tramontando e come la ormai superata staticità della narrazione "ceda il passo" a una rappresentazione emotivamente coinvolgente che, a distanza di cinquecento anni dalla sua ideazione, sbalordisce ancora.
Ora il *Giudizio Universale* è intriso di una così potente animazione da rendere l'osservatore partecipe, coinvolgendolo al punto da esortarlo a riflettere. Non era forse questo l'obiettivo di Michelangelo e, molto probabilmente, anche di Papa Paolo III Farnese?
È il giorno della *Parusia* e nessuno, neppure i santi, osano interferire con gli eventi: neanche la Vergine Maria, che prende posto sotto il braccio alzato di Cristo come se il Salvatore la stesse mettendo a riparo dagli eventi. Nemmeno Lei osa guardare e si volta dal lato opposto rassegnata e sgomenta.
Il portacroce, come Cristo e Maria Vergine, è in stretta relazione con la donna che prende posizione appena dietro di Lui: è assorto nell'assecondare Maria di Màgdala che sta baciando il legno della traversa.
Questa corrispondenza suggerisce l'ipotesi di una sorta di "proiezione" tra Cristo Giudice con la Vergine Maria e il portacroce con la donna che bacia la croce.
L'unione tra Gesù e la Madre è quanto mai scontata, ma anche il nesso tra i due personaggi al margine della parete è una caratteristica che deve essere ragionata partendo dal presupposto che si tratti di un *unicum*. Si rischia, altrimenti, di essere indotti in errore: magari solo per il fatto che ci troviamo a esaminare una "porzione dell'affresco" che si trova relegata all'estremo margine della parete.
Michelangelo, naturalmente, ha progettato l'iconografia del Giudice in modo che sia il protagonista incontrastato della composizione (anche se occorre sempre tenere presente che la Cappella è dedicata a Maria Vergine, che è accanto a Lui).
Eppure è indubbio come l'artista abbia deliberatamente ritratto la figura di Gesù replicandola in modo pressoché identico nel portacroce. Perché?
Una spiegazione, decisamente scontata, potrebbe essere nel fatto che era consuetudine per gli artisti riutilizzare gli stessi modelli e per opere diverse e persino all'interno di una medesima composizione. Lo stesso personaggio posava, infatti, anche per dipingere più figure. Ma nel *Giudizio* di Michelangelo questa spiegazione non è assolutamente verosimile.
Non sarebbe credibile per almeno due motivi: il primo è che i tratti del volto e la gestualità di Cristo non potevano essere replicati tra santi e dannati proprio nel giorno del *Giudizio Universale* e il secondo è per via del particolare, tutt'altro che irrilevante, della provocazione di Michelangelo nel ritrarre il Salvatore con i tratti somatici dell'*Apollo del Belvedere*.
L'incredibile somiglianza dei due volti, dei corpi e persino della postura non lasciano dubbi sul fatto che il "modello" utilizzato da Michelangelo sia riconducibile a un ben preciso progetto iconologico.
La somiglianza di Cristo con il portacroce acquisisce una straordinaria importanza non solo alla luce del fatto che il possente uomo sorregge l'oggetto del desiderio dei santi ma,

emotionally engaging representation which, five hundred years after its conception, still amazes.
Now the *Last Judgement* is imbued with such a powerful animation that it makes the observer a participant, involving him to the point of urging him to reflect. Wasn't this perhaps the aim of Michelangelo and, most likely, also of Pope Paul III Farnese?
It is the day of the *Parousia* and no one, not even the saints, dare interfere with the events: not even the Virgin Mary, who takes her place under the raised arm of Christ as if the Saviour was protecting her from the events. Neither does She dare to look and turns her head in resignation and dismay.
The cross-bearer, like Christ and the Virgin Mary, is in close relationship with the woman who takes position just behind him: he is absorbed in supporting Mary Magdalene who is kissing the wood of the crossbeam.
This correspondence suggests the hypothesis of a sort of "projection" between Christ the Judge with the Virgin Mary and the cross-bearer with the woman kissing the cross.
The union between Jesus and the Mother is more obvious than ever, but also the connection between the two characters at the edge of the wall is a characteristic that must be reasoned starting from the assumption that it is *unique*. Otherwise, we risk to be misled: perhaps just because we find ourselves examining a "portion of the fresco" which is relegated to the extreme edge of the wall.
Michelangelo, of course, designed the iconography of the Judge so that he would be the undisputed protagonist of the composition (although we must always keep in mind that the Chapel is dedicated to the Virgin Mary, who is next to Him).
Yet there is no doubt that the artist deliberately portrayed the figure of Jesus by replicating it in an almost identical way in the cross-bearer. Why?
One explanation, which is quite obvious, could be that it was common for the artists to reuse the same models for different works and even within the same composition. In fact, the same character used to pose also to allow the painting of multiple figures. But in Michelangelo's *Last Judgement* this explanation is absolutely not plausible.
It would be hardly credible for at least two reasons: the first is that the facial features and gestures of Christ could not be replicated among the saints and the damned on the day of the *Last Judgement* and the second is because of the detail, far from being irrelevant, of Michelangelo's provocation in portraying the Saviour with the somatic features of the *Apollo Belvedere*.
The incredible similarity of the two faces, bodies and even posture leaves no doubt on the fact that the "model" used by Michelangelo is attributable to a very specific iconological scheme.
The resemblance of Christ with the cross-bearer acquires extraordinary importance not only in view of the fact that the mighty man holds the object of the saints' desire but, as the dialogue between Jesus and Pontius Pilate recalls, because *the cross is also the distinctive sign of the royalty of the Saviour*.
The reasoning is complex and it is necessary to return to the discussion addressed by Verdon.
Michelangelo compared the saints to the figure of Christ to reaffirm their perfection *in the Lord and in the might of his power to*

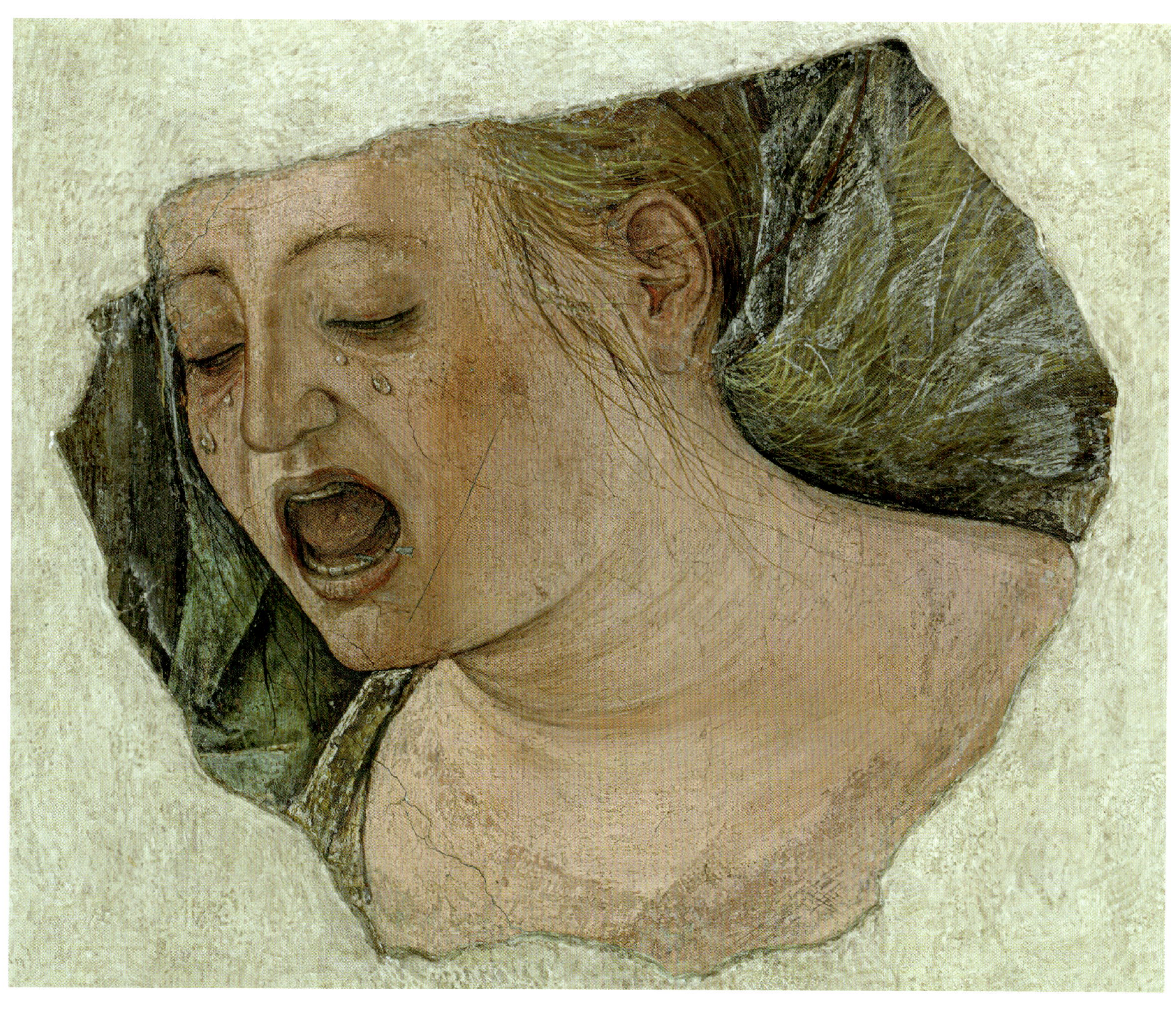

Ercole de' Roberti, *Maria Maddalena*, 1478-1486, affresco staccato, 39,3 × 39,3 cm, Pinacoteca Nazionale di Bologna, Bologna.

Ercole de' Roberti, *Mary Magdalene*, 1478-1486, detached fresco, 39.3 × 39.3 cm, National Art Gallery of Bologna, Bologna.

(A pagina 132)
Giulio Clovio, *Giudizio Universale*, 1570, pergamena, 32 × 33 cm, Casa Buonarroti, Firenze.

(On page 132)
Giulio Clovio, *Last Judgement*, 1570, parchment, 32 × 33 cm, Casa Buonarroti, Florence.

(Alle pagine 134-135)
Cosimo Rosselli, *Consegna delle Tavole della Legge*, 1481-1483, affresco, 350 × 572 cm. Dettaglio dalla parete sud della Cappella Sistina, Città del Vaticano.

(On pages 134-135)
Cosimo Rosselli, *Moses receiving the Tablets of the Law*, 1481-1483, fresco, 350 × 572 cm. Detail from the south wall of the Sistine Chapel, Vatican City.

(Alle pagine 136-137)
Michelangelo Buonarroti, confronto fisionomico e gestuale tra la figura di *Cristo Giudice* (a sinistra) e il *portacroce* (a destra). Dettagli dal *Giudizio Universale*, 1536-1541, affresco, 1370 × 1200 cm, Cappella Sistina, Città del Vaticano.

(On pages 136-137)
Michelangelo Buonarroti, physiognomic and gestural comparison between the figure of *Christ the Judge* (left) and the *cross-bearer* (right). Details from the *Last Judgement*, 1536-1541, fresco, 1370 × 1200 cm, Sistine Chapel, Vatican City.

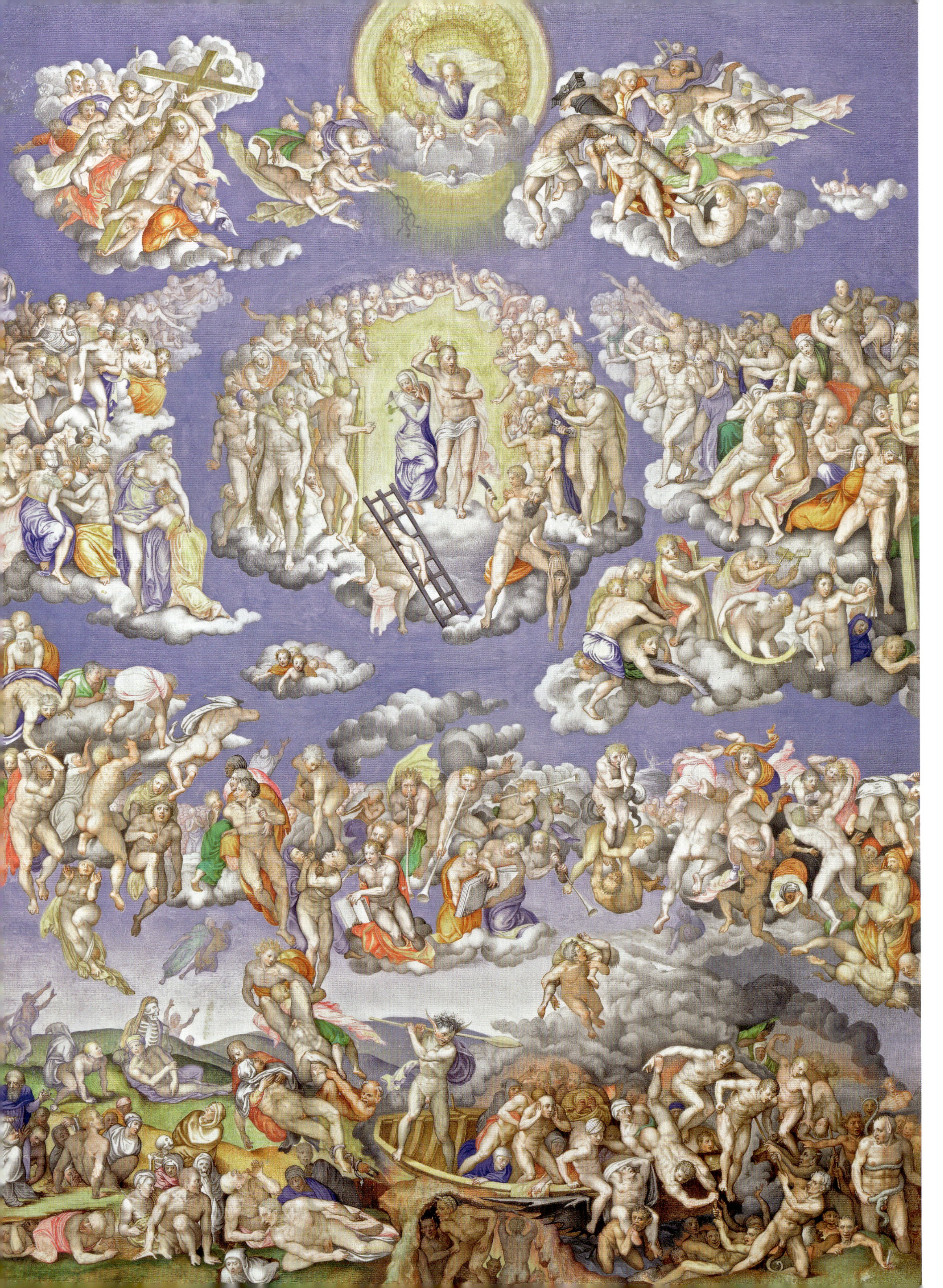

come ricorda il dialogo tra Gesù e Ponzio Pilato, perché *la croce è anche il segno distintivo della regalità del Salvatore*.

Il ragionamento è complesso e occorre riprendere ancora il discorso affrontato da Verdon.

Michelangelo ha commisurato i santi alla figura di Cristo per ribadire il loro perfezionamento *nel Signore e nel vigore della sua potenza al punto da assumerne le caratteristiche corporee*.

Il teologo riconosce e convalida questo *modus operandi* di Michelangelo, che testimonia un programma iconografico e iconologico tanto complesso nella progettazione quanto semplice ed efficace nella comunicazione.

Verdon spiega come la somiglianza sia *una sorta di emanazione della santità di Cristo, che arriva al punto da rendere conformi all'immagine del Figlio Suo*.

Se l'iconografia relativa ai santi è stata progettata con questa logica, allora la perfetta sovrapponibilità della fisionomica di Cristo Giudice con quella del portacroce inducono a desumere che Michelangelo abbia deliberatamente replicato la figura di Gesù.

Alla luce di queste osservazioni non è verosimile che sia casuale la scelta di ritrarre queste due figure in modo così speculare; a maggior ragione per via della sovrapponibilità del volto di Cristo (e del portacroce) con quelli dell'*Apollo del Belvedere*.

Dunque entrambi, Gesù e il portacroce, sembrano ispirati alla celebre statua marmorea post ellenistica: considerata da sempre una delle opere più straordinarie dell'antichità e simbolo della "*bellezza ideale*".

Il ragionamento si complica ulteriormente se consideriamo che, insieme ai nudi, una delle più eclatanti provocazioni del *Giudizio* di Michelangelo trae origine proprio dall'incredibile similarità di Gesù con il dio profano.

Questa affinità ha rappresentato, per secoli, uno dei temi più discussi dal mondo accademico e ha alimentato, e alimenta tutt'ora, animate ipotesi e teorie sul progetto di Buonarroti.

È possibile che l'artista non fosse consapevole della provocazione o che ne avesse sottovalutato le conseguenze? Oppure è più probabile che egli abbia progettato una simbologia talmente raffinata da innescare, premeditatamente, ipotesi e teorie che avrebbero intrigato gli esperti per i secoli avvenire, contribuendo a mantenere vivo lo spirito di uno degli artisti più edotti e, al contempo, più raffinati della storia dell'arte?

Nel *Giudizio* di Michelangelo, come abbiamo già osservato, gli usuali attributi che rendono identificabili i personaggi sono ridotti al minimo indispensabile. L'artista ha privilegiato l'uso dei colori, gli accostamenti e le suddivisioni in gruppi. Un'iconografia più che essenziale.

L'abile ingegno di Buonarroti, d'altro canto, si evince anche nel fatto che si è cimentato in sarcastiche parodie, immortalando alcuni personaggi e palesandone la disapprovazione.

Si pensi alla figura infernale di Minosse che, con le orecchie d'asino e un serpente avvolto intorno alla vita, ritrae Biagio da Cesena: il cerimoniere del Papa che aveva sbirciato l'affresco prima che fosse ultimato e che si era lamentato giudicandolo osceno. Abbiamo poi già affrontato anche il tema dell'autoritratto dell'artista, che molti riconoscono nella pelle scorticata che regge san Bartolomeo.

the point of assuming his corporeal characteristics.

The theologian recognises and validates this Michelangelo's *modus operandi*, which witnesses an iconographic and iconological scheme as complex in its design as it is simple and effective in its communication.

Verdon explains how the resemblance is *a sort of emanation of the holiness of Christ, that reaches the point of making us conform to the image of His Son*.

If the iconography related to the saints has been designed with this logic, then the perfect identifiability of the physiognomy of Christ the Judge with that of the cross-bearer leads us to deduce that Michelangelo deliberately replicated the figure of Jesus.

In light of these observations, it is not likely that the choice to portray these two figures in such a specular way was accidental; even more due to the fact that the face of Christ (and the cross-bearer) can be superimposed on those of the *Apollo Belvedere*.

Therefore both, Jesus and the cross-bearer, seem inspired by the famous post-Hellenistic marble statue: always considered one of the most extraordinary artworks of ancient times and a symbol of "*ideal beauty*".

The reasoning becomes more complicated if we consider that, together with the nudes, one of the most striking provocations of Michelangelo's *Last Judgement* originates precisely from the incredible similarity of Jesus to the profane god.

This affinity has represented, for centuries, one of the most discussed topics in the academic world and has fuelled, and still fuels, lively hypotheses and theories on Buonarroti's project.

Is it possible that the artist was not aware of the provocation or that he had underestimated its consequences? Or is it more likely that he has designed a so refined symbology in order to trigger hypotheses and theories with premeditation that would intrigue experts for centuries to come, helping to keep the spirit of one of the most informed and, at the same time, most refined artists in the history of art, alive?

In Michelangelo's *Judgement*, as we have already observed, the usual attributes that make the characters identifiable are reduced to a minimum. The artist favoured the use of colours, combinations and divisions into groups. A more than just essential iconography.

Buonarroti's skilled genius, on the other hand, is also evident in the fact that he attempted sarcastic parodies, immortalising some characters and revealing his disapproval.

Think about the infernal figure of Minos who, with donkey ears and a snake wrapped around his waist, portrays Biagio of Cesena: the Pope's master of ceremonies who had peeked at the fresco before it had been completed and who had complained, judging it obscene. We have also already addressed the theme of the artist's self-portrait, which many recognise in the flayed skin that Saint Bartholomew holds.

It is therefore well established that Buonarroti made generous use of the physiognomy of the characters to recognise their identity.

Michelangelo's decision to replicate the figure of Jesus twice expresses his desire to confer to both of them a decisive role. For Christ the Judge it was obvious, but for the cross-bearer?

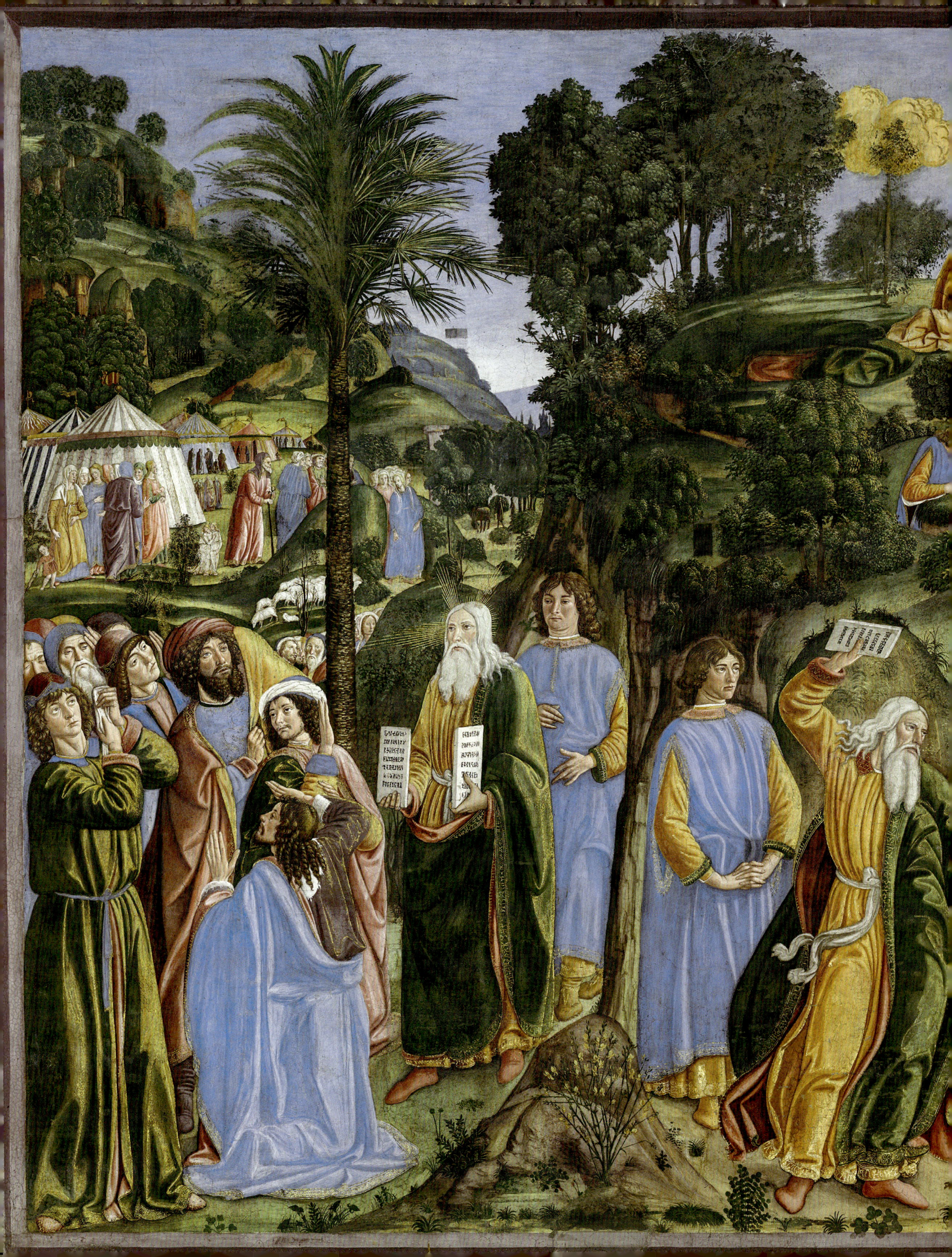

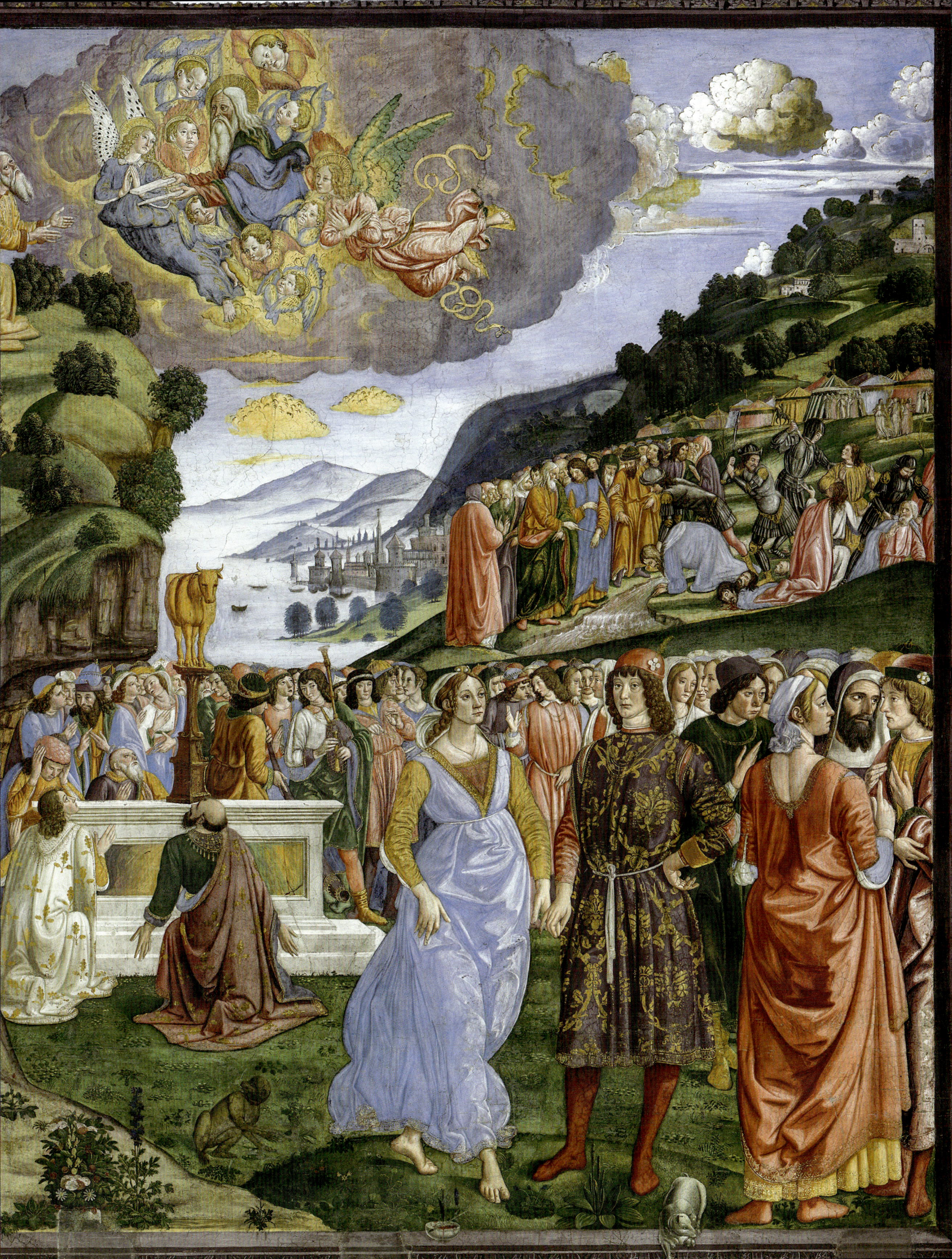

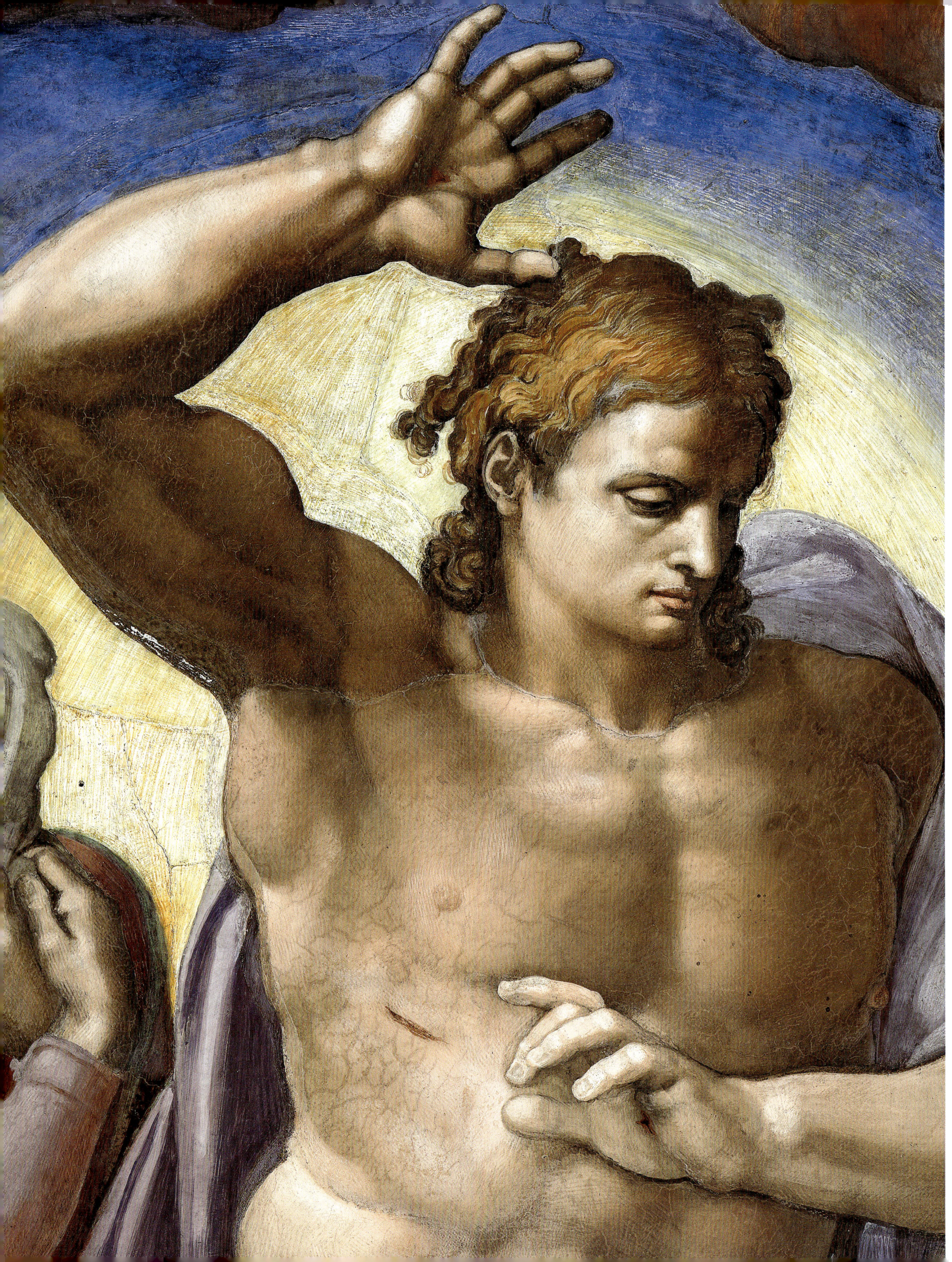

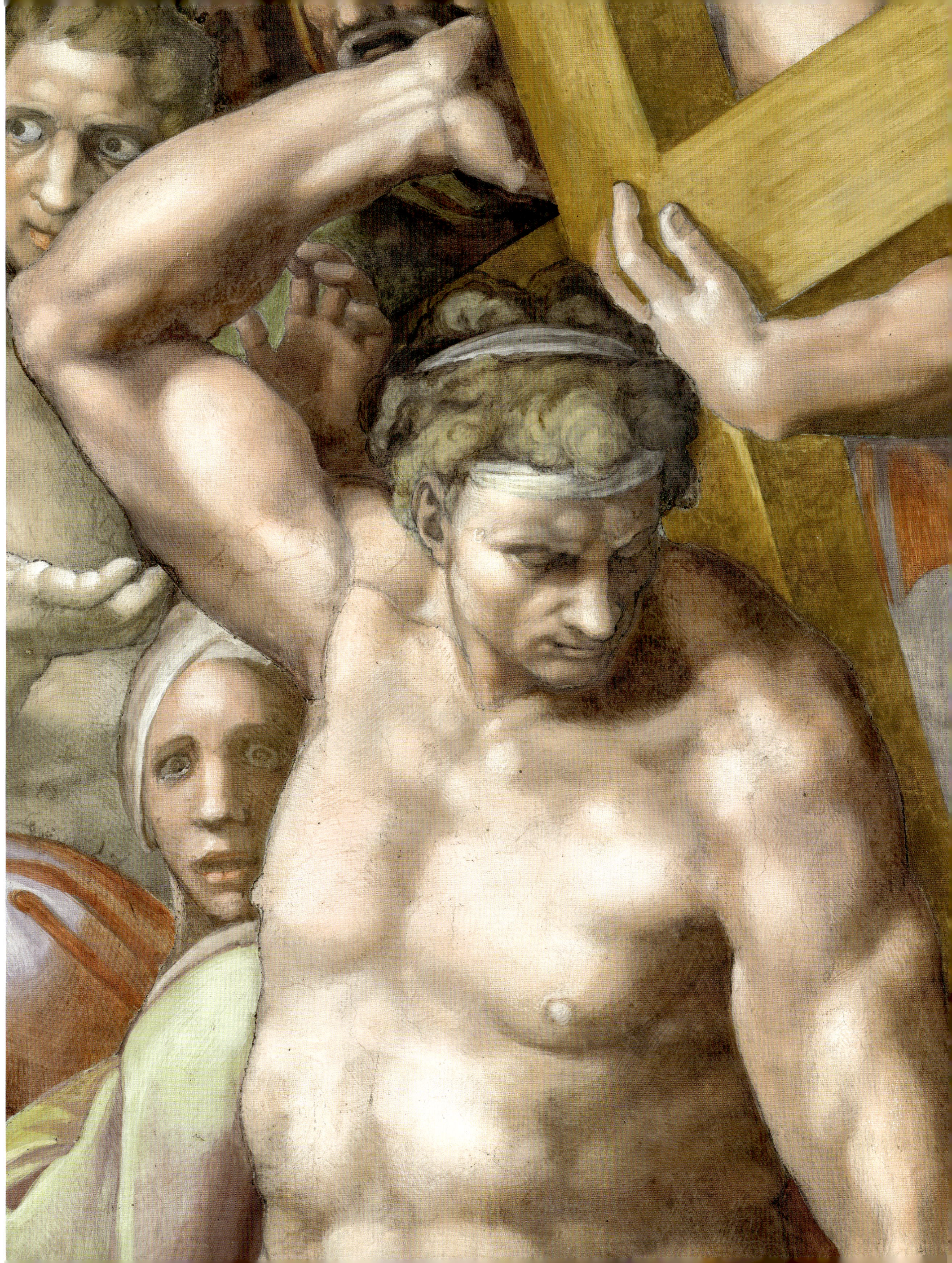

È assodato, quindi, che Buonarroti facesse un uso generoso della fisionomia dei personaggi per riconoscerne l'identità.
La decisione di Michelangelo di replicare due volte la figura di Gesù, esplicita la volontà di conferire a entrambi un ruolo determinante. Per Cristo Giudice era scontato, ma per il portacroce?
La stretta relazione tra il possente portacroce e Cristo Giudice va oltre le somiglianze, poiché trova ulteriore conferma nelle affermazioni di Pfeiffer quando scrive: «*Attraverso l'invisibile linea tracciata dallo sguardo e dalla mano si crea un legame tra il Giudice, al centro, e il portatore della croce, al margine*».
Il collegamento viene ulteriormente ribadito dall'esperto quando descrive l'uomo con la barba bianca che indica il portacroce mentre guarda Gesù e la direzione del suo sguardo viene evidenziata dal dito di un altro confessore che si rivolge anch'egli a Cristo[67].
Gesù solleva il braccio destro nell'atto di dare inizio agli eventi della *Parusia* e di scagliare l'ira di Dio contro il male.
Il gesto è speculare a quello del portacroce: sia nella postura che nel tono muscolare.
Il tema della corpulenza sottolinea che le dimensioni dei personaggi, le proporzioni e il fatto che siano ritratti a figura intera non è mai casuale.
Questi elementi non sono stilistici, ma riconducibili a una precisa programmazione dell'impianto dell'affresco.
La gestualità del possente uomo al margine della parete ricalca in modo speculare quella del portacroce, mentre sostiene con disinvoltura il simbolo per eccellenza della cristianità, che sembra non pesare affatto sulle sue possenti spalle e che simboleggia il perdono dei peccati e la riconciliazione di Dio con l'umanità.
Se osserviamo le due immagini a raffronto possiamo verificare la corrispondenza dei tratti somatici: occhi, naso e bocca sono gli stessi e perfino la muscolatura della fronte crea le medesime prominenze dei muscoli sul viso (appena sopra le sopracciglia). La conformazione del volto corrisponde. L'unica differenza è nella rotazione del capo. Il portacroce reclina e ruota leggermente la testa rispetto al Giudice: non tanto per dare importanza all'atto di sostenere la croce, quanto per rivolgere le attenzioni verso la donna vestita di giallo che bacia il legno. Il gesto conferma il legame intimo tra i due.
I ragionamenti degli esperti circa l'identificazione del portacroce potrebbero essere riconsiderati alla luce del riconoscimento della donna che bacia la traversa con Maria di Màgdala e della sovrapponibilità del possente uomo con Cristo Giudice.
Quando Pfeiffer avanza l'ipotesi che il portacroce possa essere identificato con Simone di Cirene, pur prendendo in considerazione la donna alle sue spalle, non la identifica: «(…) *una donna ritratta sul margine destro col vestito color croco del discernimento bacia il legno della croce*»[68].
Verdon spiega il gruppo dei cinque santi «*allineati orizzontalmente tra san Bartolomeo e l'uomo all'estrema destra che sostiene una grande croce*»[69]: san Simeone con la sega; san Filippo con una croce; san Biagio con i pettini del cardatore; santa Caterina d'Alessandria con la ruota dentata; san Sebastiano con le frecce.

[67] | H.W. PFEIFFER, *op. cit.*, p. 238.

[68] | *Ibidem*.

[69] | T. VERDON, *op. cit.*, p. 85.

The close relationship between the mighty cross-bearer and Christ the Judge goes beyond resemblance, as it finds further confirmation in Pfeiffer's statements when he writes: «*Through the invisible line traced by the gaze and the hand a link is created between the Judge, in the centre, and the cross-bearer, at the margin*».
The connection is additionally reaffirmed by the expert when he describes the man with the white beard who points to the cross holder while looking at Jesus and that the direction of his gaze is highlighted by the finger of another confessor who also turns towards Christ[67].
Jesus raises his right arm in the act of starting the events of the *Parousia* and casting God's wrath against evil.
The gesture mirrors the one of the cross-bearer: both in the posture and in the muscle tone.
The theme of the corpulence underlines that the size of the characters, the proportions and the fact that they are portrayed full-length is never accidental.
These elements are not stylistic, but attributable to a precise planning of the layout of the fresco.
The gestures of the mighty man at the edge of the wall reflects in a specular way those of the cross-bearer, while he supports with ease the symbol par excellence of Christianity, which does not seem to weigh at all on his powerful shoulders and which symbolises the forgiveness of sins and the reconciliation of God with humanity.
If we observe the two images in comparison we can verify the correspondence of the somatic features: the eyes, the nose and the mouth are the same and even the muscles of the forehead create the same prominences of the muscles on the face (just above the eyebrows). The conformation of the face corresponds. The only difference is in the rotation of the head. The cross-bearer reclines and slightly rotates the head compared to the Judge: not that much in order to give importance to the act of holding the cross, but to direct the attention towards the woman dressed in yellow who kisses the wood. The gesture confirms the intimate bond between the two.
The experts' reasoning regarding the identification of the mighty man could be reconsidered in light of the recognition of the woman kissing the crossbeam with Mary Magdalene and the superimposition of the cross-bearer with Christ the Judge.
When Pfeiffer puts forward the hypothesis that the cross-bearer can be identified with Simon of Cyrene, although considering the woman behind him, he does not identify her: «(…) *a woman portrayed on the right margin with the crocus-coloured dress of discernment kisses the wood of the cross*».[68]
Verdon explains the group of five saints «*aligned horizontally between Saint Bartholomew and the man on the far right who holds a large cross*»[69]: Saint Simeon with the saw; Saint Philip with a cross; Saint Blaise with the carding combs; Saint Catherine of Alexandria with the gear wheel; Saint Sebastian with arrows.
Then he stops to examine the figure of the cross-bearer, which he recognises as the "good thief".

[67] | H. W. PFEIFFER, *op. cit.*, p. 238.

[68] | *Ibidem*.

[69] | T. VERDON, *op. cit.*, p. 85.

Poi si sofferma a esaminare la figura del portacroce, che riconosce nel "buon ladrone".
Cito ancora alcuni paragrafi del preziosissimo lavoro del teologo Timothy Verdon, riallacciandomi all'osservazione di Pfeiffer quando nota che il portacroce e la donna vestita di giallo sembrano fare da congiunzione tra il gruppo dei Martiri e quello dei Confessori.
«*Perché questi santi e non altri? Simone e Filippo erano Apostoli e quindi, avvicinati a san Bartolomeo e a san Pietro, potrebbero indicare l'intenzione di sottolineare questa categoria dei discepoli di Gesù. Gli altri però hanno in comune solo il fatto d'essere stati martirizzati nelle ultime persecuzioni imperiali, e cioè dall'inizio del IV secolo. Vogliono forse insistere sul carattere della Chiesa di Roma come 'Chiesa dei martiri'? Simone e Giuda (insieme a Pietro, Paolo e Bartolomeo) vogliono forse rappresentare la 'Chiesa degli Apostoli'? O lo scopo di questi cinque personaggi è semplicemente di confermare l'antichità e quindi l'autenticità del cattolicesimo romano davanti ai riformatori d'oltralpe? Non vi è modo di rispondere a simili domande, ma nell'affresco stesso due cose risultano chiare: primo, che questo gruppo di cinque ha una valenza unitaria; secondo, che Michelangelo ha voluto insistere sul martirio dei personaggi raffigurati, rappresentando caso per caso lo strumento di tortura o di morte del santo. Il gruppo è "unico" non solo perché non ci sono altri santi identificabili nel Giudizio, ma anche per la sua calcolata asimmetria in una composizione altrimenti simmetrica*»[70].
«*Accanto ai cinque martiri, all'estremità destra dell'affresco, vediamo l'uomo recante la croce di cui si è già fatta menzione. Deve essere il "buon ladrone" tradizionalmente denominato Disma, cui Cristo aveva promesso l'ingresso in cielo (*Luca *23:43). Non ha senso considerarlo Simone di Cirene, che aveva sì portato la croce di Gesù, ma con cui il Salvatore non ebbe alcun rapporto, almeno secondo quanto narrano le Scritture. Né si può vedere la figura del buon ladrone nell'angelo che sorregge la grande croce in alto a sinistra, perché anche se, come altri "angeli" di Michelangelo, è sprovvisto di ali – si vede chiaramente che non è crocifisso: ha le mani incrociate dietro la schiena e le gambe libere. Il Nuovo Testamento specifica invece che i due ladroni giustiziati insieme a Gesù erano anch'essi crocifissi (*Matteo *27:44; *Marco *15:27; *Luca *23:33; *Giovanni *19:18), sebbene nel loro caso la tradizione abbia spesso interpretato tale termine come 'legati alla croce', ma non come 'inchiodati'. Il buon ladrone è colui che, sentendo l'insulto rivolto dal compagno a Gesù – "Non sei tu il Cristo? Salva te stesso e noi!" –, l'aveva rimproverato e contestualmente confessato il proprio peccato, dicendo all'altro malfattore: "Non hai alcun timore di Dio, tu che sei condannato alla stessa pena? Noi, giustamente, perché riceviamo quello che abbiamo meritato per le nostre azioni; egli invece non ha fatto nulla di male". Il buon ladrone chiese poi a Cristo: "Gesù, ricordati di me quando entrerai nel tuo regno", preghiera cui il Salvatore rispose solennemente promettendo: "In verità io ti dico: oggi sarai con me nel paradiso" (*Luca *23:39-43). Michelangelo colloca questo peccatore pentito in margine ai cinque martiri e come personaggio 'limite' di un denso gruppo di santi uomini, perché – sebbene ladro – Disma aveva 'condiviso la morte' del Salvatore in modo letterale, ricevendo Lui, come risposta di essere ricordato, un posto nel nuovo regno*»[71].

[70] | *Ibidem*, pp. 86-88.

[71] | *Ibidem*, p. 88.

I quote again a few paragraphs from the invaluable work of the theologian Timothy Verdon, referring to Pfeiffer's observation when he notes that the cross-bearer and the woman dressed in yellow seem to act as a conjunction between the group of Martyrs and the one of Confessors.
«*Why these saints and not others? Simon and Philip were Apostles and therefore, drawn closer to Saint Bartholomew and Saint Peter, they could indicate the intention of underlining this category of Jesus' disciples. The others, however, have in common only the fact of having been martyred in the last imperial persecutions, and that is, from the beginning of the 4th century. Do they perhaps want to insist on the character of the Church of Rome as the 'Church of the martyrs'? Simon and Judas (together with Peter, Paul and Bartholomew) perhaps want to represent the 'Church of the Apostles'? Or is the purpose of these five characters simply to confirm the antiquity and therefore the authenticity of Roman Catholicism before the reformers beyond the Alps? There is no way to answer such questions, but in the fresco itself two things are clear: first, that this group of five people has a unitary value; second, that Michelangelo wanted to insist on the martyrdom of the characters depicted, representing case by case the instrument of torture or death of the saint. The group is "unique" not only because there are no other recognizable saints in the Judgement, but also because of its calculated asymmetry in an otherwise symmetrical composition*»[70].
«*Next to the five martyrs, at the right end of the fresco, we see the man carrying the cross whom we have already mentioned. He must be the "good thief" traditionally called Dismas, to whom Christ had promised entry into Heaven (*Luke *23:43). It makes no sense to consider him Simon of Cyrene, who had carried the cross of Jesus, but with whom the Saviour had no relationship, at least according to what the Scriptures tell. Nor can we see the figure of the good thief in the angel who holds the large cross at the top left, because – even if, like the other "angels" of Michelangelo, he has no wings – we can clearly see that he is not crucified: he has his hands crossed behind the back and his legs are free. The New Testament instead specifies that the two thieves executed together with Jesus were also crucified (*Matthew *27:44; *Mark *15:27; *Luke *23:33; *John *19:18), although in their case tradition has often interpreted this term as 'tied to the cross', but not as 'nailed'. The good thief is the one who, hearing the insult addressed by his companion to Jesus – 'Aren't you the Messiah, save yourself and us!?' – had rebuked him and at the same time confessed his own sin, saying to the other criminal: «Don't you fear God, you since you are under the same sentence. We are punished justly, for we are getting what our deeds deserve. But this man has done nothing wrong". The good thief then asked Christ: 'Jesus, remember me when you come into your kingdom', a prayer to which the Saviour solemnly responded by promising: 'Truly I tell you, today you will be with me in paradise' (*Luke *23:39-43). Michelangelo places this repentant sinner at the margin of the five martyrs and as a "borderline" character of a dense group of holy men, because – although a thief – Dismas had "shared the death" of the Saviour in a literal way, receiving Him, as a response to the question of being remembered, and a place in the new kingdom*».[71]

[70] | *Ibidem*, pp. 86-88.

[71] | *Ibidem*, p. 88.

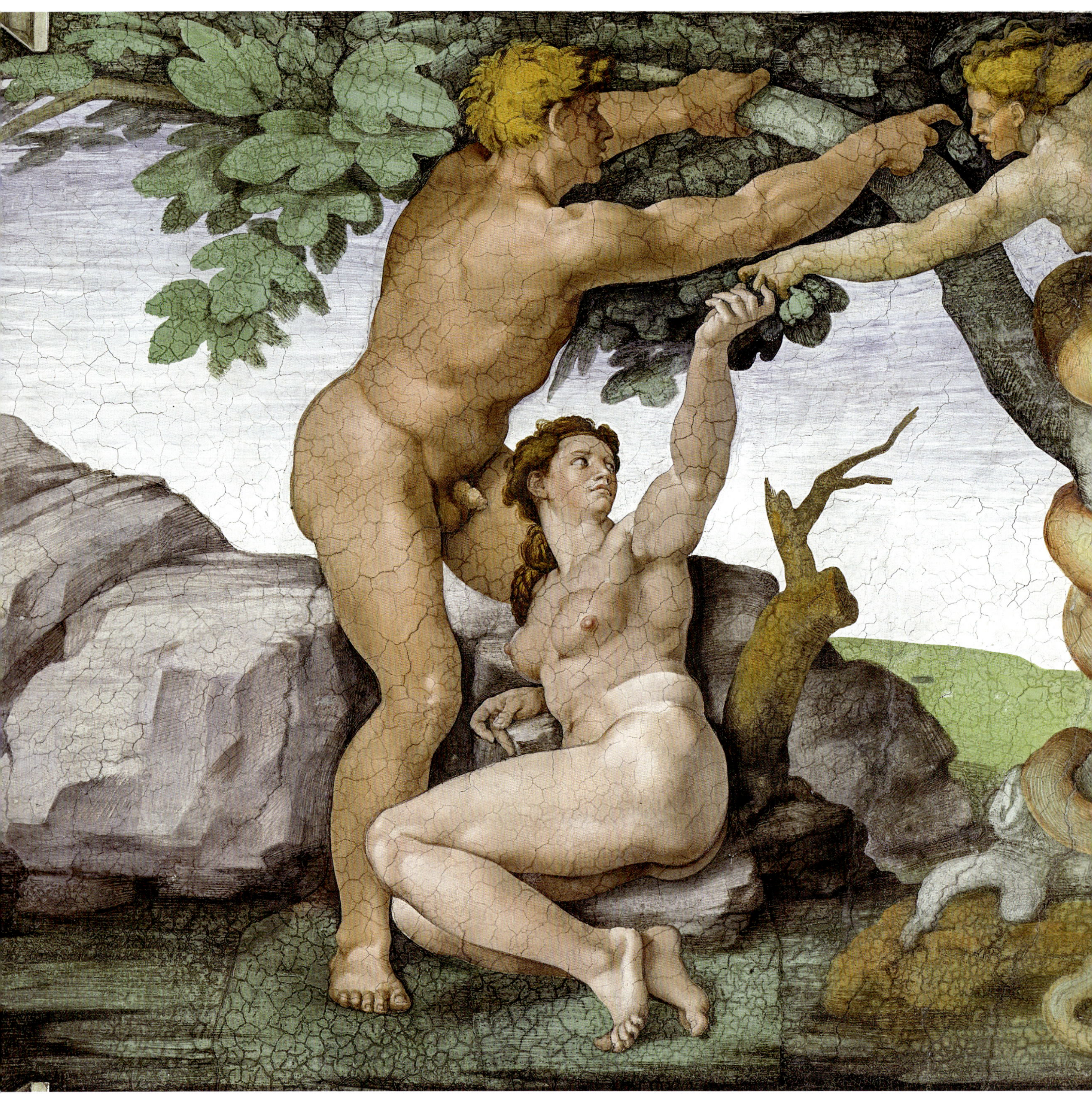

Michelangelo Buonarroti, *Peccato originale e Cacciata dal Paradiso terrestre*, 1510 ca., affresco, 280 × 570 cm. Dettaglio dalla *Volta*, 1508-1512, affresco, 400 × 130 cm. Cappella Sistina, Città del Vaticano.

Michelangelo Buonarroti, *The Fall and Expulsion from the Garden of Eden*, c. 1510, fresco, 280 × 570 cm. Detail from the *Vault*, 1508-1512, fresco, 400 × 130 cm. Sistine Chapel, Vatican City.

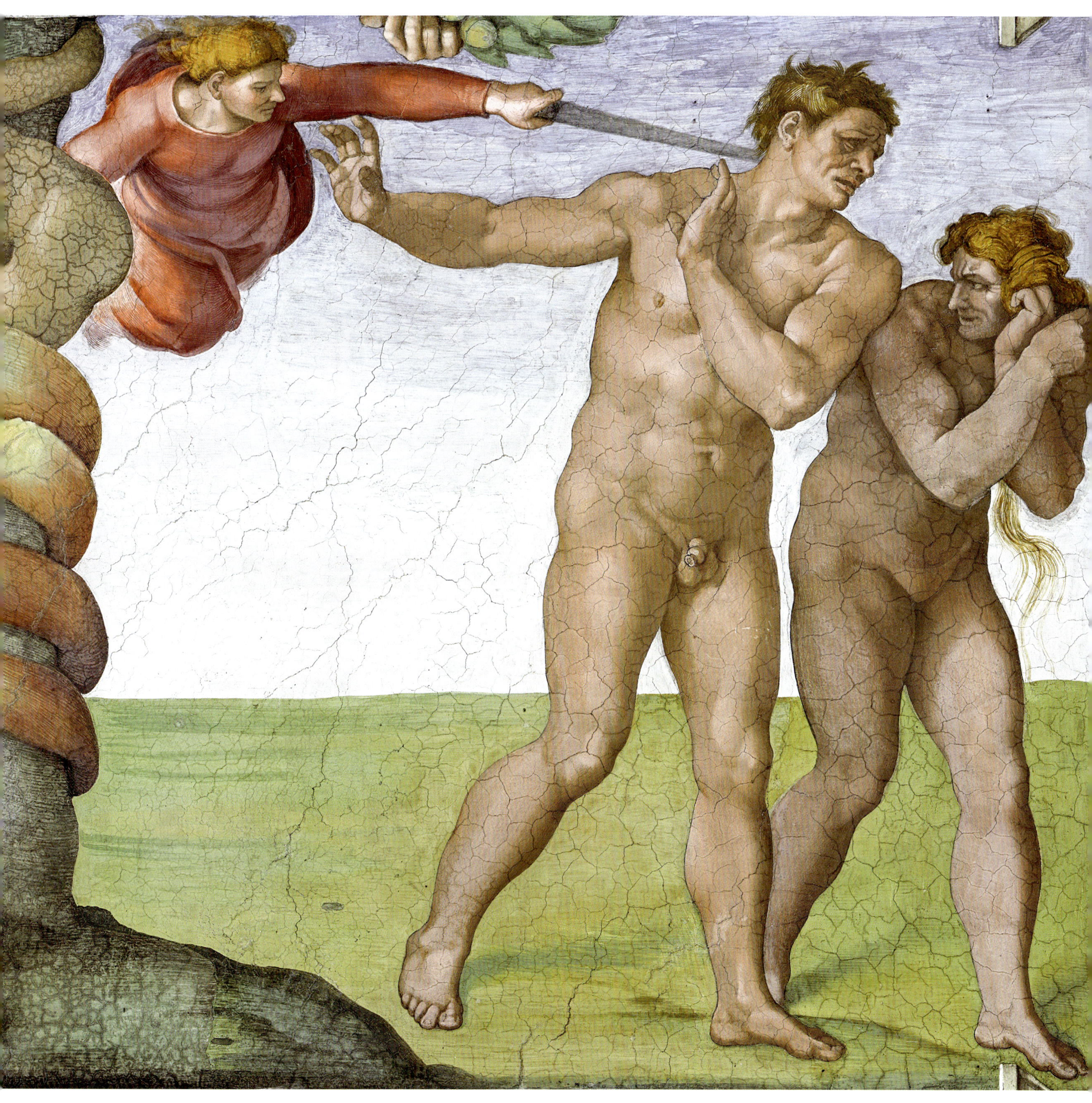

(A pagina 143)
Michelangelo Buonarroti, *Eva*. Particolare del *Peccato originale e Cacciata dal Paradiso terrestre*, 1510 ca., affresco, 280 × 570 cm. Dettaglio dalla *Volta*, 1508-1512, affresco, 400 × 130 cm, Cappella Sistina, Città del Vaticano.

(On page 143)
Michelangelo Buonarroti, *Eve*. Detail from *The Fall and Expulsion from the Garden of Eden*, c. 1510, fresco, 280 × 570 cm. Detail from the *Vault*, 1508-1512, fresco, 400 × 130 cm, Sistine Chapel, Vatican City.

Nel capitolo "*La croce e il regno*" leggiamo: «*Vi è però un altro motivo per la collocazione nel Giudizio Universale del buon ladrone con la sua croce: un motivo teologico ma, nell'affresco di Michelangelo, anche visivo. La richiesta del malfattore a Gesù era: "Gesù, ricordati di me quando entrerai nel tuo regno". Ma la croce stessa è il segno distintivo della regalità del Salvatore, come ricorda il dialogo tra Gesù e Ponzio Pilato al momento della condanna, quando – alla domanda del governatore romano: "Dunque tu sei re?" –, Gesù rispose: "Tu lo dici; io sono re. Per questo sono nato e per questo sono venuto nel mondo: per dare testimonianza alla verità"* (*Giovanni* 18:37). *Pilato poi, presentando il torturato Cristo agli astanti, disse loro. "Ecco il vostro re!"* (*Giovanni* 19:14), *e infine il rappresentante dell'impero romano fece apporre alla croce di Cristo la scritta: "Gesù il Nazareno, il re dei Giudei"* (*Giovanni* 19:19)»[72].
«*Così il 'regno' di cui parlava il ladrone è inseparabile dalla croce, e la teologia della Chiesa afferma infatti che Cristo "regnavit a ligno", già regnava dalla croce. È questo il segno di cui egli stesso aveva detto: "Io, quando sarò innalzato da terra, attirerò tutti a me", come afferma l'evangelista che fa seguire a questa frase l'affermazione: "Diceva questo per indicare di quale morte doveva morire"* (*Giovanni* 12:32-33).
La collocazione del ladrone con la sua croce al margine dell'affresco ha quindi anche la funzione di sottolineare visivamente l'importanza della croce come forma, rappresentata ben quattro volte nel Giudizio: nella lunetta in alto a sinistra, sorretta dagli angeli; in mano a sant'Andrea, tra le figure di Giovanni Battista e Maria; in mano a san Filippo, il secondo dei cinque martiri; e infine sostenuta dal buon ladrone. Tra queste raffigurazioni le più evidenti sono la croce nella lunetta in alto e quella sostenuta da Disma, a destra, quasi identiche nelle dimensioni, ed è chiaro che Michelangelo si serve di questa ripetizione per creare punti di rispondenza atti a organizzare visivamente l'immensa composizione.» «*La ripetizione della croce permetteva a Michelangelo di organizzare l'affresco anche in senso tematico, ed è forse questa la reiterazione concettuale che più colpisce*»[73].
La ricostruzione della simbologia michelangiolesca elaborata da Verdon si pone il quesito di come Michelangelo, nel gruppo dei cinque santi, si sia concentrato nel rappresentare il concetto della Chiesa in riferimento al tema del Martirio e/o degli Apostoli di Dio; forse per riconfermare l'autorità del cattolicesimo romano. Questo gruppo si distingue per la presenza degli attributi iconografici, che ci consentono di identificare facilmente i cinque santi.
Verdon riconosce nel portacroce il "buon ladrone", il peccatore pentito che confessa i suoi peccati e che, crocifisso insieme a Gesù, chiede di non essere dimenticato. Egli conquista un posto in Paradiso, al fianco del Salvatore, per aver "condiviso la morte" in croce.
Questo episodio palesa la clemenza di Cristo nel concedere il perdono, che tutti possiamo ottenere anche all'ultimo momento, purché il cordoglio per i propri peccati si manifesti spontaneamente. Si tratta di un'ulteriore conferma della clemenza di Dio nel voler concedere la grazia riportando a sé la Sua figliolanza.

[72] | *Ibidem*, p. 90.

[73] | *Ibidem*, pp. 90, 92.

In the chapter "*The cross and the kingdom*" we can read: «*However, there is another reason for the placement of the good thief with his cross in the Last Judgement: a theological reason but, in Michelangelo's fresco, also a visual one. The evildoer's request to Jesus was: 'Jesus, remember me when you enter your kingdom'. But the cross itself is the distinctive sign of the Saviour's royalty, as recalled by the dialogue between Jesus and the Roman governor at the moment of the condemnation, when – 'You are a king, then!' said Pilate – Jesus answered: 'You say that I am a king. In fact, the reason I was born and came into the world is to testify to the thruth'* (*John* 18:37). *Pilate then, presenting the tortured Christ to the bystanders, told them: 'Here is your king!'* (*John* 19:14), *and finally the representative of the Roman Empire had the writing affixed to the cross of Christ: 'Jesus the Nazarene, the king of the Jews'* (*John* 19:19)».[72]
«*Therefore the 'kingdom' of which the thief spoke is inseparable from the cross, and the theology of the Church states in fact that Christ 'regnavit a ligno', already reigned from the cross. This is the sign of which he himself had said: 'When I am lifted up from the earth, I will draw all people to myself, as stated by the evangelist who follows this phrase with the statement: He said this to show the kind of death he was going to suffer.'* (*John* 12:32-33).
The placement of the thief with his cross at the edge of the fresco therefore also has the function of visually underlining the importance of the cross as a shape, represented four times in the Last Judgement: in the lunette at the top left, supported by angels; in the hands of Saint Andrew, between the figures of John the Baptist and Mary; in the hands of Saint Philip, the second of the five martyrs; and finally supported by the good thief. Among these depictions, the most evident are the cross in the lunette above, and the one supported by Dismas, on the right, almost identical in size, and it is clear that Michelangelo uses this repetition to create points of correspondence aimed at visually organising the immense composition». «*The repetition of the cross allowed Michelangelo to organise the fresco also in a thematic sense, and this is perhaps the most striking conceptual reiteration*».[73]
The reconstruction of Michelangelo's symbolism elaborated by Verdon raises the question of how Michelangelo, in the group of the five saints, has concentrated on representing the concept of the Church in reference to the theme of martyrdom and/or the Apostles of God; perhaps to reconfirm the authority of Roman Catholicism.
This group is distinguished by the presence of iconographic attributes, which allow us to easily identify the five saints.
Verdon recognizes the "good thief" in the cross-bearer, the repentant sinner who confesses his sins and who, crucified together with Jesus, asks not to be forgotten. He conquers a place in heaven, alongside the Saviour, for having "shared death" on the cross.
This episode highlights Christ's mercy in granting forgiveness, which we can all obtain even at the last moment, as long as condolence for one's sins is expressed spontaneously. This is a further confirmation of God's mercy in wanting to grant grace by bringing His sonship back to himself.

[72] | *Ibidem*, p. 90.

[73] | *Ibidem*, pp. 90, 92.

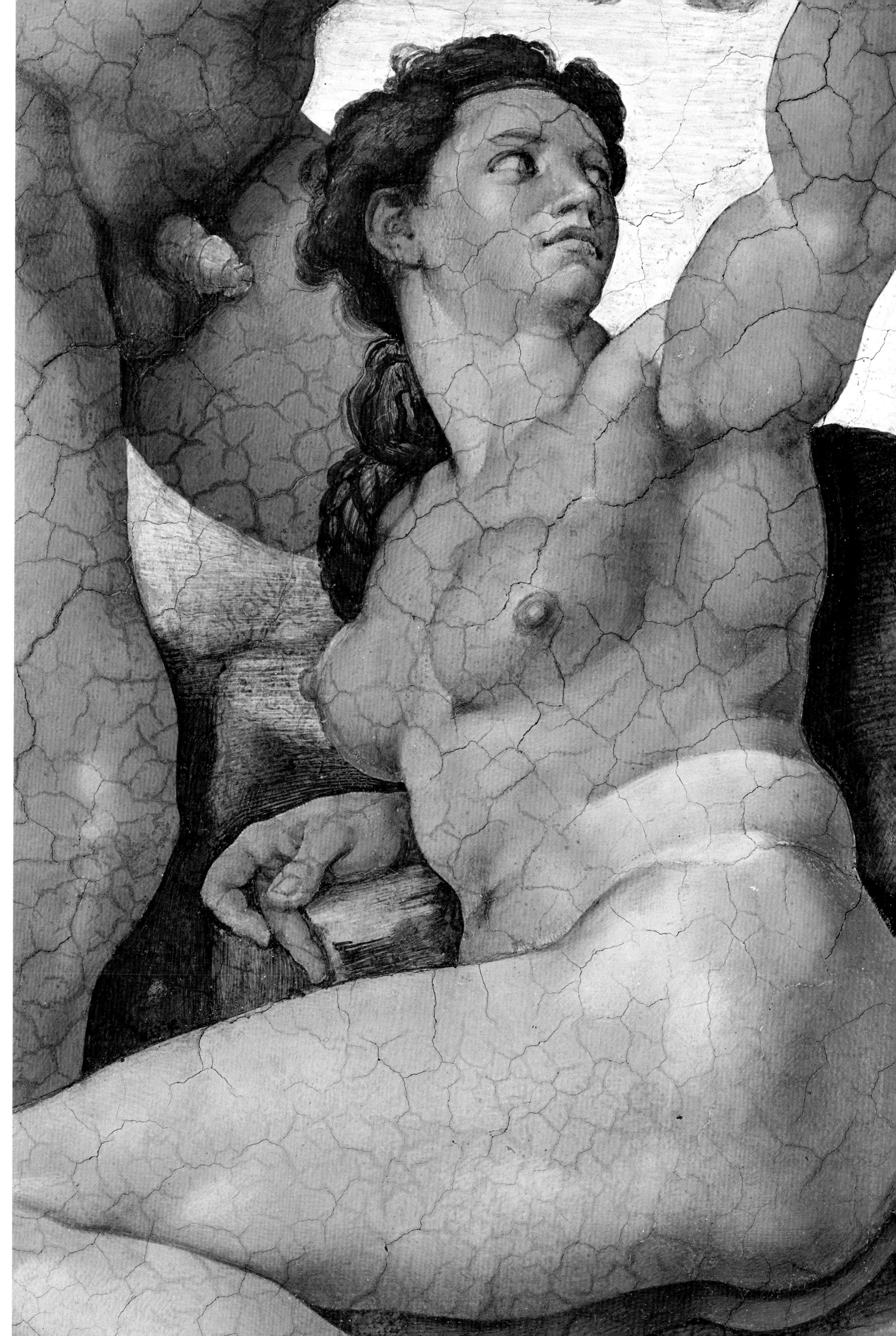

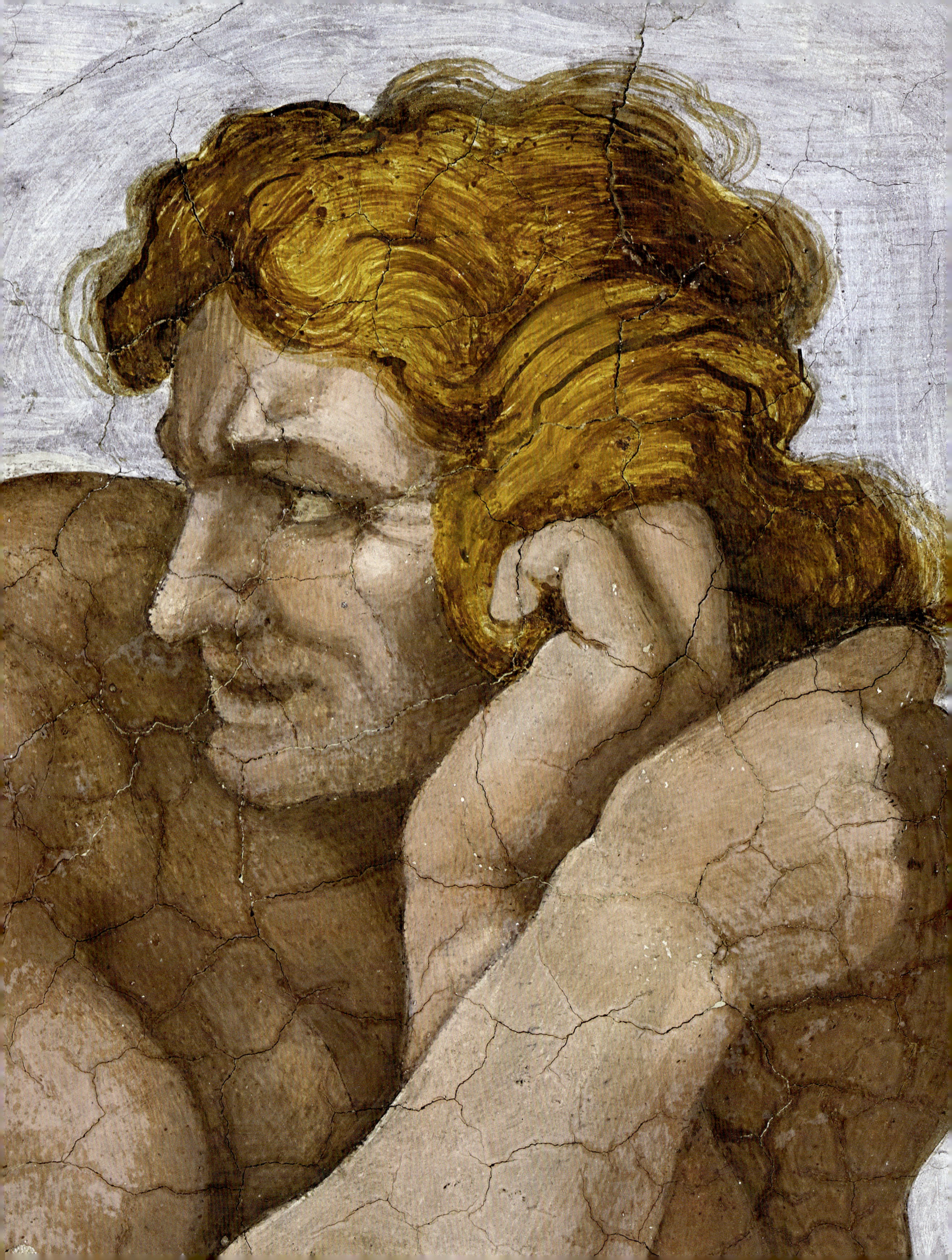

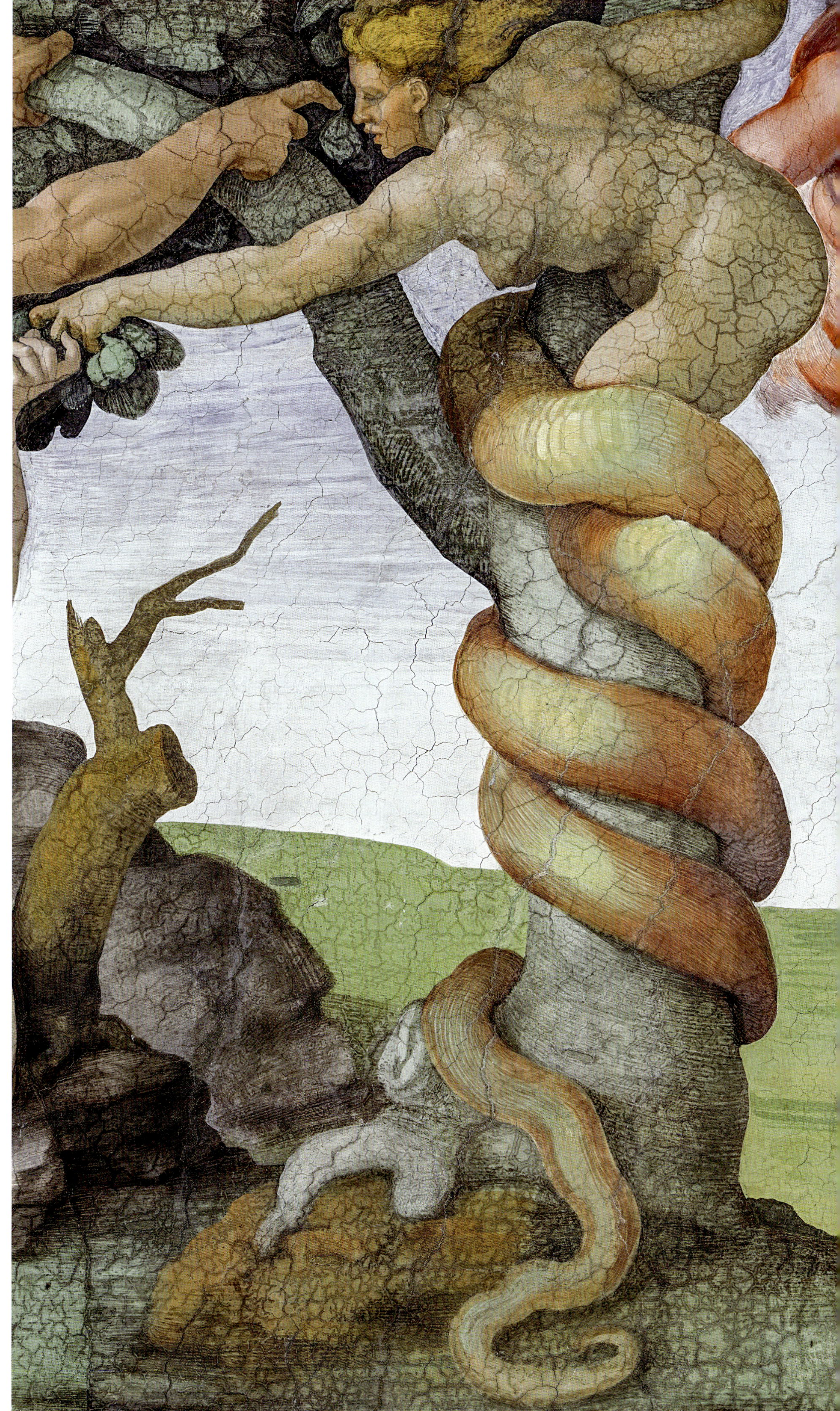

Michelangelo Buonarroti, *Serpente*.
Particolare del *Peccato originale e Cacciata dal Paradiso terrestre*, 1510 ca., affresco, 280 × 570 cm. Dettaglio dalla *Volta*, 1508-1512, affresco, 400 × 130 cm, Cappella Sistina, Città del Vaticano.

Michelangelo Buonarroti, *Serpent*.
Detail from *The Fall and Expulsion from the Garden of Eden*, c. 1510, fresco, 280 × 570 cm. Detail from the *Vault*, 1508-1512, fresco, 400 × 130 cm, Sistine Chapel, Vatican City.

(A fronte)
Michelangelo Buonarroti, *Eva*.
Particolare del *Peccato originale e Cacciata dal Paradiso terrestre*, 1510 ca., affresco, 280 × 570 cm. Dettaglio dalla *Volta*, 1508-1512, affresco, 400 × 130 cm, Cappella Sistina, Città del Vaticano.

(Opposite)
Michelangelo Buonarroti, *Eve*.
Detail from *The Fall and Expulsion from the Garden of Eden*, c. 1510, fresco, 280 × 570 cm. Detail from the *Vault*, 1508-1512, fresco, 400 × 130 cm, Sistine Chapel, Vatican City.

Ma abbiamo poc'anzi affermato come l'identificazione del portacroce debba essere riconsiderata alla luce della Sua pressoché perfetta sovrapponibilità con Cristo Giudice e della stretta correlazione con la donna vestita di giallo.
Questa chiave di lettura consente di escludere che si tratti di Disma, tanto più che non avrebbe senso raffigurarlo in modo così speculare a Cristo. E poi chi sarebbe la donna che lo affianca?
Con questa logica l'accostamento tra la santa e Simone di Cirene o la santa e Disma non troverebbero conferma.
Verdon accenna all'identificazione del portacroce come a colui che ne diventa degno e afferma che la croce costituisce una reiterazione riferita all'importanza dei concetti insiti nel «*regnavit a ligno*».
Riprendiamo le parole del teologo quando parla del segno distintivo della regalità del Salvatore: «*Il senso è sempre quello* […] *che cioè gli uomini e le donne verranno giudicati in base all'accettazione o al rifiuto del mistero pasquale di Cristo: il mistero che ebbe inizio con la sua Passione e Risurrezione e che culminerà nella rivelazione della sua gloria alla Parusia*»[74].
Se la donna che bacia il legno della croce può essere identificata con Maria di Màgdala, il possente portacroce può essere riconosciuto come la trasposizione della figura di Cristo Giudice nel Cristo Redentore.
La grande croce sarebbe indicativa quale segno distintivo della regalità del Salvatore. Il fardello, che Egli porta con disinvoltura sulle spalle, sarebbe ormai alleggerito, poiché il giorno del *Giudizio* i peccati si annulleranno. Il sacrificio di Cristo e la Sua passione culmineranno nella gloria e l'umanità verrà giudicata in base all'accettazione o al rifiuto del mistero pasquale annunciato dalla degna sposa: Maria di Màgdala.
La presenza di Maria Maddalena al fianco di Cristo Redentore conferirebbe all'affresco un profondo messaggio di speranza, che andrebbe ben oltre la prefigurazione della fine del mondo.
La raffigurazione della *Parusia*, malgrado l'innegabile suggestiva cruenza della rappresentazione, ribadirebbe, con altrettanta potenza, il messaggio di grazia; nella volontà di scandire il monito per l'umanità e di ricordare che c'è ancora tempo per redimersi, per chiedere perdono e per diventare degni di essere accolti nel Regno dei Cieli.

But we have just stated how the identification of the cross-bearer must be reconsidered in light of his almost perfect overlapping with Christ the Judge and the close correlation with the woman dressed in yellow.
This interpretation allows us to exclude that it is Dismas, especially since it would not make sense to depict him in such a specular way to Christ. And then who would be the woman who stands beside him?
With this logic, the juxtaposition between the saint and Simon of Cyrene or the saint and Dismas would not be confirmed.
Verdon mentions the identification of the cross-bearer as the one who becomes worthy of it and states that the cross constitutes a reiteration referring to the importance of the concepts involved in «*regnavit a ligno*».
Let's reconsider the words of the theologian when he speaks of the distinctive sign of the Saviour's kingship: «*The meaning is always the same one* (…) *that is, men and women will be judged on the basis of acceptance or rejection of the paschal mystery of Christ: the mystery that began with his Passion and Resurrection and that will culminate in the revelation of his glory at the Parousia*».[74]
If the woman who kisses the wood of the cross can be identified with Mary Magdalene, the mighty cross-bearer can be recognised as the transposition of the figure of Christ the Judge into Christ the Redeemer.
The large cross would be indicative of the distinctive sign of the Saviour's kingship. The burden, which He carries on his shoulders with ease, would have been relieved by now, because on the day of the *Judgement* the sins will be cancelled. Christ's sacrifice and his passion will culminate in the glory and humanity will be judged on the basis of acceptance or rejection of the paschal mystery announced by the worthy spouse: Mary Magdalene.
The presence of Mary Magdalene alongside Christ the Redeemer would give the fresco a profound message of hope, which would go far beyond the prefiguration of the end of the world.
The depiction of the *Parousia*, despite the undeniably suggestive cruelty of the representation, would reiterate, with the same power, the message of grace; in the desire to mark the warning for humanity and to remember that there is still time to redeem oneself, to ask for forgiveness and to become worthy of being welcomed into the Kingdom of Heaven.

RAGIONAMENTI SULLA REITERAZIONE DEL CRISTO GIUDICE NEL CRISTO REDENTORE

Riassumiamo gli elementi ragionati a favore dell'ipotesi di identificazione del portacroce con Cristo Redentore: la perfetta sovrapponibilità dei tratti somatici, il fatto che entrambi siano della stessa grandezza e più imponenti rispetto agli altri personaggi, la posizione del braccio alzato che richiama la postura l'uno dell'altro, il fatto che il portacroce si estranei (curiosamente e senza apparente

[74] | *Ibidem*, p. 96.

REASONINGS ON THE REITERATION OF CHRIST THE JUDGE IN CHRIST THE REDEEMER

Let's summarize the elements reasoned in favour of the hypothesis of the identification of the cross-bearer with Christ the Redeemer: the perfect overlapping of the somatic features, the fact that both of them are of the same size and more imposing compared to the other characters, the position of the raised arm which recalls the posture of each other, the fact that the cross-bearer alienates himself (curiously and without any apparent reason) from the

[74] | *Ibidem*, p. 96.

motivo) dal turbinio che pervade la composizione per voltarsi verso la fine della parete che ospita l'affresco (dove non si svolge alcun evento) ma nella direzione della donna che bacia la croce, la presenza stessa della croce che identifica contestualmente la regalità di Gesù ed i peccati dell'umanità, la vicinanza con la figura che personificherebbe la speranza (secondo l'interpretazione iconografica di Pfeiffer) e persino le mani che sbucano dal nulla e che si protendono verso la croce.

Tutti questi particolari lasciano intuire come Michelangelo abbia volutamente e sapientemente ideato questa complessa e strutturata architettura iconografica, volta a esprimere un messaggio di fede di inaudita potenza e destinato a sopravvivere attraverso i secoli.

È altrettanto verosimile che la figura di Cristo Redentore sia legata a quella di Maria di Màgdala attraverso la croce.

L'uomo le rivolge lo sguardo, estraniandosi dagli eventi del *Giudizio* e, per mezzo della croce che sostiene con disinvoltura sulle possenti spalle, stabilisce con lei l'unione perfetta; poiché quando Cristo sarà manifesto anche la Sua figliolanza, senza distinzione alcuna, apparirà con Lui nella gloria.

È ragionevole ricordare che quel giorno l'Apostola degli Apostoli sarà al fianco di Gesù.

Questo ricongiungimento è suggellato dal segno distintivo della regalità del Salvatore e dalla purezza della donna pudicamente vestita di giallo croco del discernimento, che è degna della croce al punto da baciarne la traversa.

Il legame è talmente puro che va oltre la *Parusia* stessa.

swirl that pervades the composition to turn towards the end of the wall that hosts the fresco (where no event takes place) but in the direction of the woman kissing the cross, the very presence of the cross which simultaneously identifies the kingship of Jesus and the sins of humanity, the closeness to the figure which would personify hope (according to Pfeiffer's iconographic interpretation) and even the hands which emerge from nowhere and lean towards the cross.

All these details allow us to perceive how Michelangelo deliberately and expertly has conceived this complex and structured iconographic architecture, aimed at expressing a message of faith of unprecedented power and destined to survive through the centuries.

It is equally likely that the figure of Christ the Redeemer is linked to that of Mary Magdalene through the cross.

The man turns his gaze to her, distancing himself from the events of the Judgement and, through the cross which he supports with ease on his powerful shoulders, establishes the perfect union with her; because when Christ will manifest Himself also His sonship, without any distinction, will appear with Him in glory.

It is reasonable to remember that on that day the Apostle of the Apostles will be at Jesus' side.

This reunification is sealed by the distinctive sign of the Saviour's royalty and by the purity of the woman chastely dressed in the yellow crocus of discernment, who is worthy of the cross to the point of kissing its crossbeam.

The bond is so pure that it goes beyond the *Parousia* itself.

L'ERMENEUTICA DEL *GIUDIZIO* FONDA LE RADICI NELLA TRADIZIONE

Buonarroti era consapevole di essere stato chiamato a realizzare non solo l'ultima parete della Cappella, ma quella più importante, sulla quale era essenziale palesare il messaggio di salvezza.

L'affresco concludeva la rappresentazione della storia della cristianità, che interpretava l'intimo rapporto dell'umanità con l'infinito di Dio.

Ma Michelangelo era stanco e, ormai sessantenne, aveva finalmente raggiunto la sua maturazione religiosa, identificandosi con gli ideali degli Spirituali promossi anche dall'inseparabile amica, la Marchesa Vittoria Colonna.

In principio non voleva accettare l'incarico, ma poi potrebbe essersi reso conto di un aspetto decisamente fondamentale per appagare il nuovo ardore cristiano e, in un certo senso, per espiare i sensi di colpa che lo tormentavano e che lo avrebbero indotto perfino a raffigurarsi nella pelle scorticata: non si sarebbe presentata occasione migliore per lasciare impressa, sulla parete che ospita l'altare della Sistina, la testimonianza della condanna per la corruzione e il rinnovamento della fede basata sugli ideali puri. Proprio nel cuore del luogo simbolo della cristianità, che avrebbe accolto i fedeli per i secoli avvenire.

Quando Michelangelo realizzò il *Giudizio Universale* era più libero

THE HERMENEUTICS OF THE *JUDGEMENT* FINDS ITS ROOTS IN TRADITION

Buonarroti was aware that he had been called to create not only the last wall of the chapel, but the most important one, on which it was essential to reveal the message of salvation.

The fresco concluded the representation of the history of Christianity, which interpreted the intimate relationship of humanity with the infinity of God.

But Michelangelo was tired and, now in his sixties, he had finally reached his religious maturity, identifying himself with the ideals of the Spirituals also promoted by his inseparable friend, the Marquise Vittoria Colonna.

In the beginning he didn't want to accept the assignment, but later he may have realised a quite fundamental aspect to satisfy his new Christian ardour and, in a certain sense, to atone for the feelings of guilt that tormented him and which would even have led him to portray himself in the flayed skin: there would not have been a better opportunity to leave imprinted, on the wall that houses the altar of the Sistine Chapel, the testimony of the condemnation for corruption and the renewal of the faith based on pure ideals. Right in the heart of the place that symbolises Christendom, which would welcome the faithful for centuries to come.

When Michelangelo created the *Last Judgement* he was free from

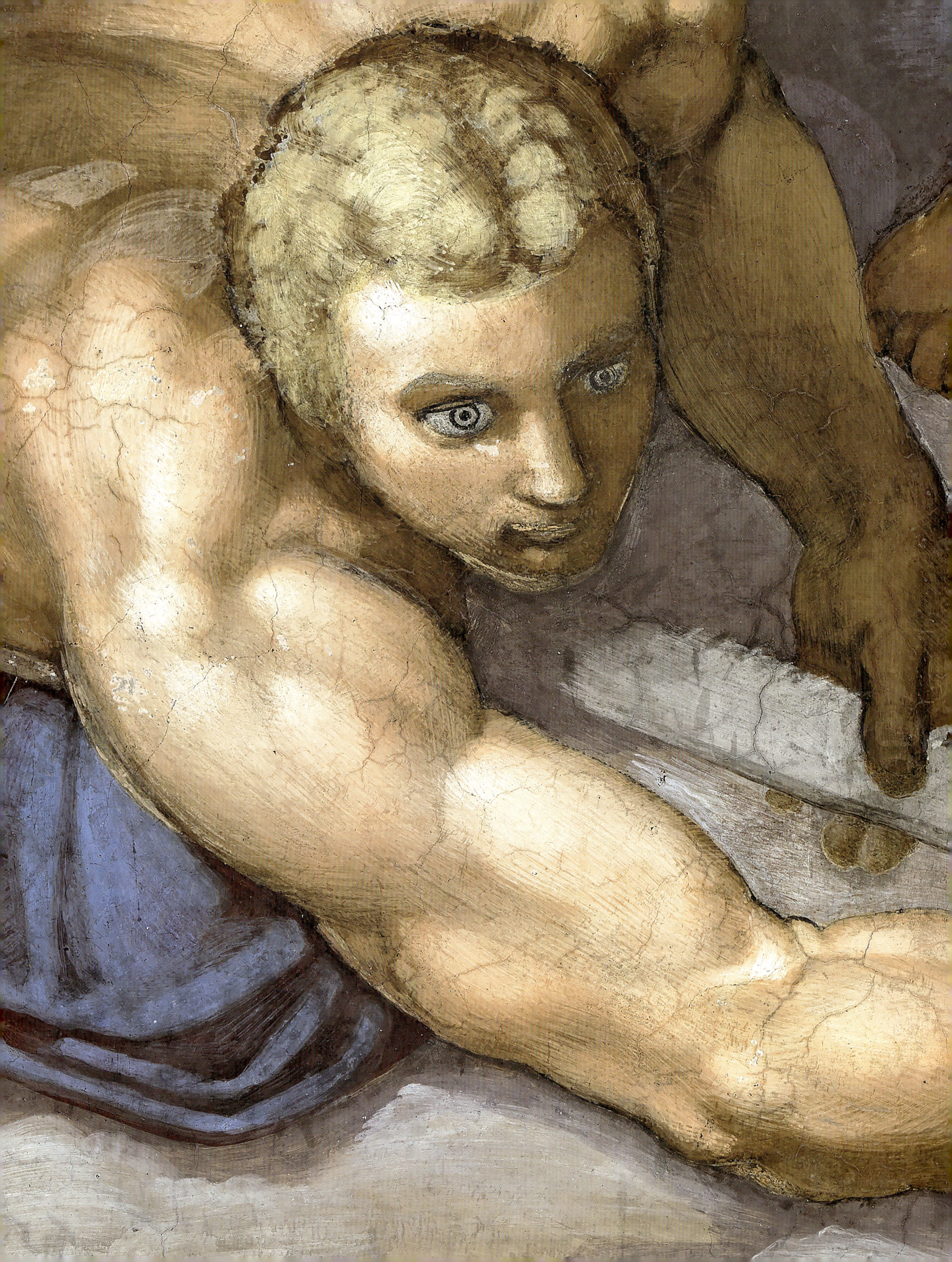

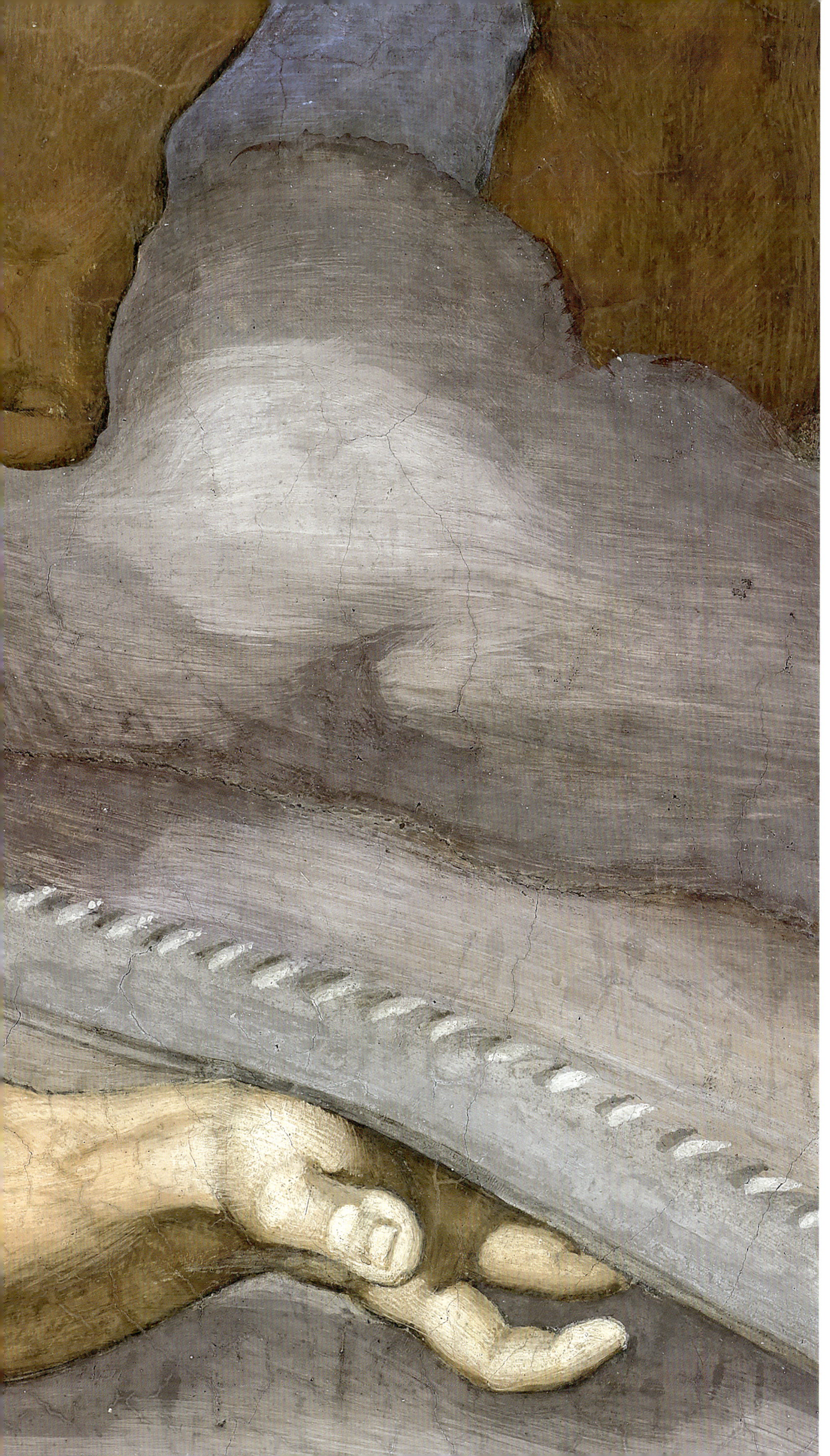

Michelangelo Buonarroti, *Simone lo Zelota*. Dettaglio dal *Giudizio Universale*, 1536-1541, affresco, 1370 × 1200 cm, Cappella Sistina, Città del Vaticano.

Michelangelo Buonarroti, *Simon the Zealot*. Detail from the *Last Judgement*, 1536-1541, fresco, 1370 × 1200 cm, Sistine Chapel, Vatican City.

(A pagina 150)
Michelangelo Buonarroti, *Disma*. Dettaglio dal *Giudizio Universale*, 1536-1541, affresco, 1370 × 1200 cm, Cappella Sistina, Città del Vaticano.

(On page 150)
Michelangelo Buonarroti, *Dismas*. Detail from the *Last Judgement*, 1536-1541, fresco, 1370 × 1200 cm, Sistine Chapel, Vatican City.

(A pagina 151)
Michelangelo Buonarroti, *Santa Caterina d'Alessandria*. Dettaglio dal *Giudizio Universale*, 1536-1541, affresco, 1370 × 1200 cm, Cappella Sistina, Città del Vaticano.

(On page 151)
Michelangelo Buonarroti, *Saint Catherine from Alexandria*. Detail from the *Last Judgement*, 1536-1541, fresco, 1370 × 1200 cm, Sistine Chapel, Vatican City.

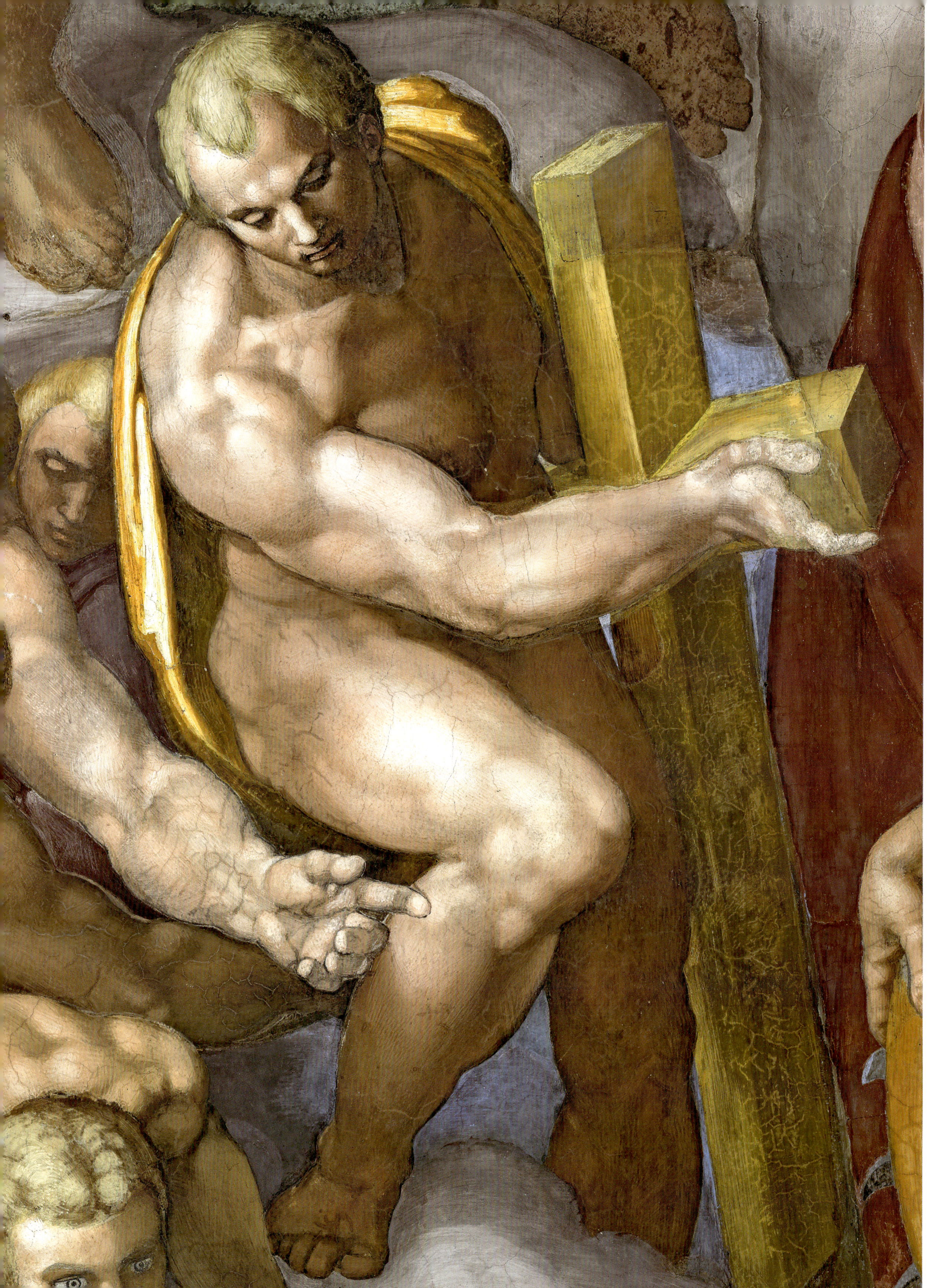

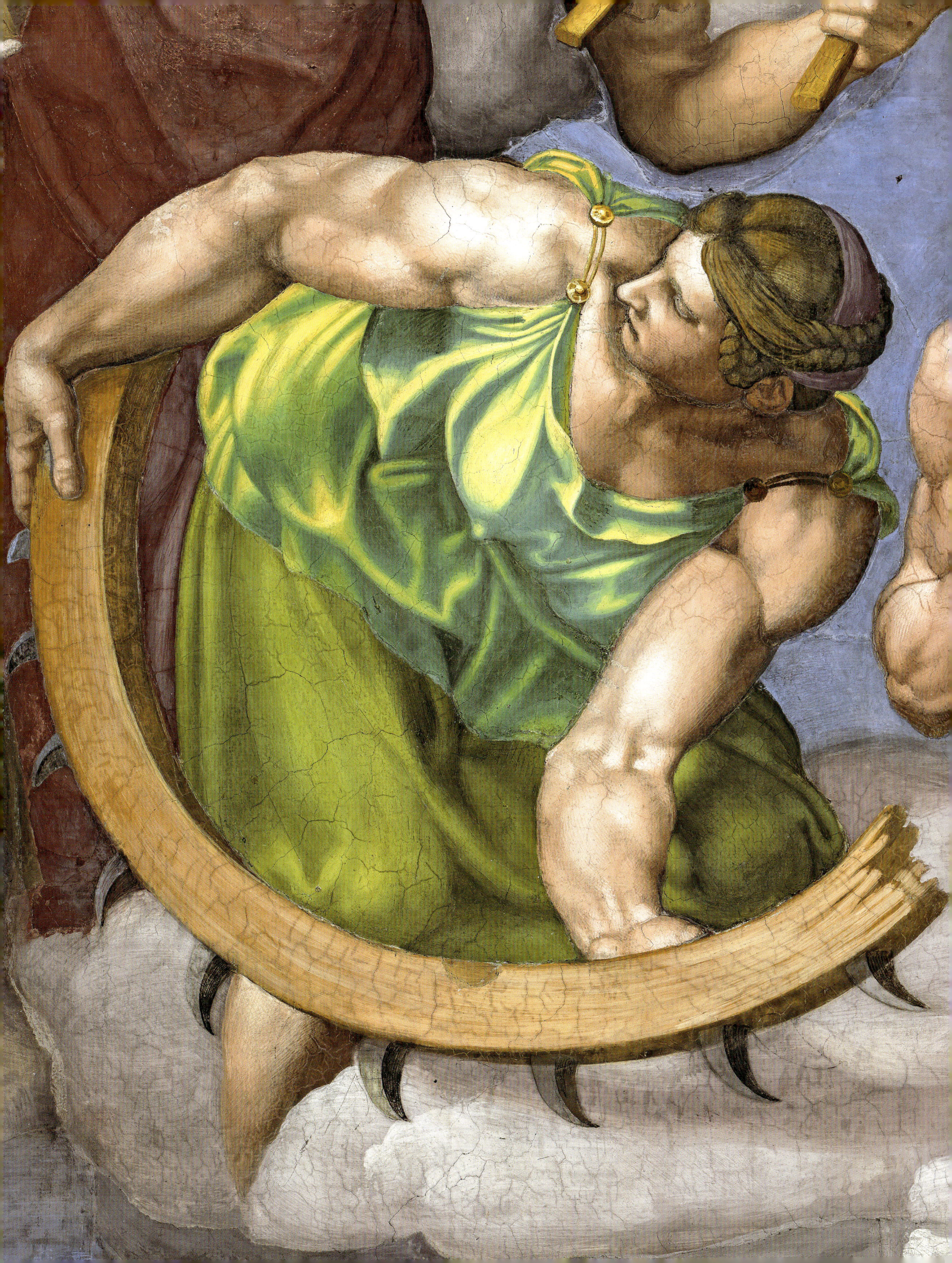

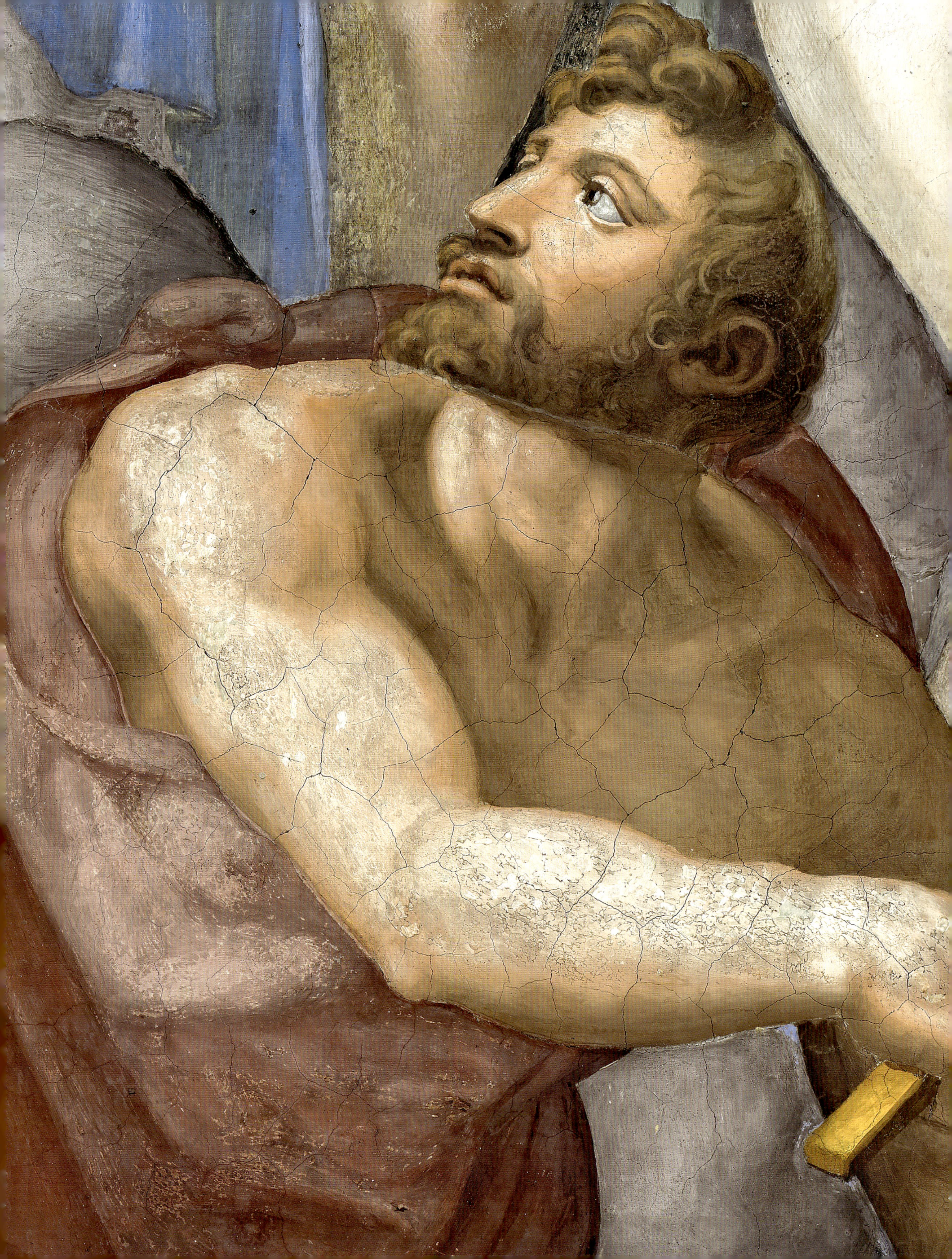

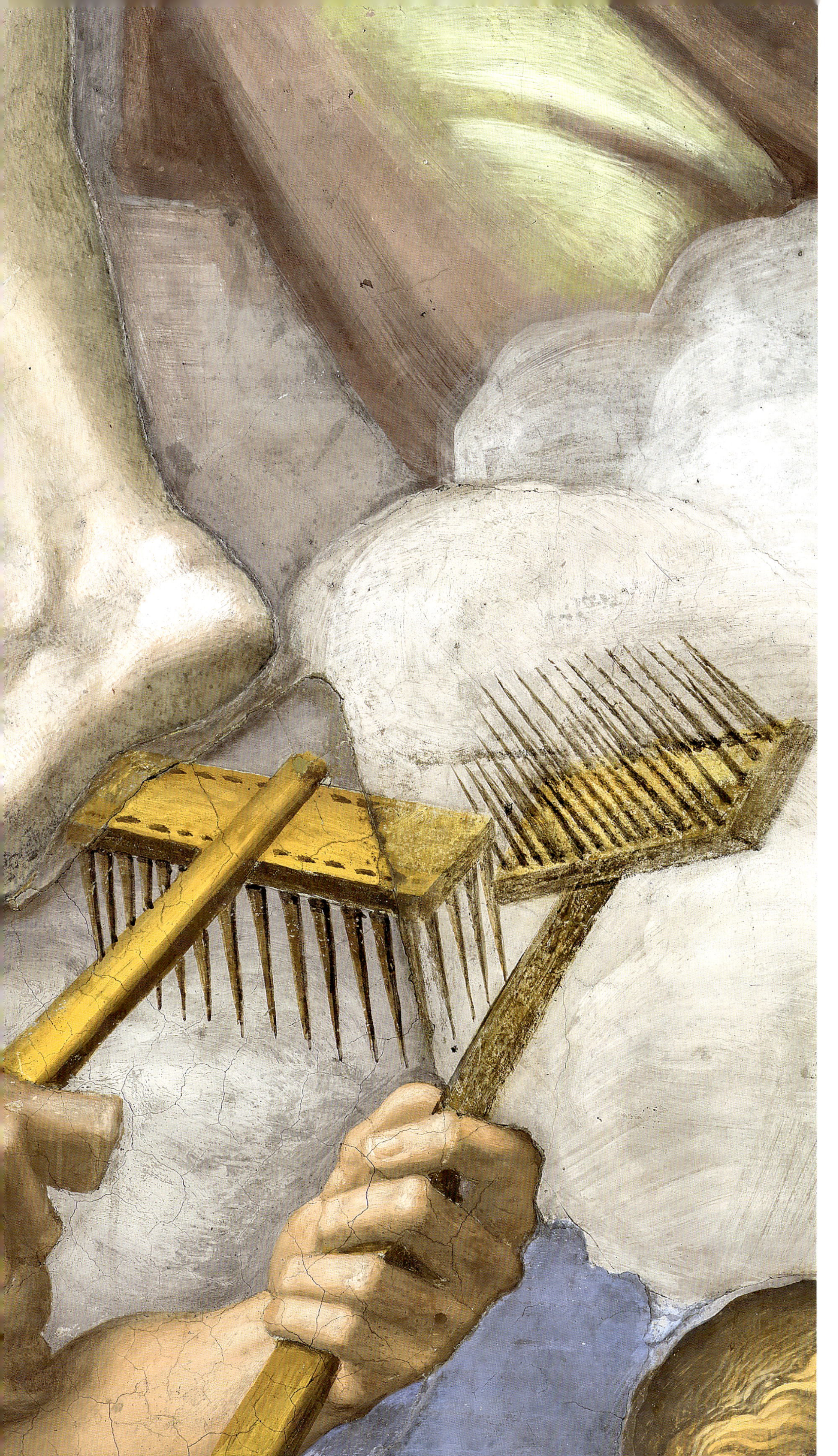

Michelangelo Buonarroti, *San Biagio*. Dettaglio dal *Giudizio Universale*, 1536-1541, affresco, 1370 × 1200 cm, Cappella Sistina, Città del Vaticano.

Michelangelo Buonarroti, *Saint Blaise*. Detail from the *Last Judgement*, 1536-1541, fresco, 1370 × 1200 cm, Sistine Chapel, Vatican City.

rispetto ai vincoli imposti dalla necessità di rimanere coerente con i passi biblici, ai quali si era dovuto subordinare per realizzare le storie sulle altre pareti.

Timothy Verdon osserva «*poteva interpretare il soggetto con una certa libertà, attingendo dove gli occorreva alla tradizione iconografica. Al maestro sessantenne tale libertà doveva apparire come una sfida ma anche come un'occasione*»[75].

Quest'affermazione è assolutamente coerente con l'ipotesi che l'artista possa aver interpretato la *Parusia* lasciando che i suoi stessi ideali e i sentimenti di fede pura, consolidati in quegli anni, lo ispirassero nella costruzione dell'impianto iconografico e iconologico.

La progettazione dell'ermeneutica del *Giudizio*, tuttavia, fonda necessariamente le radici nella tradizione. Ed ecco alcune riflessioni che scaturiscono dalla disamina di capolavori che Michelangelo poteva conoscere.

Anche in questo caso i riferimenti di Timothy Verdon rappresentano un rimando essenziale. Procediamo per gradi.

Il rapporto di Michelangelo con la tradizione precedente, soprattutto quella fiorente che si trovava in Toscana e a Firenze, ci riporta a una delle raffigurazioni «*più antiche e più monumentali*»[76] del *Giudizio Universale*, che l'artista sicuramente aveva visto: un mosaico del Duecento che si trova nella cupola del Battistero fiorentino. In questo capolavoro l'evento futuro della *Parusia* viene messo in rapporto con il passato biblico della storia della salvezza umana, «*esattamente ciò che lo stesso Michelangelo era chiamato a fare nella Sistina, inserendo il suo Giudizio in una Cappella già affrescata con le storie tratte da numerosi testi biblici, dalla Genesi ai Vangeli*»[77].

È in questo contesto che occorre soffermarci sul raffronto con un'altra opera che l'artista doveva conoscere: il *Giudizio* del cosiddetto "Maestro del trionfo della morte" nel Campo Santo monumentale di Pisa, databile agli anni Trenta del XIV secolo. Non c'è più quella distinzione netta tra Paradiso e Inferno e la scena è pervasa da un'energia che culmina nel braccio destro che Cristo alza con fare minaccioso e che Timothy Verdon definisce «*anticipatore di quello che il Buonarroti darà al suo Giudice*»[78].

Alla destra di Cristo, in una mandorla analoga a quella di Gesù, è raffigurata la Vergine Maria, che il teologo associa alla figura di Cristo ipotizzando che si tratti di «*un abbinamento* (…) *che forse suggerisce la lontana origine del modo in cui Michelangelo unirà la Madre al Figlio nel Giudizio della Sistina, anche se non più in maniera paritaria come nell'opera trecentesca*»[79].

Occorre ricordare che la presenza della Vergine Maria simboleggia il messaggio nuziale e, al contempo, rammenta «*che l'evento inaugurale dell'eternità, subito dopo il Giudizio, è la festa nuziale di colui che ha offerto il suo corpo sulla croce come in un talamo*»[80].

[75] | *Ibidem*, p. 22.

[76] | *Ibidem*.

[77] | *Ibidem*.

[78] | *Ibidem*, p. 25.

[79] | *Ibidem*.

[80] | *Ibidem*, p. 26.

the constraints imposed by the need to remain coherent with the biblical passages, to which he had to subordinate himself in order to create the stories on the other walls.

Timothy Verdon observes «*he could interpret the subject with a certain freedom, by drawing where he needed from the iconographic tradition. To the sixty-year-old master, this freedom must have appeared as a challenge but also as an opportunity*».[75]

This statement is absolutely consistent with the hypothesis that the artist may have interpreted the *Parousi*a by letting his own ideals and feelings of pure faith, consolidated in those years, inspire him in the construction of the iconographic and iconological system.

The planning of the hermeneutics of the *Judgement*, however, necessarily finds its roots in the tradition. And here there are some reflections that arise from the examination of masterpieces that Michelangelo could have known.

In this case, as well, Timothy Verdon's references represent an essential cross-reference. Let's proceed step by step.

Michelangelo's relationship with the previous tradition, especially the flourishing one found in Tuscany and Florence, takes us back to one of the «*oldest and most monumental*»[76] depictions of the *Last Judgement*, which the artist certainly had seen: a 13th-century mosaic which is located in the dome of the Florentine Baptistery. In this masterpiece the future event of the *Parousia* is put in relation with the biblical past of the history of human salvation, «*exactly what Michelangelo himself was called to do in the Sistine Chapel, inserting his Judgement into a chapel already frescoed with the stories drawn from numerous biblical texts, from the Genesis to the Gospels*».[77]

It is in this context that we need to focus on the comparison with another artwork that the artist must have known: the *Judgement* of the so-called "Master of the Triumph of Death" in the monumental Campo Santo of Pisa, which dates back to the 1430s. There is no longer that clear distinction between Heaven and Hell and the scene is pervaded by an energy that culminates in the right arm that Christ raises in a threatening manner and which Timothy Verdon defines as «*anticipator of what Buonarroti will give to his Judge*».[78]

To the right of Christ, in a vesica piscis (the shape of an almond) similar to the one of Jesus, the Virgin Mary is depicted, which the theologian associates with the figure of Christ, hypothesising that it is «*a combination* (…) *which perhaps suggests the distant origin of the way in which Michelangelo will unite the Mother to the Son in the Last Judgement in the Sistine Chapel, even if not in an equal manner as in the 14th-century artwork*».[79]

It must be recalled that the presence of the Virgin Mary symbolises the nuptial message and, at the same time, reminds us «*that the inaugural event of eternity, immediately after the Judgement, is the nuptial celebration of the one who offered his body on the cross as in a thalamus*».[80]

«*Halleluia! For our Lord God Almighty reigns. Let us rejoice and be*

[75] | *Ibidem*, p. 22.

[76] | *Ibidem*.

[77] | *Ibidem*.

[78] | *Ibidem*, p. 25.

[79] | *Ibidem*.

[80] | *Ibidem*, p. 26.

«*Alleluia! Ha preso possesso del suo regno il Signore, il nostro Dio, l'Onnipotente. Rallegriamoci ed esultiamo, rendiamo a lui gloria, perché sono giunte le nozze dell'Agnello; la sua sposa è pronta*» (*Apocalisse* 19:6-7)[81].
Verdon riprende così: «*Ed ecco il vero senso del Giudizio, che consiste nella scelta da parte dello Sposo di una sposa – una scelta che necessariamente esclude chi non è "pronta". Tale esclusione non è arbitraria né può essere messa in questione, e il canto nuziale dell'Angelo infatti apre con l'affermazione che "Salvezza, gloria e potenza sono del nostro Dio, perché veri e giusti sono i suoi giudizi. Egli ha condannato la grande prostituta che corrompeva la terra con la sua prostituzione, vendicando su di lei il sangue dei suoi servi!"* (*Apocalisse* 19:1-2)»[82].
L'ermeneutica del *Giudizio Universale* fonda certamente le radici nella tradizione, tuttavia rimane una domanda alla quale occorre trovare risposta: è possibile che Michelangelo abbia replicato due volte la figura di Gesù e che abbia ritratto Cristo Redentore accanto a Maria di Màgdala?
L'ultimo raffronto è quello che testimonia un precedente nel quale la figura di Cristo viene replicata due volte.
Si tratta dello schienale di un trono liturgico dell'Oratorio di San Gregorio Nazianzeno annesso al monastero benedettino femminile di Santa Maria in Campo Marzio a Roma, oggi conservato alla Pinacoteca Vaticana.
La figura di Cristo in gloria è collocata in alto, con alcuni angeli che portano la croce come uno scettro e un orbo imperiale con su scritto: «*Ecce vici mundum*» ("Ecco ho vinto il mondo").
«*Ma al centro di questo penultimo livello, appena sotto alla figura del Signore in gloria della fascia alta, c'è una seconda figura di Cristo, in piedi dietro a un altare da Messa con una croce dorata e un messale; ha le mani alzate nel gesto orante usato dal celebrante eucaristico* (…). *Sull'altare gli artisti non fanno vedere il pane e il vino si capisce che la figura di Cristo nudo li sostituisce; il suo corpo virile prende il posto dei segni sacramentali* (…) *l'associazione del Giudizio e dell'Eucaristia, evocata col corpo nudo del Salvatore, è estremamente suggestiva. Gesù stesso, nel discorso pronunciato nella sinagoga a Cafarnao, aveva legato le due cose, promettendo che "chi mangia la mia carne e beve il mio sangue ha la vita eterna e io lo risusciterò nell'ultimo giorno"* (*Giovanni* 6:54), *e la Lettura agli Ebrei, caratterizzando il Salvatore come "sommo Sacerdote dei beni futuri", afferma che "egli entrò una volta per sempre nel santuario, non mediante il sangue di capri e di vitelli, ma in virtù del proprio sangue, ottenendo così una redenzione eterna"* (*Ebrei* 9:11-12). *Possiamo dire perciò che 'vita eterna', 'risurrezione dell'ultimo giorno' e 'redenzione eterna' – i contenuti positivi di ciò che chiamiamo Giudizio Universale – sono strettamente legati all'Eucarestia, anzi dipendono da essa. Questo legame traspare chiaramente nell'antico canone romano della Messa, dove, prima della consacrazione, si chiede a Dio di accettare l'offerta del pane e vino e poi si aggiunge: "Salvaci dalla dannazione eterna, e accoglici nel gregge degli eletti"*»[83].
Lo schienale testimonia un precedente che comprova come la tradizione, peraltro nota all'artista, avesse già rappresentato la *Parusia* replicando due volte la figura di Cristo.
Non è dunque un paradosso, nemmeno sul piano storico-iconologico e iconografico, ipotizzare che Michelangelo abbia potuto rappresentare il collerico Cristo Giudice al centro del

[81] | *Ibidem*.

[82] | *Ibidem*.

[83] | *Ibidem*, pp. 29-31.

glad, let us give him glory, for the wedding of the Lamb has come; His bride has made herself ready» (*Revelation* 19:6-7).[81]
Verdon thus continues: «*And here is the true meaning of the Judgement, which consists in the Groom's choice of a bride – a choice that necessarily excludes those who are not 'ready'. This exclusion is not arbitrary nor can be called into question, and the Angel's wedding song in fact opens with the affirmation that 'Salvation, glory and power belong to our God, for true and just are his judgements. He has condemned the great prostitute who corrupted the earth by her adulteries, he has avenged on her the blood of his servants'* (*Revelation* 19:1-2)».[82]
The hermeneutics of the *Last Judgement* certainly finds its roots in the tradition, however a question that needs to be answered remains: is it possible that Michelangelo replicated the figure of Jesus twice and that he portrayed Christ the Redeemer next to Mary Magdalene?
The last comparison is the one that bears witness to a precedent in which the figure of Christ is replicated twice.
This is the backrest of a liturgical throne from the Oratory of Saint Gregory of Nazianzus annexed to the female Benedictine monastery of Saint Mary in Campo Marzio in Rome, now preserved in the Vatican Art Gallery.
The figure of Christ in glory is placed at the top, with some angels carrying the cross like a sceptre and an imperial orb with the writing: «*Ecce vici mundum*» ("Behold, I have conquered the world").
«*But in the centre of this second last level, just below the figure of the Lord in glory on the upper end, there is a second figure of Christ, standing behind a Mass altar with a golden cross and a missal; he has his hands raised in the prayerful gesture used by the Eucharistic celebrant* (…) *The artists do not show the bread and the wine on the altar, it is clear that the figure of the nude Christ replaces them; his virile body takes the place of the sacramental signs* (…) *the association of the Judgement and the Eucharist, evoked with the nude body of the Saviour, is extremely suggestive. Jesus himself, in the speech given in the synagogue in Capernaum, had linked the two things, promising that 'whoever eats My flesh and drinks My blood has eternal life and I will raise him up on the last day'* (*John* 6:54), *and the Reading to the Hebrews, characterising the Saviour as 'high priest of the good things that are now already here', states that 'he entered the tabernacle once and for all, not by means of the blood of goats and calves, but by virtue of his own blood, thus obtaining an eternal redemption'* (*Hebrews* 9:11-12). *We can therefore say that 'eternal life', 'resurrection on the last day' and 'eternal redemption' – the positive contents of what we call the Last Judgement – are closely linked to the Eucharist, indeed they depend on it. This link clearly emerges from the ancient Roman canon of Mass, where, before the consecration, God is asked to accept the offering of bread and wine and then it is added: 'Save us from eternal damnation, and welcome us into the flock of the elect'*».[83]
The backrest bears witness to a precedent which proves how tradition, moreover known to the artist, had already represented the *Parousia* by replicating the figure of Christ twice.
Therefore, it is not a paradox, not even on the historical-iconological and iconographic level, to hypothesise that Michelangelo could have represented the wrathful Christ the Judge at the

[81] | *Ibidem*.

[82] | *Ibidem*.

[83] | *Ibidem*, pp. 29-31.

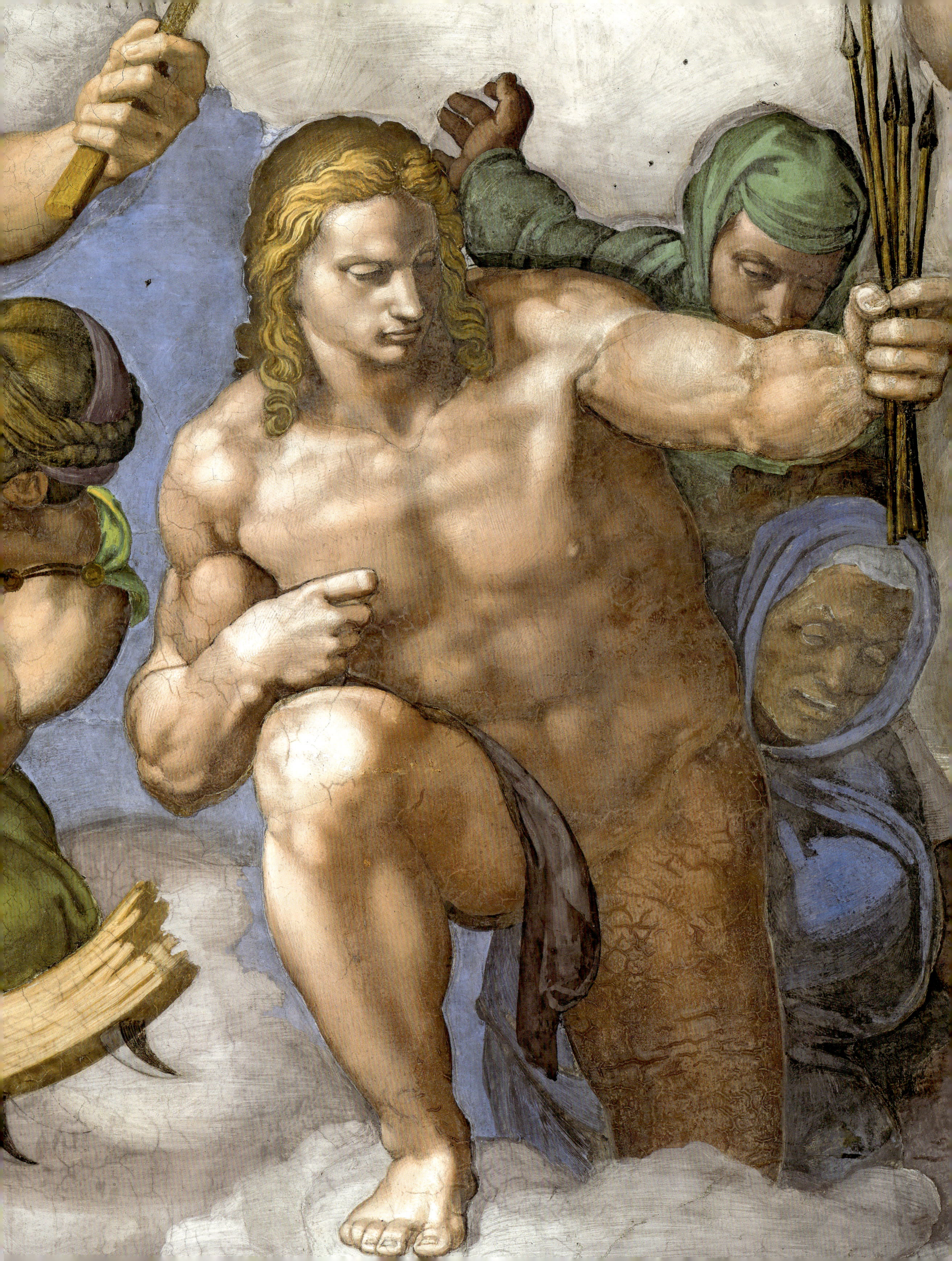

Giudizio Universale, replicando la stessa figura quale esplicito riferimento al Redentore e alla Sua clemenza.
Si tratta della contrapposizione dell'amore di Dio alla collera che si scaglia contro il male.
La reiterazione di Cristo nel Redentore e l'identificazione di Maria di Màgdala nella donna al Suo fianco, si accredita per via dell'enorme croce che il portacroce sostiene sulle spalle e che stabilisce un intimo legame con la donna che ne bacia il legno; ma assume ancora più rilevanza in riferimento all'Eucarestia che sancisce un collegamento imprescindibile tra i due: il corpo nudo del portacroce sostituisce il pane e il vino della Comunione che fa da riferimento ai Sacramenti. La presenza di Maria di Màgdala diventa quanto mai implicita, complementare e imprescindibile: poiché è simbolo dell'umanità e «*la sua immagine si riferisce al proposito della Chiesa di stimolare il sentimento di devozione per i sacramenti e, in particolare modo, per quello della Confessione*»[84].
Ed ecco che torna l'osservazione di Pfeiffer, quando afferma che questi due personaggi mettono in relazione il gruppo dei Martiri e quello dei Confessori.
Questi ragionamenti sembrano convergere verso la codifica di una verità alla luce della quale tutto sembra prendere forma, come nella ricostruzione di un discorso nel quale il recupero dei sintagmi mancanti e/o errati, conduce ad una migliore comprensione di tutto il contesto.
Abbiamo dimostrato come l'impianto del *Giudizio* trovi riscontro nella tradizione, motivando le risposte ai quesiti iniziali: se fosse possibile che Michelangelo abbia replicato due volte la figura di Gesù e se abbia davvero voluto raffigurare Cristo Redentore accanto a Maria di Màgdala.
Queste evidenze soddisfano anche la necessità di esplicitare i contenuti positivi della *Parusia* – il richiamo al messaggio nuziale interpretato dalla presenza di Maria Vergine al fianco di Gesù, che anticipa il passaggio alla vita eterna per coloro che accoglieranno la croce, la redenzione e la risurrezione dell'ultimo giorno –, concetti che troverebbero conferma proprio nella presenza di Maria Maddalena al fianco di Cristo Redentore.
Essendo questo l'evento conclusivo delle scene raffigurate sulle altre pareti della Cappella, il legame con l'Eucaristia, evidente per la collocazione stessa dell'affresco sulla parete dietro all'altare, si concilia perfettamente con il messaggio di grazia annunciato dal gruppo al margine della parete.
Michelangelo armonizza tutto: la storia dell'intimo rapporto di Dio con l'umanità, la *Parusia*, l'Eucaristia, l'altare e i fedeli che vengono accolti per confessare i loro peccati e ottenere il perdono.
Il *Giudizio* che attende i dannati è sì devastante, ma il messaggio di grazia è potentissimo.
Con la "*Nuova stagione della Chiesa*" inaugurata da Papa Francesco, a Maria di Màgdala viene finalmente restituito il ruolo di Apostola degli Apostoli. Ma, come già accennato, il significato di questa legittimazione va ben oltre, poiché da un lato implica profonde considerazioni sul delicato tema della donna nella Chiesa e, dall'altro, rappresenta un significativo spunto di riflessione sul ruolo della donna come paritetico e complementare a quello

[84] | AA.VV., *op. cit.*, p. 1107.

centre of the *Last Judgement*, replicating the same figure as an explicit reference to the Redeemer and His mercy.
It is the contrast of the love of God with the anger that lashes out against evil.
The reiteration of Christ in the Redeemer and the identification of Mary Magdalene in the woman at His side is accredited because of the enormous cross that the cross-bearer supports on his shoulders and which establishes an intimate bond with the woman who kisses the wood; it becomes even more relevant in reference to the Eucharist which establishes a fundamental connection between the two: the naked body of the cross-bearer replaces the bread and wine of the Communion which is a reference to the Sacraments. The presence of Mary Magdalene becomes more implicit, complementary and essential than ever: since she is the symbol of humanity and «*her image refers to the Church's intention of stimulating the feeling of devotion for the sacraments and, in particular, for that of the Confession*»[84].
And once again Pfeiffer's observation returns, when he states that these two characters connect the group of Martyrs and the one of the Confessors.
These reasonings seem to converge towards the codification of a truth in the light of which everything seems to take shape, as in the reconstruction of a speech in which the recovery of missing and/or incorrect syntagms leads to a better understanding of the whole context.
We have demonstrated how the layout of the *Last Judgement* finds confirmation in tradition, motivating the answers to the initial questions: whether it was possible for Michelangelo to have replicated the figure of Jesus twice and whether he really wanted to depict Christ the Redeemer next to Mary Magdalene.
These evidences also satisfy the need to clarify the positive contents of the *Parousia* – the reference to the nuptial message interpreted by the presence of the Virgin Mary alongside Jesus, which anticipates the passage to eternal life for those who will welcome the cross, redemption and eternal life and resurrection on the last day – concepts that would find confirmation precisely in the presence of Mary Magdalene beside Christ the Redeemer.
Since this is the conclusive event of the scenes depicted on the other walls of the chapel, the connection with the Eucharist, evident from the placement of the fresco on the wall behind the altar, matches perfectly with the message of grace announced by the group on the edge of the wall.
Michelangelo harmonises everything: the story of God's intimate relationship with humanity, the *Parousia*, the Eucharist, the altar and the faithful who are welcomed to confess their sins and obtain forgiveness.
The *Judgement* that the damned await is truly devastating, but the message of grace is really powerful.
With the "*New season of the Church*" inaugurated by Pope Francis, the role as Apostle of the Apostles is finally given back to Mary Magdalene. But, as mentioned above, the meaning of this legitimacy goes well beyond that, on the one hand it implies profound considerations on the delicate theme of women in the Church and, on the other, it represents a significant point of

[84] | AA. VV., *op. cit.*, p. 1107.

dell'uomo. Insieme, infatti, stabiliscono l'unione cosmica.
Maria di Màgdala è la sposa fedele che viene scelta perché è "pronta": la capacità di discernimento (abito giallo), il suo essere capace di superare qualsiasi prova grazie alla forza della fede e di rimanere salda davanti alla croce (con la quale è così intima da baciarne il legno) e l'abito pudico che fa di lei la donna riscattatasi dal peccato originale e già meritevole della grazia (non trapela alcuna nudità dall'abito, che la copre fino ai piedi) la rendono degna di ricongiungersi a Cristo, il suo amato, proprio nel momento della *Parusia*, quando per l'umanità redenta si apriranno le porte del Regno dei Cieli. La presenza del Redentore – il portacroce – ribadisce che la figliolanza che vorrà ricongiungersi a Dio non verrà abbandonata e che, fino all'ultimo momento, potrà salvarsi.
L'unione tra Maria Maddalena e Cristo Redentore non va certamente intesa come il ricongiungimento di una coppia di amanti, ma l'incontro dell'umanità con il suo Sposo.
Questa interpretazione dell'affresco, a distanza di cinquecento anni, rivelerebbe, ancora una volta, l'estrema attualità dell'ermeneutica che Buonarroti ha rappresentato nel *Giudizio*, che ben si concilia, per altro, con straordinaria coerenza, alla "*Nuova stagione della Chiesa*" di Papa Francesco.

reflection on the role of women as equal and complementary to that of men. Together, they establish the cosmic union.
Mary Magdalene is the faithful bride who is chosen because she is "ready": her ability to discern (yellow dress), her ability to overcome any test thanks to the power of faith and to remain steadfast before the cross (with which she is so intimate that she kisses the wood), the modest dress that makes her the woman redeemed from original sin and already worthy of grace (no nakedness emerges from the dress, which covers her down to her feet); this makes her worthy of being reunited with Christ, her beloved, precisely at the moment of the *Parousia* when, the doors of the Kingdom of Heaven will open for redeemed humanity. The presence of the Redeemer – the cross-bearer – reaffirms that the sonship who will want to reunite with God will not be abandoned and that, until the last moment, they will be able to save themselves.
The union between Mary Magdalene and Christ the Redeemer should certainly not be understood as the reunification of a pair of lovers, but as the encounter of humanity with its Spouse.
This interpretation of the fresco, after five hundred years, would reveal, once again, the extreme topicality of the hermeneutics that Buonarroti has represented in the *Last Judgement* and which well conceals, moreover, with extraordinary coherence, with the "*New season of the Church*" inaugurated by Pope Francis.

PERCHÉ CRISTO REDENTORE E MARIA MADDALENA SONO RELEGATI AL MARGINE DESTRO DELLA PARETE?

Occorre rispondere ancora a una domanda: perché Cristo Redentore e Maria di Màgdala sono collocati all'estremo margine della parete e non al centro?
Le motivazioni vanno indagate riprendendo il già citato passo di Pfeiffer, quando il teologo scrive che «*un imponente portacroce dipinto sul margine destro mette in relazione il gruppo dei Martiri con quello dei Confessori*»[85].
Abbiamo già affrontato il tema della suddivisione dei personaggi in gruppi e di come il portacroce e la donna che bacia il legno facciano da cardine tra i Martiri ed i Confessori.
L'annuncio che la *Parusia* sarà un Giudizio di grazia obbliga a tenere conto di due passaggi fondamentali: il primo è quello della fede messa alla prova attraverso il superamento delle sofferenze, senza cedere alle tentazioni del demonio e, dunque, attraverso il *martirio* (concetto impersonato dal gruppo dei Martiri); il secondo passaggio è nella presa di consapevolezza dei propri peccati, per la quale sono implicite la dimostrazione della capacità di discernimento e il sacramento della Confessione, che prelude al perdono.
Martiri e Confessori indicano il percorso per ottenere la grazia.
Proviamo a divedere la parete, orizzontalmente, in due parti uguali e tracciamo due linee che siano una sorta di proiezione della croce che sorregge il gruppo di angeli, nella lunetta in alto a

[85] | H.W. PFEIFFER, *op. cit.*, p. 238.

WHY ARE CHRIST THE REDEEMER AND MARY MAGDALENE RELEGATED TO THE RIGHT EDGE OF THE WALL?

It is necessary to answer another question: why are Christ the Redeemer and Mary Magdalene placed at the far edge of the wall and not in the centre?
The motivations must be investigated by returning to the already quoted passage by Pfeiffer, when the theologian writes that «*A mighty cross-bearer painted on the right margin connects the group of Martyrs with the one of the Confessors*»[85].
We have already addressed the issue of the division of the characters into groups and of how the cross-bearer and the woman kissing the wood act as a hinge between the Martyrs and the Confessors.
The announcement that the *Parousia* will be a Judgement of grace obliges us to take into account two fundamental passages: the first passage is that of faith put to the test through overcoming suffering, without giving in to the temptations of the devil and, therefore, through *martyrdom* (a concept embodied by the group of Martyrs); the second passage is in the awareness of one's sins, for which the demonstration of the capacity for discernment and the sacrament of Confession, which preludes forgiveness, are implicit.
Martyrs and Confessors indicate the path to obtain grace.
Let's try to take into consideration the upper part of the fresco, in which there are saints and blessed and draw two lines that are a sort of projection of the cross that support the group of angels, in the

[85] | H. W. PFEIFFER, *op. cit.*, p. 238.

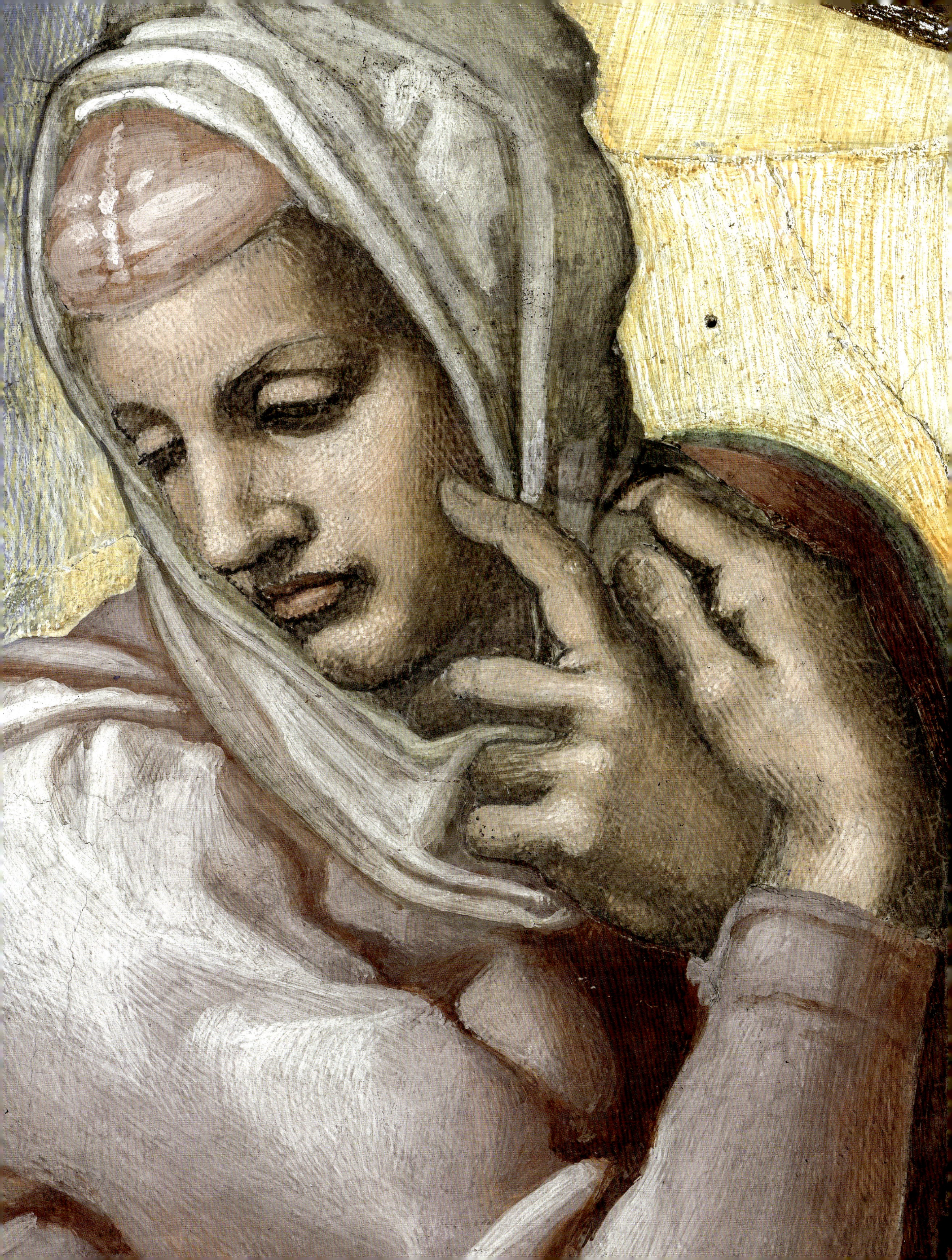

sinistra, con quella che sorregge il portacroce all'estremità opposta della parete (con la donna che bacia il legno).
L'asse immaginaria attraversa l'affresco da parte a parte passando dal fulcro della scena: il braccio alzato di Cristo dal quale si anima l'intera composizione. La costruzione sembra dare respiro all'impianto iconologico descritto ribadendo i concetti enunciati per tutta la superficie.

MARIA MADDALENA E CRISTO REDENTORE

Se il portacroce fosse davvero identificabile con Cristo Redentore, sarebbe giustificato anche il fatto che Egli si estranea dalla composizione per rivolgersi verso la donna che bacia la croce: la sua amata, Maria di Màgdala, l'Apostola degli Apostoli, colei che, da sempre, è simbolo e personificazione della figliolanza che Dio vuole accogliere nel Regno dei Cieli.
«*Nell'incontro di Gesù con Maria Maddalena avviene una cosa eccezionale, che Egli non fa per nessun'altra donna nel Vangelo di Giovanni: la chiama per nome. E così facendo la risveglia e, in un certo senso, la risuscita. "Gesù le disse: 'Maria!'. Ella si voltò e gli disse in ebraico: 'Rabbunì!' 'Maria!'": questa parola vale tutto il Vangelo*»[86].
«*In questo dialogo è riassunto l'incanto, il mistero, l'avventura dell'incontro dell'umanità con il suo sposo, il Redentore. È la voce del Pastore che conosce le sue pecore e chiama ciascuna per nome, così come le Sue pecore ascoltano e riconoscono la Sua voce!* (*Giovanni* 10:3,4,27)»[87].
La tipologia iconografica che contraddistingue il gruppo al margine della parete, evidenzia tra il portacroce e la donna un rapporto intimo e quasi indipendente dal resto della scena. Questa interpretazione è coerente con il messaggio dei Vangeli e, in particolare, con quello di Luca nel quale Maria di Màgdala viene chiamata per nome da Gesù per ribadire il concetto dell'incontro dell'umanità con il suo sposo: il Redentore.
Pfeiffer scrive: «*Due mani provenienti da destra si protendono verso l'albero della croce per afferrarla*». Occorre aprire una parentesi per notare che il gesto di protendersi presuppone il desiderio di raggiungere la croce con la quale, tuttavia, non si stabilisce il contatto.
«*Più in alto un uomo anziano vestito di bianco, con la barba e la testa calva, avvicinatosi alla croce guarda pensoso la trave del legno. Sopra di lui un uomo atletico con la veste rossa è sul punto di prendere la croce dalle spalle di Simone di Cirene. (...) I colori si armonizzano bene tra loro: la fede contempla la croce, l'amore, invece, toglie all'altro la croce. Sulla sinistra, dietro a colui che porta la croce, fa capolino una donna con lo sguardo fisso verso lo spettatore. La sua veste è verde ombrata di rosso, il suo velo è bianco: è la personificazione della speranza, che invita colui che osserva ad affidarsi ad essa guardando alla croce, ovvero ad indirizzare verso la croce la speranza con amore e con animo fiducioso*»[88].
Nella *Bibliotheca Sanctorum*, il paragrafo che apre la descrizione

[86] | FRANCESCO, *op. cit.*, p. 28. Fonte D. BARSOTTI, *Meditazioni sulle apparizioni del risorto*, Queriniana, Brescia, 1989, p. 32.

[87] | *Ibidem*, p. 28.

[88] | H.W. PFEIFFER, *op. cit.*, p. 238.

lunette at the top left, with the one that supports the cross-bearer at the opposite end of the wall (with the woman kissing the wood).
The imaginary axis crosses the fresco from one side to the other and passes through the fulcrum of the scene: the raised arm of Christ from which the entire composition comes to life.
The construction seems to give breath to the iconological system described by reiterating the concepts stated throughout the surface.

MARY MAGDALENE AND CHRIST THE REDEEMER

If the cross-bearer were truly identifiable with Christ the Redeemer, the fact that He alienates himself from the composition to turn towards the woman kissing the cross would also be justified: his beloved, Mary Magdalene, the Apostle of the Apostles, she who has always been the symbol and personification of the sonship that God wants to welcome into the Kingdom of Heaven.
«*In Jesus' encounter with Mary Magdalene, something exceptional happens in the Gospel of John, that He does not do for any other woman: He calls her by name. And in doing so, He awakens her and, in a certain way, resurrects her. "Jesus said to her, 'Mary!' She turned around and said to him in Hebrew, 'Rabboni!' 'Mary!': this word is worth the whole Gospel*».[86]
«*This dialogue summarises the enchantment, the mystery, the adventure of humanity's encounter with its spouse, the Redeemer. It is the voice of the Shepherd who knows his sheep and calls each one by name, just as His sheep listen to and recognize His voice!* (*John* 10:3,4,27)».[87]
The iconographic typology that distinguishes the group on the edge of the wall highlights an intimate relationship between the cross-bearer and the woman, almost independent from the rest of the scene. This interpretation is coherent with the message of the Gospels and, in particular, with the one of Luke in which Mary Magdalene is called by her name by Jesus to reiterate the concept of humanity's encounter with its spouse: the Redeemer.
Pfeiffer writes: «*Two hands coming from the right reach out toward the tree of the cross to grab it*». It is necessary to open a parenthesis to note that the gesture of reaching out presupposes the desire to reach the cross with which, however, contact is not established. «*Further up, an elderly man dressed in white, with a beard and a bald head, having approached the cross, thoughtfully looks at the wooden beam. Above him, an athletic man in a red robe is about to take the cross from the shoulders of Simon of Cyrene. (...) The colours harmonize well with each other: faith contemplates the cross, love, instead, takes away the cross from the other. On the left, behind the person carrying the cross, a woman with her gaze fixed towards the viewer, appears. Her dress is green shaded with red, her veil is white: she is the personification of hope, who invites the observer to entrust himself to her while looking at the cross,*

[86] | FRANCIS, *op. cit.*, p. 28. Source D. BARSOTTI, *Meditations on the apparitions of the risen Christ*, Queriniana, Brescia, 1989, p. 32.

[87] | *Ibidem*, p. 28.

di Maria di Màgdala inizia così: «*Tra le innumerevoli figure che gli Evangelisti hanno scolpito dal vivo dell'umanità, Maria Maddalena è forse una di quelle che hanno esercitato la maggiore suggestione. Non poteva accadere diversamente, sia per la sua palpitante e soffocante realtà, sia perché il peccato, perdonato e redento dallo stesso Salvatore per forza di amore, fa di lei quasi un simbolo dell'intero genere umano*»[89].
La tipologia iconografica relativa alla santa e il fatto che ella sia il simbolo del genere umano, accreditano l'ipotesi che il possente portacroce sia riconoscibile solo con Cristo Redentore: la fede contempla il simbolo della regalità di Cristo che, contestualmente, lo identifica nel Redentore; l'amore unisce l'umanità a Gesù (per la quale la Maddalena è simbolo e testimonianza per eccellenza); "*alla forza di amore*" è concesso di toccare la croce (mentre le altre figure, in realtà, non la raggiungono); e, soprattutto, l'atto dell'uomo con la veste rossa di toglierla dalle spalle di Gesù ricollega al giorno del Giudizio in cui i peccati non avranno più valenza e il loro peso si annullerà. La personificazione della speranza, infine, testimonierebbe la contrapposizione, già evidenziata, tra il messaggio di clemenza interpretato in questa porzione dell'affresco e la condanna dei dannati.
Ma non è ancora tutto, perché Pfeiffer prosegue: «*Un uomo dalla barba bianca, sulla sinistra, accanto alla donna appena ricordata* (la speranza) *ha un ginocchio avvolto da un mantello rosso fatto risaltare dal colore bianco. Egli indica con la destra il portatore della croce, mentre guarda fiducioso verso Gesù. La direzione del suo sguardo viene sottolineata dal dito di un altro confessore che, allo stesso modo, guarda Cristo. Attraverso l'invisibile linea dello sguardo e della mano si crea un legame tra il Giudice, al centro, ed il portacroce, al margine*»[90].
In queste righe il teologo descrive una pluralità di evidenze che, sommate alla specularità delle due figure, comprovano la volontà di Michelangelo nello stabilire un preciso collegamento tra Cristo Giudice e il portacroce.
Seguendo questo ragionamento è implicito che si debba escludere la possibilità di riconoscere nel portacroce sia Simone di Cirene che il "buon ladrone".
Se nessuno dei personaggi dei diversi gruppi (tra santi, beati e Apostoli), stabilisce un legame così evidente con Cristo, e se perfino la Vergine Maria si volta dal lato opposto, a me pare poco verosimile che possano esserne degni uno dei due personaggi identificati rispettivamente da Pfeiffer e da Verdon.
Queste evidenze sono fondamentali per comprendere il discorso sull'interpretazione iconografica di questa porzione dell'affresco e per testimoniare il disegno di Michelangelo nel comunicare i significati impliciti nella reiterazione della figura di Gesù; ribadita attraverso il tracciamento di riferimenti ben definiti, che fanno da congiunzione tra Cristo Giudice e Cristo Redentore.

[89] | AA.VV., *op. cit.*, p. 1104.

[90] | H.W. PFEIFFER, *op. cit.*, p. 238.

that is to direct hope towards the cross with love and a trusting soul».[88]
In the *Bibliotheca Sanctorum*, the paragraph that opens the description of Mary Magdalene begins like this: «*Among the countless figures that the Evangelists have sculpted from the life of humanity, Mary Magdalene is perhaps one of those who have exerted the greatest suggestion. It could not have happened otherwise, both for her throbbing and suffocating reality, and also because the sin, forgiven and redeemed by the Saviour himself through the power of love, makes her almost a symbol of the entire human race*».[89]
The iconographic typology related to the saint and the fact that she is the symbol of the human race, accredit the hypothesis that the mighty cross-bearer is recognisable only with Christ the Redeemer: faith contemplates the symbol of Christ's royalty which, at the same time, identifies him with the Redeemer; love unites humanity with Jesus (for which the Magdalene is the testimony par excellence); "*to the strength of love*" is allowed to touch the cross (while the other figures, in reality, do not reach it); and, above all, the act of the man in the red robe who takes it off Jesus' shoulders is connected to the day of the Judgement in which sins will no longer have any value and their weight will be cancelled. The personification of hope, finally, would testify the contrast, already highlighted, between the message of mercy interpreted in this portion of the fresco and the condemnation of the damned.
And there is more, because Pfeiffer continues: «*A man with a white beard, on the left, next to the woman just mentioned* (hope) *has one knee wrapped in a red cloak highlighted by the white colour. He points to the bearer of the cross with his right hand, while he looks confidently towards Jesus. The direction of his gaze is underlined by the finger of another confessor who, in the same way, looks at Christ. Through the invisible line of the gaze and of the hand, a link between the Judge, in the centre, and the cross-bearer at the edge, is created*».[90]
In these lines the theologian describes a plurality of evidences which, added to the specular nature of the two figures, prove Michelangelo's will to establish a precise connection between Christ the Judge and the cross-bearer.
Following this reasoning it is implicit that we must exclude the possibility of recognising both Simon of Cyrene and the "good thief" in the cross-bearer.
If none of the characters from the different groups (among saints, blessed and Apostles), establish such an evident bond with Christ, and if even the Virgin Mary looks at the opposite side, it seems unlikely to me that either of the two characters identified respectively by Pfeiffer and Verdon could be worthy of him.
This evidence is fundamental to understand the discourse on the iconographic interpretation of this portion of the fresco and to testify that Michelangelo's drawing communicates the meanings implicit in the reiteration of the figure of Jesus; reiterated through the tracing of clear evidence that act as a conjunction between Christ the Judge and Christ the Redeemer.

[88] | H. W. PFEIFFER, *op. cit.*, p. 238.

[89] | AA.VV., *op. cit.*, p. 1104.

[90] | H. W. PFEIFFER, *op. cit.*, p. 238.

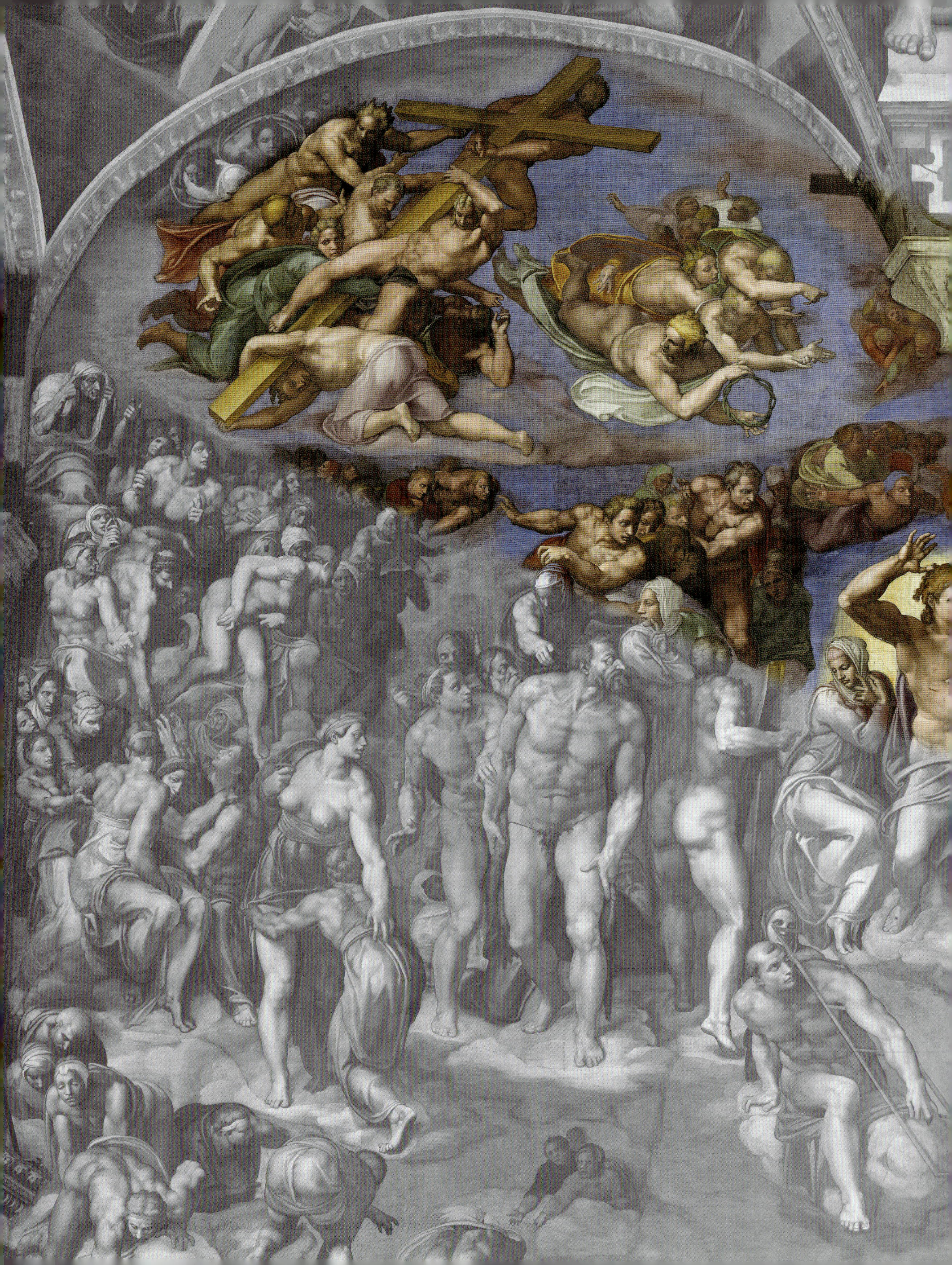

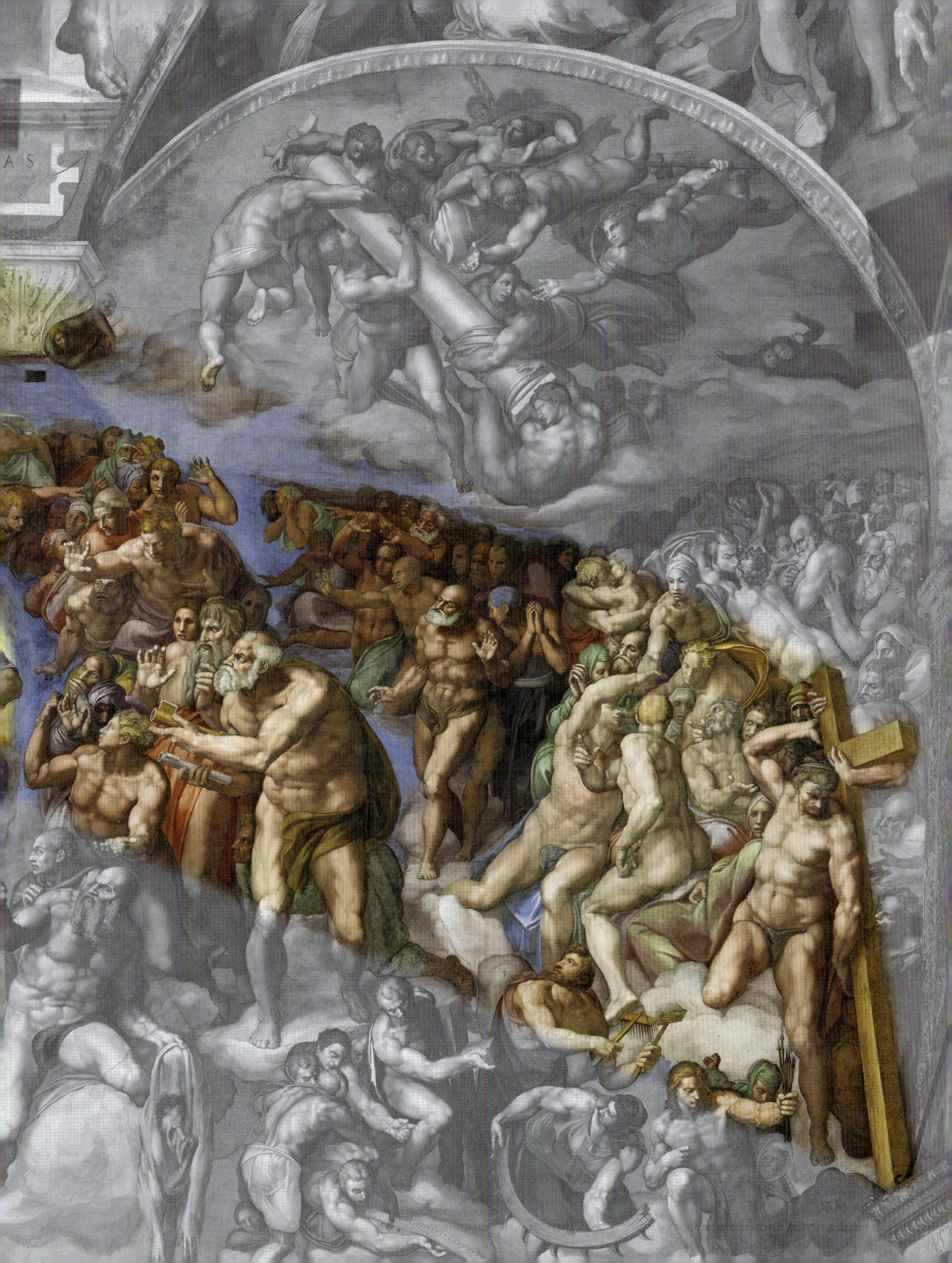

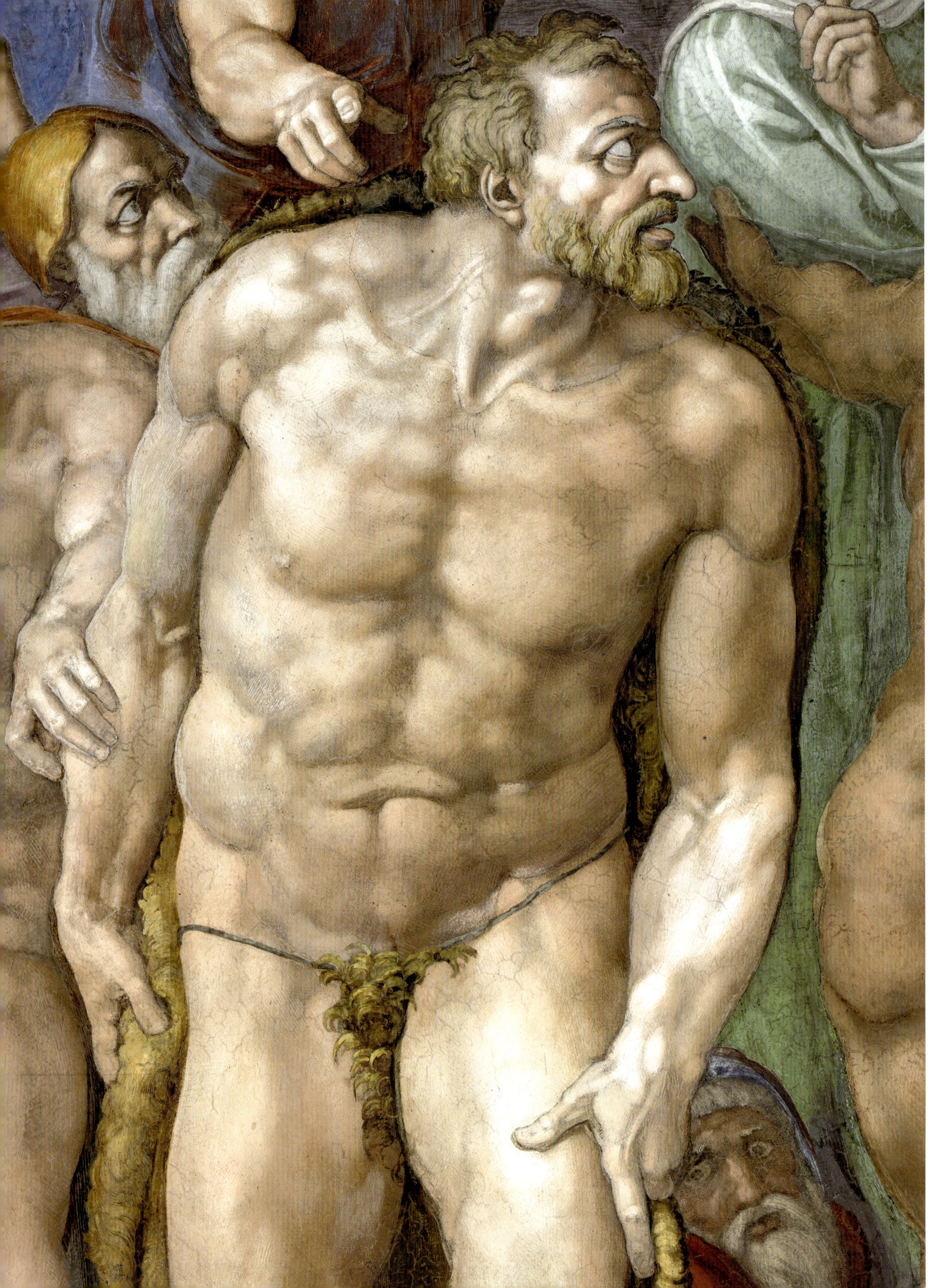

Michelangelo Buonarroti, *Abele*. Dettaglio dal *Giudizio Universale*, 1536-1541, affresco, 1370 × 1200 cm, Cappella Sistina, Città del Vaticano.

Michelangelo Buonarroti, *Abele*. Detail from the *Last Judgement*, 1536-1541, fresco, 1370 × 1200 cm, Sistine Chapel, Vatican City.

(A fronte)
Michelangelo Buonarroti, *San Giovanni Battista*. Dettaglio dal *Giudizio Universale*, 1536-1541, affresco, 1370 × 1200 cm, Cappella Sistina, Città del Vaticano.

(Opposite)
Michelangelo Buonarroti, *Saint John the Baptist*. Detail from the *Last Judgement*, 1536-1541, fresco, 1370 × 1200 cm, Sistine Chapel, Vatican City.

(A pagina 156)
Michelangelo Buonarroti, *San Sebastiano*. Dettaglio dal *Giudizio Universale*, 1536-1541, affresco, 1370 × 1200 cm, Cappella Sistina, Città del Vaticano.

(On page 156)
Michelangelo Buonarroti, *Saint Sebastian*. Detail from the *Last Judgement*, 1536-1541, fresco, 1370 × 1200 cm, Sistine Chapel, Vatican City.

(A pagina 159)
Michelangelo Buonarroti, *La Vergine*. Dettaglio dal *Giudizio Universale*, 1536-1541, affresco, 1370 × 1200 cm, Cappella Sistina, Città del Vaticano.

(On page 159)
Michelangelo Buonarroti, *The Virgin Mary*. Detail from the *Last Judgement*, 1536-1541, fresco, 1370 × 1200 cm, Sistine Chapel, Vatican City.

(Alle pagine 162-163)
Michelangelo Buonarroti, *Giudizio Universale*. La rielaborazione grafica evidenzia il bilanciamento dell'impianto iconografico attraverso la contrapposizione della coppia di croci più grandi: in alto a sinistra, quella sorretta dagli angeli e, in basso a destra, quella sulle spalle del portacroce. Al centro della proiezione il gesto di Cristo Giudice, dal quale tra origine l'animazione di tutto l'affresco.

(On pages 162-163)
Michelangelo Buonarroti, *Last Judgement*. The graphic highlights the balance of the iconographic structure through the juxtaposition of the pair of larger crosses: at the top left, the one supported by the angels and, at the bottom right, the one on the shoulders of the cross-bearer. At the centre of the projection is the gesture of Christ the Judge, from which the animation of the entire fresco originates.

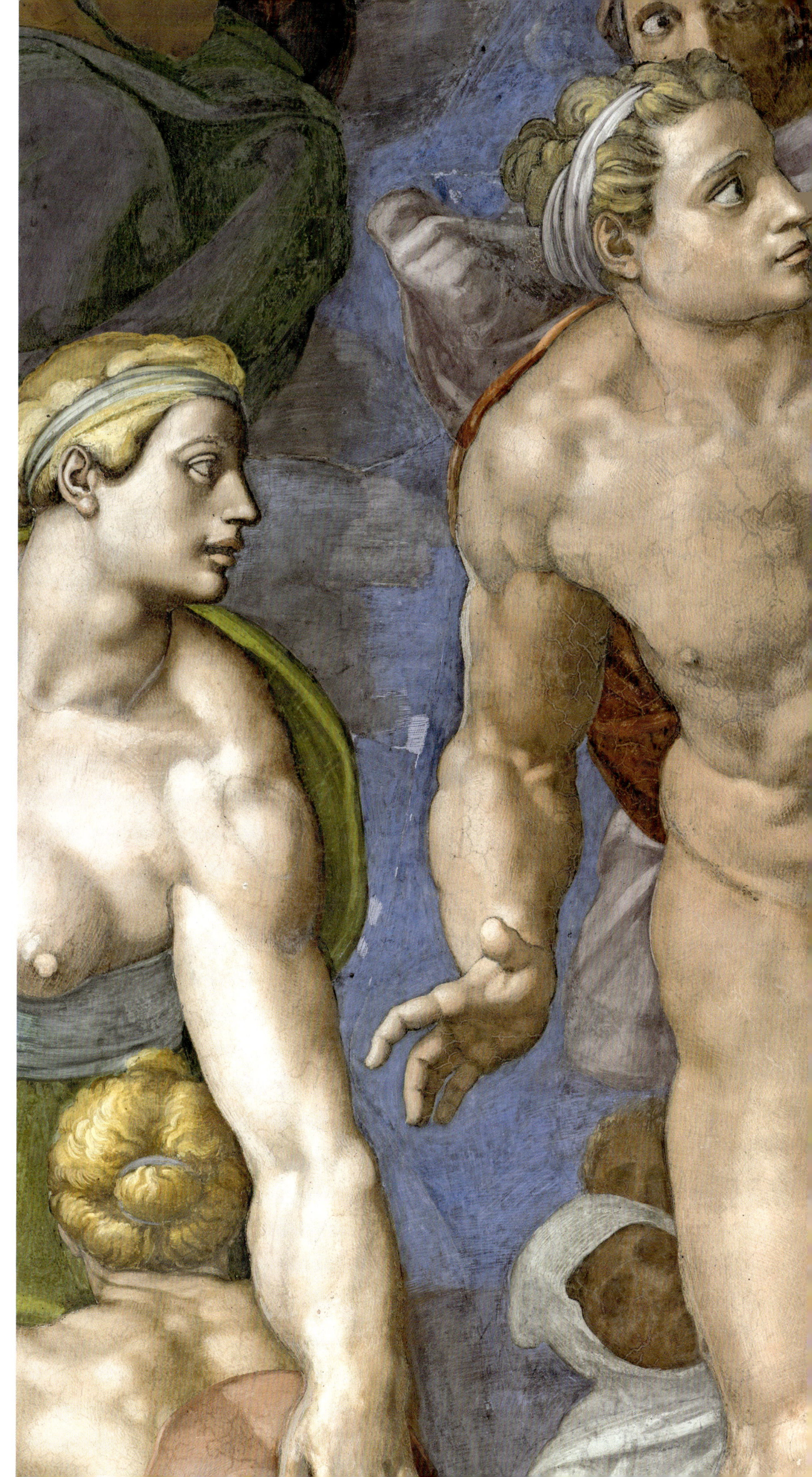

Prima di concludere il capitolo ci soffermeremo su un'ultima considerazione, che riporto solo a titolo di curiosità.
Pfeiffer scrive: «*A sinistra, all'estremità della croce fa capolino un uomo dagli occhi messi in ombra da un cappuccio rossoverde, molto simile al ritratto di Michelangelo. L'artista era consapevole della somiglianza col proprio ritratto quando dipinse questa figura? Non lo sappiamo ancora ma, se le cose stessero veramente così, allora egli avrebbe rappresentato nella figura vicina a lui in piena ombra il discepolo Tommaso Cavalieri, al quale l'artista era legato da profonda amicizia. La donna che si trova dietro colui che prende la croce dalle spalle di Simone sarà forse Vittoria Colonna? Ella guarda fissamente verso Gesù mentre indossa l'abito della fede, ombreggiato col violetto*»[91].
Se le figure disposte intorno al portacroce e alla donna che bacia il legno fossero identificabili come ipotizza Pfeiffer, sarebbe curioso notare come Michelangelo le abbia concentrate tutte, compreso se stesso, nella porzione di affresco dedicata a ricordare il concetto di fede, di speranza e di grazia.
L'artista avrebbe reiterato anche la sua immagine nell'affresco: come per palesare la consapevolezza dei propri peccati nella pelle che tiene tra le mani san Bartolomeo e, contestualmente, per testimoniare la fede ritrovata che fa di lui un buon cristiano, meritevole di sperare di essere accolto nel Regno dei Cieli. Ma questa è solo una supposizione che non trova un supporto scientifico.

CRISTO GIUDICE, CRISTO REDENTORE E L'*APOLLO DEL BELVEDERE*: LA BELLEZZA COME SINONIMO DI PUREZZA

Abbiamo già accennato a come il *Giudizio Universale* di Michelangelo abbia dato scandalo, non solo per la moltitudine di corpi nudi che affollano la composizione proprio nella Cappella simbolo del Vaticano; ma anche per la somiglianza di Cristo Giudice con la figura pagana, muscolosa e sbarbata dell'*Apollo del Belvedere*.
I canoni dell'epoca per la rappresentazione di Cristo Giudice sono troppo diversi da quelli adottati da Michelangelo, e i riferimenti all'*Apollo* sono troppo evidenti.
Se è vero che Buonarroti si è ispirato alla straordinaria bellezza della statua marmorea post-ellenistica, icona del "bello ideale", è altrettanto vero che l'artista non poteva non sapere che anche quella scelta avrebbe alimentato lo "scandalo nello scandalo".
Sono proprio queste le ragioni che rendono impossibile sorvolare sulla straordinaria somiglianza tra Gesù, il dio pagano e il portacroce.
Si trattava di una ribellione in piena regola contro la Chiesa corrotta? La testimonianza di una meditata disobbedienza e disapprovazione contro i canoni di un cattolicesimo che doveva essere necessariamente rinnovato nel profondo?
Forse Michelangelo, ormai stanco e deluso, ha voluto testimoniare sulla parete che ospita l'altare della Cappella più

[91] | *Ibidem.*

Before concluding the chapter, we will focus on one last consideration, which I report only as a curiosity.
Pfeiffer writes: «*On the left, at the far end of the cross, a man with eyes overshadowed by a red-green hood appears, very similar to Michelangelo's portrait. Was the artist aware of the resemblance to his own portrait when he painted this figure? We do not know yet, but if this was really the case, then he would have represented in the figure next to him in full shadow the disciple Tommaso Cavalieri, to whom the artist was bound by close friendship. Is perhaps the woman behind the person who takes the cross from Simon's shoulders Vittoria Colonna? She is looking fixedly at Jesus while wearing the garment of faith, shaded with violet*».[91]
If the figures arranged around the cross-bearer and the woman kissing the wood were identifiable as hypothesised by Pfeiffer, it would be curious to note how Michelangelo concentrated all of them, including himself, in the portion of the fresco dedicated to recalling the concept of faith, hope and grace.
The artist would have also reiterated his image in the fresco: as if to reveal the awareness of his sins in the skin that Saint Bartholomew holds in his hands and, at the same time, to witness the new found faith that makes him a good Christian, worthy of hoping to be welcomed into the Kingdom of Heaven. But this is only a supposition that does not find any scientific support.

CHRIST THE JUDGE, CHRIST THE REDEEMER AND THE *APOLLO BELVEDERE*: BEAUTY AS A SYNONYM OF PURITY

We have already mentioned how Michelangelo's *Last Judgement* caused a scandal not only because of the multitude of naked bodies that crowd the composition right in the Chapel that is the symbol of the Vatican; but also because of the similarity of Christ the Judge to the pagan, muscular and beardless figure of the *Apollo Belvedere*.
The canons of the time for the representation of Christ the Judge are so different from those adopted by Michelangelo, and the references to *Apollo* are too obvious.
If it is true that Buonarroti was inspired by the extraordinary beauty of the post-Hellenistic marble statue, icon of the "ideal beauty", it is equally true that the artist could not have been unaware that such choice would have also fuelled the "scandal within the scandal".
These are precisely the reasons that make it impossible to ignore the extraordinary similarity between Jesus, the pagan god and the cross-bearer.
Was it a rebellion in full force against the corrupt Church? The testimony of a meditated disobedience and disapproval against the canons of a Catholicism that necessarily had to be profoundly renewed?
Perhaps Michelangelo, tired and disappointed, wanted to testify on the wall that hosts the altar of the most important Chapel in

[91] | *Ibidem.*

importante al mondo, la convinzione che la grazia di Dio venga concessa attraverso la fede pura; ribellandosi con inaudito coraggio, prendendo posizione a favore degli ideali puri e cancellando il potere istituzionale della Chiesa mediatrice.
La figura di Cristo Giudice, indulgente e severo, verrebbe mitigata dalla clemenza del Redentore e ribadita dalla presenza di Maria Maddalena e dalla croce, che si contrappongono all'impetuosa scena infernale per comunicare la volontà di Dio di concedere la grazia ai meritevoli.
Per confermare queste teorie, dobbiamo aprire una parentesi e soffermarci sul contesto storico nel quale Michelangelo ha progettato l'impianto iconografico e iconologico del *Giudizio*.
Un viaggio a ritroso nel tempo per riuscire a comprendere l'ermeneutica del *Giudizio Universale*. Ancor oggi non è semplice intuire le motivazioni che hanno indotto l'artista a realizzare un'opera tanto sconvolgente quanto provocatoria; estremizzando tutto al punto da implicare il rischio della distruzione dell'affresco stesso.
Eppure i più grandi maestri di ogni tempo si sono sempre identificati con coloro che hanno avuto il coraggio di innovare a tal punto da creare una vera e propria frattura con le consuetudini dei loro tempi. Hanno saputo rompere definitivamente gli schemi attuali per accendere i riflettori sulle nuove visioni che avrebbero innescato i cambiamenti radicali.
Per comprendere davvero l'arte non è sufficiente ammirarla e apprezzarla in quanto tale, ma occorre calarsi nel contesto storico dal quale essa ha tratto origine e tentare di "immedesimarsi" nella personalità di coloro che l'hanno progettata.
Il clima nel quale ha vissuto Michelangelo era certamente complicato. La sua sensibilità era causa di profonda sofferenza e in questo particolare periodo della vita viveva appieno anche i turbamenti dell'identità cristiana e dell'incubo per le persecuzioni eretiche.
Il Concilio di Trento si svolse in tre momenti separati tra il 1545 e il 1653 e fu convocato per reagire al propagarsi della riforma protestante in Europa e alla dottrina di Martin Lutero.
La Controriforma fu la conseguenza dell'opera svolta dalla Chiesa e lo spirito reazionario che ne scaturì era la risposta cattolica al movimento protestante.
I tempi erano maturi per il cambiamento e Buonarroti era uno dei più autorevoli esponenti intellettuali del tempo, al quale i Papi avevano commissionato le decorazioni della Cappella più importante del mondo, in Vaticano, nel cuore della cristianità.
L'artista era la figura per eccellenza alla quale affidare il compito di divulgare e tramandare ai posteri i nuovi ideali del rinnovato messaggio cristiano: la codifica dell'ermeneutica del messaggio di Dio all'umanità, inglobato nella calce carbonatata dell'affresco per essere tramandato fino alla fine dei tempi.
La Riforma della Chiesa e gli ideali degli Spirituali condannavano la corruzione e auspicavano in un rinnovamento della fede basato su ideali puri.
La purezza non può che essere sinonimo di bellezza e la bellezza classica è certamente la più adeguata a trasmettere il messaggio di perfezione estetica.
Potrebbe essere questo il motivo che ha indotto Michelangelo

the world, the belief that the grace of God is granted through pure faith; rebelling with an unprecedented courage, taking a position in favour of pure ideals and erasing the institutional power of the mediating Church.
The figure of Christ the Judge, indulgent and severe, would be mitigated by the mercy of the Redeemer and reasserted by the presence of Mary Magdalene and the cross; which contrast with the impetuous infernal scene to communicate God's will to grant grace to the worthy.
To confirm these theories, we must open a parenthesis and dwell on the historical context in which Michelangelo designed the iconographic and iconological structure of the *Judgement*.
A back in time to be able to understand the hermeneutics of the *Last Judgement*. It is not easy to understand, even today, the motivations that led the artist to create an artwork as shocking as provocative; taking everything to the extreme to the point of involving the risk of destroying the fresco itself.
Yet the greatest masters of all time have always identified themselves with those who had the courage to innovate to the point of creating a real fracture with the customs of their time. They were able to definitively break the current patterns to turn the spotlight on the new visions that would trigger radical changes.
In order to truly understand art, it is not enough to admire and appreciate it as such, but it is necessary to immerse ourselves in the historical context from which it originated and try to "empathise" with the personality of those who designed it.
The atmosphere in which Michelangelo lived was certainly complicated. His sensitivity was the cause of profound suffering and in this particular period of his life he also fully experienced the turmoil of his Christian identity and the nightmare of the heretical persecutions. The Council of Trent took place in three separate moments between 1545 and 1653 and was convened to react to the spreading of the Protestant Reformation in Europe and to the doctrine of Martin Luther.
The Counter-Reformation was the consequence of the work carried out by the Church and the reactionary spirit that emerged from it was the Catholic response to the Protestant movement. The time was ripe for a change and Buonarroti was one of the most authoritative intellectual exponents of the time, to whom the Popes had commissioned the decorations of the most important Chapel in the world, in the Vatican, in the heart of Christianity.
The artist was the figure par excellence to whom the task of disseminating and handing down to posterity the new ideals of the renewed Christian message could be entrusted: the encoding of the hermeneutics of God's message to humanity, incorporated into the carbonated lime of the fresco to be handed down until the end of time.
The Reformation of the Church and the ideals of the Spirituals condemned corruption and hoped for a renewal of faith based on pure ideals.
Purity can only be synonymous of beauty and classical beauty is certainly the most appropriate to convey the message of aesthetic perfection.
This could be the reason that induced Michelangelo to depict

a raffigurare il Cristo Giudice, e anche il Redentore, con i tratti dell'*Apollo del Belvedere*; poiché la rappresentazione della purezza non era più identificabile nei consueti canoni in un mondo corrotto e, dunque, andava espressa e comunicata attraverso gli intramontabili modelli della perfezione della bellezza classica.

Questa geniale soluzione, si traduce in una peculiare quanto ben pianificata testimonianza iconografica ed iconologia; tanto solita quanto inequivocabile; atta a comprovare non solo quanto non possa essere casuale la reiterazione della figura di Cristo nel portacroce, ma neppure la somiglianza di entrambi con l'*Apollo del Belvedere*.

Sulla base di questi presupposti, chi altro avrebbe potuto somigliare così tanto a Cristo Giudice?

Apollo è il dio dell'ordine morale e della misura perfetta ed è dispensatore di vita poiché allontana il male; tuttavia la sua ira provoca la punizione per coloro che disobbediscono.

Il dio profano viene chiamato anche Febo, "risplendente", poiché è spesso assimilato a Elio, dio del Sole e della luce. Infatti il suo capo è spesso cinto da una corona di luce.

Marco Bussagli ha evidenziato come molte scelte iconografiche di Michelangelo siano riconducibili alla sua perfetta conoscenza del testo di Sulpicio, nel quale Gesù giudicante è esplicitamente avvicinato al sole.

Lo storico dell'arte osserva che il gruppo centrale della Vergine e del Cristo Giudice deriva dalla descrizione poetica di Giovanni Antonio Sulpicio detto "il Verolano". Il suo *Iudicium Dei*, poema in versi latini pubblicato nel 1508, doveva essere noto al secondo committente del *Giudizio* sistino, che era allievo del retore verolano. Si trattava, infatti, di quell'Alessandro Farnese che salirà al soglio pontificio con il nome di Paolo III. Leggendo l'opera di Sulpicio, concepita in due libri, lo studioso nota le congruenze con l'affresco; che vanno dalla presenza dei medesimi santi alla motivazione delle ragioni teologiche che spinsero l'artista a non dipingere le ali agli angeli e, invece, ad attribuire fisionomie negroidi ai demoni e tanti altri aspetti che culminano nella descrizione delle due figure centrali che così suona nella traduzione italiana: «*Nel bel mezzo* (del coro angelico) *più splendente del sole / e tutto abbagliante / starà Cristo, insieme a Maria, parimente Vergine e Madre / che, con il suo fulgore, supererà la luna e le stelle*»[92].

In origine Apollo e il Sole erano considerate due divinità distinte, unite in seguito in un'unica persona. In quanto dio del Sole e della luce, Apollo ha facoltà di vedere tutto quello che accade sulla Terra e di venire a conoscenza dei peccati nascosti, come quando vede il tradimento di Afrodite con Ares e ne informa Vulcano nella sua fucina.

Anche Cristo ha facoltà di vedere tutto. Egli è ordine morale e misura perfetta. Allontana il male e punisce coloro che disobbediscono. La figura profana di Apollo, pertanto, è coerente con l'interpretazione del messaggio cristiano affidato alla perfezione del bello estetico. Nei capitoli seguenti affronteremo il tema di come la bellezza assoluta classica si spinga verso un messaggio teologico cristiano,

[92] | M. BUSSAGLI, *Michelangelo. Il volto nascosto nel 'Giudizio'*, Medusa Edizioni, San Giorgio a Cremano, 2004, p. 138.

Christ the Judge, and also the Redeemer, with the features of the *Apollo Belvedere*; since the representation of purity was no longer identifiable with the usual canons in a corrupt world and, therefore, had to be expressed and communicated through the timeless models of the perfection of classical beauty.

This ingenious solution results in a peculiar and well-planned iconographic and iconological testimony as solid as it is unequivocal, capable of proving the reasons for the reiteration of the figure of Christ in the cross-bearer and the resemblance of both to the *Apollo Belvedere*.

Based on these assumptions who else could have resembled Christ the Judge so much?

Apollo is the god of moral order and of perfect measure and he is the Giver of life because he drives away evil; however, his wrath causes punishment for those who disobey. The profane god is also called Phoebus, "shining", because he is often regarded as equivalent to Helios, God of the Sun and light. In fact, his head is often encircled by a crown of light.

Marco Bussagli has highlighted how many of Michelangelo's iconographic choices can be traced back to his perfect knowledge of Sulpicius' text, in which judgemental Jesus is explicitly brought closer to the sun.

The art historian observes that the central group of the Virgin and Christ the Judge derives from the poetic description of Johannes Sulpitius Verolensis, known as Verolensis. His *Iudicium Dei*, a poem in Latin verse published in 1508, must have been known to the second commissioner of the *Last Judgement* in the Sistine Chapel, who was a pupil of the rhetorician from Veroli. He was, in fact, that Alessandro Farnese who would ascend to the papal throne with the name of Paul III.

Reading Sulpicius' work, conceived in two books, the historian notes the congruences with the fresco; which range from the presence of the same saints to the motivation of the theological reasons that pushed the artist not to paint the wings of the angels and, instead, to attribute Negroid physiognomies to the demons and many other aspects that culminate in the description of the two central figures which sounds like this in the Italian translation: «*In the midst* (of the angelic choir) *brighter than the sun / and all dazzling / will stand Christ, together with Mary, equally Virgin and Mother / who, with her brightness, will exceed the moon and the stars*».[92]

Originally, Apollo and the Sun were considered two separate divinities, later united into one person. As the god of the Sun and light, Apollo has the ability to see everything that happens on Earth and to become aware of the hidden sins, as when he sees Aphrodite's betrayal with Ares and informs Vulcan in his forge.

Christ also has the ability to see everything. He is moral order and perfect measure. He wards off evil and punishes those who disobey. The profane figure of Apollo, therefore, is consistent with the interpretation of the Christian message entrusted to the perfection of aesthetic beauty.

In the following chapters we will address the theme of how

[92] | M. BUSSAGLI, *Michelangelo. The hidden face in the 'Last Judgement'*, Medusa Editions, San Giorgio a Cremano, 2004, p. 138.

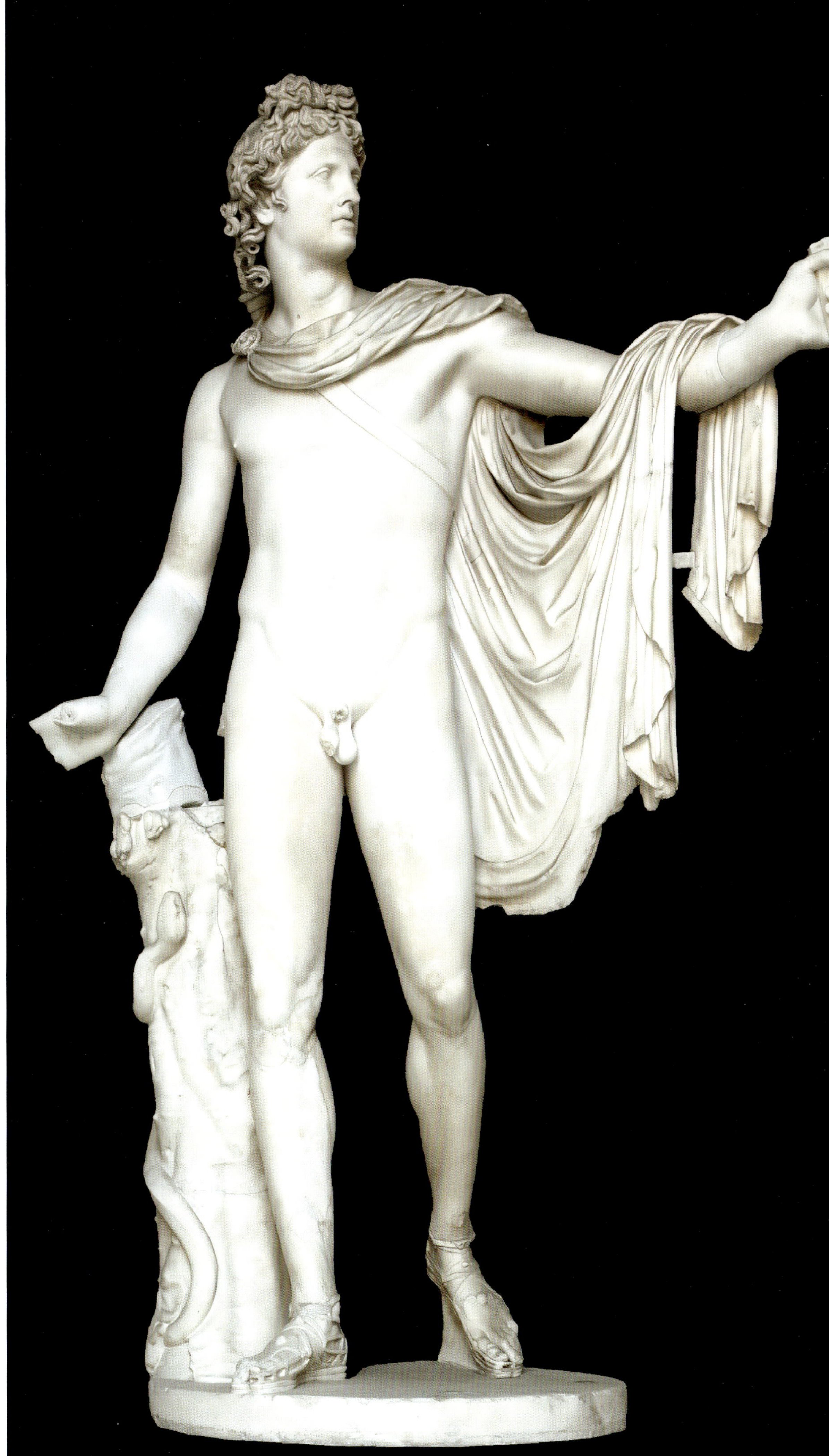

Giovanni Angelo Montorsoli,
Apollo del Belvedere, 350 a.C., marmo bianco,
224 cm, Musei Vaticani, Città del Vaticano.

Giovanni Angelo Montorsoli,
Apollo Belvedere, 350 BC, white marble,
224 cm, Vatican Museums, Vatican City.

(Alle pagine 170-171)
Particolare dell'*Apollo del Belvedere*
a raffronto con *Cristo Giudice* (al centro)
e con il *portacroce* (a destra). Dettagli
dal *Giudizio Universale*, 1536-1541,
affresco, 1370 × 1200 cm,
Cappella Sistina, Città del Vaticano.

(On pages 170-171)
Detail of the *Apollo Belvedere*
compared with *Christ the Judge* (centre)
and the *cross-bearer* (right). Details
from the *Last Judgement*, 1536-1541,
fresco, 1370 × 1200 cm,
Sistine Chapel, Vatican City.

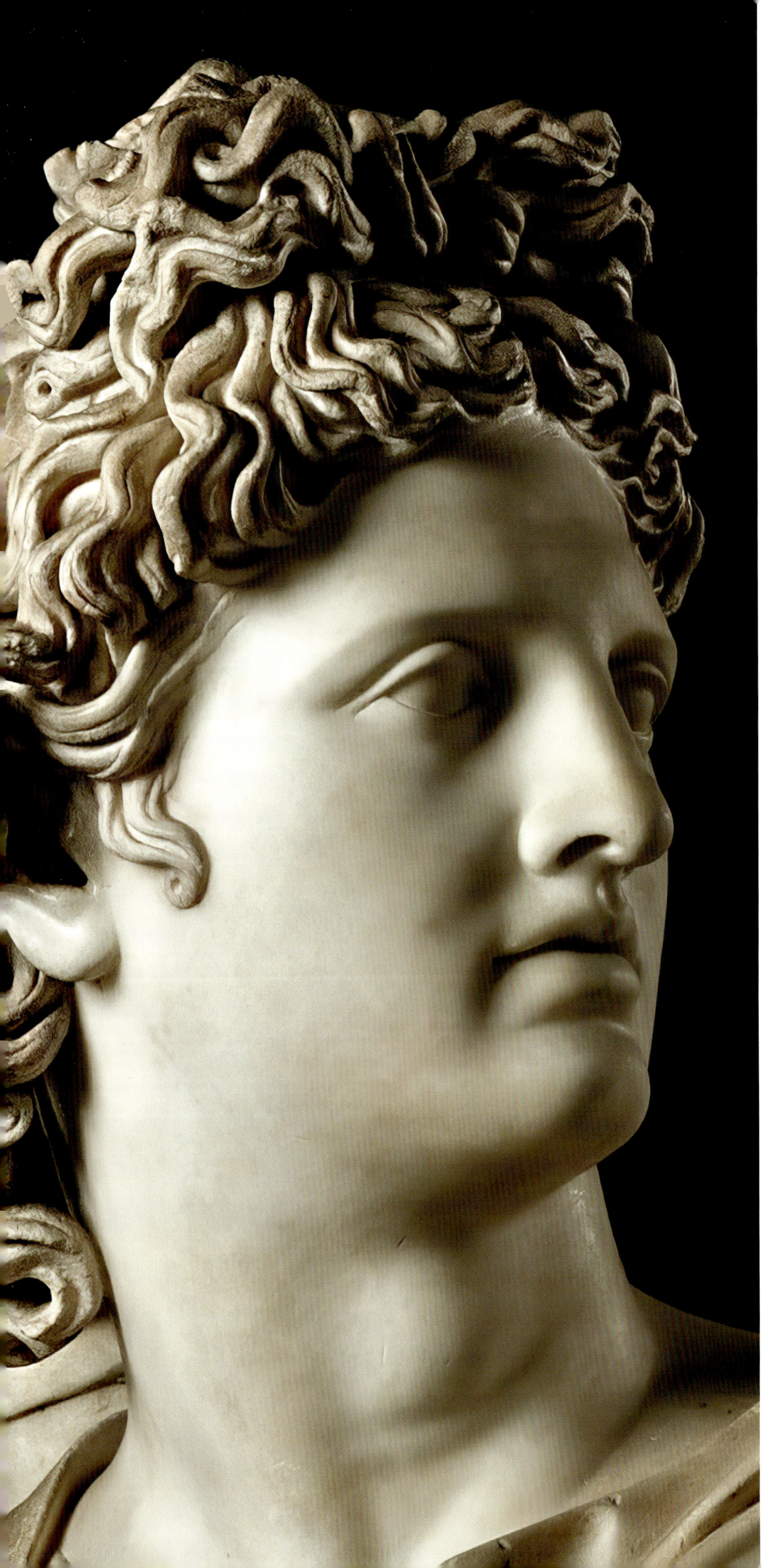

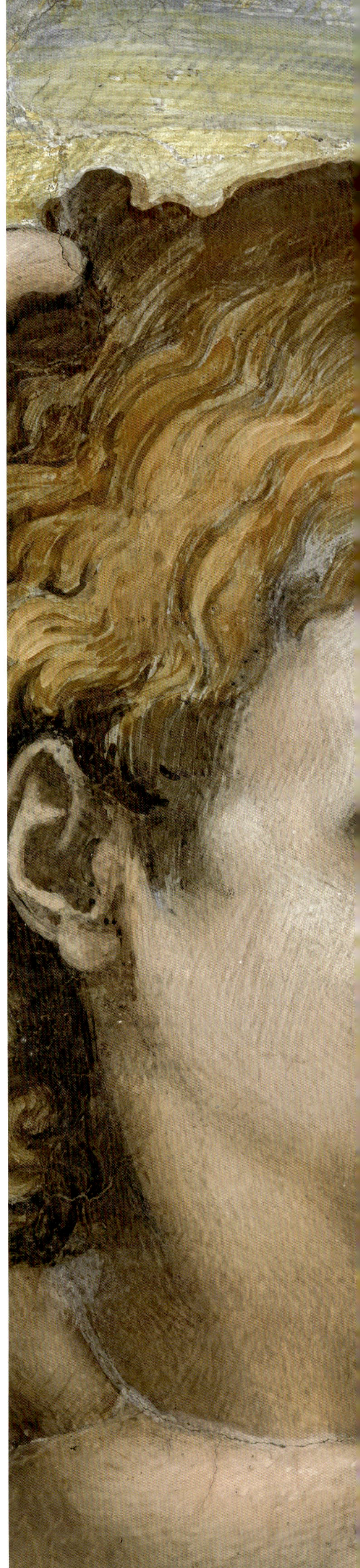

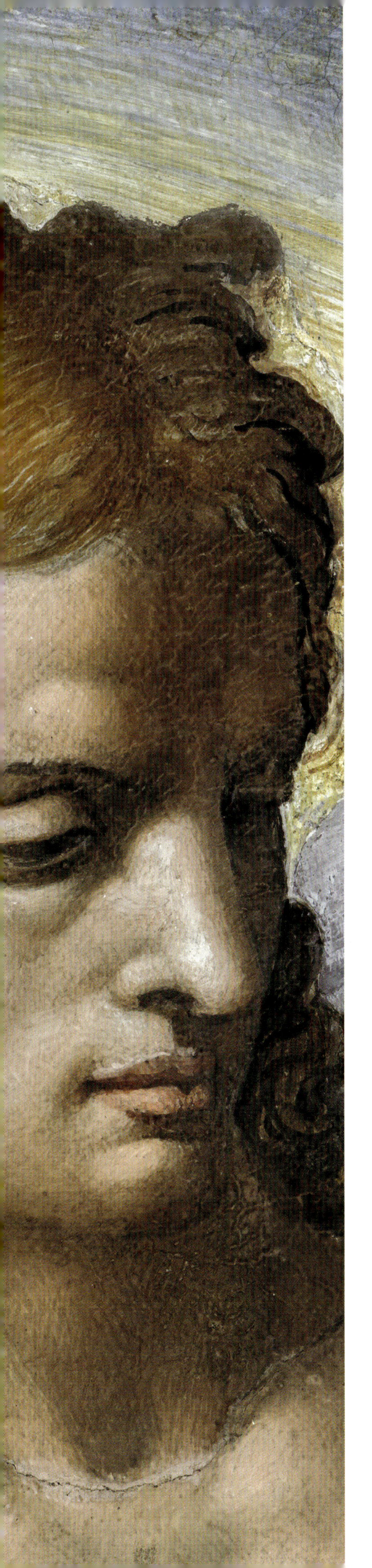

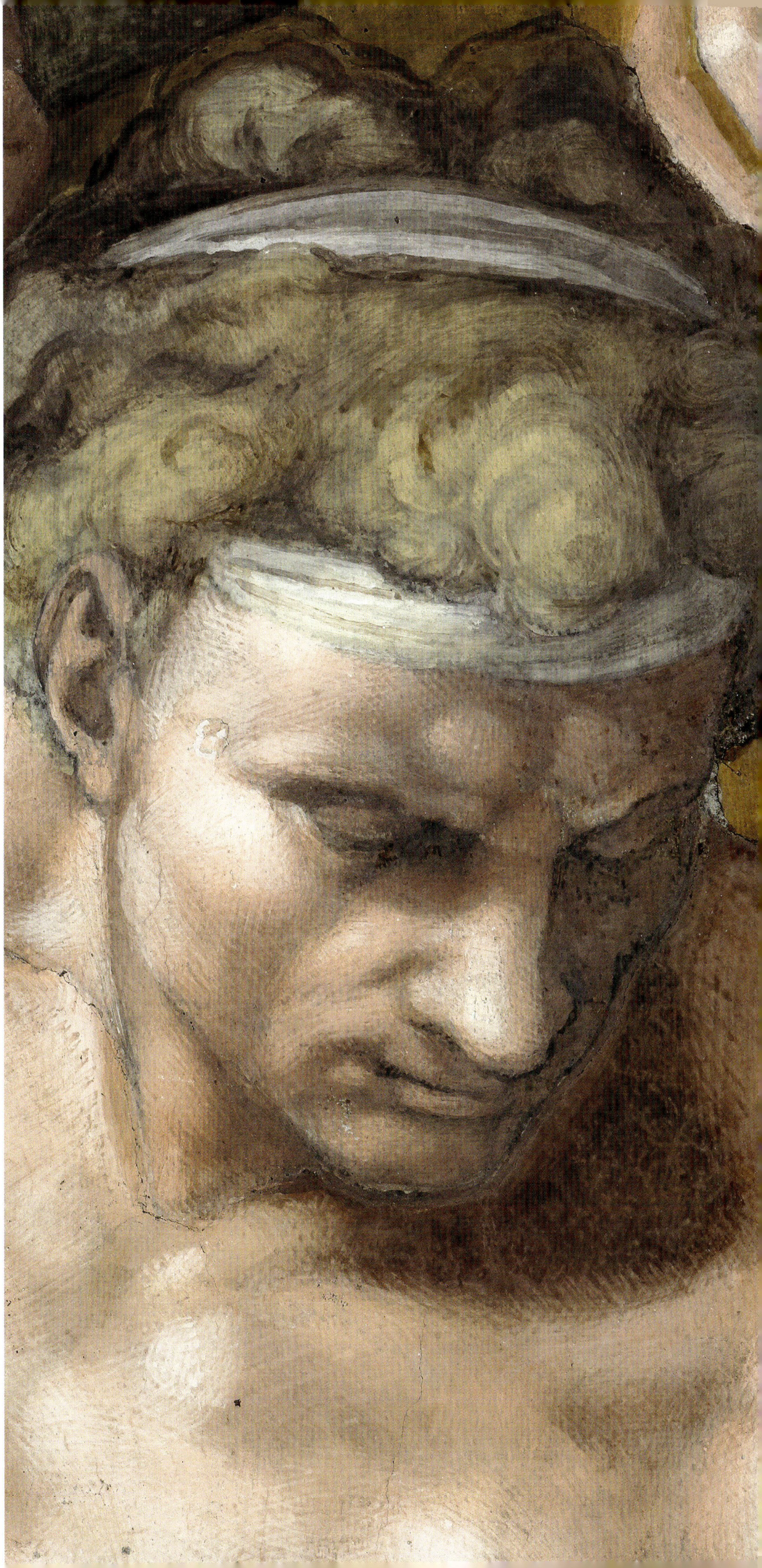

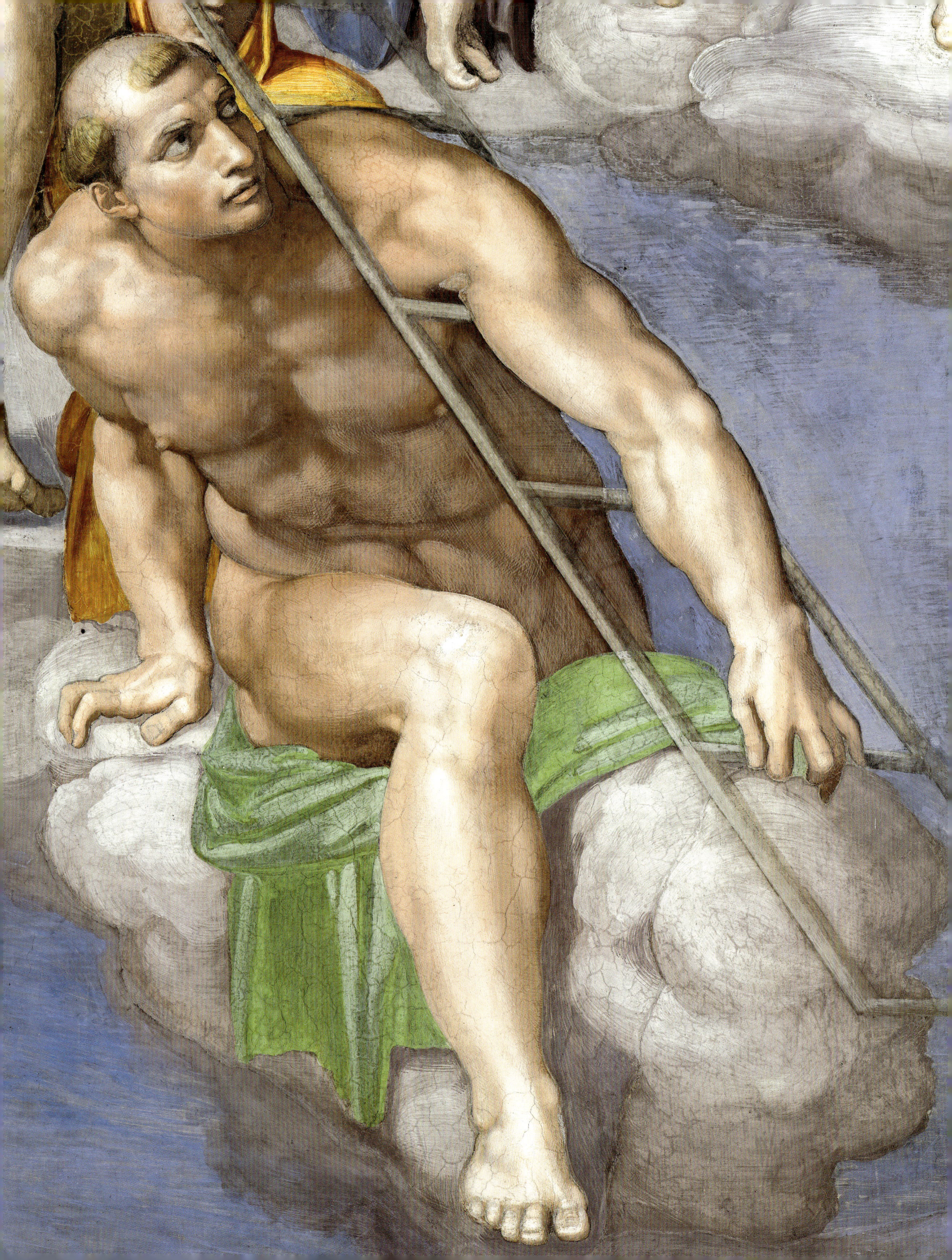

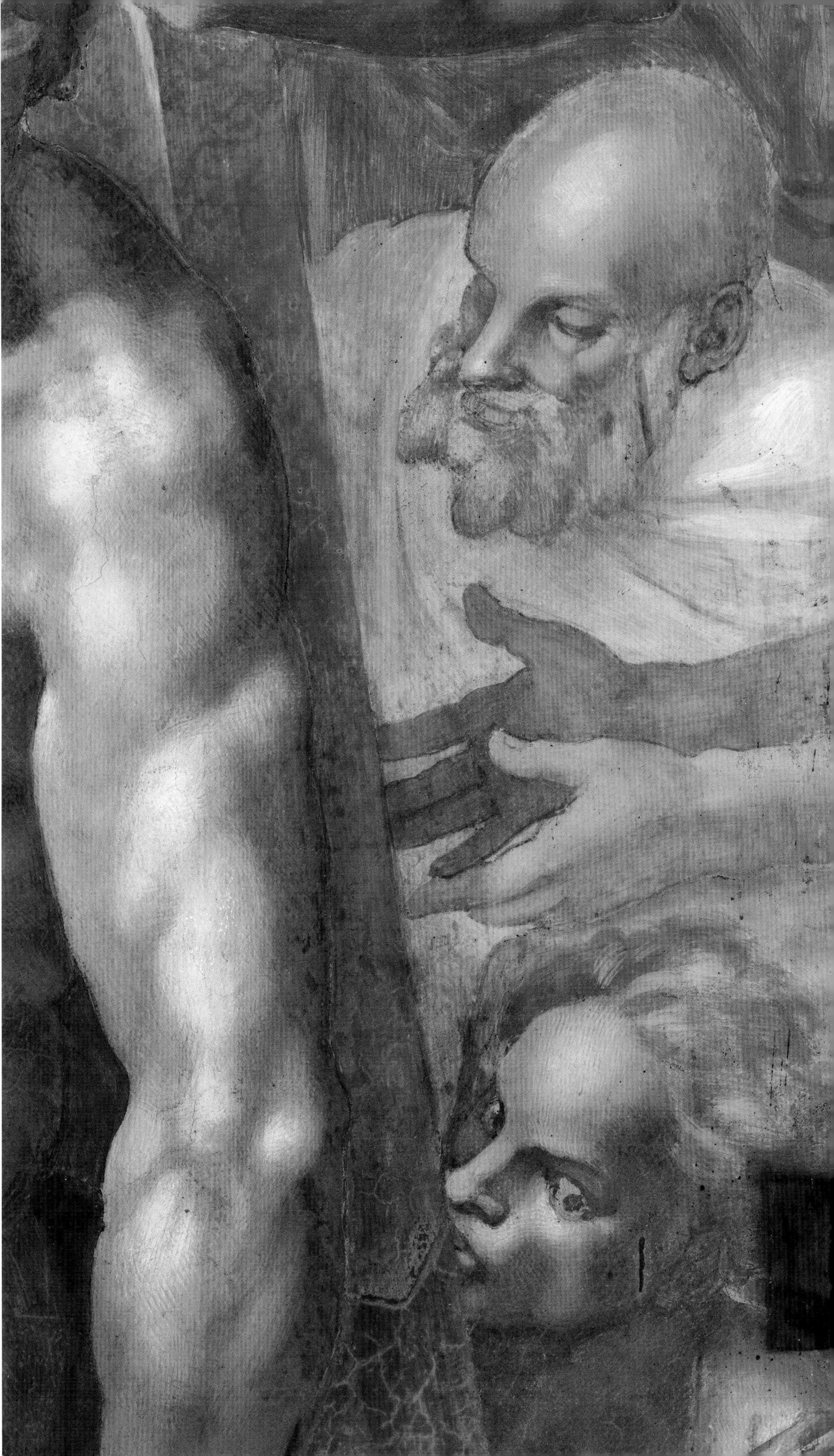

Michelangelo Buonarroti,
Maria Maddalena. Dettaglio dal *Giudizio Universale*, 1536-1541, affresco, 1370 × 1200 cm, Cappella Sistina, Città del Vaticano.

Michelangelo Buonarroti,
Mary Magdalene. Detail from the *Last Judgement*, 1536-1541, fresco, 1370 × 1200 cm, Sistine Chapel, Vatican City.

(A fronte)
Michelangelo Buonarroti, *San Lorenzo*. Dettaglio dal *Giudizio Universale*, 1536-1541, affresco, 1370 × 1200 cm, Cappella Sistina, Città del Vaticano.

(Opposite)
Michelangelo Buonarroti, *Saint Lawrence*. Detail from the *Last Judgement*, 1536-1541, fresco,1370 × 1200 cm, Sistine Chapel, Vatican City.

(A pagina 174)
Michelangelo Buonarroti, *Particolare della pelle*. Dettaglio dal *Giudizio Universale*, 1536-1541, affresco, 1370 × 1200 cm, Cappella Sistina, Città del Vaticano.

(On page 174)
Michelangelo Buonarroti, *The flayed skin*. Detail from the *Last Judgement*, 1536-1541, fresco, 1370 × 1200 cm, Sistine Chapel, Vatican City.

(A pagina 179)
Daniele da Volterra, *Autoritratto di Michelangelo Buonarroti*, 1545, olio su tavola, 88,3 × 64 cm, Metropolitan Museum of Art, New York.

(On page 179)
Daniele from Volterra, *Self-Portrait of Michelangelo Buonarroti*, 1545, oil on panel, 88.3 × 64 cm, Metropolitan Museum of Art, New York.

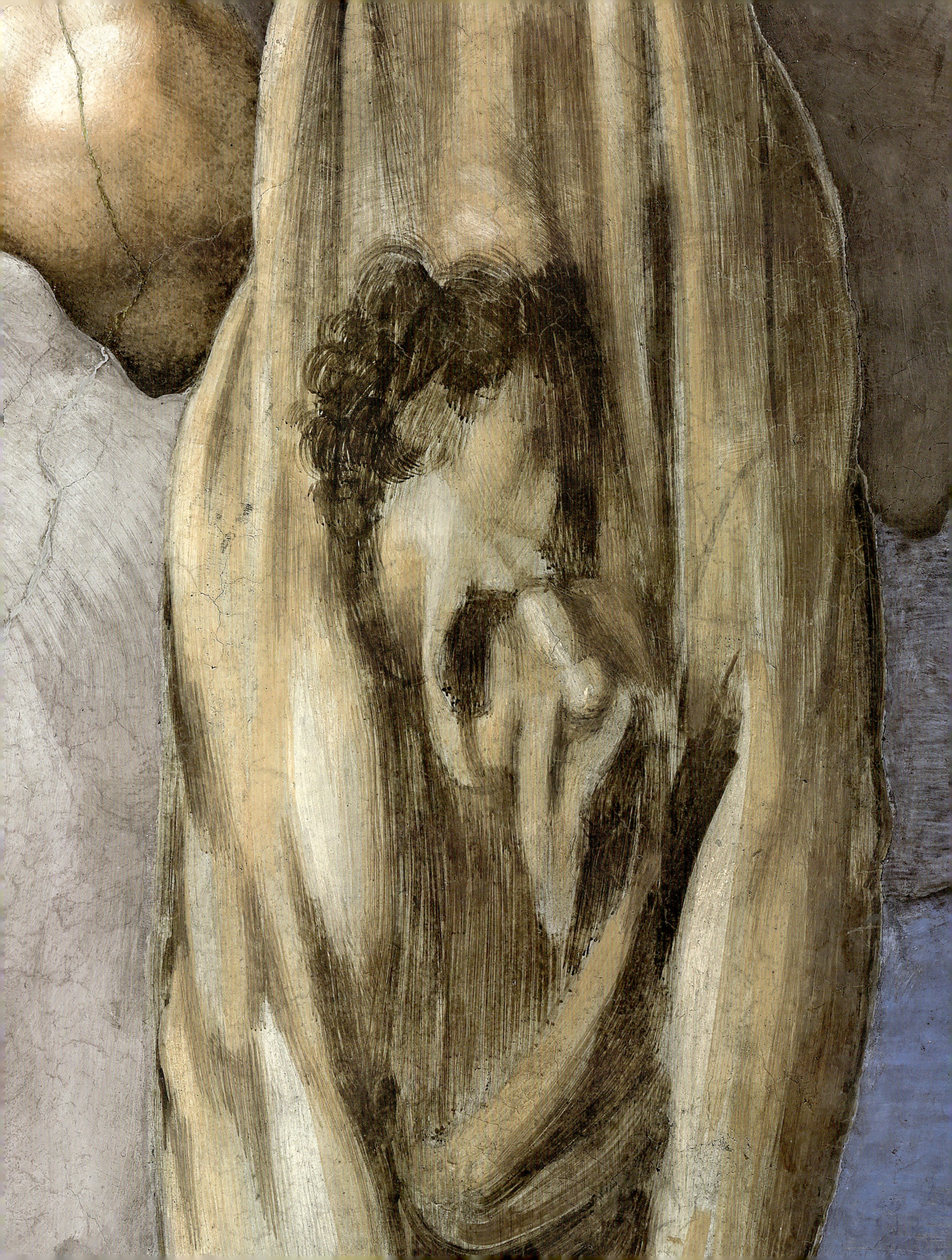

per ricongiungersi alla bellezza perfetta, che trova la sua massima espressione in Dio e nella trascendenza.
Se l'amore è il desiderio di bellezza che guida l'uomo lungo il percorso che conduce a Dio e se Dio viene ritenuto fonte della bellezza vera e perfetta, la filosofia classica e il cristianesimo diventano un tutt'uno.
Michelangelo può aver pianificato di elaborare alcuni rimandi a tematiche profane che meglio si apprestano a esprimere i temi cristiani attraverso la bellezza.
In tal senso Buonarroti avrebbe potuto "azzardare" la sovrapposizione dell'ideale profano, interpretato da Apollo, con l'ideale spirituale della figura di Cristo.
Del resto, l'esempio della Chiesa dell'epoca non rispecchiava più gli ideali puri. L'artista, dunque, in un momento di ribellione così devastante e ormai avanti con gli anni, probabilmente sentiva di potersi concedere la libertà di rompere con i rigorosi canoni che imponevano i vincoli iconografici legati alla Chiesa.
Abbiamo visto come la scelta di sovrapporre l'immagine del Cristo Giudice con quella dello splendido *Apollo del Belvedere* possa essersi forgiata attraverso un ingegnoso percorso di ricerca volto a ribadire il concetto di purezza della fede attraverso la massima espressione della bellezza estetica.
Questo messaggio poteva essere rappresentato solo attraverso l'estremizzazione del bello, che andava ricercato nell'arte classica e che doveva palesare anche l'esigenza di rinnovamento per gli ideali cristiani.
La riscoperta della bellezza classica come sinonimo di purezza e di perfezione; la simbologia di Apollo come dio preposto all'ordine morale; nonché la nuova concezione rinascimentale del ruolo della donna, paritetico e complementare a quello dell'uomo sono temi coerenti con la nuova visione della cristianità, che si contrappone alla dissoluzione e alla corruzione condannate tanto da Savonarola quanto dal circolo degli Spirituali.
La Chiesa, sollecitata a intraprendere un percorso di rinnovamento spirituale doveva, contestualmente, assumere il ruolo di guida e di esempio per l'umanità, scegliendo una fede pura e scevra dei vincoli terreni.
Questa chiave di lettura appare quanto mai coerente con le parole dello stesso Michelangelo.
Vasari scrive che qualcuno aveva riferito a Michelangelo che «*Papa Paulo IV era d'animo di fargli acconciare la facciata della Cappella dove è il Giudizio Universale; perché diceva che quelle figure mostravano le parti vergognose troppo disonestamente; là dove fu fatto intendere l'animo del Papa a Michelagnolo, il quale rispose: "Dite al Papa che questa è piccola faccenda, e che facilmente si può acconciare; che acconci egli il mondo, che le pitture si acconcino presto"*»[93] (Dite al Papa che questa è materia di poco conto e può essere facilmente regolata. Cerchi di rendere il mondo un luogo migliore in cui vivere e la pittura subito ne seguirà l'esempio).

[93] | G. VASARI, *Le Vite de più eccellenti pittori, scultori ed architetti*, Casa editrice Sonzogno, 1928, p. 402. Edizione commentata e riccamente illustrata a cura di Pio Pecchiai.

classical absolute beauty pushes towards a Christian theological message, to rejoin with perfect beauty, which finds its maximum expression in God and in transcendence.
If love is the desire for beauty that guides man along the path that leads to God, and if God is considered the source of true and perfect beauty, classical philosophy and Christianity become a single entity.
Michelangelo may have been planning to elaborate some references to profane themes that suit better to express Christian themes through beauty.
In this sense Buonarroti could have "dared" to overlap the profane ideal, interpreted by Apollo, with the spiritual ideal of the figure of Christ.
After all, the example of the Church of that time no longer reflected pure ideals. The artist, therefore, in a moment of such devastating rebellion and now advanced in years, probably felt that he could allow himself the freedom to break with the rigorous canons that imposed the iconographic constraints linked to the Church.
We have seen how the choice of overlapping the image of Christ the Judge with that of the splendid *Apollo Belvedere* may have been forged through an ingenious path of research aimed at reaffirming the concept of the purity of faith through the maximum expression of aesthetic beauty.
This message could only be represented through the extreme version of beauty, which had to be sought in classical art and which had also to reveal the need for a renewal of the Christian ideals.
The rediscovery of classical beauty as a synonym of purity and perfection; the symbolism of Apollo as a god in charge of the moral order; as well as the new Renaissance conception of the role of the women, equal and complementary to that of men, are themes consistent with the new vision of Christianity, which is opposed to the dissolution and corruption condemned by both Savonarola and the circle of the Spirituals.
The Church, urged to undertake a path of spiritual renewal, had to, at the same time, assume the role of guide and example for humanity, choosing a pure faith free from earthly constraints.
This interpretation appears to be more than ever coherent with the words of Michelangelo himself.
Vasari writes that someone had told Michelangelo that «*Pope Paul IV was willing to have him adorn the facade of the Chapel where there was the Last Judgement, because he said that those figures showed the shameful parts too dishonestly; when the Pope's state of mind was hinted to Michelangelo, he replied: 'Tell the Pope that this is a small matter, and that it can easily be resolved; let him enhance the world, and the paintings will be enhanced quickly'*».[93] ("Tell the Pope that this is a trivial matter and it can be easily regulated. Try to make the world a better place to live in and the painting will soon follow the example").

[93] | G. VASARI, *The Lives of the Most Eminent Painters, Sculptors and Architects*, Sonzogno Publishing House, 1928, p. 402. Commented and richly illustrated edition edited by Pio Pecchiai.

IL *DUPLICE* EVENTO: UN IMPERATIVO CRISTO GIUDICE E GESÙ FATTOSI UOMO

L'ipotesi che la figura di Cristo possa essere stata replicata due volte nel *Giudizio* di Michelangelo trova conforto anche nel concetto di *duplicità*.
L'imperativo gesto del braccio alzato di Cristo Giudice comunica all'umanità la «*grande potenza e gloria*» insita nella *Parusia* (*cfr. Matteo* 24:30).
Michelangelo rende comprensibile a tutti questo concetto sovrapponendolo alla nota gestualità degli imperatori quando convocano le loro truppe. Lo ritroviamo anche nella statua equestre del II secolo di Marco Aurelio.
Verdon ci spiega l'equivalenza del gesto romano con la figura biblica nel libro dei *Salmi*: «*Parla il Signore, Dio degli dèi, convoca la terra da oriente a occidente. Da Sion, bellezza perfetta, Dio risplende. Viene il nostro Dio e non sta in silenzio; davanti a lui un fuoco divorante, intorno a lui si scatena la tempesta. Convoca il cielo dall'alto e la terra per giudicare il suo popolo*» (*Salmo* 50[49],1-4)[94].
Nell'arte i temi profani vengono spesso "strumentalizzati" per pianificare la progettualità iconografica nelle rappresentazioni a fondo sacro; e anche per "adattare" le manifatture artistiche non solo all'ambiente dove debbono essere collocate, ma anche al gradimento della committenza. Il motivo è quasi sempre quello di introdurre il concetto di bellezza estetica.
Verdon spiega: «(...) *come ogni credente sa, il Cristo che guida la Chiesa è sì uomo, ma ormai riconoscibile soprattutto nella sua divinità. Non bastava la sola umanità, dal momento che "quasi sempre nel nostro Signore Gesù Cristo ogni evento è duplice", come afferma un Padre della Chiesa, san Cirillo di Gerusalemme. "Duplice è la generazione, una da Dio Padre prima del tempo, e l'altra, la nascita umana, da una vergine nella pienezza dei tempi"*» (*Catechesi* XV:PG33, coll.870-4).
San Cirillo scrive ancora: «*Due sono anche le sue discese nella storia. Una prima volta è venuto in modo oscuro e silenzioso, come una pioggia sul vello. Una seconda volta verrà nel futuro in splendore e chiarezza davanti agli occhi di tutti. Nella sua prima venuta fu avvolto in fasce e posto in una stalla, nella seconda vestirà di luce come di un manto. Nella prima accettò la croce senza rifiutare il disonore, nell'altra avanzerà scortato dalle schiere degli angeli e sarà pieno di gloria*»[95].
Se Cristo Giudice è ormai riconoscibile come "*divinità*", non è poi così scandaloso visualizzarlo secondo i canoni estetici del bello ideale.
Per quanto riguarda il discorso della duplicità, la reiterazione della figura di Cristo trova spiegazione nelle considerazioni che seguono.
Il Redentore impersona Gesù nella prima venuta sulla terra, quando era un uomo tra gli uomini "*oscuro e silenzioso*", che "*accettò la croce senza rifiutare il disonore*" e che in un "*disegno di amore misericordioso venne per istruire*" l'umanità[96].

[94] | T. VERDON, *op. cit.*, p. 50.

[95] | *Ibidem*, pp. 50-52.

[96] | *Ibidem*, p. 52.

THE *DUAL* EVENT: AN IMPERATIVE CHRIST THE JUDGE AND JESUS WHO BECAME MAN

The hypothesis that the figure of Christ may have been replicated twice in Michelangelo's *Last Judgement* also finds support in the concept of *duplicity*.
The imperative gesture of the raised arm of Christ the Judge communicates to humanity the «*great power and glory* inherent in the *Parousia*» (*cf. Matthew* 24:30).
Michelangelo makes this concept understandable to everyone by overlapping it with the well-known gestures of the emperors when they summon their troops. We also find it in the equestrian statue of Marcus Aurelius of the 2nd century.
Verdon explains the equivalence of the Roman gesture with the biblical figure in the book of *Psalms*: «*The Lord, God of gods, has spoken; he has called the earth from the rising of the sun to the going down thereof. Out of Sion, the loveliness of his beauty, God shall come manifestly. Our God shall come and shall not keep silence, a fire shall burn before him, and a mighty tempest shall be round about him. He shall call heaven from above and the earth to judge his people*» (*Psalms* 50[49]:1-4).[94]
In art, profane themes are often "exploited" to plan the iconographic design of the representations with a sacred background; and also, to "adapt" the artistic manufactures not only to the environment where they have to be placed, but also to the appreciation of the client.
The reason is almost always the fact of introducing the concept of aesthetic beauty.
Verdon explains: «(...) *as every believer knows, the Christ who leads the Church is indeed a man, but now recognizable above all in his divinity. Humanity alone was not enough, from the moment that 'for all things, for the most part, are twofold in our Lord Jesus Christ', as "Father of the Church", Saint Cyril of Jerusalem, states. 'A twofold generation, one from God the Father before the ages, and the other, the human birth, from a virgin at the close of the ages'*» (*Catechesis* XV:PG33, coll.870-4).
Saint Cyril writes again: «*His descents twofold; one, the unobserved and silent, like rain on a fleece; and a second His open coming, which is to be, in splendour and clarity before the eyes of all. In His former advent, He was wrapped in swaddling clothes in the manger; in His second, He covered Himself with light as with a garment. In His first coming, He endured the Cross, despising shame; in His second, He comes attended by a host of Angels, receiving glory*».[95]
If Christ the Judge is now recognisable as a "*divinity*", it is not so scandalous to visualize Him according to the aesthetic canons of the ideal beauty.
Regarding the discourse on duplicity, the reiteration of the figure of Christ finds an explanation in the following considerations.
The Redeemer personifies Jesus in his first coming to earth, when he was a "*dark and silent man*" among men, "*who accepted the cross without refusing dishonour*" and who in a "*plan of merciful love came to instruct*" humanity.[96]

[94] | T. VERDON, *op. cit.*, p. 50.

[95] | *Ibidem*, pp. 50-52.

[96] | *Ibidem*, p. 52.

È imprescindibile tenere in considerazione che il passaggio tra la prima e la seconda venuta si è verificato attraverso la Resurrezione e che di questo evento si fa portavoce l'Apostola degli Apostoli. Solo lei sarà il tramite tra Gesù venuto sulla terra nelle spoglie di un uomo e Cristo in ascesa verso il Regno dei Cieli.
Questi temi si esplicitano perfettamente nella simbologia del gruppo al margine destro della parete nel *Giudizio*.
Il gruppo del portacroce con la donna che bacia il legno della traversa è una sorta di "proiezione" e un ulteriore esempio di "duplicità" in stretto collegamento con il gruppo centrale composto da Cristo Giudice e Maria Vergine.
Cristo Giudice, al centro, è affiancato da Maria Vergine, interamente vestita e "*simbolo della Chiesa*" "*nelle doglie del parto di tutta l'umanità*".
Cristo Redentore è accanto a Maria di Màgdala. Anche lei è interamente vestita e indossa l'abito giallo croco del discernimento. La sua fedeltà fa di lei l'esempio per la conquista della salvezza eterna.
La presenza della croce in entrambi i contesti si ricollega all'accettazione della Passione di Cristo.
Nel giorno della *Parusia* il riferimento al fardello, che simboleggia il peso dei peccati dell'umanità, non ha più ragione di esistere e si annulla per diventare il segno distintivo della regalità del Salvatore. Per questa ragione sembra non pesare sulle possenti spalle del portacroce: poiché in questo contesto si tratta solo di un richiamo all'interpretazione degli eventi *«e la chiave di tale interpretazione sono le parole di Gesù a proposito della necessità della croce nel piano di Dio»*[97].

It is essential to take into account that the passage between the first and the second coming occurred through the Resurrection and that the Apostle of the Apostles is the ambassador of this event. She alone will be the intermediary between Jesus who came to earth in the guise of a man and Christ ascending to the Kingdom of Heaven.
These themes are made explicit in the symbolism of the group on the right edge of the wall in the *Judgement*.
The group of the cross-bearer with the woman kissing the wood of the crossbeam is a sort of "projection" and a further example of "duplicity" in close connection with the central group composed by Christ the Judge and the Virgin Mary.
Christ the Judge, in the centre, is flanked by the Virgin Mary, fully dressed and "*symbol of the Church*" "*in the birth pangs of all humanity*".
Christ the Redeemer is next to Mary Magdalene. She is fully dressed as well and wears the yellow crocus dress of discernment. Her faithfulness makes her an example for the conquest of eternal salvation.
The presence of the cross in both contexts is reconnected to the acceptance of Christ's passion.
On the day of the *Parousia* the reference to the burden, which symbolises the weight of humanity's sins, no longer has any reason to exist and is cancelled out to become the distinctive sign of the Saviour's royalty. For this reason, it does not seem to weigh on the mighty shoulders of the cross-bearer: because in this context it is only a reference to the interpretation of the events *«and Jesus' words about the necessity of the cross in God's plan are the key to this interpretation»*.[97]

LA DRAMMATICITÀ DEL *GIUDIZIO* E LA RICERCA DELL'"ASPETTO POSITIVO"

Vasari e Condivi ci raccontano che Clemente VII chiese a Michelangelo di tornare a lavorare nella Sistina per realizzare il *Giudizio Universale* sulla parete ovest e la *Caduta degli angeli ribelli* su quella a est.
Quest'ultimo tema, trattato in relazione alla Chiesa con le Sacre Scritture, veniva raffigurato assai di rado.
Verdon spiega come la *Caduta degli angeli ribelli* dovesse riferirsi alla punizione riservata alle truppe imperiali di Carlo V d'Asburgo composte per lo più da lanzichenecchi tedeschi, soldati spagnoli e bande di italiani che, il 6 maggio del 1527, avevano perpetrato il terrificante Sacco di Roma; umiliando la Chiesa per aver costretto il Papa a rimanere prigioniero a Castel Sant'Angelo fino a dicembre dello stesso anno, quando fu liberato solo dietro pagamento di un'indennità.
La contestuale realizzazione del *Giudizio* sarebbe stata in evidente correlazione con la punizione per il Sacco di Roma.
Ma poi Clemente VII venne a mancare e il progetto della *Caduta degli angeli ribelli*, con Paolo III Farnese, venne accantonato. Era, tuttavia, ormai consolidato il concetto che il

[97] | FRANCESCO, *op. cit.*, p. 24. Fonte CRIMELLA, *op. cit.*, pp. 365-366.

THE DRAMATIC NATURE OF THE *JUDGEMENT* AND THE SEARCH FOR THE "POSITIVE ASPECT"

Vasari and Condivi tell us that Clement VII asked Michelangelo to return to work in the Sistine Chapel to paint the *Last Judgement* on the west wall and the *Fall of the Rebel Angels* on the east wall.
This last theme, treated in relation to the Church with the Holy Scriptures, was depicted very rarely.
Verdon explains how the *Fall of the Rebel Angels* is really referring to the punishment reserved to the imperial troops of Charles V of Habsburg, composed mostly by German lansquenets, Spanish soldiers and gangs of Italians who, on 6th May, 1527, had perpetrated the terrifying Sack of Rome, humiliating the Church by forcing the Pope to remain a prisoner in Castel Sant'Angelo until December of the same year, when he was released only upon payment of compensation.
The simultaneous realisation of the *Last Judgement* would have been clearly correlated with the punishment for the Sack of Rome.
But then Clement VII passed away and the project of the *Fall of the Rebel Angels*, with Paul III Farnese, was shelved. However, the concept that the *Last Judgement* should have foreseen both the

[97] | FRANCIS, *op. cit.*, p. 24. Source CRIMELLA, *op. cit.*, pp. 365-366.

Giudizio Universale avrebbe dovuto prevedere sia il movimento ascensionale che quello discensionale: risorgere e precipitare.
Malgrado l'intenzione di rimanere coerenti con le volontà di Clemente VII, Paolo III Farnese era un innovatore e favorì il rimodernamento della Chiesa e dell'arte: che era la delegata per eccellenza a rappresentarne il messaggio cristiano attraverso le immagini.
L'impegno del Papa prevedeva di convocare il concilio generale nel 1536, data che coincide con l'inizio dei lavori per la realizzazione del *Giudizio*.
Paolo III istituì una commissione per denunciare gli abusi della Chiesa. Nove mesi dopo i membri del comitato, composto da riformatori del calibro del Cardinal Gasparo Contarini, Jacopo Sadoleto, Giampietro Carafa, Reginald Pole e il Vescovo Gian Matteo Giberti, consegnarono il documento *Consilium de Emendanda Ecclesia* che fu redatto con estremo rigore e che non indugiava ad accusare gli stessi Papi per aver «*trattato gli uffici della Chiesa come beni commerciali*», denunciando apertamente l'inadeguatezza morale e intellettuale del clero.
Anche in tal senso Paolo III Farnese deve aver "incoraggiato" l'artista nel sentirsi libero di pianificare un *Giudizio* che non risparmiasse il monito per l'inadeguatezza dei comportamenti ecclesiali.
Il monito acquista forza e diventa dirompente nella rappresentazione della collera di Dio contro i peccatori.
Verdon scrive: «*Per Paolo III, cioè, non era questione di lanciare strali contro i nemici del papato, contrapponendo la loro 'caduta' al fatto teologico della risurrezione dei giusti, bensì di porre davanti a tutti, e in primo luogo davanti agli stessi prelati utenti della Cappella, la terribile realtà del futuro Giudizio*»[98].
Michelangelo ha interpretato eloquentemente la drammaticità di questo concetto, che doveva fungere da monito.
Il teologo fa anche notare come fosse insolito rappresentare il tema del *Giudizio* nell'area celebrativa della Messa, dove era consueto illustrare gli «*aspetti gioiosi della fede cristiana*».
La funzione eucaristica doveva essere finalizzata a trasmettere un messaggio di speranza e Verdon, sottolineando questa necessità, insiste: «(...) *pur riconoscendo la drammatica situazione che l'affresco di Michelangelo fu probabilmente inteso a chiosare dobbiamo cercarvi un aspetto positivo che lo rendesse idoneo a stare sopra l'altare eucaristico*»[99].
In altre parole il teologo palesa come sia necessario indagare l'affresco alla ricerca del messaggio di grazia che Buonarroti non poteva aver trascurato, dato che la collocazione del *Giudizio Universale* è proprio dove si celebra la Messa.
Anche su questo punto Michelangelo avrebbe portato a compimento, con straordinaria disinvoltura, la difficile missione: controbilanciando la cruenta interpretazione della *Parusia* con il messaggio di clemenza e di grazia testimoniato dalla presenza di Maria di Màgdala e replicando la fisionomia del Cristo Giudice per mettere in risalto il messaggio *positivo* implicito nell'imponente immagine di Cristo Redentore.
L'evidente legame tra il portacroce e la donna che bacia il legno

[98] | T. VERDON, *op. cit.*, pp. 44-45.

[99] | *Ibidem*, p. 45.

ascending and descending movement: rising and precipitating, was by now consolidated.
Despite his intention to remain consistent with the will of Clement VII, Paul III Farnese was an innovator and favoured the modernisation of the Church and of art: which was the delegate par excellence to represent the Christian message through images.
The Pope's commitment included convening the general council in 1536, a date that coincides with the beginning of the works for the realisation of the *Last Judgement*.
Paul III established a commission to denounce the abuses of the Church. Nine months later the members of the committee, composed of reformers of the calibre of Cardinal Gasparo Contarini, Jacopo Sadoleto, Giampietro Carafa, Reginald Pole and Bishop Gian Matteo Giberti, delivered the document *Consilium de Emendanda Ecclesia* which was drafted with extreme rigor and which did not hesitate to accuse the Popes themselves for having «*treated the offices of the Church as commercial goods*», openly denouncing the moral and intellectual inadequacy of the clergy.
Also in this sense, Paul III Farnese must have "encouraged" the artist to feel free to plan a *Judgement* that would not spare the warning for the inadequacy of the ecclesiastical behaviour.
The warning gains strength and becomes disruptive in the representation of God's wrath against sinners.
Verdon writes: «*For Paul III, actually, it was not a question of throwing arrows against the enemies of the papacy, contrasting their 'fall' with the theological fact of the resurrection of the just, but rather of placing before everyone, and first of all before the very prelates who used the Chapel, the terrible reality of the future Judgement*».[98]
Michelangelo eloquently interpreted the dramatic nature of this concept, which was meant to serve as a warning.
The theologian also points out how it was unusual to represent the theme of the *Judgement* in the celebratory area of the Mass, where it was customary to illustrate the «*joyous aspects of the Christian faith*».
The Eucharistic function had the aim of transmitting a message of hope and Verdon, underlining this necessity, insists: «(...) *while acknowledging the dramatic situation that Michelangelo's fresco was probably intended to illustrate – we must search for a positive aspect in it that would make it suitable to be placed above the Eucharistic altar*».[99]
In other words, the theologian shows how it is necessary to investigate the fresco in search of the message of grace that Buonarroti could not have overlooked, given that the placeme The graphic nt of the *Last Judgement* is precisely where the Mass is celebrated.
Also on this point, Michelangelo would have completed the difficult mission with extraordinary ease: counterbalancing the bloody interpretation of the *Parousia* with the message of mercy and grace witnessed by the presence of Mary Magdalene and replicating the physiognomy of Christ the Judge to highlight the *positive* message implicit in the imposing image of Christ the Redeemer.
The evident bond between the cross-bearer and the woman kissing

[98] | T. VERDON, *op. cit.*, pp. 44-45.

[99] | *Ibidem*, p. 45.

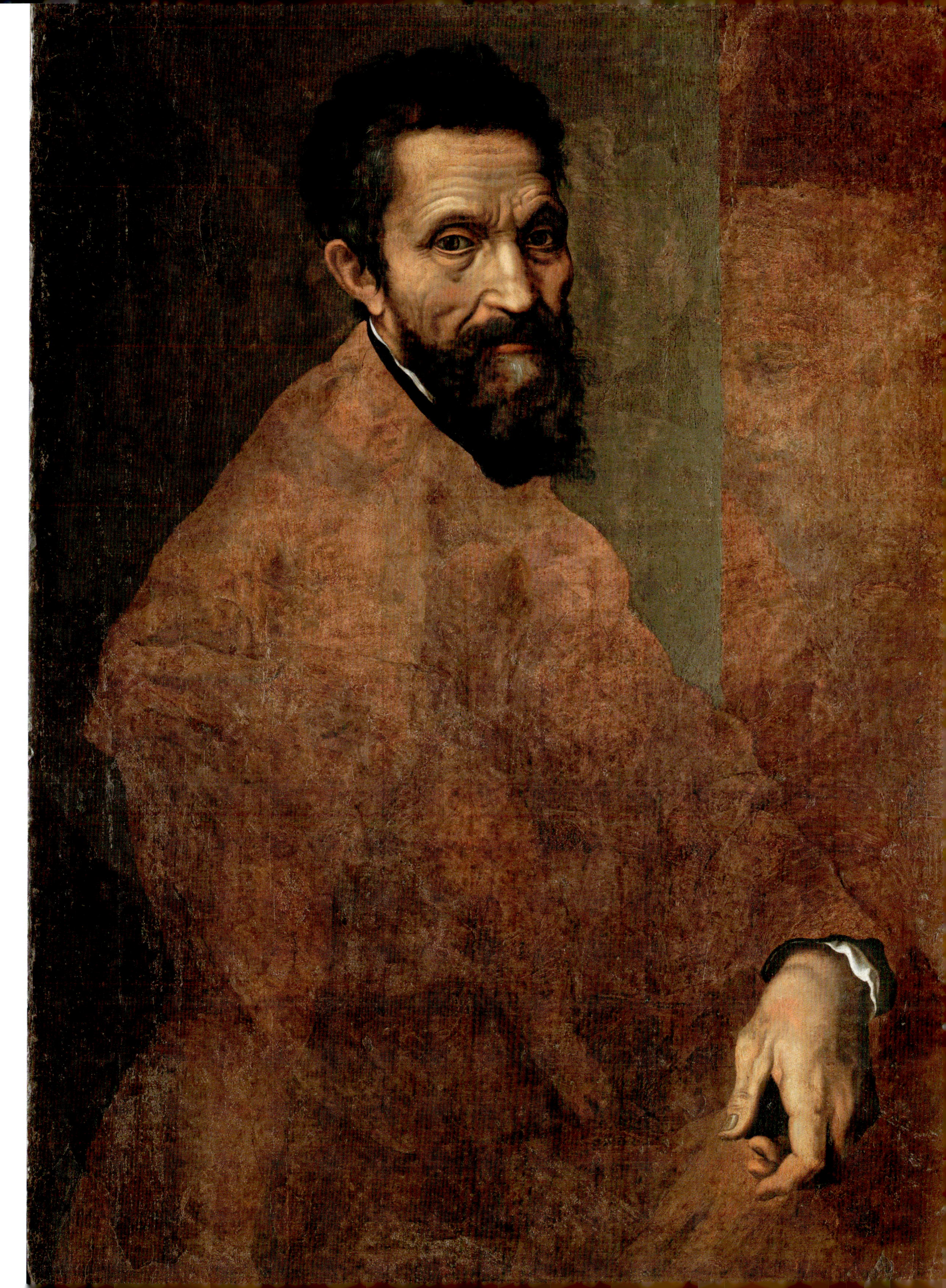

viene suggellato dalla "eccezionale indipendenza" di queste due figure rispetto al resto della composizione: oltre al riferimento all'incontro dell'umanità con il suo Sposo, il gruppo sembra ristabilire una sorta di unione cosmica tra uomo e donna in una fratellanza che li rende paritetici e complementari per mezzo della condivisione della croce.

Quest'ultima è il simbolo della speranza perché testimonia Passione, morte e Resurrezione ed esorta l'uomo fragile a sopportare la sofferenza, invitandolo a rimanere saldo nella fede e a superare le prove. La condivisione della croce conduce finanche alla cancellazione del peccato originale.

Ed ecco che l'affresco di Michelangelo completa la storia della cristianità e dell'intimo rapporto dell'uomo con Dio; dalla Genesi in poi, per tutto il tempo concesso all'umanità per redimersi, fino all'evento conclusivo: la *Parusia* che culmina con la sconfitta del male e il ricongiungimento dell'amata figliolanza che sarà meritevole di essere accolta nel Regno dei Cieli.

Tutti questi aspetti rendono esplicita la responsabilità con la quale Michelangelo si accingeva a realizzare l'impianto del *Giudizio* e come l'artista abbia dovuto plasmare con solerzia i contenuti che si apprestava a comunicare ai posteri.

Ciò nondimeno non si può che accreditare l'ipotesi che Buonarroti abbia deliberatamente insistito sulla drammaticità della condanna per i peccatori, con il preciso obiettivo di sensibilizzare l'umanità al monito e di esortarla a forgiare in sé la determinazione nella capacità di discernimento, poiché essa consente di superare le prove, di rimanere saldi nella fede e di salvarsi.

Sembra questa un'argomentazione coerente con la riflessione di Verdon quando si sofferma sulla ricerca dell'*aspetto positivo* progettato dal Buonarroti per rendere l'affresco "*idoneo a stare sopra l'altare*" e ad accogliere i fedeli che partecipano alla celebrazione eucaristica.

Michelangelo riuscì a risolvere con eccezionale adeguatezza la comunicazione dell'ermeneutica del disegno di Dio intesa sia in senso discensionale che ascensionale, rispondendo a una pluralità di esigenze: comunicare il messaggio di speranza, di fede rinnovata, la condanna per i dannati, il monito per la Chiesa, la promessa di Dio di concedere la grazia e la volontà di accogliere la fratellanza nel Regno dei Cieli.

La promessa di una vita oltre la morte non poteva che raggiungere i cuori dei fedeli, accendendo implicitamente la speranza di ricongiungersi con i propri cari in una vita migliore.

L'aspettativa di sopravvivere alla morte del corpo e la prospettiva di incontrare di nuovo le persone che amiamo rappresenta una delle fragilità più profonde dell'essere umano e, dunque, il messaggio di speranza diventa quanto mai efficace e significativo per motivare l'umanità a riflettere e a confidare nella clemenza di Dio.

La presenza di Maria di Màgdala, simbolo dell'umanità e *autentica evangelizzatrice della Resurrezione*, baciando la croce estremizza l'esortazione a riflettere, poiché Cristo Redentore è accanto a lei ed è pronto a mantenere la promessa di accogliere con amore la sua figliolanza.

Questa porzione dell'affresco testimonia il ricongiungimento di Maria di Màgdala con Gesù così come l'umanità, nel momento della *Parusia*, potrà ricongiungersi al suo Salvatore: colui che Redime.

the wood is sealed by the "exceptional independence" of these two figures compared to the rest of the composition: in addition to the reference to the meeting of humanity with its Spouse, the group seems to re-establish a sort of cosmic union between man and woman in a brotherhood that makes them equal and complementary through the sharing of the cross.

The latter is the symbol of hope because it bears witness to Passion, death and Resurrection and exhorts the fragile man to bear suffering, inviting him to remain firm in faith and to overcome the trials. The sharing of the cross even leads to the cancellation of the original sin.

And here is where Michelangelo's fresco completes the history of Christianity and of man's intimate relationship with God; from the Genesis onwards, for all the time granted to humanity to redeem itself, up to the closing event: the *Parousia* which culminates with the defeat of evil and the reunification of the beloved sonship which will be worthy of being welcomed into the Kingdom of Heaven.

All these aspects make explicit the responsibility with which Michelangelo was approaching the creation of the *Last Judgement* and how the artist had to diligently shape the contents that he was preparing to communicate to posterity.

Nonetheless, we cannot but credit the hypothesis that Buonarroti has deliberately insisted on the dramatic nature of the condemnation of the sinners, with the specific aim of sensitising humanity on the warning, and urging it to forge within itself the determination in the capacity for discernment, since this allows us to overcome trials, to remain steadfast in faith and to be saved.

This seems to be an argument consistent with Verdon's reflection when he dwells on the search for the *positive aspect* designed by Buonarroti to make the fresco "*suitable to be placed above the altar*" and to welcome the faithful who participate to the Eucharistic celebration.

Michelangelo succeeded in solving with exceptional adequacy the communication of the hermeneutics of God's plan understood both in a descending and ascending sense, responding to a plurality of needs: communicating the message of hope, of renewed faith, the condemnation of the damned, the warning for the Church, God's promise to grant grace and the will to welcome brotherhood in the Kingdom of Heaven.

The promise of a life after death could not fail to reach the hearts of the faithful, implicitly igniting the hope of being reunited with their loved ones in a better life.

The expectation of surviving bodily death and the prospect of meeting the people we love again represents one of the deepest fragilities of the human being and, therefore, the message of hope becomes more than ever effective and significant to motivate humanity to reflect and to have trust in the mercy of God.

The presence of Mary Magdalene, symbol of humanity and *authentic evangeliser of the Resurrection*, while kissing the cross, takes the concept of exhortation to reflect to the extreme, since Christ the Redeemer is beside her and is ready to fulfil his promise to welcome His sonship with love.

This portion of the fresco bears witness to the reunification of Mary Magdalene with Jesus just as humanity, at the moment of the *Parousia*, will be able to reunite with the Saviour: He who Redeems.

L'ermeneutica del *Giudizio,* a distanza di secoli, sprigiona una potenza senza pari: la potenza di un messaggio spirituale che illumina d'immenso attraverso la luce dell'amore.

The hermeneutics of the *Judgement,* after centuries, unleashes an unrivalled power: the power of a spiritual message that enlightens of immense through the light of love.

IL CONTESTO STORICO AI TEMPI DELLA PROGETTAZIONE DEL *GIUDIZIO UNIVERSALE*: IL RINASCIMENTO IN EUROPA

In che modo Michelangelo ha forgiato l'ermeneutica del *Giudizio Universale*?
È il caso di ribadire come, per comprendere davvero il messaggio celato dietro un'opera d'arte, sia indispensabile prendere consapevolezza non solo del contesto storico e culturale dal quale essa ha tratto origine, ma anche dei tumulti dell'animo di colui che l'ha ideata.
La visione del mondo nel quale Michelangelo viveva, in effetti, era paragonabile a un vero e proprio tribunale dell'Inquisizione che, legittimato da un apparente spirito di fede, condannava per eresia tutti coloro che avanzavano ideali scomodi che andavano soppressi.
La comprensione di questi elementi è certamente un presupposto fondamentale per il recupero dei significati celati dietro l'immagine, che spesso coincidono con la sua stessa "ragione di esistere".
Michelangelo nacque a Caprese, paesino vicino ad Arezzo, il 6 marzo 1475 e morì a Roma il 18 febbraio 1564.
Fu il protagonista del Rinascimento italiano, che iniziò tra la fine del Medioevo (inizio del XV secolo) e durò fino all'Età Moderna (fino alla fine del XVI secolo).
Questo periodo storico coincise con l'epoca del cambiamento.
Nel XIV secolo si rivalutò l'interesse per gli studi classici e nel mondo letterario (in particolare con le opere di Francesco Petrarca) germogliarono le nuove idee dell'Umanesimo, che influenzarono ben presto anche le arti figurative e il modo di pensare dell'epoca.
Erano i tempi della Riforma protestante, ossia dello scisma tra la Chiesa cattolica e quella protestante.
La riforma della Chiesa era improntata sulla stigmatizzazione della corruzione, ma l'intransigenza al cambiamento veniva sia dalle posizioni ideologiche che dai risvolti politici nei quali la Chiesa era implicata.
Con la morte di Lorenzo il Magnifico (1492), Girolamo Savonarola consolidò il suo potere e inaugurò un processo di rinnovamento della tradizione religiosa, che sopravvisse alla sua esecuzione sul rogo avvenuta nel 1498.
Savonarola aveva istituito una repubblica teocratica mirata a distruggere gli aspetti paganeggianti e lussuriosi del Rinascimento che, di fatto, furono stroncati alla fine nel 1527 con il Sacco di Roma, avvenuto per mano delle truppe spagnole e tedesche.
Ma il fascino dell'età classica greca e romana e la consapevolezza del legame di discendenza con il mondo antico erano destinate a non tramontare.
Il Rinascimento, attraverso la storia e la filosofia, aspirava a rievocare l'antico, avvicinandosi il più possibile alla sua forma autentica e rielaborandone i contenuti attraverso ispirazioni originali.
La nuova percezione dell'uomo introduceva il concetto di "identità", ossia della capacità di essere l'"artefice della propria sorte" (celebre

THE HISTORICAL CONTEXT AT THE TIME OF THE PLANNING OF THE *LAST JUDGEMENT*: THE RENAISSANCE IN EUROPE

How did Michelangelo forge the hermeneutics of the *Last Judgement*?
It is worth reiterating that, in order to truly understand the message hidden behind a work of art, it is essential to become aware not only of the historical and cultural context from which it originated, but also of the turmoil of the soul of the person who created it.
The vision of the world in which Michelangelo lived, in fact, was comparable to a real court of the Inquisition which, legitimised by an apparent spirit of faith, condemned for heresy all those who advanced inconvenient ideals that had to be suppressed.
The comprehension of these elements is certainly a fundamental prerequisite to recover the meanings hidden behind the image, which often coincide with its "reason to exist".
Michelangelo was born in Caprese, a small town near Arezzo, on 6th March, 1475 and died in Rome on 18th February, 1564.
He was the protagonist of the Italian Renaissance, which began at the end of the Middle Ages (beginning of the 15th century) and lasted until the Modern Age (until the end of the 16th century).
This historical period coincided with the era of change.
In the 14th century, the interest in classical studies was re-evaluated and in the literary world (in particular with the works of Francesco Petrarca) the new ideas of Humanism germinated, which soon also influenced the figurative arts and the way of thinking of the time.
It was the time of the Protestant Reformation, that is, the schism between the Catholic Church and the Protestant Church.
The reform of the Church was based on the stigmatisation of the corruption, but the intransigence to change came both from the ideological positions and from the political aspects with which the Church was implicated.
With the death of Lorenzo the Magnificent (1492), Girolamo Savonarola consolidated his power and inaugurated a process of renewal of the religious tradition, which survived after his execution at the stake in 1498.
Savonarola had established a theocratic republic aimed at destroying the pagan and luxurious aspects of the Renaissance which, in fact, were finally suppressed by the end of 1527 with the Sack of Rome, carried out by Spanish and German troops.
But the charm of the classical Greek and Roman age and the awareness of the blood line connections with the ancient world seemed not to fade.
The Renaissance, through history and philosophy, aspired to evoke the ancient, getting as close as possible to its authentic form and re-elaborating its contents through original inspirations.
The new perception of man introduced the concept of "identity", that is, the ability to be the "artisan of one's own fortune" (famous

affermazione del mondo classico: *homo faber ipsius fortunae*).
Tuttavia la concezione dell'uomo come «libero e sovrano artefice di se stesso» (*De hominis dignitate* di Pico della Mirandola), subordinava in secondo piano la potenza divina: ancora una volta la presunzione dell'uomo induceva il genere umano a sostituirsi a Dio, arrogandosi il ruolo di giudice capace di discernere il bene dal male.
Questo modo di pensare rievocava, ancora una volta, il concetto di disobbedienza, del peccato originale di Adamo ed Eva, della cacciata dal giardino dell'Eden e della condanna alla fatica al dolore e alla morte: poiché il peccato comporta la morte fisica, ossia la rottura del rapporto con Dio.
Dio vestì Adamo ed Eva con alcuni abiti di pelle e li cacciò dal Paradiso.
Occorre ricordare che, in Oriente, era il padre di famiglia che preparava le vesti in segno di protezione e di dignità.
Dunque Dio ama l'uomo come un figlio e si prende cura di lui anche quando è adirato, poiché il suo amore per l'umanità è immenso e incondizionato.
Nel Rinascimento l'esaltazione delle potenzialità dell'uomo fa dell'essere umano un'identità unica tra spirito e corpo, rendendone lecita la ricerca del piacere a discapito della guida degli ideali.
Con Petrarca e Ficino, lo spirito neoplatonico rivaluta l'aspetto del rinnovamento religioso, che si oppone all'allontanamento da Dio.
Eugenio Garin evidenzia come l'esperienza umanistica si concentri sulla formazione spirituale, morale e civile dell'uomo, raggiungibile per mezzo della riscoperta dei classici.
La formazione dello spirito critico, il rinnovamento del gusto estetico e la presa di consapevolezza del pieno possesso della coscienza, danno vita a una nuova concezione dell'uomo e della natura.
Con il Rinascimento cambia anche la visione della donna rispetto a quella del Medioevo: il suo ruolo diventa paritario a quello dell'uomo.
Anche in ambito storiografico si segnò una frattura significativa e "*gli storici abbandonarono la visione medievale legata ad un concetto di tempo scandito dall'avvento di Cristo, per sviluppare un'analisi degli avvenimenti concepita laicamente, con un atteggiamento critico verso le fonti. La storia divenne una branca della letteratura e non più della teologia e si rifiutò la convenzionale divisione cristiana che doveva avere inizio con la Creazione, seguita dall'incarnazione di Gesù e dal Giudizio Finale. La visione rinascimentale esaltava invece il mondo greco-romano, condannando il Medioevo come un'era di barbarie e proclamando la nuova epoca come era di luce e di rinascita del mondo classico*"[100].
L'esaltazione del mondo greco-romano era tornata quanto mai attuale e la rivalutazione del classicismo trovava un coerente riscontro nella sovrapposizione dei tratti somatici di Cristo con quelli dell'*Apollo del Belvedere*.
Questa strategia, ideata da uno degli artisti più geniali di tutti i tempi, espliciterebbe proprio la determinazione di Michelangelo nel raffigurare Cristo Giudice e il Redentore a immagine e somiglianza del dio profano.
Se l'iconografia del *Giudizio* fonda i presupposti sui temi appena citati, allora anche la reiterazione di Cristo Giudice con

[100] | https://it.wikipedia.org/wiki/Rinascimento#cite_note-ReferenceA-7

statement from the classical world: *homo faber ipsius fortunae*).
However, the conception of man as a "free and sovereign creator of himself" (*De hominis dignitate* by Pico della Mirandola) subordinated divine power to the background: once again, man's presumption induced mankind to substitute God, arrogating the role of judge capable of discerning good from evil.
This way of thinking evoked, once again, the concept of disobedience, of the original sin of Adam and Eve, of the expulsion from the Garden of Eden and of the condemnation to fatigue, pain and death: because sin involves physical death, that is, the breaking of the relationship with God.
God dressed Adam and Eve with some leather clothes and expelled them from Paradise.
We should remember that, in the East, it was the father of the family who prepared the robes as a sign of protection and dignity.
Therefore, God loves man as a son and takes care of him even when he is angry, because his love for humanity is immense and unconditional.
In the Renaissance, the exaltation of man's potential makes the human being a unique identity between spirit and body, making the search for pleasure legitimate at the expense of the guidance of ideals.
With Petrarca and Ficino, the Neoplatonic spirit re-evaluates the aspect of the religious renewal, which opposes the distancing from God.
Eugenio Garin highlights how the humanistic experience focuses on the spiritual, moral and civil formation of man, achievable through the rediscovery of the classics.
The formation of the critical spirit, the renewal of the aesthetic taste and the awakening of the full possession of consciousness, give life to a new concept.
With the Renaissance, the vision of women also changes compared to that of the Middle Ages: their role becomes equal to that of men.
Even in the field of historiography there has been a significant fracture and «*historians abandoned the medieval vision linked to a concept of time marked by the coming of Christ, to develop an analysis of events conceived secularly, with a critical attitude towards the sources. History became a branch of literature rather than theology, and the conventional Christian division that was supposed to begin with the Creation, followed by the incarnation of Jesus and the Last Judgement was rejected. The Renaissance vision instead exalted the Greek and Roman world, condemning the Middle Ages as a barbarian age and proclaiming the new era as an era of light and rebirth of the classical world*».[100]
The exaltation of the Greek and Roman world had become more relevant than ever and the revaluation of classicism found a coherent confirmation in the overlapping of the somatic features of Christ with those of the *Apollo Belvedere*.
This strategy, developed by one of the most brilliant artists of all time, would make Michelangelo's determination to depict Christ the Judge and the Redeemer in the image and likeness of the profane god, explicit.
If the iconography of the *Last Judgement* bases its assumptions on the just mentioned themes, then the reiteration of Christ the

[100] | https://it.wikipedia.org/wiki/Rinascimento#cite_note-ReferenceA-7

il Redentore si può consolidare come una sorta di "conferma" alle teorie avanzate in questo testo.
Una simile soluzione avrebbe reso evidente e inequivocabile la comprensione delle motivazioni per le quali la presenza di Gesù è duplice, escludendone la casualità.
Ma la conseguenza davvero straordinaria è che questa progettualità, per i secoli avvenire, avrebbe esortato a riflettere sulla codifica dell'ermeneutica del *Giudizio Universale* e del quanto mai lungimirante messaggio cristiano in essa contenuto.

Judge with the Redeemer can also be consolidated as a sort of "confirmation" of the theories advanced in this text.
Such a solution would have made the comprehension of the reasons for which Jesus' presence is twofold evident and unequivocal, excluding its coincidence.
But the really extraordinary consequence is that this project, for the centuries to come, would have encouraged to reflect on the encoding of the hermeneutics of the *Last Judgement* and all the more forward-looking Christian message contained therein.

UN AMBIENTE FORGIATO NEL PASSAGGIO TRA PLATONISMO E NEOPLATONISMO: LA BELLEZZA QUALE MASSIMA ESPRESSIONE IN DIO E NELLA TRASCENDENZA

L'espressione artistica che caratterizzò il Rinascimento, si forgiò contestualmente e conseguentemente all'affermarsi degli effetti di un evento che avrebbe cambiato la storia della filosofia: le traduzioni in latino dei testi platonici a opera del filosofo, umanista e astrologo Marsilio Ficino (1433-1499).
Questa innovativa reinterpretazione dei testi platonici suggellò il passaggio tra il Platonismo e il Neoplatonismo.
Un nodo fondamentale di questa transizione fu nel fatto che nel Platonismo l'interpretazione medioevale dei testi di Platone affermava l'esistenza di una più alta verità: che il mondo sensibile trae origine dalle idee, dalle forme ideali eterne, immutabili e incorruttibili quali noi le percepiamo. Esse sono soggette al divenire, alla corruzione e alla morte.
Il Neoplatonismo, sebbene tragga origine dalla filosofia platonica, grazie ad alcune connotazioni messe in luce nelle traduzioni di Ficino, ne evidenzia gli aspetti metafisici (ricerca degli aspetti autentici e fondamentali della realtà) e religiosi.
La percezione della verità, dunque, passa attraverso l'illuminazione empirea: Dio, tornato uomo, rivela all'umanità la fonte divina (*divino numine revelata*).
Come già teorizzato durante l'umanesimo della prima metà del secolo, l'uomo era visto come *copula mundi*, ovvero quell'armonica interazione tra anima e corpo in cui ciascuno è padrone del proprio destino.
Fu così che il Neoplatonismo si radicò in un contesto sociale in cui l'uomo, spinto da una profonda crisi interiore, avvertiva intensamente la caducità della realtà sensibile.
In questi passaggi si compì un passo fondamentale per la storia dell'umanità, che conciliò la sua massima espressione nella raffigurazione artistica del Rinascimento.
Il discorso qui si ricollega al già citato concetto riferito all'interpretazione del messaggio cristiano attraverso la bellezza classica, che si estrinseca nell'espressione in Dio e nella trascendenza.
Secondo i neoplatonici, il mondo era organizzato in sfere concentriche, i cui estremi erano l'Iperuranio, inteso come mondo divino, e la materia, intesa come mondo animale.
Grazie alla speculazione filosofica gli spiriti più nobili ed eletti possono sperimentare la felicità e raggiungere la conoscenza del vero dopo la morte.

AN ENVIRONMENT FORGED IN THE PASSAGE BETWEEN PLATONISM AND NEOPLATONISM: BEAUTY AS THE HIGHEST EXPRESSION IN GOD AND IN TRANSCENDENCE

The artistic expression that characterised the Renaissance was shaped contextually and consequently to the affirmation of the effects of an event that would change the history of philosophy: the translations into Latin of Platonic texts by the philosopher, humanist and astrologer Marsilio Ficino (1433-1499).
This innovative reinterpretation of the Platonic texts sealed the transition between Platonism and Neoplatonism.
A focal point in this transition was that in Platonism the medieval interpretation of Plato's texts affirmed the existence of a higher truth: that the sensible world originates from ideas, from eternal, immutable and incorruptible ideal forms as we perceive them. They are subject to becoming, corruption and death.
Although Neoplatonism originates from Platonic philosophy, thanks to some connotations brought to light in Ficino's translations, it highlights its metaphysical (search for the authentic and fundamental aspects of reality) and religious aspects.
The perception of truth, therefore, passes through empyreal illumination: God, returned as man, reveals the divine source to humanity (*divino numine revelata*).
As already theorised during the humanism of the first half of the century, man was seen as *copula mundi,* that is, that harmonious interaction between soul and body in which each person is master of his own destiny.
It was then that Neoplatonism took root in a social context in which man, driven by a profound inner crisis, intensely felt the transience of sensible reality.
In these passages a fundamental step for the history of humanity was taken, which found its maximum expression in the artistic representation of the Renaissance.
The discussion here is connected to the aforementioned concept referred to the interpretation of the Christian message through classical beauty, which manifests itself in the expression of God and transcendence.
According to the Neoplatonists, the world was organised in concentric spheres, whose extremes were the Hyperuranium, intended as the divine world, and the matter, intended as the animal world.
Thanks to philosophical speculation, the noblest and chosen spirits can experience happiness and reach the knowledge of the truth after death.

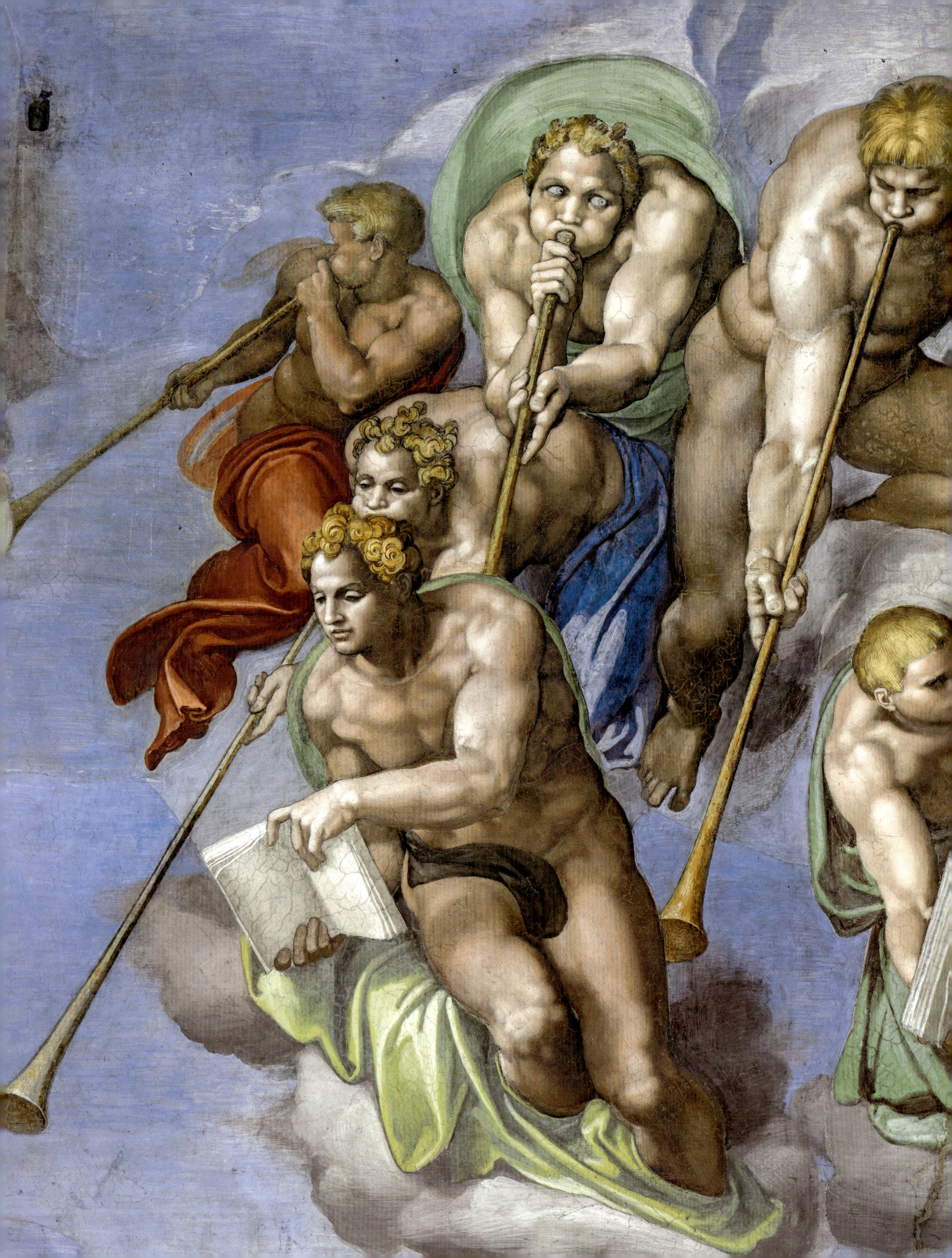

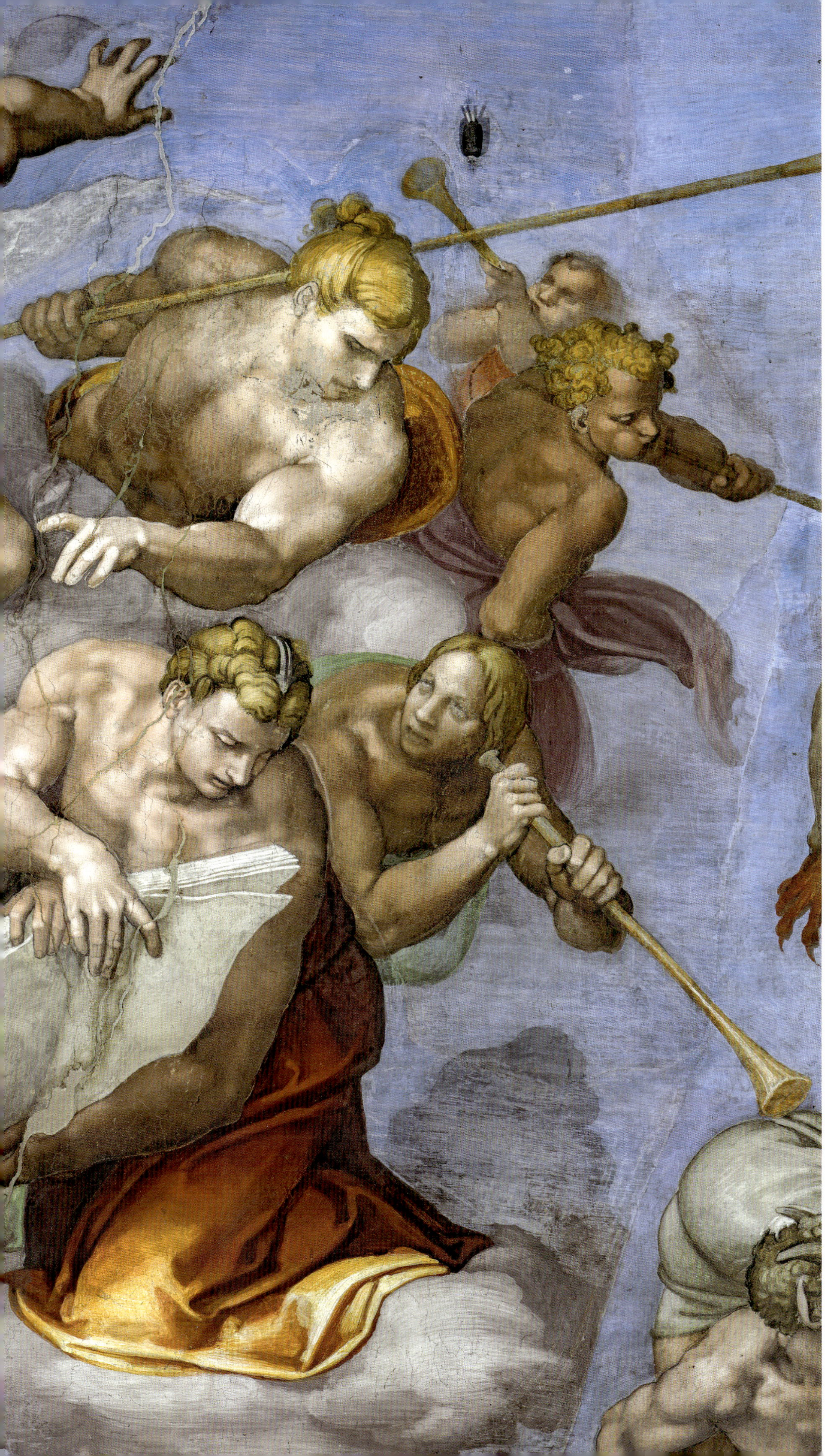

Michelangelo Buonarroti, *Angeli Tubicini*. Dettaglio dal *Giudizio Universale*, 1536-1541, affresco, 1370 × 1200 cm, Cappella Sistina, Città del Vaticano.

Michelangelo Buonarroti, *Trumpeting Angels*. Detail from the *Last Judgement*, 1536-1541, fresco, 1370 × 1200 cm, Sistine Chapel, Vatican City.

(A pagina 186)
Michelangelo Buonarroti, *Angelo tubicino*. Dettaglio dal *Giudizio Universale*, 1536-1541, affresco, 1370 × 1200 cm, Cappella Sistina, Città del Vaticano.

(On page 186)
Michelangelo Buonarroti, *A trumpeting Engel*. Detail from the *Last Judgement*, 1536-1541, fresco, 1370 × 1200 cm, Sistine Chapel, Vatican City.

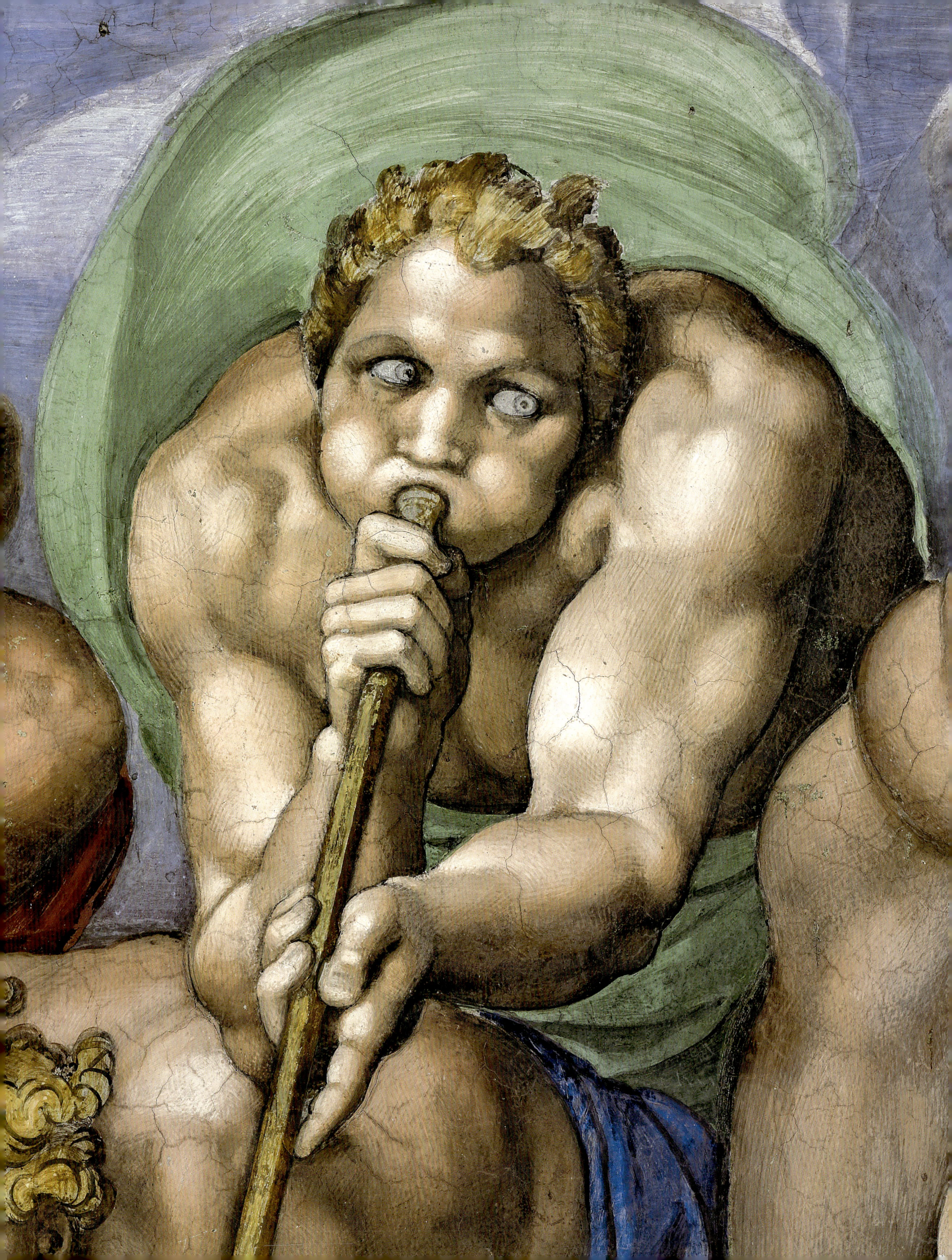

L'uomo, dotato di ragione, può scegliere se elevarsi verso il mondo divino o scendere verso quello animale o, ancora, mantenersi in un equilibrio equidistante.
Questa scelta si compie tramite la mediazione dell'amore e della bellezza. Scriveva Ficino: «*Amore è desiderio di bellezza*» ed è l'amore, nelle varie forme di bestiale, umano o divino, a guidare l'uomo nel cammino di ascesa verso Dio, ritenuto fonte della bellezza vera e perfetta. Nella storia del pensiero il Neoplatonismo rinascimentale divenne il collegamento tra la filosofia classica e il cristianesimo. In questo contesto sociale, filosofico e culturale gli artisti divennero gli ambasciatori delegati all'interpretazione della dottrina dell'Accademia neoplatonica, dove la ricerca della bellezza era intesa come raggiungimento della proporzione e armonia estetica. Si diffusero così le rappresentazioni di soggetti mitologici reinterpretati in chiave cristiana e portatori di arcane verità o testimoni di un'armonia perduta.
In questo scenario l'accostamento tra Cristo Giudice e l'*Apollo del Belvedere* non può che essere interpretato come la traduzione di un messaggio cristiano profondo, espresso attraverso la perfezione e la purezza che solo Dio può riflettere.
La ricerca di questa perfezione si raggiunge attraverso il superamento della lotta tra bene e male, che si può esprimere nell'arte visiva mediante il collegamento tra la filosofia classica e il cristianesimo. Questo concetto sembra armonizzarsi in modo pressoché perfetto sia con il tema del *Giudizio* che con l'impianto iconografico progettato da Michelangelo che, più che assolvere alla committenza, sembrava voler dipingere la parete dietro all'altare come una vera e propria missione di rinnovamento di fede all'insegna degli ideali puri.
Del resto, le muse ispiratrici di Michelangelo erano sempre state la bellezza e la fede.
Il tema della lotta tra un principio superiore e uno inferiore (mondo divino e animale, ad esempio Marte ammansito da Venere o i mostri abbattuti da Ercole) esprimeva la continua tensione dell'animo umano, sospeso tra virtù e vizi: l'uomo, tendenzialmente rivolto verso il bene, era incapace di conseguire la perfezione ed era spesso insidiato dal pericolo di ricadere verso l'irrazionalità dettata dall'istinto. Dalla consapevolezza dei propri limiti deriva il dramma esistenziale dell'uomo neoplatonico, consapevole di dover rincorrere per tutta la vita una condizione apparentemente irraggiungibile. Questo dramma, come si evince dai suoi scritti, rappresentava certamente uno dei peggiori tormenti dell'anima di Buonarroti[101].

L'AMICIZIA CON LA MARCHESA VITTORIA COLONNA. IL CIRCOLO DEGLI SPIRITUALI E L'ESIGENZA DI RIFORMARE LA CHIESA CATTOLICA

Il periodo nel quale Michelangelo ideò il complesso impianto iconografico e iconologico del *Giudizio Universale* non coincideva

101 | Alcune spiegazioni a supporto della comprensione del complesso scenario storico sono state riprese da contenuti ampiamente dibattuti e consultabili in fonti pubbliche.

Man, endowed with reason, can choose whether to rise towards the divine world or descend towards the animal world or, even, maintain an equidistant balance. This choice is made through the mediation of love and beauty.
Ficino wrote: «*Love is the desire for beauty*» and it is love, in its various forms – bestial, human or divine – that guides man on the path of ascent towards God, considered the source of true and perfect beauty.
In the history of thought, Renaissance Neoplatonism became the link between classical philosophy and Christianity.
In this social, philosophical and cultural context, the artists became ambassadors delegated to the interpretation of the doctrine of the Neoplatonic Academy, where the research for beauty was understood as the achievement of proportion and aesthetic harmony.
Therefore, representations of mythological subjects reinterpreted from a Christian perspective and bearers of arcane truths or witnesses of a lost harmony started to spread.
In this scenario, the juxtaposition between Christ the Judge and the *Apollo Belvedere* can only be interpreted as the translation of a profound Christian message, expressed through the perfection and purity that only God can reflect.
The pursuit of this perfection is achieved through the overcoming of the struggle between good and evil, which can be expressed in visual art through the connection between classical philosophy and Christianity.
This concept seems to harmonise almost perfectly both with the theme of the *Last Judgement* and also with the iconographic system designed by Michelangelo who, rather than fulfilling the commission, seemed to want to paint the wall behind the altar as a true mission of renewal of faith in the spirit of pure ideals.
After all, Michelangelo's inspiring muses had always been beauty and faith.
The theme of the struggle between a superior and an inferior principle (the divine and animal world, for example Mars tamed by Venus or the monsters defeated by Hercules) expressed the constant tension of the human soul, suspended between virtues and vices: man, who generally is oriented towards good, was incapable of achieving perfection and was often threatened by the danger of falling back towards the irrationality dictated by the instinct. The existential drama of the Neoplatonic man derives from the awareness of his own limits, aware of having to chase a seemingly unreachable condition throughout his life. This drama, as can be seen from his writings, certainly represented one of the worst torments of Buonarroti's soul.[101]

FRIENDSHIP WITH THE MARQUISE VITTORIA COLONNA. THE SPIRITUALS' CIRCLE AND THE NEED TO REFORM THE CATHOLIC CHURCH

The period in which Michelangelo conceived the complex iconographic and iconological system of the *Last Judgement*

101 | Some explanations to support the understanding of the complex historical scenario have been taken from widely debated and publicly available sources.

solo con il passaggio tra Platonismo e Neoplatonismo, ma anche con l'appagamento affettivo per l'amicizia instauratasi con la Marchesa Vittoria Colonna e con la profonda maturazione della propria identità cristiana e spirituale; in un clima dominato dal contrasto tra protestanti e cattolici e dalle persecuzioni per l'eresia. Michelangelo deve aver vissuto il tormento di una visione del mondo profondamente dissoluta, che era in contrasto con gli ideali del gruppo di intellettuali nel quale lui stesso era stato accolto e che verranno presto e tragicamente perseguitati per eresia. Alcuni suoi compagni vennero condannati e uccisi.

È proprio in questo contesto che devono essere inquadrati alcuni aspetti fondamentali per comprendere l'ermeneutica del progetto del *Giudizio Universale*.

Questo capolavoro fu realizzato per committenza di Papa Clemente VII. Dopo la sua morte, nel settembre 1534, Michelangelo tralasciò il progetto pensando che non avrebbe avuto un seguito. L'incarico, invece, fu confermato da Paolo III Farnese. L'affresco fu realizzato tra il 1536, data che coincide con l'anno di creazione del circolo degli Spirituali, e il 1541, quando l'affresco fu inaugurato (alla vigilia della festa di Ognissanti, che si celebra il 1° novembre).

Sono convinta che la forza di un'opera d'arte sia nell'impeto con il quale l'artista trasmette e comunica concetti ed emozioni attraverso le immagini. Superfici dipinte destinate a sopravvivere a chi le ha create perché, a distanza di secoli, sono ancora capaci di gridare le loro "ragioni di esistere" e di rivelare inediti segreti occultati nel tempo.

Ogni opera d'arte non racconta mai solo la storia che raffigura, ma anche quella di colui che l'ha realizzata.

Il progetto del *Giudizio*, in quegli anni, venne rielaborato più volte da Buonarroti, come testimoniano noti disegni e bozzetti. La costruzione definitiva dell'impianto, tuttavia, non poteva prescindere da un contesto fondamentale: gli accadimenti che, probabilmente, possono definirsi tra i più significativi di tutta la vita di Michelangelo.

Il primo incontro tra Vittoria Colonna e Michelangelo avvenne tra il 1536 e il 1538 e da quel momento tra i due si instaurò un legame indissolubile.

La nobildonna ebbe un ruolo fondamentale quale sostenitrice della riforma della Chiesa cattolica.

La storia della Marchesa di Pescara è affascinante. Era ancora una bambina quando fu promessa in sposa a Fernando Francesco, della famiglia D'Avalos, fedeli alleati dei Colonna. Si sposarono nel 1509 a Ischia e, malgrado il matrimonio fosse stato combinato per suggellare un'alleanza strategica tra le due famiglie, dalla loro unione nacque un profondo amore.

Nel 1511, sotto il comando del suocero, Ferdinando Francesco fu costretto ad arruolarsi nella guerra tra Spagna e Francia.

Nel 1512 fu fatto prigioniero nella battaglia di Ravenna e fu deportato in Francia.

Nel 1525, quando era ufficiale nell'esercito di Carlo V, durante la battaglia di Pavia, venne gravemente ferito. Vittoria Colonna partì per raggiungerlo, ma il marito morì prima che lei riuscisse a incontrarlo.

coincided not only with the transition between Platonism and Neoplatonism, but also with the emotional satisfaction of the friendship established with the Marquise Vittoria Colonna and with the profound maturation of his own Christian and spiritual identity; in a climate dominated by the conflict between Protestants and Catholics and by persecutions for heresy.

Michelangelo must have lived the torment of a deeply dissolute worldview, which was in contrast with the ideals of the group of intellectuals in which he had been welcomed and who would soon be tragically persecuted for heresy.

Some of his companions were condemned and killed.

It is precisely in this context that some fundamental aspects to understand the hermeneutics of the project of the *Last Judgement*, must be framed.

This masterpiece was commissioned by Pope Clement VII. After his death in September 1534, Michelangelo abandoned the project thinking that it would not bear fruit. The commission, however, was confirmed by Paul III Farnese. The fresco was made between 1536, date that coincides with the year in which the circle of Spirituals was created, and 1541, when the fresco was inaugurated (on the eve of All Saints' Day, which is celebrated on 1st November).

I am convinced that the strength of a work of art lies in the impetus with which the artist transmits and communicates concepts and emotions through images. Painted surfaces destined to survive to those who created them because, centuries later, they are still capable of shouting their "reasons to exist" and to reveal unpublished secrets hidden over time.

Every work of art never tells only the story it depicts, but also that of the person who created it.

The project of the *Last Judgement*, in those years, has been reworked several times by Buonarroti, as evidenced by well-known drawings and sketches. The definitive construction of the system, however, could not ignore a fundamental context: the events that can probably be defined as among the most significant of Michelangelo's entire life.

The first meeting between Vittoria Colonna and Michelangelo took place between 1536 and 1538 and from that moment on an unbreakable bond between the two was established.

The noblewoman played a fundamental role as a supporter of the reform of the Catholic Church.

The story of the Marquise of Pescara is fascinating. She was still a child when she was engaged to be married to Fernando Francesco, of the D'Avalos family, faithful allies of the Colonna family.

They married in 1509 in Ischia and, although the marriage had been arranged to seal a strategic alliance between the two families, their union was characterised by a deep love.

In 1511, under the command of his father-in-law, Ferdinando Francesco was forced to enlist in the war between Spain and France.

In 1512 he was taken prisoner in the battle of Ravenna and was deported to France.

In 1525, when he was an officer in the army of Charles V, during the battle of Pavia, he was seriously wounded. Vittoria Colonna set out to join him, but her husband died before she could meet him.

La donna cadde in una profonda depressione, che la indusse perfino a pensare al suicidio. L'amorevole affetto degli amici la distolse dal compiere un gesto così estremo e la Colonna si ritirò nel convento delle Clarisse, a Roma, nei pressi della Chiesa di San Silvestro.
Il fratello Ascanio la convinse a lasciare il convento, persuadendola dell'importanza del suo contributo nella gestione degli interessi politici della famiglia. Fondamentale fu proprio l'intervento di Papa Clemente VII, che la fece riflettere sull'importanza del sentimento cristiano anche fuori dal convento.
Tra il 1536 e il 1540 la donna instaurò legami con alcune figure di spicco nell'ambiente del clero, come Bernardino Ochino e Juan de Valdés, avvicinandosi agli ideali che volevano riformare la Chiesa romana.
Il raffinato nobile intellettuale spagnolo nel 1536 aveva seguito Carlo V in Italia e aveva creato il circolo degli Spirituali, nel quale si discutevano i temi della salvezza e della fede.
I partecipanti facevano spesso donazioni importanti, tanto che il circolo divenne ben presto persino più potente delle prediche di Savonarola a Firenze. Vi avevano aderito le figure di spicco della società napoletana: Giulia Gonzaga vedova di Vespasiano Colonna, il letterario Marcantonio Flaminio, il protonotario apostolico di Clemente VII Pietro Carnesecchi, il frate cappuccino Bernardino Ochino.
Il tema del circolo degli Spirituali si concentrava sulla grazia divina che Dio concedeva agli uomini per la loro fede sincera e pura nei confronti del sacrificio di Cristo; e non per i loro meriti su futili imprese terrene.
Nel 1530 la Chiesa aveva già preso posizione, affermando che solo l'intoccabile primato della Chiesa di Roma si sarebbe potuto opporre alla Riforma. Tuttavia, intorno al 1538, si cominciarono a temere questi nuovi ideali cattolici, poiché ritenuti troppo vicini all'eresia luterana.
Nel 1543 gli Spirituali pubblicarono a Venezia un libretto anonimo, *Il Beneficio di Cristo* che diffondeva le idee del gruppo, anche se i suoi contenuti erano già noti attraverso i manoscritti almeno dal 1541.
Il testo venne redatto proprio a Viterbo, dove soggiornava Vittoria Colonna.
L'aristocratica stringeva rapporti sempre più stretti con quel circolo che veniva definito "Ecclesia Viterbiensis" e che conquistava sempre più potere rispetto all'ortodossia romana.
Ormai si andava sempre più affermando la convinzione che la grazia di Dio venisse concessa all'uomo attraverso la fede e non attraverso le opere incompiute. Questa posizione si rivelava quanto mai scomoda per la Chiesa, poiché ne cancellava il potere istituzionale di mediatrice.
Nel 1546, a Trento, il libro fu condannato e bandito.
La speranza di riconciliazione con l'eresia luterana naufragò definitivamente con l'assemblea conciliare di Trento del 13 gennaio 1547, quando fu approvato un decreto che sanciva come la salvezza fosse fondata sia sulla fede che sul valore delle opere meritevoli, riconducendo queste ultime ai precetti ai quali i fedeli dovevano obbedire secondo la tradizione ecclesiastica.

The woman sank into a deep depression, which led her to even think about suicide. The loving affection of her friends distracted her from making such an extreme gesture and Colonna retired to the convent of the Poor Clares, in Rome, near the Church of Saint Sylvester.
Her brother Ascanius convinced her to leave the convent, persuading her of the importance of her contribution in managing the family's political interests. The involvement of Pope Clement VII was fundamental, making her reflect on the importance of Christian feeling also outside the convent.
Between 1536 and 1540, the woman established relationships with some prominent figures in the clergy, such as Bernardino Ochino and Juan de Valdés, getting closer to the ideals that wanted to reform the Roman Church.
The refined Spanish intellectual nobleman had followed Charles V to Italy in 1536 and created the circle of the Spirituals, in which the themes of salvation and faith were discussed.
The participants often made large donations, so much so that the circle soon became even more powerful than Savonarola's sermons in Florence. The leading figures of Neapolitan society had joined it: Giulia Gonzaga, widow of Vespasian Colonna, the literary Marcantonio Flaminio, the apostolic protonotary of Clement VII Pietro Carnesecchi, the Capuchin friar Bernardino Ochino.
The theme of the circle of the Spirituals focused on the divine grace that God granted to men for their sincere and pure faith in the sacrifice of Christ; and not for their merits in futile earthly labours.
By 1530, the Church had already stated its position, declaring that only the untouchable primacy of the Church of Rome could have opposed the Reformation. However, around 1538, these new Catholic ideals began to be feared, because they were considered too close to the Lutheran heresy.
In 1543 the Spirituals published an anonymous booklet in Venice, *The Benefit of Christ*, which spread the ideas of the group, even though its contents were already known through manuscripts at least since 1541. The text has been written in Viterbo, where Vittoria Colonna was staying.
The aristocratic clutched further closer relations with that circle which was defined "Ecclesia Viterbiensis" and which was gaining more and more power over Roman orthodoxy.
The belief that God's grace was granted to man through faith and not through unfinished works by now was spreading more and more. This position proved to be extremely uncomfortable for the Church, since it erased its institutional power as a mediator.
In 1546, in Trento, the book was condemned and banned.
The hope of reconciliation with the Lutheran heresy was definitively foiled with the Council of Trent on 13th January, 1547, when a decree which established that salvation was founded both on faith and on the value of meritorious works, leading the latter back to the precepts to which the faithful had to obey according to the ecclesiastical tradition, had been approved.
In this atmosphere the Spirituals were persecuted for heresy.
Michelangelo's friendship with Colonna and the sharing of

In questo clima gli Spirituali furono perseguitati per eresia. L'amicizia di Michelangelo con la Colonna e la condivisione dei nuovi ideali di fede cristiana alimentarono tra i due un rapporto profondo, che superava di gran lunga ogni forma di passione riconducibile al piacere terreno.

Il loro legame può essere paragonato con quella forma di amore che i greci chiamavano *Agàpe* (la più elevata e pura, priva degli istinti legati al semplice piacere)[102].

Alcuni sonetti che Michelangelo dedicò alla Marchesa testimoniano come i due condividessero una profonda opulenza intellettuale e il nuovo sentimento per i valori della cristianità era sempre più coerente con la riforma degli Spirituali.

Questo legame ha certamente contribuito a colmare e a elaborare davvero, forse per la prima volta nella vita dell'artista, la mancanza di affetto materno della quale fu privato perdendo la madre a soli sette anni e che, probabilmente, fu tra le principali cause del carattere ombroso e irascibile che accompagna il ricordo di questo grande maestro.

Sono sicura che Michelangelo fosse dotato di una grande sensibilità e che il suo fare scontroso, spesso descritto dai biografi, dipendesse dal senso di solitudine che attanaglia proprio coloro che, pur avendo raggiunto l'apice della notorietà, vivono nell'inquietudine e si sentono incompresi, condannati ad atroci sofferenze mentre gli altri riescono ad apprezzare e ad ammirare solo il successo delle loro opere terrene.

Ritengo plausibile che Buonarroti, animo nobile ed emotivo, sia stato costretto a convivere con il tormento che gli provocavano la superficialità e la corruzione con la quale si confrontava quotidianamente e che contrastava con la sua profonda spiritualità.

L'artista troverà conforto aprendosi all'amicizia autentica e incondizionata con la Marchesa Colonna e, contestualmente, con l'affermazione della propria identità cristiana, che si riconosceva nei nuovi ideali di fede promossi dal circolo degli Spirituali.

Questi aspetti sono essenziali per comprendere l'ermeneutica del *Giudizio*, che non può prescindere dalle profonde riflessioni che Michelangelo elaborò in questi anni grazie all'incontro con la Marchesa. La donna, infatti, ebbe uno straordinario ascendente su Michelangelo: sia per la sua purezza d'animo, che le consentiva di "vedere e comprendere" la luce e il cammino che conducono alla grazia divina, sia per la forza e la determinazione nella fede in Cristo, che faranno di lei il modello di fedeltà che non indietreggia mai di fronte alla croce; proprio come Maria Maddalena.

La Marchesa Colonna coltivava rapporti puri e disinteressati ma, soprattutto, era un esempio per la forza e il coraggio incrollabili profusi per difendere i propri ideali. Ella, non indietreggiando mai di fronte ai principi di salvezza e di fede che condivideva con il circolo degli Spirituali, era una figura cardine per l'affermazione dei nuovi ideali di riforma della Chiesa cattolica, che si fondavano sulla fede e sul sacrificio di Cristo.

È indubbio che il progetto iconografico di Michelangelo si concentrasse sulla drammatica rappresentazione della *Parusia*

[102] | Vedi https://patrimonidarte.com/vittoria-colonna-e-michelangelo-buonarroti-ununione-di-spiriti-affini/

the new ideals of Christian faith nourished a deep relationship between the two, which far surpassed any form of passion attributable to earthly pleasure.

Their bond can be compared to that form of love that the Greeks called *Agape* (the highest and purest, devoid of instincts linked to simple pleasure).[102]

Some sonnets that Michelangelo dedicated to the Marquise testify how the two shared a profound intellectual opulence and the new feeling for the values of Christianity was increasingly consistent with the reform of the Spirituals.

This bond certainly contributed to fill and truly process, perhaps for the first time in the artist's life, the lack of maternal affection of which he was deprived with the loss of his mother at only seven years old and which, probably, has been among the main causes of the shadowy and irascible character that accompanies the memory of this great master.

I am sure that Michelangelo was gifted with great sensitivity and that his being grumpy, often described by biographers, depended on the sense of loneliness that grips those who, despite having reached the maximum of their notoriety, live in restlessness and feel misunderstood; condemned to atrocious suffering while others can appreciate and admire only the success of their earthly works.

I consider it likely that Buonarroti, a noble and emotional soul, was forced to live with the torment of superficiality and corruption with which he confronted daily and which contrasted his profound spirituality.

The artist found comfort by opening up to an authentic and unconditional friendship with the Marquise Colonna and, at the same time, to the affirmation of his own Christian identity, which was recognised in the new ideals of faith promoted by the circle of Spirituals.

These aspects are essential to comprehend the hermeneutics of the *Last Judgement*, which cannot be separated from the profound reflections that Michelangelo elaborated in these years thanks to his encounter with the Marquise. The woman, in fact, had an extraordinary influence on Michelangelo: both for her purity of soul, which allowed her to "see and understand" the light and the path that lead to divine grace, as well as for the strength and determination of her faith in Christ, which will make her the model of faithfulness that never retreats before the cross; just like Mary Magdalene.

Marquise Colonna cultivated pure and uninterested relationships but, above all, she was an example of unshakeable strength and courage that she showed in defending her ideals. Never retreating from the principles of salvation and faith that she shared with the circle of the Spirituals, she was a key figure in the affirmation of the new ideals of reform of the Catholic Church, which were founded on the faith and sacrifice of Christ.

There is no doubt that Michelangelo's iconographic project focused on the dramatic representation of the *Parousia* (as it is

[102] | See https://patrimonidarte.com/vittoria-colonna-e-michelangelo-buonarroti-ununione-di-spiriti-affini/

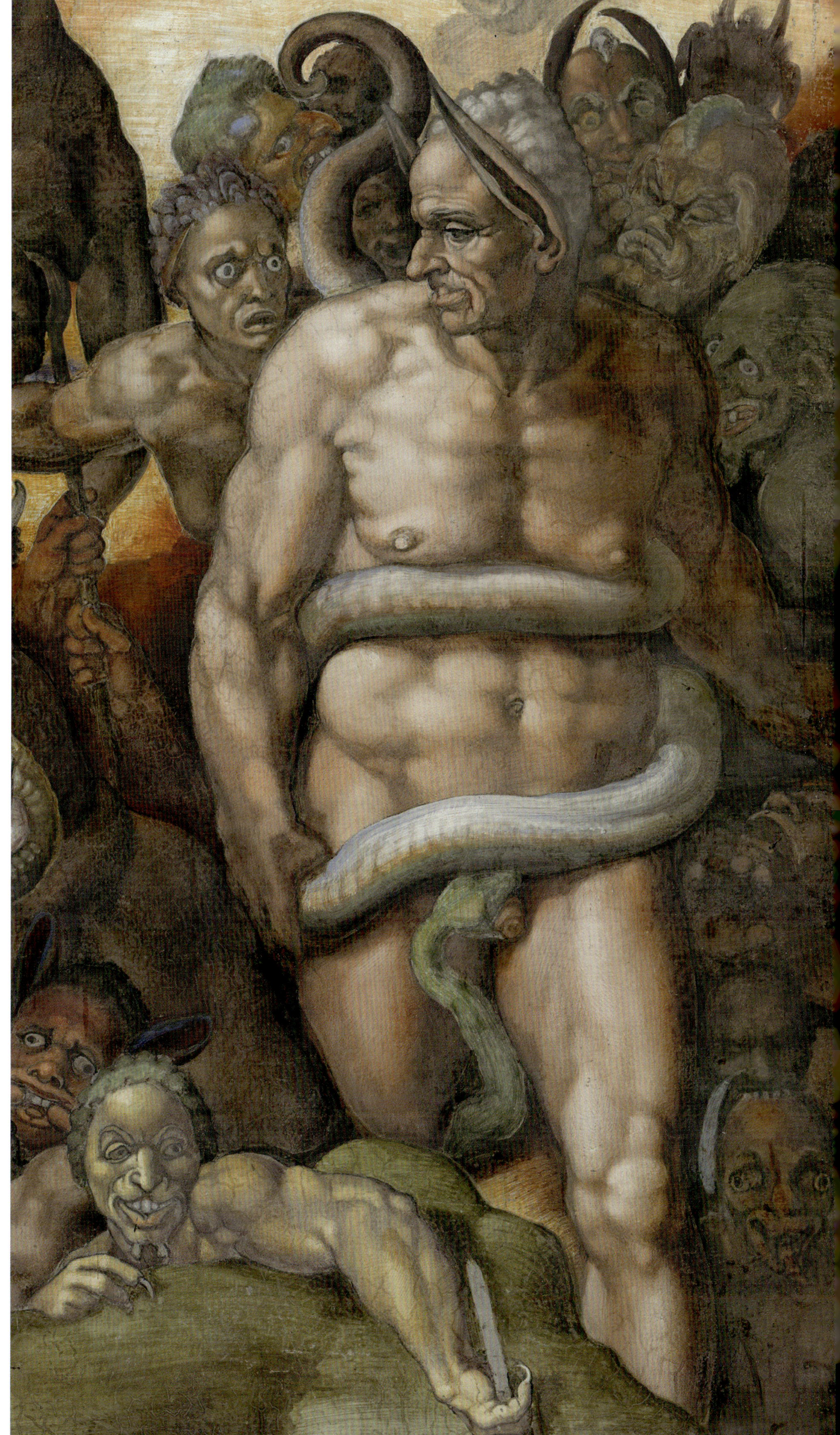

Michelangelo Buonarroti, *Gruppo di dannati intorno a Minosse*. Dettaglio dal *Giudizio Universale*, 1536-1541, affresco,1370 × 1200 cm, Cappella Sistina, Città del Vaticano.

Michelangelo Buonarroti, *Group of damned around Minos*. Detail from the *Last Judgement*, 1536-1541, fresco,1370 × 1200 cm, Sistine Chapel, Vatican City.

(Alle pagine 192, 195, 196) Michelangelo Buonarroti, *Particolari dei dannati*. Dettagli dal *Giudizio Universale*, 1536-1541, affresco, 1370 × 1200 cm, Cappella Sistina, Città del Vaticano.

(On pages 192, 195, 196) Michelangelo Buonarroti, *Details of the damned*. Detail from the *Last Judgement*, 1536-1541, fresco, 1370 × 1200 cm, Sistine Chapel, Vatican City.

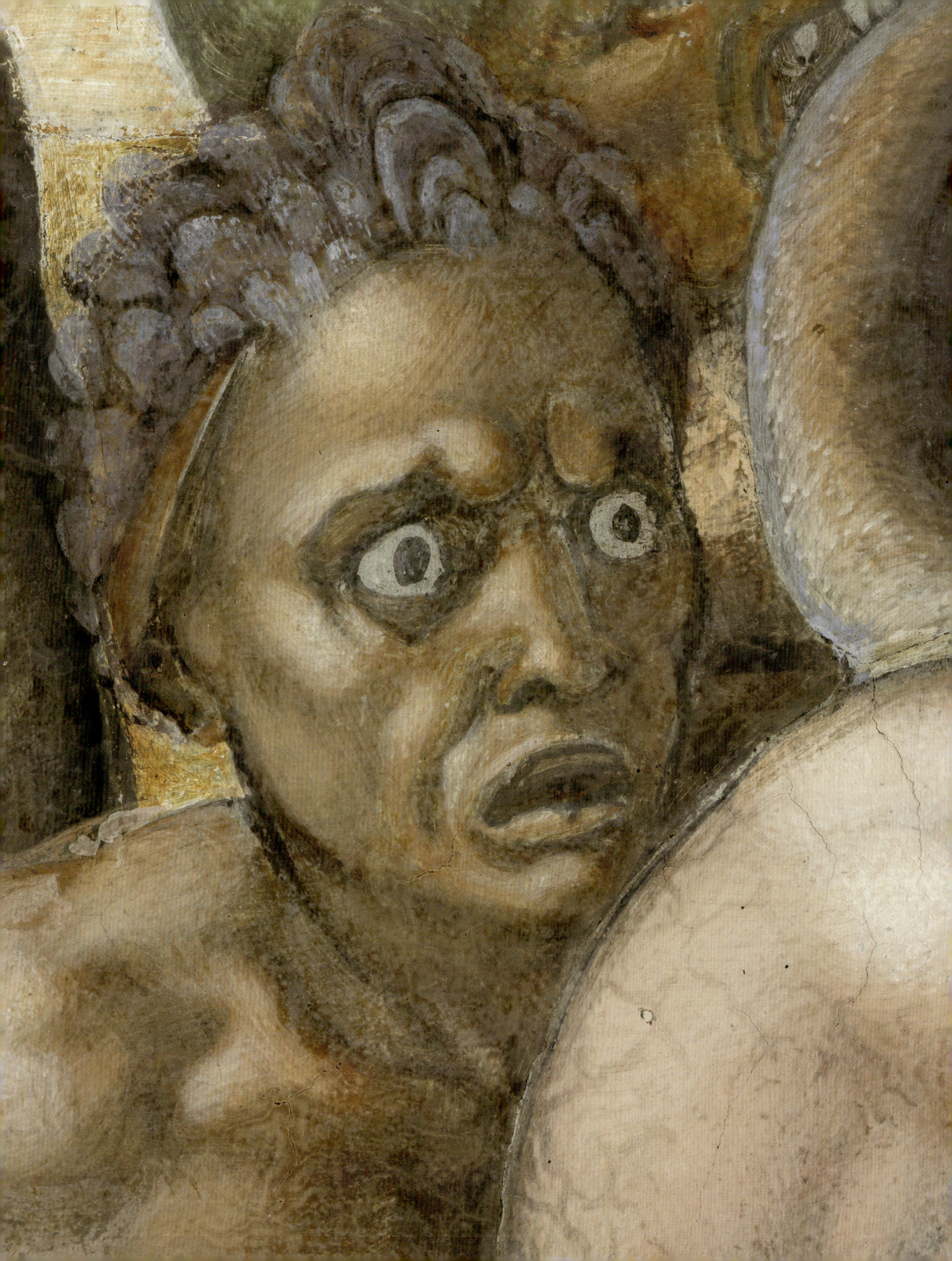

(come è consuetudine che esso stesso venga interpretato); ma abbiamo anche visto che, se ci si sofferma a osservare, ascoltare e comprendere lo straordinario affresco, si può intuire come questo capolavoro si focalizzasse sul monito all'umanità, affinché potesse cogliere il messaggio di perdono e di grazia affidato da Cristo ai suoi vicari. Questi ultimi saranno delegati a divulgarlo per tutto il tempo che intercorrerà tra la prima e la seconda venuta sulla terra del Salvatore: un tempo (come già sottolineato) che Dio ha concesso agli uomini affinché possano riscattarsi e diventare degni del sacrificio di Gesù, morto in croce per redimere i peccati dell'uomo, come nel disegno prestabilito da Dio.
«*La morte violenta di Gesù non è stata frutto di un concorso sfavorevole di circostanze. Essa appartiene al mistero del disegno di Dio, come spiega san Pietro agli Ebrei di Gerusalemme fin dal suo primo discorso di Pentecoste: "Egli fu consegnato a voi secondo il prestabilito disegno e la prescienza di Dio"* (*Atti degli Apostoli* 2:23)»[103].

customary for it to be interpreted); but we have also seen that, if we linger to observe, listen to and understand the extraordinary fresco, we can presume how this masterpiece focused on the warning to humanity, so that it could include the message of forgiveness and grace entrusted by Christ to his vicars. The latter will be delegated to disseminate it for the entire time that will elapse between the first and the second coming of the Saviour on earth: a time (as already underlined) that God has granted to men so that they can redeem themselves and become worthy of the sacrifice of Jesus, who died on the cross to redeem the sins of man, as in the plan pre-established by God.
«*The violent death of Jesus was not the result of an unfavourable combination of circumstances. It belongs to the mystery of God's plan, as Saint Peter has explained to the Jews of Jerusalem since his first speech on Pentecost: 'He was handed over to you by God's deliberate plan and foreknowledge'* (*Acts of the Apostles* 2:23)».[103]

VITTORIA COLONNA E MARIA MADDALENA: DUE DONNE SALDE NELL'AMORE PER CRISTO

Nel capitolo dedicato al Rinascimento in Europa abbiamo visto come questo periodo storico sia stato foriero del profondo cambiamento sulla visione della donna rispetto a quella del Medioevo. Se da un lato il riconoscimento del ruolo della donna come complementare e paritetico a quello dell'uomo rappresentava il riscatto femminile nella vita sociale, in ambito religioso implicava il fatto di dover affrontare e gestire questioni alquanto delicate: la preclusione di un ruolo guida nella Chiesa, l'identificazione con Eva tentatrice, il rapporto tra Cristo e la Maddalena e molto altro.
Michelangelo iniziò la frequentazione con la Colonna proprio nel periodo storico che, per la prima volta, manifestava una profonda sensibilizzazione per il tema della figura femminile.
La Marchesa Colonna personificava una tale forza e determinazione nella fede da rivelarsi particolarmente affine con Maria Maddalena: colei che, salda nell'amore per Cristo, non aveva mai indietreggiato ed era giunta fino sotto la croce, al fianco della Madre di Gesù; laddove non era arrivato nessun altro degli Apostoli.
Diventa così inevitabile affrontare il tema del ruolo della donna quale evangelizzatrice di Cristo; mansione della quale è stata privata già dalla prima venuta del Salvatore.
Dal *Vangelo di Luca* e negli *Atti*, si evince l'impegno degli Apostoli stessi nello sminuire la figura della santa quale prima testimone della Resurrezione.
Adriana Valerio evidenzia come dal confronto con gli altri vangeli canonici con quelli gnostici e con la letteratura coeva si evinca che il «*passaggio da Apostola a prostituta sia stato funzionale al sistema patriarcale che ha bloccato sul nascere la possibilità di ruoli guida delle donne nella Chiesa*»[104].

VITTORIA COLONNA AND MARIA MAGDALENA: TWO WOMEN FIRM IN THEIR LOVE FOR CHRIST

In the chapter dedicated to the Renaissance in Europe we saw how this historical period was the harbinger of a profound change in the vision of women compared to the one of the Middle Ages. If on one hand the recognition of the role of women as complementary and equal to that of men represented the female redemption in social life, in the religious sphere it implied having to face and manage rather delicate issues: the preclusion of a leading role in the Church, the identification with Eve the temptress, the relationship between Christ and Mary Magdalene and much more.
Michelangelo began his acquaintance with Vittoria Colonna precisely in the historical period that, for the first time, manifested a profound sensitivity towards the theme of the female figure.
The Marquise Colonna personified such strength and determination in faith that she revealed herself to be particularly similar to Mary Magdalene: she who, steadfast in her love for Christ, had never retreated and had reached just beneath the cross, alongside the Mother of Jesus; where none of the other Apostles had arrived.
It thus becomes inevitable to address the theme of the role of women as evangelisers of Christ; a role of which they have been deprived since the first coming of the Saviour.
From the *Gospel of Luke* and the *Acts*, the commitment of the Apostles in devaluing the figure of the saint as the first witness of the Resurrection is very clear.
Adriana Valerio highlights how, from the comparison with the other canonical gospels, with the Gnostic ones and with contemporary literature, it emerges that the «*transition from Apostle to prostitute has been functional to the patriarchal system which has blocked in the bud the possibility of having leading roles for women in the Church*».[104]

[103] | *Atti degli Apostoli* (2,23) versione C.E.I. (1974). [Parte prima della professione delle fede. Sezione seconda. Articolo 4. Paragrafo 2. II. *La morte redentrice di Cristo nel disegno divino della salvezza*].

[104] | A. VALERIO, *op.cit.*, p. 86.

[103] | *Acts of the Apostles* (2,23) version I.E.C. (1974). [Part One of the Profession of Faith. Section Two. Article 4. Paragraph 2. II. *The Redeeming Death of Christ in the Divine Plan of Salvation*].

[104] | A. VALERIO, *op.cit.*, p. 86.

La Valerio osserva come nella figura di Maria Maddalena sia insito il riscatto delle donne nella teologia femminista, poiché il loro ruolo non era poi così marginale nel processo di formazione del cristianesimo.

Ma la questione ancor più interessante è che la studiosa cita le *Epistole* che testimoniano la profonda dedizione della Marchesa Colonna, notevole esponente dell'evangelismo pre-Riforma, per il culto di Maria di Màgdala: «*'L'amore che non abbandona' diventa il leitmotiv caro alla riflessione spirituale delle donne che trovano nella presenza della Maddalena il modello più alto da seguire nel percorso di fede, dal momento che lei, a differenza degli uomini impauriti e in fuga, rimane discepola salda e appassionata. Infatti il suo "cor fermo" – scrive al cardinale Giovanni Morone la poetessa Vittoria Colonna, autorevole protagonista dell'evangelismo italiano pre-Riforma – consente alla discepola amata di incontrare lei sola il Risorto, riconosciuto né con gli occhi "della carne" né nella visibilità delle apparenze, ma con "l'occhio interiore della fede" che nasce dall'amore: "cercandolo, resuscitato li apparve, et intendendo lei la voce amata dirgli Maria, conobbe col cuore il Maestro in altra più divina cognitione et più che mai desiderava trovarlo et consolarsi seco; ma lui gli mostrò l'altra strada, cioè il toccarlo, vederlo et servirlo nelli suoi fratelli, dicendogli che andasse a loro"* (Vittoria Colonna, *Epistola CLXIV*, in *Carteggio*, p. 278).

Vittoria Colonna, a partire dalla lettura diretta del Vangelo, arricchisce la tradizionale immagine agiografica che faceva della Maddalena la penitente per eccellenza rendendola figura storica più fedele alle fonti. Ai temi dell'amore ardente aggiunge i richiami alla sua condizione privilegiata di "amata discepola", che "meritò prima di tutti veder il glorioso immortale dando; chiaro testimonio il Signor (…) [il quale] *per certificarla che era sua Apostola le comandò che fosse la prima annunciatrice de la aspettata novella, et del mirabil mistero della sua resurrezione"* (Vittoria Colonna, *Epistola CLXX*, in *Carteggio*, p. 300)»[105].

Le *Epistole* si rivelano di straordinaria importanza per questo studio; in particolare perché documentano la dedizione di Vittoria Colonna per il riscatto del ruolo di Maria di Màgdala e l'impegno profuso nel riconoscerne e affermarne la sua storicità, restituendole la dignità così come emerge dalla lettura dei Vangeli. Alla luce del profondo interesse della Marchesa per la santa, pare inverosimile sostenere l'ipotesi che Michelangelo non abbia condiviso queste tematiche con l'amica. Tantomeno che abbia potuto omettere la presenza della santa nel *Giudizio Universale*. L'ascendente della Marchesa sull'artista, la sua dedizione per la figura di Maria di Màgdala, la condivisione dei nuovi ideali di fede, nonché la profonda stima e affetto che li legava, devono aver contribuito ad accendere in Buonarroti la convinzione che la realizzazione dell'affresco lo stava investendo della responsabilità di rivelare al genere umano il messaggio di grazia insito nella *Parusia*. Fu proprio dall'incontro con Vittoria Colonna, infatti, che Michelangelo riuscì a trovare un equilibrio religioso mai raggiunto prima, forgiando in sé la convinzione di come la potenza divina si possa rivelare nella grandiosità delle opere. Malgrado una vita di tormenti, l'età avanzata e

[105] | *Ibidem*, pp. 66-67.

Valerio observes how the redemption of women in feminist theology is inherent in the figure of Mary Magdalene, since their role was not so marginal in the process of the formation of Christianity.

But the even more interesting issue is that the academic quotes the *Epistles* that testify the profound dedication of the Marquise Colonna, who was a notable exponent of the pre-Reform evangelism, for the cult of Mary Magdalene : «*'The love that does not abandon' becomes the leitmotif dear to the spiritual reflection of women who find in the presence of the Magdalene the highest model to follow in the path of faith, from the moment that she, unlike the frightened and fleeing men, remains a steadfast and passionate disciple. In fact, her "firm heart" – writes the poetess Vittoria Colonna, an authoritative protagonist of the Italian pre-Reform evangelism, to Cardinal Giovanni Morone – allows the beloved disciple to meet the Risen One alone, recognised neither with the eyes "of the flesh" nor in the visibility of the appearances, but with the "inner eye of faith" that is born from love: 'seeking Him, resurrected He appeared to her, and hearing his beloved voice saying Mary to her, she recognised the Master with her heart in another more divine cognition and more than ever she desired to find Him and comfort herself with Him; but He showed her the other way, that is, to touch Him, see Him and serve Him, telling her to go to her brothers* (Vittoria Colonna, *Epistle CLXIV*, in *Correspondence*, p. 278).

Vittoria Colonna, starting from a direct reading of the Gospel, enriches the traditional hagiographic image which made Magdalene the penitent par excellence, making her a historical figure more faithful to the sources. To the themes of ardent love she adds references to her privileged condition as "beloved disciple", who 'deserved to see the Lord before all the glorious immortal by giving clear witness is the Lord (…) [who] to certify that she was his Apostle commanded her to be the first announcer of the awaited news, and of the wonderful mystery of his resurrection' (Vittoria Colonna, *Epistle CLXX*, in *Correspondence*, p. 300)».[105]

The *Epistles* prove to be of extraordinary importance for this study; in particular because they document Vittoria Colonna's dedication to the redemption of the role of Mary Magdalene and the commitment in recognising and affirming her historicity, restoring her dignity as it emerges from the reading of the Gospels. In light of the Marquise's deep interest in the saint, it seems unlikely to support the hypothesis that Michelangelo did not share these themes with his friend. Least of all the fact that he could have omitted the saint's presence in the *Last Judgement*. The Marquise's influence over the artist, her dedication to the figure of Mary Magdalene, her sharing of the new ideals of faith, as well as the deep esteem and affection that bound them, must have contributed to ignite in Buonarroti the conviction that the creation of the fresco was investing him with the responsibility of revealing to mankind the message of grace inherent in the *Parousia*. It was precisely from his meeting with Vittoria Colonna, in fact, that Michelangelo managed to find a religious balance never achieved before, forging within himself the conviction that divine power could be revealed in the grandeur of the artworks.

[105] | *Ibidem*, pp. 66-67.

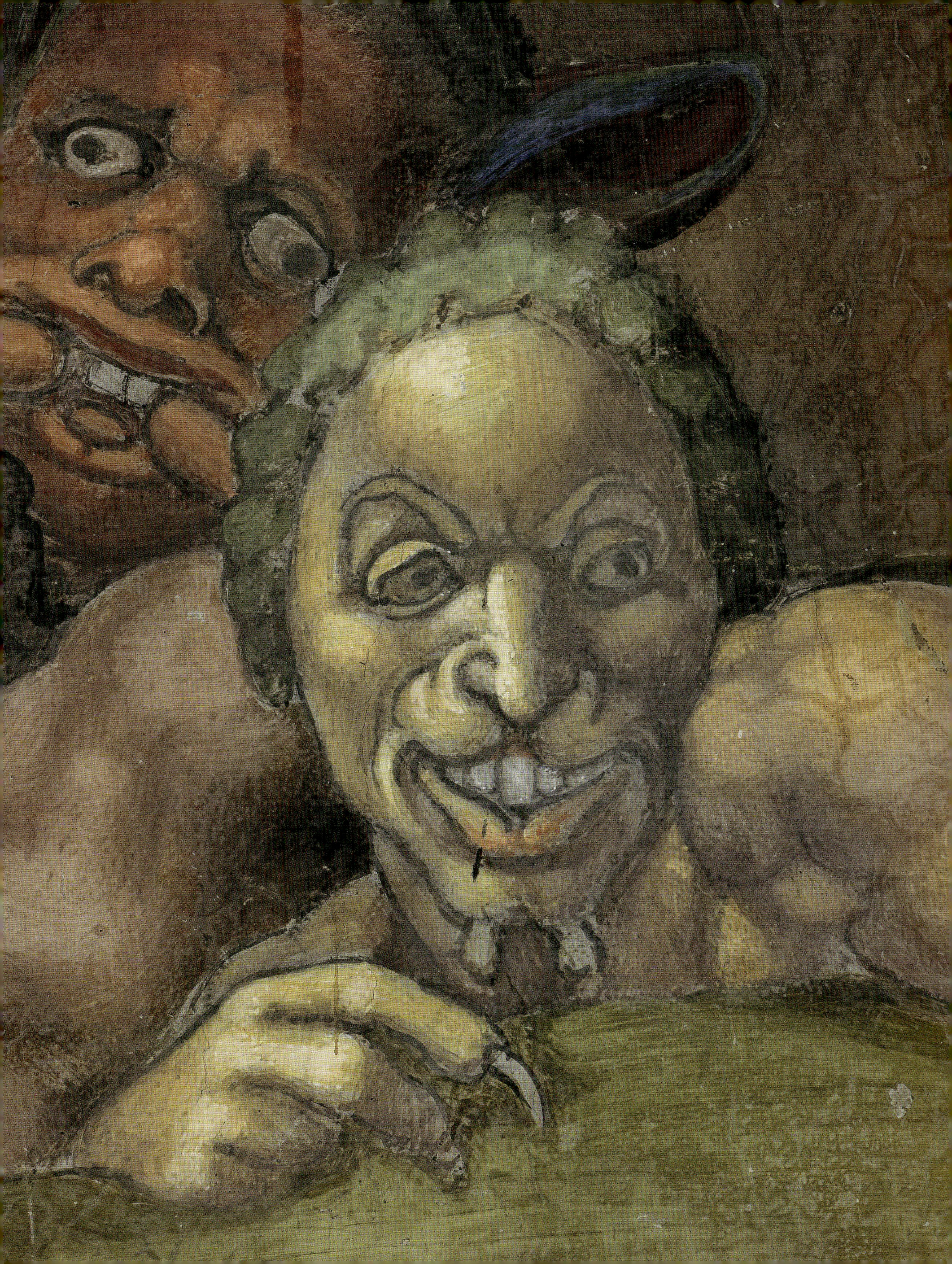

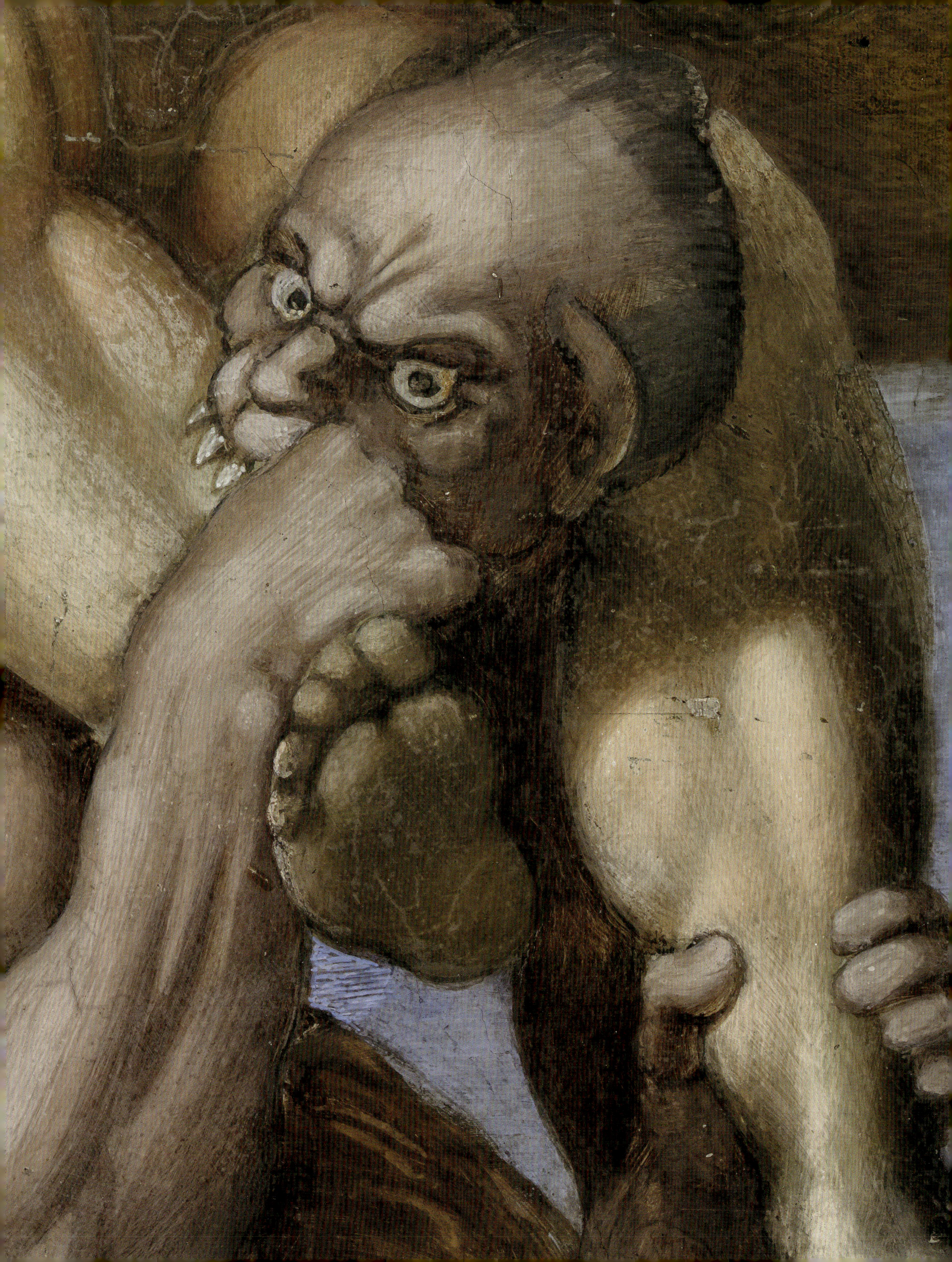

il clima eretico, l'artista guardava alla speranza della conquista della grazia per essere accolto nel Regno dei Cieli. E, probabilmente, voleva riuscirci comunicando ai posteri l'ermeneutica del messaggio di Dio.

Despite a life of torment, his advanced age and the heretical atmosphere, the artist hoped to conquest the grace of being welcomed into the Kingdom of Heaven. And, probably, he wanted to succeed in communicating to posterity the hermeneutics of God's message.

UN'OCCASIONE UNICA

Buonarroti, ormai anziano, aveva forgiato una forza spirituale straordinaria, riuscendo così a placare, almeno in parte, i suoi tormenti interiori.
Ritengo probabile che l'artista si fosse convinto che la missione di evangelizzazione potesse essere affidata a tutti coloro che, grazie alla conquista della purezza dello spirito, se ne rendevano degni. Forse è proprio in questa condizione morale che Michelangelo ha trovato la determinazione per affrescare la parete dell'altare della Cappella dei Papi.
L'incarico rappresentava un'occasione unica; anzi, una vera e propria missione: forse l'ultima e la più importante di tutte.
Non è certo da sottovalutare come Buonarroti, ma anche la Marchesa Colonna e i dotti esponenti del circolo degli Spirituali, dovessero essere consapevoli di quale straordinaria opportunità si prospettasse con l'incarico affidato a Michelangelo di dipingere la parete dell'altare della Cappella Sistina: comunicare ai contemporanei e ai posteri che la grazia di Dio viene concessa all'uomo mediante la fede e non attraverso le opere incompiute.
Il *Giudizio* era anche l'occasione per testimoniare altri temi particolarmente sentiti in quel periodo storico, anche nel circolo stesso degli Spirituali: il ruolo della donna nell'evangelizzazione dei popoli e l'affermazione della figura di Maria Maddalena non come la prostituta redenta, ma quale Apostola degli Apostoli. A lei Cristo aveva già concesso la grazia e l'aveva delegata a codificare l'ermeneutica della parola di Dio, per poi diventare l'esempio di rettitudine agli occhi dell'umanità.
Proprio la codifica dell'ermeneutica del *Giudizio Universale*, a distanza di cinquecento anni dalla sua realizzazione, si rivela di sconvolgente attualità, poiché affronta aspetti di un messaggio cristiano tanto innovativo da rivelarsi straordinariamente coerente con la "*Nuova stagione della Chiesa*" inaugurata da Papa Francesco.
Alla luce del messaggio di grazia, "suggellato" dalla presenza di Maria Maddalena unita dalla croce al Redentore, la lettura dell'impetuoso e apocalittico *Giudizio* assume un connotato amorevole e l'aspetto terrificante viene ridimensionato e subordinato all'aspetto positivo.
L'affresco, nella sua apparente drammaticità, è stato progettato con l'obiettivo di esprimere, con tutta la determinazione che aveva forgiato l'artista nel percorso di metamorfosi della sua identità spirituale, il ritrovato equilibrio di una cristianità intrisa di speranza.
Sebbene l'ira impetuosa di Cristo e l'efficace rappresentazione del tormento delle anime condannate incutano terrore, il messaggio contenuto nella prefigurazione dell'annuncio apocalittico

A UNIQUE OPPORTUNITY

Buonarroti, now elderly, had forged an extraordinary spiritual strength, thus being able to calm, at least in part, his inner torments.
I believe it is likely that the artist was convinced that the mission of evangelisation could be entrusted to all of those who, thanks to the conquest of purity of spirit, made themselves worthy of it. Perhaps it is precisely in this moral condition that Michelangelo found the determination to fresco the altar wall of the Chapel of the Popes.
The assignment represented a unique opportunity; actually, a real mission: perhaps the last and the most important of all.
It certainly should not to be underestimated how Buonarroti, but also the Marquise Colonna and the erudite exponents of the circle of the Spirituals, must have been aware of the extraordinary opportunity that would unfold with the assignment entrusted to Michelangelo to paint the altar wall of the Sistine Chapel: to communicate to contemporaries and to posterity that the grace of God is granted to man through faith and not through unfinished works.
The *Judgement* was also an opportunity to bear witness to other themes that were particularly felt in that historical period, even within the circle of the Spirituals: the role of the women in the evangelisation of peoples and the affirmation of the figure of Mary Magdalene not as the redeemed prostitute, but as the Apostle of the Apostles. Christ had already granted her grace and delegated her to encode the hermeneutics of the word of God, and then to become the example of righteousness before the eyes of humanity.
The encoding of the hermeneutics of the *Last Judgement*, five hundred years after its creation, proves to be overwhelmingly up to date, since it addresses aspects of a Christian message so innovative that it proves to be extraordinarily coherent with the "*New Season of the Church*" inaugurated by Pope Francis.
In light of the message of grace, "sealed" by the presence of Mary Magdalene united to the Redeemer by the cross, the reading of the impetuous and apocalyptic *Judgement* assumes a loving connotation and the terrifying aspect is resized and subordinated to the positive aspect.
The fresco, in its apparent drama, was designed with the aim of expressing the newfound balance of a Christianity imbued in hope with all the determination that had forged the artist in the path of metamorphosis of his spiritual identity.
Although the impetuous wrath of Christ and the effective representation of the torment of the condemned souls inspire terror, the message contained in the prefiguration of the apocalyptic announcement goes far beyond and becomes the instrument to en-

va ben oltre e diventa lo strumento per incoraggiare l'umanità a riflettere, affinché non indietreggi di fronte agli ideali puri: poiché è questa la via che conduce alla salvezza eterna.

Le anime "impure", che osservano l'affresco con gli occhi del peccato, vengono rapite e fagocitate dalla paura. Questo sconvolgimento preclude loro la capacità di andare oltre le apparenze e di comprendere il messaggio amorevole. Ed è proprio nella fragilità e nello sgomento che il demonio si insidia.

Le anime salde nella fede, invece, non temono l'ira di Dio poiché sono consapevoli che Cristo, nel Suo immenso amore, desidera solo accogliere e riunire la figliolanza nel Regno dei Cieli.

La missione dei vicari di Dio, che si susseguiranno fino alla fine, non è solo quella di divulgare il messaggio di speranza, ma anche di ricondurre le "pecorelle smarrite" sulla via della salvezza e di non lasciare che diventino preda del male.

La Sistina, sede del conclave e simbolo della fede cristiana, è il luogo più appropriato per ricordare, anche ai cardinali, la responsabilità di eleggere i Papi, che sono delegati alla missione di evangelizzazione.

Gli spiriti maligni tormenteranno e indurranno in inganno i delegati di Dio fino al giorno del Giudizio, quando saranno relegati all'inferno per l'eternità.

Michelangelo ha assunto consapevolezza del modello di fede che contraddistingue il vero cristiano illuminato, grazie alla luce divina, alla capacità di discernere il bene dal male e al comprendere il messaggio di perdono di Dio: un concetto che va oltre la cruenza della condanna per le anime dannate.

Si ipotizza che Michelangelo fosse stato accolto nel circolo degli Spirituali intorno al 1543, quando fu stampato il testo che sarebbe stato considerato il cardine del dissenso religioso: "*Il Beneficio di Cristo*" di Benedetto da Mantova, editato da Marcantonio Flaminio.

La condivisione degli ideali degli Spirituali, però, non implicava affatto di essere eretici. Michelangelo, infatti, come si evince dai suoi scritti, non era un eretico ed anche Vittoria Colonna, benché sospettata, non fu mai ufficialmente accusata.

L'artista, tuttavia, era certamente consapevole di esporsi al pericolo di essere accusato di eresia proprio da coloro che gli commissionavano le opere grandiose e che lo avrebbero reso uno degli artisti più noti, se non il più famoso, di tutta la storia dell'arte.

Il passaggio tra Platonismo e Neoplatonismo e i valori morali che l'amica Vittoria Colonna e il circolo degli Spirituali andavano affermando con coraggio e determinazione erano il germoglio foriero del rinnovamento della Chiesa cattolica che Michelangelo aveva l'opportunità di promuovere nel luogo simbolo della cristianità, per i secoli avvenire.

Del resto ogni buon cristiano può esercitare con gli strumenti che gli appartengono: Michelangelo aveva a disposizione colori, pennelli e la parete da dipingere a ridosso dell'altare della Sistina. Non era certamente un'occasione da sottovalutare.

Se Buonarroti si fosse convinto che la potenza divina si possa rivelare nella grandiosità delle opere, potrebbe aver trovato la determinazione per affrescare sulla parete della Cappella non solo il *Giudizio Universale*, ma i valori cardine per la nuova

courage humanity to reflect, so that it does not retreat in front of the pure ideals: because this is the path that leads to eternal salvation.

The "impure" souls, who observe the fresco with the eyes of sin, are kidnapped and swallowed up by fear. This disruption precludes them the capacity of going beyond appearances and understanding the loving message. And it is exactly in fragility and dismay that the devil lurks.

Souls firm in faith, on the other hand, do not fear the wrath of God because they are aware that Christ, in His immense love, only desires to welcome and reunite the sonship in the Kingdom of Heaven.

The mission of the vicars of God, who will follow one another until the end, is not only to spread the message of hope, but also to lead the "lost sheep" back to the path of salvation and not let them fall prey to evil.

The Sistine Chapel, seat of the conclave and symbol of the Christian faith, is the most appropriate place to remind, even to the cardinals, their responsibility to elect the Popes, who are delegated to the mission of evangelisation.

Evil spirits will torment and mislead God's delegates until the Day of *Judgement*, when they will be relegated to hell for eternity.

Michelangelo has become aware of the model of faith that distinguishes the true enlightened Christian, thanks to the divine light, with the ability to discern good from evil and to understand God's message of forgiveness: a concept that goes beyond the cruelty of the condemnation for the damned souls.

It is assumed that Michelangelo was welcomed into the circle of the Spirituals around 1543, when the text that would be considered the cornerstone of religious dissent was printed: "*The Benefit of Christ*" by Benedetto of Mantova, edited by Marcantonio Flaminio.

Sharing the ideals of the Spirituals, however, did not imply being really heretical. In fact, Michelangelo, as can be seen from his writings, was not a heretic and even Vittoria Colonna, although suspected, was never officially accused.

The artist, however, was certainly aware that he was exposing himself to the danger of being accused of heresy by the very people who commissioned the magnificent works that would make him one of the most popular, if not the most famous, artists in the entire history of art.

The transition between Platonism and Neoplatonism and the moral values that his friend Vittoria Colonna and the circle of the Spirituals were affirming with courage and determination were the harbinger of the renewal of the Catholic Church that Michelangelo had the opportunity to promote in the place that symbolises Christianity, for the centuries to come.

After all, every good Christian can practice with the tools that belong to him: Michelangelo had at his disposal colours, brushes and the wall next to the Sistine altar to paint. It was not certainly an opportunity that could be underestimated.

If Buonarroti had been convinced that divine power could be revealed in the grandeur of works, he might have found the determination to fresco on the wall of the Chapel not only the *Last Judgement*, but the core values for the new reform of

riforma della Chiesa. Forse neppure lui poteva immaginare che l'ermeneutica di questo capolavoro si sarebbe tradotta in un messaggio cristiano senza tempo.
Il *Giudizio Universale* testimonia la grandezza del sacrificio di Cristo e l'accoglienza che Gesù riserverà ai peccatori redenti poiché, come affermava san Paolo, solo chi aveva conosciuto il male avrebbe potuto apprezzare il bene.
In questo contesto pare legittimo lasciare aperta la possibilità che Michelangelo si sentisse investito anche della responsabilità di affrontare la questione del ruolo della donna nella cristianità e del riscatto della figura di Maria Maddalena: uno dei temi più cari alla Colonna e fortemente sentito nel Rinascimento.

LA CAPPELLA SISTINA E MICHELANGELO NELLA LETTERATURA

La letteratura riferita alla Cappella Sistina è vastissima.
In questo capitolo riporto alcune delle riflessioni di illustri esponenti del mondo accademico allo scopo di commentarne i collegamenti con questo studio.
Claudio Strinati, in uno dei documentari realizzati dalla Dialogues[106], introduce il suo commento al *Giudizio Universale* con una considerazione per nulla scontata.
Lo studioso afferma come il tema sia talmente ampio da prestarsi a evidenziare *nuovi spunti di riflessione*, che possono lasciar emergere aspetti dalla valenza particolarmente significativa non solo dal punto di vista concettuale, ma anche in relazione all'attualità dei nostri tempi.
Strinati ricorda come molti teologi dell'epoca evidenziarono in quest'opera una sorta di eresia latente, che *Michelangelo avrebbe osato palesare nel luogo più sacro del cristianesimo* e ricorda come l'artista abbia elaborato un netto sconvolgimento rispetto al consueto modello iconografico e iconologico con il quale i suoi predecessori, sino a quel momento, avevano rappresentato la *Parusia*; impostandola come un tribunale celeste. Di questa tradizione nell'opera di Michelangelo non si ritrova più nulla: «(...) *nessun tribunale, nessun giudice; ci sono i beati ed i dannati, ma i ruoli non sono poi così distinguibili*».
Il *Giudizio* di Michelangelo viene definito infernale e non paradisiaco e sembra rappresentare la dannazione universale: osservazione che, come puntualizza lo studioso, sia in passato che ancora oggi viene confermata da diversi teologi. A tal proposito cita l'esegeta scrittore Giovanni Andrea Gilio, presbitero italiano nato a Fabriano attivo nella seconda metà del XVI secolo e ricordato per le sue opere letterarie.
Nel 1564, a Camerino, presso Antonio Gioioso, lo scrittore pubblicò i *Due Dialogi*, opera dedicata al cardinale Alessandro Farnese. Il primo dialogo tratta il tema delle qualità delle "buone maniere", che erano diventate oggetto dei trattati

106 | C. STRINATI, *L'opera del lunedì*, 27 maggio 2019: http://www.dialoguesarte.it/2019/05/27/il-giudizio-universale-di-michelangelo-allopera-del-lunedi/

the Church. Maybe not even he could have imagined that the hermeneutics of this masterpiece would have been translated into a timeless Christian message.
The *Last Judgement* bears witness to the greatness of Christ's sacrifice and to the warmth that Jesus will reserve to redeemed sinners because, as Saint Paul affirmed, only those who have known evil can prize the good.
In this context it seems legitimate to leave open the possibility that Michelangelo also felt invested with the responsibility of addressing the issue of the role of women in Christianity and the redemption of the figure of Mary Magdalene: one of the themes dearest to Colonna and strongly felt in the Renaissance.

THE SISTINE CHAPEL AND MICHELANGELO IN LITERATURE

The literature that refers to the Sistine Chapel is vast.
In this chapter I report some of the reflections of illustrious exponents of the academic world in order to comment on the connections with this study.
Claudio Strinati, in one of the documentaries produced by Dialogues[106], introduces his comment on the *Last Judgement* with a not at all obvious consideration.
The academic states that the theme is so wide that it lends itself to *highlight new insights*, which can allow aspects of particularly significant value emerge: not only from a conceptual point of view, but also in relation to the current events of our times.
Strinati recalls that many theologians of the time highlighted a sort of latent heresy in this artwork, *that Michelangelo would have dared to reveal in the most sacred place of Christianity* and recalls how the artist had elaborated a clear disruption compared to the usual iconographic and iconological model with which his predecessors, up until that moment, had represented the *Parousia*; by setting it up as a heavenly court. Nothing of this tradition can be found in Michelangelo's work: «(...) *no court, no judge; there are the blessed and the damned, but the roles are not so distinguishable*».
Michelangelo's *Last Judgement* is defined as infernal and not heavenly and seems to represent universal damnation: observation which, as the academic points out, is confirmed by various theologians both in the past and also today. In this regard he quotes the exegetical writer Giovanni Andrea Gilio, an Italian priest born in Fabriano who was active in the second half of the 16th century and remembered for his literary works.
In 1564, in Camerino, at Antonio Gioioso's house, the writer published the *Two Dialogues*, a work dedicated to Cardinal Alessandro Farnese. The first dialogue deals with the theme of the qualities of "good manners", which had become the subject of literary treatises starting from the text by Baldassarre Castiglione. The second dialogue «*discusses the errors and abuses of painters regarding history*».

106 | C. STRINATI, *Monday's artwork*, 27th May, 2019: http://www.dialoguesarte.it/2019/05/27/il-giudizio-universale-di-michelangelo-allopera-del-lunedi/

letterari a partire dal testo di Baldassarre Castiglione. Il secondo dialogo «*ragiona de gli errori e degli abusi de' pittori circa l'historie*».
In quest'ultimo testo Gilio riporta molte «*annotazioni fatte sopra il Giuditio di Michelangelo et atre figure, quanto de la nova Capella; et in che modo vogliono essere dipinte le sacre imagini*».
Lo scrittore, per "perorare la causa" dell'esigenza del *decorum*, si dilunga in un formale e meticoloso elenco degli "errori" di Michelangelo: Cristo non può essere imberbe, i personaggi dovrebbero avere tutti trentatré anni, Maria non deve esprimere compassione, gli angeli devono avere le ali; ma, soprattutto, il nudo era inaccettabile «*poiché i particolari lascivi o che inducono al riso distolgono le anime dalla preghiera e dal timore di Dio, oltre ad essere indecorosi*».
C'è poi la questione dell'interpretazione di un Cristo collerico, che sembra esprimere un gesto di maledizione più che di un sereno e imparziale Giudizio (come sarebbe palese in un tribunale ove il giudice applica la legge).
Secondo Gilio l'artista non deve dilettare, non deve ambire a eccellere nell'arte; ma è tenuto a istruire rimanendo coerente con i testi sacri.
Peccato che al dogmatico esegeta sia sfuggito il fatto che il giudice è solitamente chiamato a esprimersi, in modo imparziale e distaccato, sull'innocenza o la condanna di estranei con i quali non ha alcun legame: *e non a giudicare e condannare la sua amata figliolanza*.
Lo scrittore, che nel XX secolo ha conquistato dalla storiografia il titolo di autore esemplare della Controriforma, verrà ben presto ridimensionato a causa della scarsa diffusione che, all'epoca, ebbe la sua opera.
Alla luce di queste evidenze alcuni studiosi negarono che le critiche di Gilio, fondate solo sulle Sacre Scritture rifiutando di integrarne la comprensione con la tradizione apostolica della Chiesa – posizione in contrasto con i principi alla base di molte decisioni prese dal Concilio di Trento tanto che una delle opere, già nel XVI secolo, fu persino messa all'indice dei libri proibiti –, potessero bastare a considerarlo in linea con l'ortodossia tridentina[107].
Una cosa è certa: che i richiami e le contestazioni al Buonarroti mosse dal provinciale presbitero sembrano stridere con l'impetuoso impulso innovatore di Michelangelo, che non solo armonizza e ricollega magistralmente il *Giudizio* agli affreschi che decorano le altre pareti della Cappella, ma qui scandisce il coerente collegamento con la testimonianza biblica secondo la quale «*il Giudizio di Dio sul male e su ogni colpa sarà un Giudizio di grazia*»[108].
Mi trovo dunque d'accordo con gli storiografi come Christian Hecht, che definiscono le critiche al *Giudizio* limitate e prive di quell'apertura mentale necessaria a comprendere uno scenario complesso e completo; nel quale proprio «*la conferma della validità della tradizione come elemento aggiuntivo dei testi sacri*» era stato il principio cardine che aveva pervaso tutte le decisioni importanti

In this last text Gilio reports many «*annotations made on Michelangelo's Last Judgement and other figures, as well as on the new Chapel; and how the sacred images should be*».
The writer, in order to "plead the cause" of the need of *decorum*, goes on with a formal and meticulous list of Michelangelo's "errors": Christ cannot be beardless, the characters should all be thirty-three years old, Mary must not express compassion, the angels must have wings; but, above all, nudity was unacceptable «*because lascivious details or details that induce laughter distract the souls from prayer and from the fear of God, besides being indecent*».
Then there is the question of the interpretation of a wrathful Christ, who seems to express a gesture of curse rather than a calm and impartial Judgement (as would be evident in a court where the judge applies the law).
According to Gilio, the artist must not entertain, he must not aspire to excel in art; but he is required to educate while remaining consistent with the sacred texts.
It is a pity that the dogmatic exegete has overlooked the fact that the judge is usually called upon to express himself, in an impartial and detached manner, on the innocence or condemnation of strangers with whom he has no connection: *and not to judge and condemn his beloved sonship*.
The writer, who in the 20th century earned from historiography the title of exemplary author of the Counter-Reformation, will soon be downgraded due to the limited diffusion that his work had at the time.
In light of this evidence, some academics denied that Gilio's criticisms, based only on the Holy Scriptures and refusing to integrate their understanding with the apostolic tradition of the Church – a position in contrast with the principles at the base of many decisions taken by the Council of Trent, so much so that one of the works, already in the 16th century, was even placed on the Index of prohibited books –, could be sufficient to consider him in line with Tridentine orthodoxy[107].
One thing is certain: that the references and objections raised by the provincial priest to Buonarroti appear to be at odds with the impetuous innovative impulse of Michelangelo, who not only masterfully harmonises and reconnects the *Last Judgement* to the frescoes that decorate the other walls of the Chapel, but here also establishes the coherent connection with the biblical testimony according to which «*God's Judgement on evil and on every sin will be a Judgement of grace*»[108].
I therefore agree with historians such as Christian Hecht, who define the criticisms of the *Last Judgement* limited and devoid of open-mindedness which are necessary to understand a complex and complete scenario; in which precisely «*the confirmation of the validity of the tradition as an additional element of the sacred texts*» had been the cardinal principle that had pervaded all the important decisions of the Council of Trent, including the decree on the images.

107 | (A cura di) M. FIRPO, C. HECHT, *Il decreto tridentino sulle immagini e la questione della tradizione apostolica*, in *Arte e persuasione. La strategia delle immagini dopo il Concilio di Trento*, Museo Diocesano-Temi Editrice, Trento, 2014, pp. 120-123.

108 | H. VORGRIMLER, *op. cit.*, p. 319.

107 | (Ed. by) M. FIRPO, C. HECHT, *The tridentine decree on images and the question of apostolic tradition, in art and persuasion. The strategy of images after the Council of Trento*, Diocesan Museum-Temi Editrice, Trento, 2014, pp. 120-123.

108 | H. VORGRIMLER, *op. cit.*, p. 319.

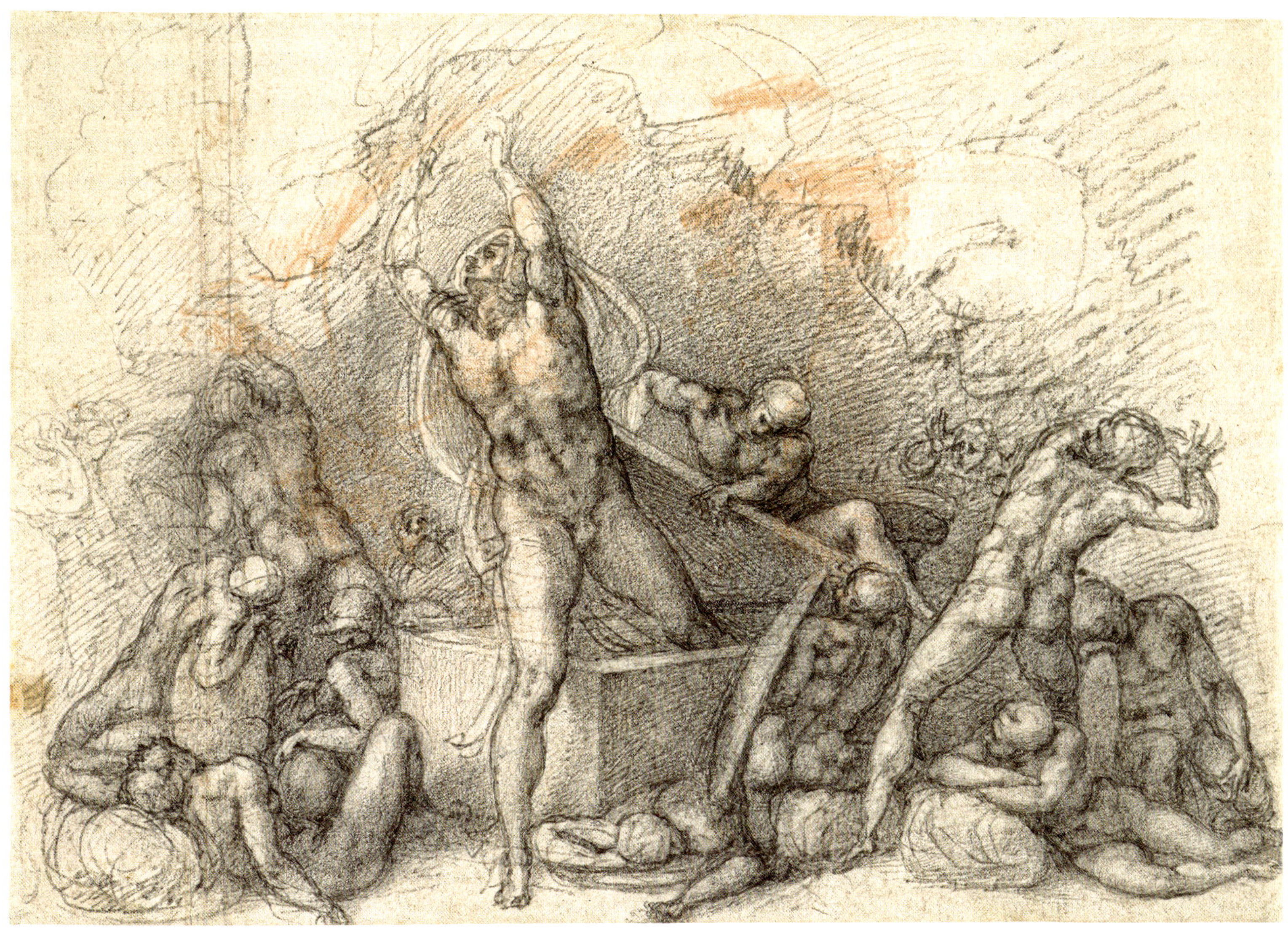

Michelangelo Buonarroti, *La Resurrezione*, 1532 ca., gessetto nero su tracce di stilo, con qualche cancellatura in gesso rosso, 24 × 34,7 cm, Royal Collection Trust, Londra.

Michelangelo Buonarroti, *The Resurrection*, c.1532, black chalk over traces of stylus, with some red chalk offsetting, 24 × 34.7 cm, Royal Collection Trust, London.

del Concilio di Trento, incluso il decreto sulle immagini.
In questa interpretazione, «*il suo dialogo sulle immagini appare, nel complesso, come un adattamento della dottrina luterana della sola Scrittura. Per Gilio, rispetto alle Sacre Scritture né la tradizione né tantomeno le arti figurative possono assumere alcun rilievo*»[109].
Viene spontaneo desumere che sia assai probabile che Gilio venga ricordato più per aver trattato in modo così critico l'opera del grande Michelangelo, che per averla saputa davvero osservare, ascoltare e comprendere al punto da poterne "criticare", con consapevolezza e "onestà intellettuale", il complicato e profondo impianto iconografico e iconologico.
Tornando alle considerazioni di Claudio Strinati su Gilio, lo studioso ricorda che il teologo affermò addirittura che «*Cristo sembra voler cacciare all'inferno perfino sua madre, che si volta compunta e timorosa*»

[109] | C. HECHT, *op. cit.*, pp. 120-123.

In this interpretation, «*his dialogue on images appears, overall, as an adaptation of the Lutheran doctrine of the sole Scripture. For Gilio, compared to the Holy Scriptures, neither tradition nor certainly the figurative arts can assume any importance*».[109]
It is natural to assume that it is very likely that Gilio is remembered more for having treated the work of the great Michelangelo in such a critical way, than for having truly been able to observe, listen to and comprehend it to the point of being able to "criticise", with awareness and "intellectual honesty", its complicated and profound iconographic and iconological structure.
Returning to Claudio Strinati's considerations on Gilio, the academic recalls that the theologian even affirmed that «*Christ seems to even want to banish his mother into hell, who turns away, contrite and fearful*» and cites these comments as rhetorical and

[109] | C. HECHT, *op. cit.*, pp. 120-123.

e cita questi commenti come retorici e opinabili, ricordando che il *Giudizio* fu eseguito sotto il pontificato di Paolo III Farnese, che aprì il Concilio di Trento e che si pose il problema della conciliazione tra protestanti e cattolici e, pur non riuscendo a risolverlo, da uomo colto e fervente cristiano promosse iniziative importanti.
Strinati ricorda come il lungimirante Papa avesse concesso a Michelangelo di realizzare un *Giudizio Universale* "anomalo" rispetto ai consueti canoni e, soprattutto, in concomitanza con le criticità che scaturivano dal tema religioso e politico dell'Europa del tempo: l'eresia, che coinvolse molti intellettuali come l'amica Vittoria Colonna e l'artista stesso.
Lo studioso coglie un aspetto fondamentale quando commenta: «(…) *sembrava che il mondo fosse abbastanza moderno per non individuare più in questo concetto* (l'eresia), *la dissidenza, che invece ritorna in un modo terribile, impetuoso, terrificante*».
Poi definisce il *Giudizio* di Buonarroti come una «*colossale parodia che Michelangelo ha dipinto per il tribunale dell'Inquisizione, come se l'artista volesse ammonire gli uomini del suo tempo e del futuro che se il tribunale diventa l'Inquisizione questo tribunale non è più legittimato dagli spiriti di fede, anche se esercita il suo potere e lo fa in modo terrificante*».
Le considerazioni di Strinati paiono particolarmente coerenti con i contenuti di questo testo, soprattutto quando si ipotizzano le motivazioni che possono aver indotto Michelangelo a rappresentare Cristo imberbe e con i tratti fisionomici dell'*Apollo del Belvedere*: la Chiesa non rispondeva più al modello di fede pura.
Il messaggio di speranza, dunque, doveva passare dal rinnovamento e la figura di Cristo poteva essere rappresentata identificandola nell'intramontabile bellezza classica.
Con la Riforma della Chiesa il potere ecclesiastico veniva sensibilmente ridimensionato, finanche a essere quasi "disconosciuto".
La condanna degli Spirituali per la corruzione, d'altro canto, era un problema molto sentito a prescindere dagli ideali del Circolo.
A tal proposito si ricorda il documento *Consilium de Emendanda Ecclesia*, redatto dalla commissione istituita su richiesta di Papa Paolo III Farnese per denunciare gli abusi della Chiesa. A queste scandalose denunce si contrapponeva il rinnovamento promosso dagli Spirituali stessi, considerati "eretici", ma basato sugli ideali puri che, di fatto, esponevano la Chiesa al pericolo di indebolire il suo potere fino a comprometterlo. La frattura era pericolosissima.
Il tribunale dell'Inquisizione era uno strumento terrificante, che abusava del suo potere contrapponendolo perfino alla promessa che il Giudizio di Dio su ogni colpa sarebbe stato un Giudizio di grazia.
In questo clima la progettazione dell'affresco era davvero complicata. Come poteva riuscire un artista ad "*ammonire gli uomini del suo tempo e del futuro*"? E come trasmettere il messaggio di *speranza*? Ed ecco perché la ricerca di purezza non era più rappresentabile attraverso i consueti canoni ecclesiastici (sarebbe stata una palese contraddizione): si rendeva essenziale individuare un modello iconografico e iconologico che prendesse le distanze dai catastrofici eventi di quel particolare momento storico. Doveva essere un modello credibile per riuscire a essere di conforto per i fedeli e tornare a conquistare la loro fiducia.
Occorreva quindi un impianto nuovo e doveva essere pianificato

debatable, recalling that the *Judgement* was carried out under the pontificate of Paul III Farnese, who opened the Council of Trent and who raised the concern about the reconciliation between Protestants and Catholics and, although unable to resolve it, as a cultured man and fervent Christian promoted important initiatives.
Strinati recalls how the far-sighted Pope had allowed Michelangelo to create an "anomalous" *Last Judgement* compared to the usual canons and, above all, in conjunction with the critical issues that arose from the religious and political theme of Europe at the time: heresy, which involved many intellectuals such as his friend Vittoria Colonna and the artist himself.
The academic grasps a fundamental aspect when he comments: «(…) *it seemed that the world was modern enough to no longer identify this concept* (heresy), *dissidence, which instead returns in a terrible, impetuous, terrifying way*».
He then defines Buonarroti's *Last Judgement* as a «*colossal parody that Michelangelo painted for the Inquisition Court, as if the artist wanted to warn the men of his time and of the future that if the court becomes the Inquisition this court is no longer legitimised by the spirits of faith, even if it exercises its power and it does it in such a terrifying way*».
Strinati's considerations seem particularly coherent with the contents of this text, especially when one hypothesises the motivations that may have induced Michelangelo to represent Christ beardless and with the physiognomic features of the *Apollo Belvedere*: the Church no longer responded to the model of pure faith.
The message of hope, therefore, had to pass through renewal and the figure of Christ could be represented by identifying it in the timeless classical beauty.
With the Reformation of the Church, the ecclesiastical power was significantly reduced, to the point of being almost "disavowed".
The condemnation of the Spirituals for corruption on the other hand, was a very sensitive issue regardless of the ideals of the Circle. In this regard, we remember the document *Consilium de Emendanda Ecclesia*, drawn up by the commission established on request of Pope Paul III Farnese, to denounce the abuses of the Church. These scandalous denunciations were in opposition to the renewal promoted by the Spirituals themselves, considered "heretics", but based on pure ideals that, in fact, exposed the Church to the danger of weakening its power to the point of compromising it. The fracture was extremely dangerous.
The Inquisition court was a terrifying instrument, which abused of its power even by opposing it to the promise that God's Judgement on every sin would be a Judgement of grace.
In this atmosphere, the design of the fresco was truly complicated. How could an artist succeed in "*admonishing the men of his time and of the future*"? And how could he convey the message of *hope*? And this is why the search for purity was no longer representable through the usual ecclesiastical canons (it would have been a clear contradiction): it was essential to identify an iconographic and iconological model that distanced itself from the catastrophic events of that particular his-

in un delicatissimo equilibrio: che andasse oltre gli scandali sugli abusi della Chiesa, ma senza palesare in modo tracotante, e dunque inadeguato, i nuovi ideali di fede che, per di più, dovevano incastrasi in un delicatissimo equilibrio per non sconfinare nel labile confine che implicava l'accusa di eresia.

In buona sostanza l'ermeneutica del *Giudizio* doveva introdurre una nuova stagione della Chiesa, occultando, solo apparentemente, questo preciso obiettivo: come un elegante velo di pregiata seta, quasi trasparente che, attraverso i secoli, continua ancora a svelare i suoi i segreti grazie all'intramontabile genialità di un artista senza tempo e quanto mai attuale.

Dobbiamo chiederci: sono stati forse questi ragionamenti a indurre Michelangelo a risolvere il modello iconografico e iconologico di Cristo, e del *Giudizio* intero, ideando la geniale soluzione di comunicare il concetto di purezza e di grazia (insito nella *Parusia*) identificandolo nella perfezione della bellezza classica? Vasari scrive: «*Dilettossi molto della Scrittura Sacra, come ottimo cristiano che egli era, et ebbe in gran venerazione l'opere scritte di Fra' Girolamo Savonarola, per avere udito la voce di quel frate in pergamo. Amò grandemente le bellezze umane per la imitazione dell'arte, per potere scierre il bello dal bello; che senza questa imitazione non si può far cosa perfetta; ma non in pensieri lascivi e disonesti, che l'ha mostro nel modo di viver suo, che è stato parchissimo, essendosi contentato quando era giovane, per istare intento al lavoro*»[110].

Cristo, come Apollo, è luce e salvezza, pertanto è sinonimo dell'ideale di pura bellezza.

La bellezza assoluta classica si ricongiunge così al messaggio teologico cristiano che si esplicita nella perfezione estetica e che trova la sua massima espressione in Dio e nella trascendenza.

Il parallelismo tra Cristo Giudice, Cristo Redentore e l'*Apollo del Belvedere* rievoca così l'intramontabile concetto dell'epoca classica, nel quale la bellezza estetica è sinonimo di perfezione assoluta, di luce divina e di illuminazione empirea: concetti ormai consolidati e quindi idonei a ribadire il ruolo guida della cristianità depurandolo non solo dagli eventi del tempo presente, ma anche di quello futuro.

Una progettualità così concepita, comunicata attraverso un modello ideologico classico, e non una realtà tangibile e soggetta a corruzione, poteva ancora essere foriera di credibilità e di fiducia e, quindi, di speranza. Si rivelava pertanto idonea a rimanere efficace malgrado la corruzione terrena e il trascorrere dei secoli, fino alla fine dei tempi.

Questa interpretazione pare rispondere all'esigenza di rappresentare la purezza del messaggio cristiano e, al contempo, di riuscire a suscitare e ad alimentare il sentimento di speranza che il fedele astante era abituato a cogliere attraverso le consuete rappresentazioni che ospitano la parete a ridosso della zona dedicata alla celebrazione eucaristica. Ma, soprattutto, l'affresco, malgrado tutto, esortava l'umanità a non perdere fiducia nella promessa di Cristo.

Strinati ricollega il *Giudizio* alla tradizione "dei fondatori dell'italianità", sebbene in un contesto di parodia suprema, ricordando

[110] | G. VASARI, *op. cit.*, p. 422.

torical moment. It had to be a credible model able to be of some comfort to the faithful and win their trust again. Therefore, a new system was needed and it had to be planned in a very delicate balance: one that could go beyond the scandals of the abuses of the Church, but without revealing in an arrogant and therefore inadequate way the new ideals of faith which, moreover, they had to fit into a very delicate balance in order to not trespass the thin boundary that implied the accusation of heresy.

In essence, the hermeneutics of the *Last Judgement* was meant to introduce a new season for the Church, concealing, only apparently, this precise objective: like an elegant veil of fine silk, almost transparent, which, through the centuries, continues to reveal its secrets thanks to the everlasting genius of a timeless artist and pertinent today.

We must ask ourselves: were these reasons perhaps what induced Michelangelo to resolve the iconographic and iconological model of Christ, and of the entire *Last Judgement*, by designing the ingenious solution of communicating the concept of purity and grace (inherent in the *Parousia*) by identifying it with the perfection of classical beauty?

Vasari writes: «*He took great delight in Sacred Scripture, as the excellent Christian that he was, and held in great veneration the written works of Friar Girolamo Savonarola, because he had heard the voice of that friar on the pulpit. He greatly loved human beauty for the imitation of art, to be able to discern beauty from beauty; that without this imitation nothing perfect can be done; but not in lascivious and dishonest thoughts, which he has shown in his way of living, which was very frugal, having been satisfied when he was young of the fact of remaining intent on his work*».[110]

Christ, like Apollo, is light and salvation, therefore he is synonymous of the ideal of pure beauty.

Classical absolute beauty is thus reunited with the Christian theological message that is expressed in the aesthetic perfection and that finds its maximum expression in God and transcendence.

The parallelism between Christ the Judge, Christ the Redeemer and the *Apollo Belvedere* thus recalls the everlasting concept of the classical era, in which aesthetic beauty is synonymous of absolute perfection, divine light and empyreal illumination: concepts that are already consolidated and therefore suitable to reaffirm the leading role of Christianity, purifying it not only from the events of the present time, but also from those of the future.

A project conceived in this way, communicated through a classical ideological model, and not a tangible reality subject to corruption, could still have been a harbinger of credibility and trust and, therefore, of hope. Therefore, it revealed to be capable of remaining effective despite earthly corruption and current despite the passing of centuries, until the end of time.

This interpretation seems to respond to the need to represent the purity of the Christian message and, at the same time, to be able to arouse and nourish the feeling of hope that the faithful bystander was accustomed to seize through the usual

[110] | G. VASARI, *op. cit.*, p. 422.

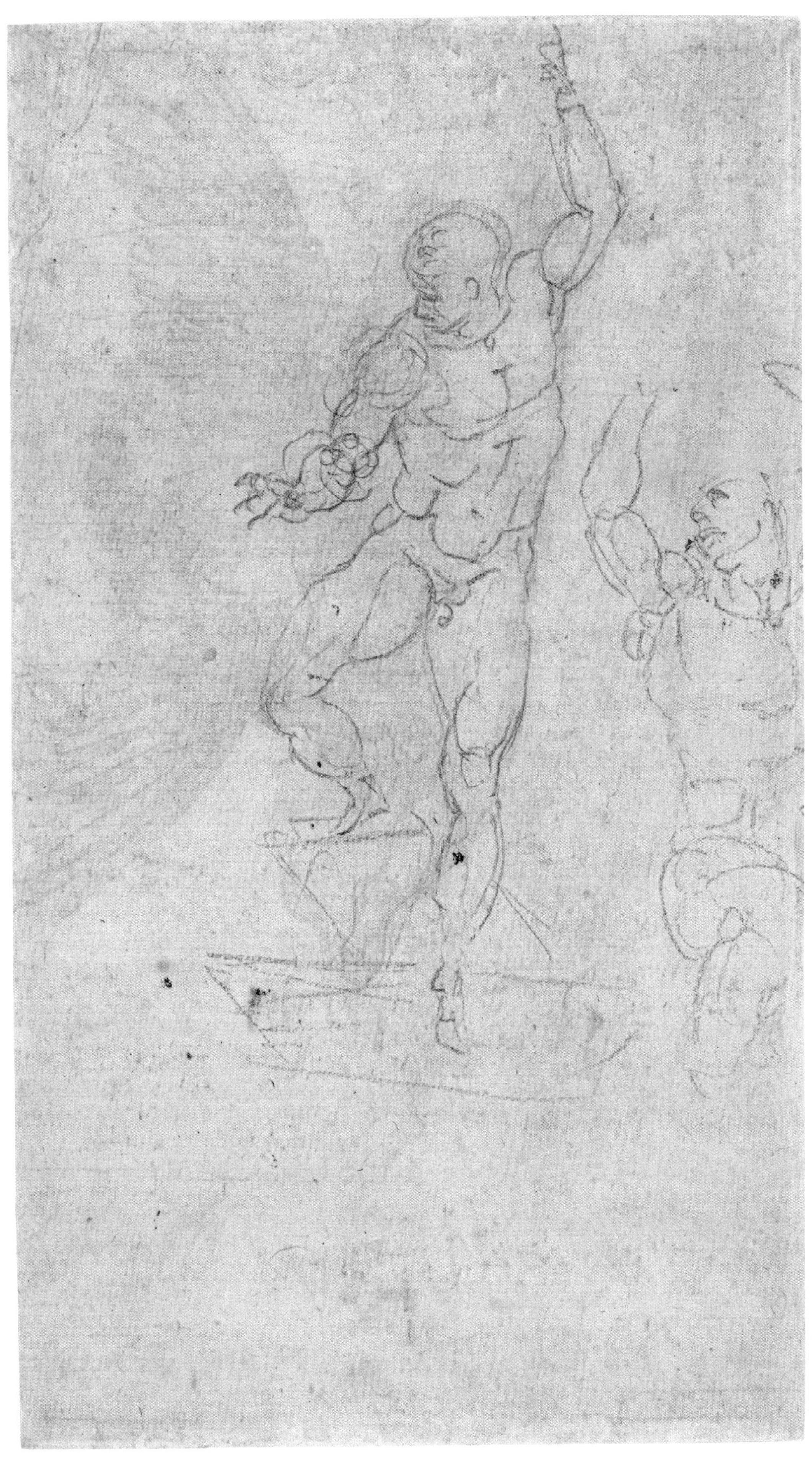

Michelangelo Buonarroti, Due bozzetti per il *Cristo risorto*, carbone, 19 × 33 cm, Royal Collection Trust, Londra.

Michelangelo Buonarroti, *Two sketches* for the *Risen Christ*, charcoal, 19 × 33 cm, Royal Collection Trust, London.

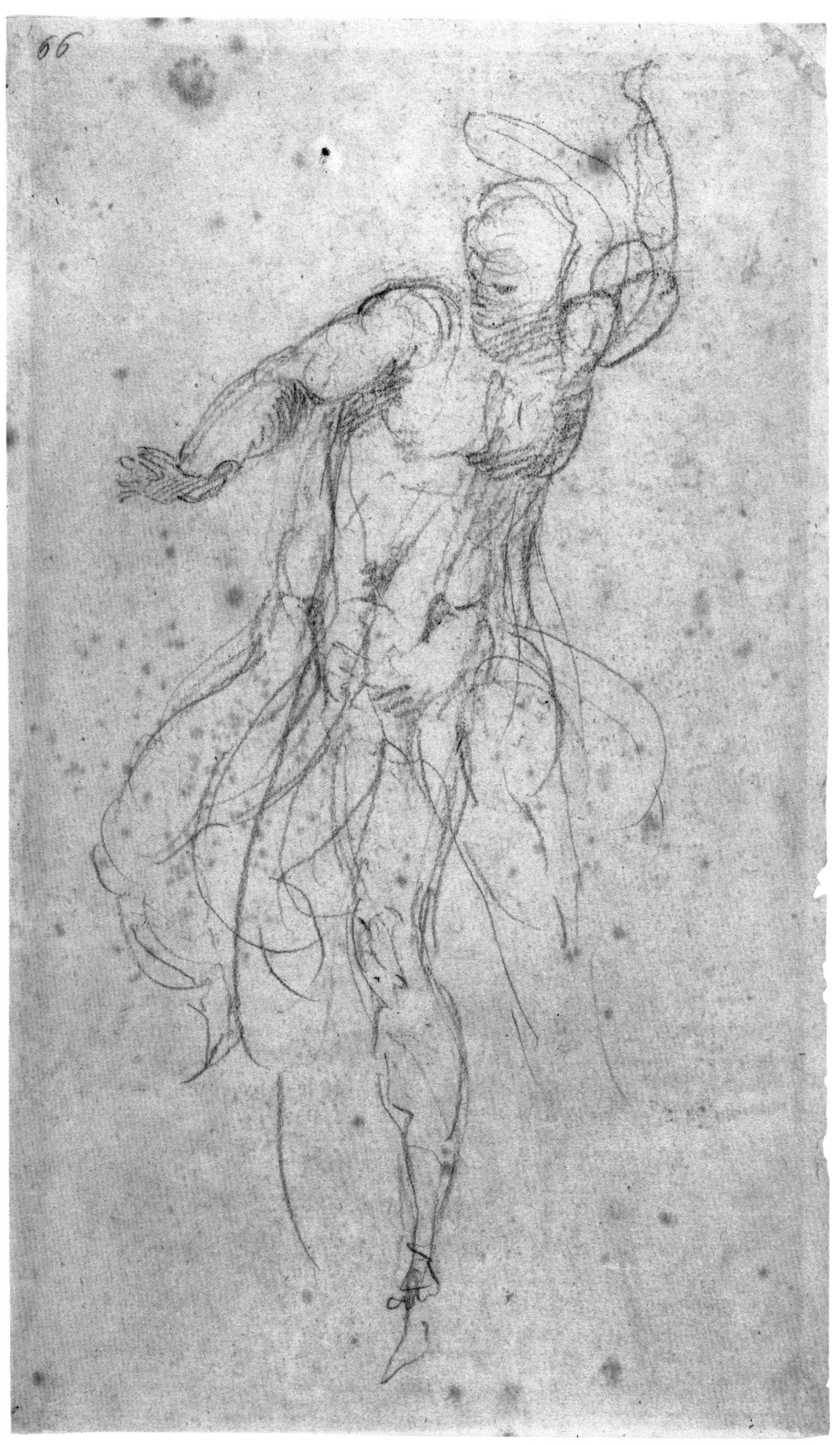

Michelangelo Buonarroti, *Studio* per un *Cristo risorto*, 1532-1533. Casa Buonarroti, Firenze.

Michelangelo Buonarroti, *Study* for a *Risen Christ*, 1532-1533. Casa Buonarroti, Florence.

il concetto delle raffigurazioni di personaggi grotteschi legati inequivocabilmente e rispettivamente alla *Divina Commedia* di Dante Alighieri nella parte bassa e al *Decameron* di Giovanni Boccaccio nelle raffigurazioni che esprimono l'aggressività fisica e sessuale che sbalordì al punto da spingere i successori, per mano di Daniele da Volterra, a coprire le nudità dipingendo le brache ai personaggi.
L'ostentazione della nudità faceva parte di un retaggio della cultura umanistica che risaliva ai personaggi citati, ma anche alla tradizione poetica che veniva da *I Trionfi* di Petrarca, che nascono dal sogno immaginato dall'autore di questi grandi cortei: dell'amore, della pudicizia, dell'eternità.
Lo studioso nota come tutto questo sconvolgimento implichi anche il fatto di dover affrontare il tema dell'immagine del rosario, che sembra essere usato come una corda dal personaggio ricurvo, sulla sinistra del gruppo degli angeli con le trombe e speculare all'invidia, mentre è intento a salvare due anime che cercano di risalire dall'inferno.
Secondo molti esegeti si tratterebbe di un rosario, che rappresenta un oggetto molto significativo perché può essere interpretato come un messaggio che esprime cristianità, ma che non riconosce il ruolo dei Papi.
La Chiesa, a tale proposito, ha rivendicato la simbologia annessa al rosario quale simbolo del cristiano, fedele e membro integrante di una comunità e non di un singolo.
Nel *Giudizio* quel simbolo sembra assumere un significato strumentale. Strinati spiega come il rosario sia collegato all'Inquisizione in quanto riconducibile ai domenicani: mendicanti che si affidano alla carità, ma appartenenti a un Ordine colto che fu presto introdotto nelle università. Il collegamento si riferisce al fatto che ai domenicani fu affidato il tribunale ecclesiastico dell'Inquisizione, che cercava gli eretici e che aveva il compito di giudicarli e, se non ritrattavano, di condannarli al rogo.
Lo studioso cita Pietro da Verona, che era uno degli esponenti più importanti dell'Ordine. Vissuto nel Duecento e riconosciuto come grande intellettuale, fondò la Congregazione del Rosario. Era nato da genitori catari, che rinnegò nel nome della vera fede. Fu tra coloro che proclamarono i catari eretici.
Strinati spiega che «*il rosario è lo strumento per pregare attraverso la litania* (*una serie di momenti in sequenza*)*. Ogni grano del rosario corrisponde ad una fase della preghiera e, dunque, si impiega molto tempo. Questa modalità è paragonabile all'obbligo di molte religioni perentorie, come quella musulmana: osservando dei tempi e modalità*».
Il cristianesimo aveva liberato da questi impegni così assoluti e il rosario, in un certo senso, simboleggia una sentenza di tribunale che prescrive quella determinata funzione. Il rischio è che questa modalità di vivere la religione sconfini nel fanatismo. Le riflessioni dello studioso si concludono ipotizzando che i due uomini che si aggrappano al rosario, esprimano proprio il rischio di sconfinare nel fanatismo. La preghiera per mezzo del rosario, dunque, è leggibile come una "distorsione della dottrina cristiana", perché legittima il fedele a pregare per se stesso senza l'intercessione della Chiesa in una sorta di dimensione parodistica che pare evidente nel *Giudizio* di Michelangelo. Secondo Strinati l'affresco è un'esortazione a riflettere sui rischi dello sconfinamento nel fanatismo.

representations that host the wall near the area dedicated to the Eucharistic celebration. But, above all and despite everything, the fresco exhorted humanity not to lose faith in Christ's promise.
Strinati reconnects the *Judgement* to the tradition of the "founders of Italianity", although in a context of supreme parody, remembering the concept of the depictions of grotesque characters unequivocally linked respectively to the *Divine Comedy* by Dante Alighieri in the lower part and to the *Decameron* by Giovanni Boccaccio in the depictions that express the physical and sexual aggressiveness that astonished to the point of pushing the successors, thanks to Daniele from Volterra, to cover the nudity by painting the characters' trousers.
The ostentation of nudity was part of a heritage of humanistic culture that dated back to the characters mentioned, but also to the poetic tradition that came from Petrarch's *Triumphs*, which were born from the dream imagined by the author of these great processions: of love, of modesty and of eternity.
The academic notes how all this disruption also implies the fact of having to deal with the theme of the image of the rosary, which seems to be used as a rope by the bent figure, on the left of the group of angels with the trumpets and specular to Envy, while he is intent on saving two souls who are trying to come back up from hell.
According to many exegetes, it is a rosary, which represents a very significant object because it can be interpreted as a message that expresses Christianity, but which does not recognise the role of the Popes.
The Church, in this regard, has claimed the meanings associated to the rosary as a symbol of the Christian, faithful and integral member of a community and not of an individual.
In the *Judgement* that symbol seems to take on an instrumental meaning. Strinati explains how the rosary is linked to the Inquisition because it can be traced back to the Dominicans: beggars who rely on charity, but belong to a cultured Order that was soon introduced into the universities.
The connection refers to the fact that the Dominicans were entrusted with the ecclesiastical court of the Inquisition, which searched for the heretics and had the task of judging them and, if they did not recant, they would condemn them to the stake.
The academic quotes Peter of Verona, who was one of the most important exponents of the Order. He lived in the 13th century and was recognised as a great intellectual, and founded the Congregation of the Rosary. He was born to Cathar parents, whom he denied in the name of the true faith. He was among those who proclaimed that the Cathars were heretics.
Strinati explains that «*the rosary is the tool used to pray through the litany* (*a series of moments in sequence*)*. Each bead of the rosary corresponds to a phase of the prayer and, therefore, it takes a long time. This method is comparable to the obligation of many peremptory religions, such as the Muslim one: observing times and methods*».
Christianity had freed us from these absolute commitments and the rosary, in a certain sense, symbolises a court sentence that prescribes that specific function. The risk is that this way of living religion strays into fanaticism. The academic's reflections conclude by hypothesising that the two men who cling to the rosary precisely express the risk of straying into fanaticism. The

Il fanatismo, comunque venga interpretato, altro non è che la presunzione con la quale l'uomo si arroga il diritto di fare da censore, sostituendosi a Dio e anticipando gli eventi della seconda venuta di Cristo.
Costanza Barbieri affronta il tema dell'*Imago Dei* e si sofferma su alcune considerazioni importanti: «*Secondo Michelangelo* (...) *l'amore per il sesso femminile è molto distante dall'amore spirituale; e si pone anche la spinosa questione di come le donne, sante e mistiche, possano riflettere la divina bellezza di un Dio maschile, dato che Gesù si è fatto carne assumendo il genere maschile. Il problema che Michelangelo incontra nella rappresentazione del femminile è di tipo teologico ed estetico: com'è possibile contemplare la divina bellezza in un corpo femminile?*»[111].
La studiosa spiega come l'immagine delle donne mascoline di Michelangelo trovi un parallelo nelle parole di un sonetto che l'artista scrive alla Colonna "*un uomo in una donna*", ma che assume un ulteriore significato spirituale «*se posta in relazione con il concetto agostiniano dell'uomo e la donna come imago dei, cioè con l'immagine di Dio, nel più ampio quadro della teologia femminile elaborata dal vescovo di Ippona. Il problema riguarda non solo la creazione del primo uomo, Adamo, 'a immagine e somiglianza di Dio'* (*Imago Dei*), *ma anche l'umanità assunta da Cristo nel genere maschile. Ma come possono le donne essere l'imago dei?*».
La Barbieri cita poi la studiosa di teologia Kari Elisabeth Børresen che scrive: «*La correlazione fra il Dio creatore e l'uomo a immagine di Dio, presuppone una fondamentale incompatibilità fra la divinità e la femminilità*»[112].
Queste citazioni, a prescindere dal discorso sulle modalità di raffigurazione dell'immagine della donna come *Imago Dei*, rappresentano uno spunto per riflettere circa la coerenza dell'interpretazione di Cristo Giudice, nella forma divina, che richiama l'immagine di bellezza perfetta dell'*Apollo del Belvedere*.
Contestualmente coloro che si avvicinano a Dio ne assumono "*l'immagine e la somiglianza*" corporea (come spiega Verdon); ma solo il Redentore, che è Cristo fattosi uomo, assume tutte le caratteristiche del Giudice: non solo nella possanza fisica, ma anche nella perfetta sovrapponibilità dei tratti somatici e nella postura. Anch'egli è raffigurato nella bellezza del dio profano, affinché possa essere riconosciuto nelle Sue spoglie mortali che richiamano il sacrificio di Gesù, la Sua Passione e la morte in croce per redimere i peccati dell'uomo, come nel disegno prestabilito da Dio.
Torniamo all'*Imago Dei*.
"*Dio creatore e l'uomo ad immagine di Dio*" possono essere entrambi rappresentati, in un certo senso, come un modello compatibile con la *divinità* (Apollo). La femminilità sarebbe incompatibile con questo paradigma.
La Barbieri sottolinea come Agostino sia il primo Padre della Chiesa a considerare le donne a "immagine e somiglianza di

[111] | (A cura di) C. BARBIERI, L. VATTUONE, *Michelangelo e la Sistina. L'arte e l'esegesi biblica*, Gangemi Editore International, Roma, 2017, pp. 68-73.

[112] | K.E. BØRRESEN, *Subordination and Equivalence. The nature and the role of Woman in Augustine ad Thomas Aquinas*, Kok Pharos Publishing House, Kampen, 1995, p. XXIV. (Edizione originale francese, *Subordination et équivalence. Nature et role de la femme d'après Augustin et Thomas d'Aquin*, 1968).

prayer through the rosary, therefore, can be read as a "distortion of the Christian doctrine", because it legitimises the faithful to pray for themselves without the intercession of the Church in a sort of parodic dimension that seems evident in Michelangelo's *Last Judgement*. According to Strinati, the fresco is an exhortation to reflect on the risks of trespassing into fanaticism. Fanaticism, however it is interpreted, is nothing other than the presumption with which man claims the right to act as a censor, substituting himself to God and anticipating the events of the second coming of Christ.
Costanza Barbieri addresses the issue of the *Imago Dei* and focuses on some important considerations: «*According to Michelangelo* (...) *love for the female sex is far away from spiritual love; and she raises the thorny question of how women, saints and mystics, can reflect the divine beauty of a male God, since Jesus became flesh by assuming the male gender. The problem that Michelangelo encounters in the representation of the feminine is of a theological and aesthetic nature: how is it possible to contemplate divine beauty in a female body?*».[111]
The academic explains how Michelangelo's image of masculine women finds a parallel in the words of a sonnet that the artist wrote to Colonna "*a man in a woman*", but which assumes a further spiritual meaning «*if set in relation to the Augustinian concept of man and woman as Imago Dei, that is, with the image of God, within the wider framework of the feminine theology elaborated by the Bishop of Hippo. The problem concerns not only the creation of the first man, Adam, 'in the image and likeness of God'* (*Imago Dei*), *but also the humanity assumed by Christ in the male gender. But how can women be the Imago Dei?*».
Barbieri then quotes the theology scholar Kari Elisabeth Børresen who writes: «*The correlation between the creator God and man in the image of God presupposes a fundamental incompatibility between divinity and femininity*».[112]
These quotations, regardless of the discussion on the ways of representing the image of the woman as *Imago Dei*, represent an opportunity to reflect on the coherence of the interpretation of Christ the Judge, in the divine form, which recalls the image of perfect beauty of the *Apollo Belvedere*.
At the same time, those who approach God assume his bodily "*image and likeness*" (as Verdon explains); but only the Redeemer, who is Christ made man, takes on all the characteristics of the Judge: not only in physical strength, but also in the perfect superimposition of somatic features and posture. He, as well, is depicted in the beauty of the profane god, so that he can be recognised in His mortal remains which recall the sacrifice of Jesus, His Passion and death on the cross to redeem the sins of man, as in the pre-established plan by God.
Let's go back to the *Imago Dei*.
"*God the creator and man in the image of God*" can both be repre-

[111] | (Ed. by) C. BARBIERI, L. VATTUONE, *Michelangelo e la Sistina. L'arte e l'esegesi biblica*, Gangemi Editore International, Rome, 2017, pp. 68-73.

[112] | K. E. BØRRESEN, *Subordination and Equivalence. The nature and the role of Woman in Augustine ad Thomas Aquinas*, Kok Pharos Publishing House, Kampen, 1995, p. XXIV. (Original French Edition, *Subordination et équivalence. Nature et role de la femme d'après Augustin et Thomas d'Aquin*, 1968).

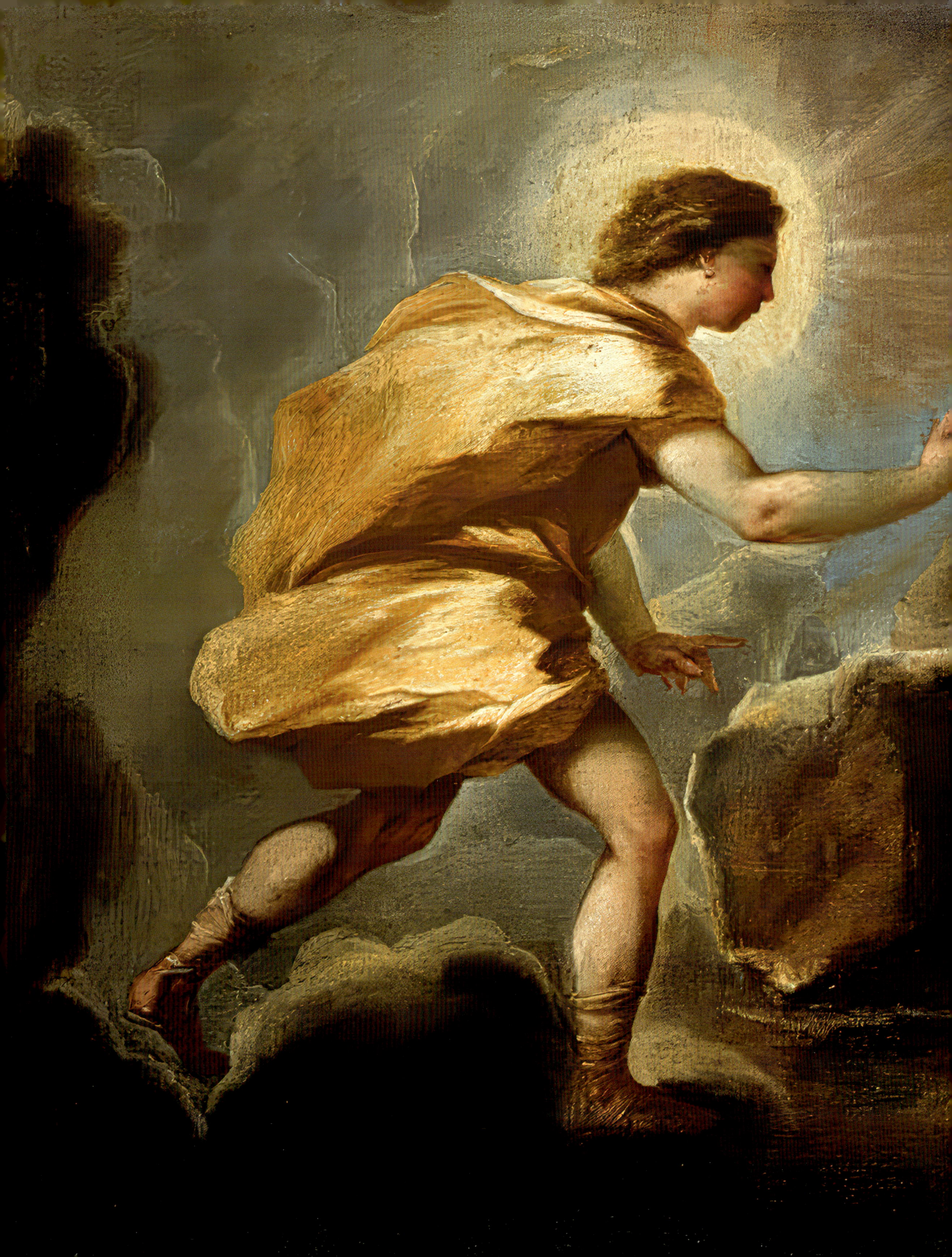

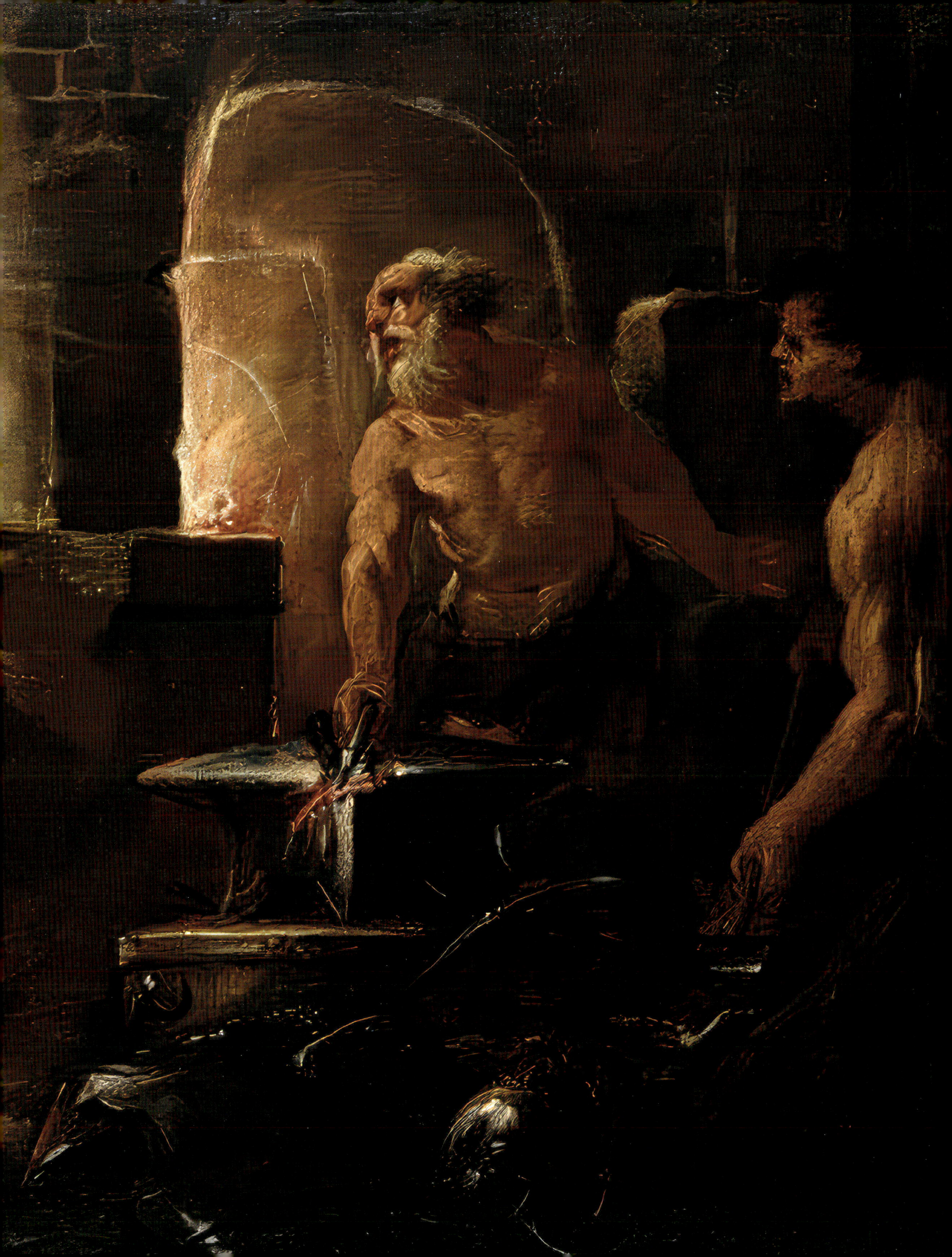

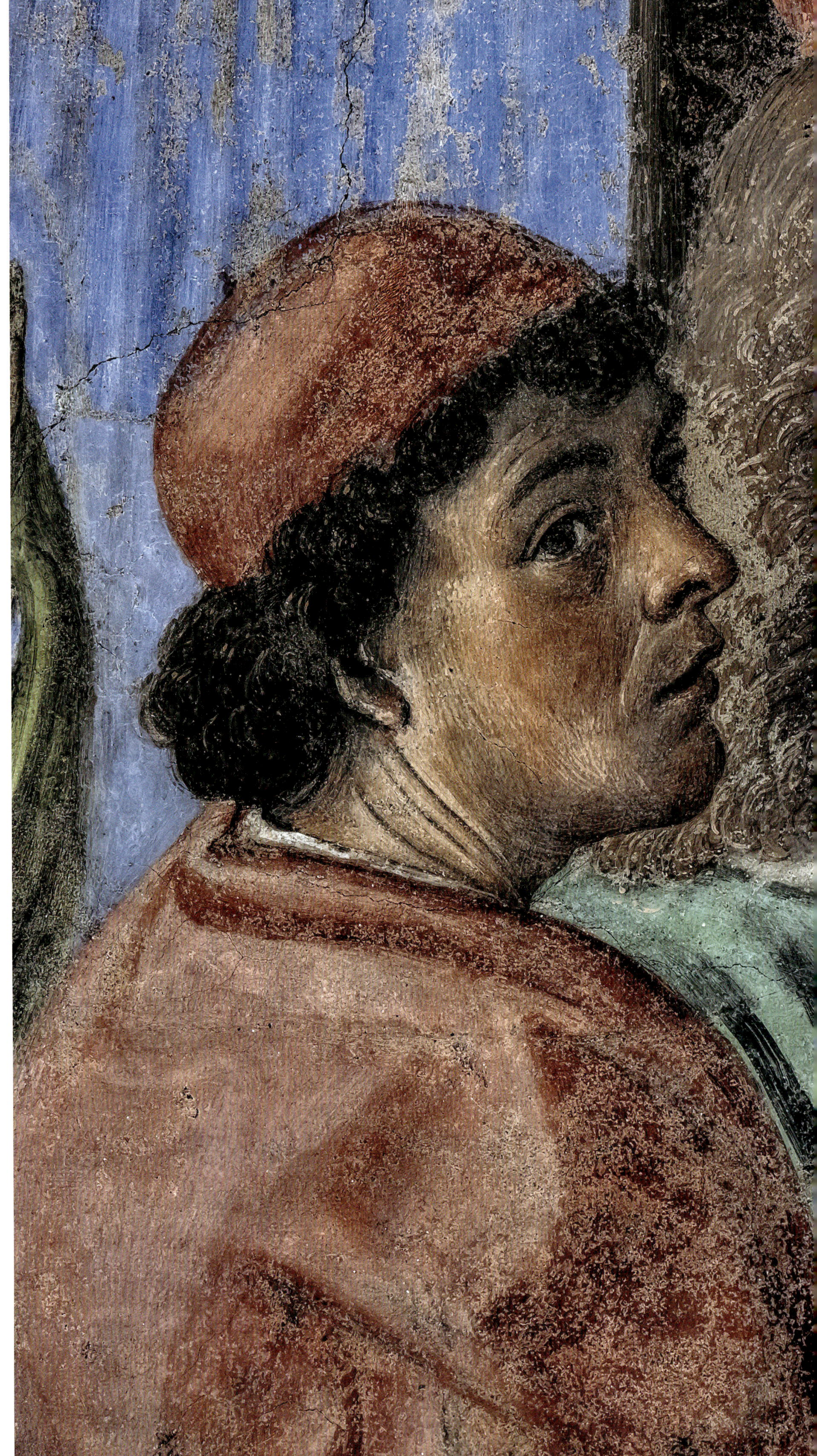

Cosimo Rosselli, *Miracolo del Sacramento*, 1481, affesco, Chiesa di Sant'Ambrogio, Firenze. Dettaglio del *Gruppo degli Umanisti Neoplatonici*. Da sinistra: Marsilio Ficino, Giovanni Pico della Mirandola e Agnolo Poliziano.

Cosimo Rosselli, *Miracle of the Sacrament*, 1481, fresco, Church of Sant'Ambrogio, Florence. Detail of the *Group of Neoplatonic Humanists*. From left: Marsilio Ficino, Giovanni Pico della Mirandola, and Agnolo Poliziano.

(Alle pagine 208-209)
Luca Giordano,
Apollo nella fucina di Vulcano.

(On pages 208-209)
Luca Giordano,
Apollo nella fucina di Vulcano.

(Alle pagine 214-215)
Sandro Botticelli, *Venere e Marte*, 1485 ca., tempera e olio su tavola, 69,2 × 173,4 cm, National Gallery, Londra.

(On pages 214-215)
Sandro Botticelli, *Venus and Mars*, c. 1485, tempera and oil on panel, 69,2 × 173,4 cm, National Gallery, London.

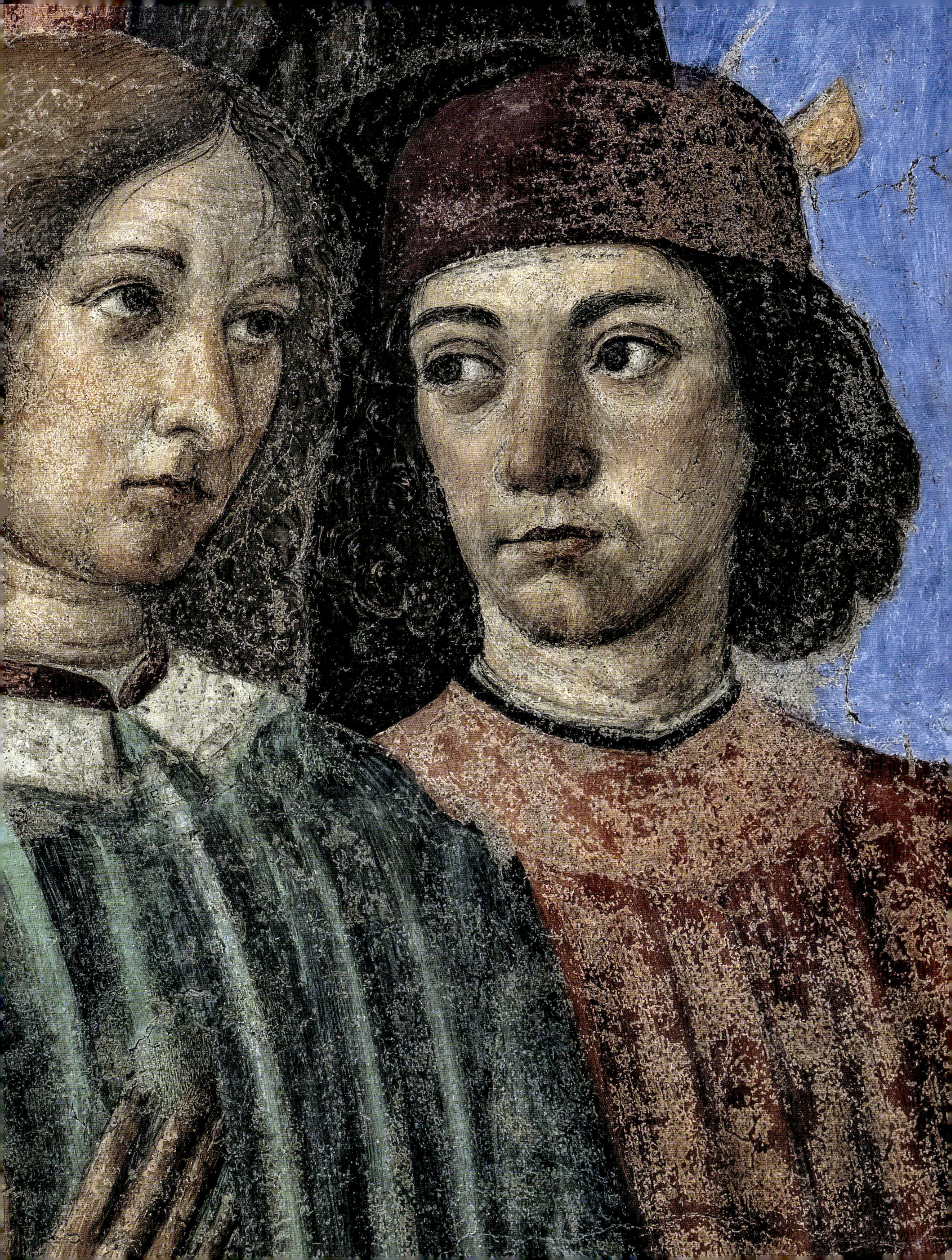

Dio", contro il diniego di san Paolo e con varie conseguenze negative, "*soprattutto in relazione al tema della Resurrezione*". La studiosa, citando ancora Børresen, sottolinea come Agostino abbia "*intelligentemente*" risolto la situazione, «*poiché è l'anima razionale ciò che caratterizza gli esseri umani, questa appartiene a entrambi i sessi senza distinzione, e poiché anche la donna possiede quest'anima possiamo anche considerarla 'homo', cioè un essere umano* (...). *Ma, essendo di sesso femminile* (*femina*), *si differenzia dall'uomo quanto al corpo, e pertanto non riflette l'"imago dei'. Al contrario l'uomo, essendo di sesso maschile* (*vir*), *rappresenta l'elemento superiore dell'animo dove risiede l'"imago dei'. Attraverso quest'esegesi Agostino da un lato accoglie l'affermazione di san Paolo secondo cui solo l'uomo riflette l'immagine di Dio, dall'altro riesce però ad accordare questa qualità anche alla donna, in quanto essere umano. Attraverso la superiorità del suo sesso, l'uomo riflette nel suo essere esteriore* (*homo exterior*) *l'immagine divina, mentre* (...) *l'inferiorità del suo genere femminile impedisce alla donna di mostrare nel suo essere corporeo la superiorità della sua anima razionale*»[113]. L'uomo e la donna "riflettono" entrambi Dio Padre, ma la differenza trae origine dalla creazione.

La Barbieri prosegue spiegando che questo *status* femminile trae origine dalla Chiesa primitiva e scaturisce dall'interpretazione dei testi sacri e dell'esegesi quando si parla di "*divenire uomo*" e ricorda il Vangelo apocrifo di Tommaso, 114: «*Simon Pietro disse loro: "Mandate via Maria Maddalena, perché le donne non meritano la* (*vera*) *Vita". E Gesù disse: "Guarda, la guiderò fino a farla diventare un uomo, cosicché anche lei possa diventare uno spirito vivente* (*cfr.* Genesi 2:7) *simile a voi uomini: perché ogni donna che si fa uomo entrerà nel regno dei Cieli"*»[114].

È ancora sant'Agostino ad affrontare il tema di come il sesso femminile sia riconducibile a una condizione della natura, «*che fuori del tempo sarà esente dall'accoppiamento e dal parto* (...) *adatto non alle esigenze di una volta, ma alla dignità in atto,* (...) [perché] *siano lodate la sapienza e la bontà di Dio che ha creato quel che non esisteva e ha liberato dalla soggezione al male quel che ha creato*»[115].

L'uomo e la donna, che prima del peccato originale non provavano vergogna, se si pentiranno, dopo il *Giudizio* torneranno a essere senza peccato perché verranno perdonati e liberati dal male. Questo concetto si rifà all'affermazione secondo la quale con la *Parusia* l'ira di Cristo Giudice non si scaglierà in modo terrificante nei confronti della sua figliolanza, ma contro il male. Alla figliolanza Gesù ha promesso che sarà un evento di grazia e il peso dei peccati dell'umanità verrà amorevolmente redento per coloro che ne saranno meritevoli.

sented, in a certain sense, as a model compatible with the *divinity* (Apollo). Femininity would be incompatible with this paradigm. Barbieri underlines how Augustine is the first Father of the Church to consider women as the "image and likeness of God", against the denial of Saint Paul and with various negative consequences, "*especially in relation to the theme of the Resurrection*". The scholar, still quoting Børresen, underlines how Augustine "*intelligently*" resolved the situation, «*since it is the rational soul that characterises human beings, this belongs to both sexes without distinction, and since the woman also possesses this soul we can also consider her 'homo', that is, a human being* (...). *But, being of the female sex* (*femina*), *she differs from man in her body, and therefore she does not reflect the 'Imago Dei'. On the contrary, man, being of the male sex* (*vir*), *represents the superior element of the soul where the 'Imago Dei' lies. Through this exegesis, on the one hand, Augustine accepts Saint Paul's affirmation according to which only man reflects the image of God, but on the other hand, he manages to grant this quality also to the woman, as human beings. Through the superiority of his sex, man reflects in his external being* (*homo exterior*) *the divine image, while* (...) *the inferiority of her female gender prevents woman from showing in her corporeality the superiority of her rational soul*».[113]

Man and woman both "reflect" God the Father, but the difference takes its origine from the creation.

Barbieri continues by explaining that this *status* of woman has its origins in the early Church and arises from the interpretation of sacred texts and exegesis when speaking of "*becoming a man*" and recalls the apocryphal Gospel of Thomas, 114: «*Simon Peter says to them: 'Let Mary Magdalene go out, for women are not worthy of life'. And Jesus says: 'See, I will draw her so as to make her male so that she also may become a living spirit like you males* (*cf.* Genesis 2:7)*: For every woman who has become male will enter the Kingdom of heaven'*».[114]

It is still Saint Augustine who addresses the issue of how the female sex can be traced back to a condition of nature, «*which out of time will be exempt from mating and giving birth* (...) *suited not to the needs of the past, but to the ongoing dignity,* (...) [so that] *the wisdom and goodness of God may be praised, he who created what did not exist and freed from subjugation to evil what he created*».[115]

If man and woman, who before the original sin did not feel shame, repent, they will return to be without sin after the *Judgement* because they will be forgiven and freed from evil. This concept refers to the statement according to which with the *Parousia* the wrath of Christ the Judge will not be hurled in a terrifying way against his sonship, but against evil. Jesus promised sonship that it will be an event of grace and the weight

[113] | (A cura di) C. BARBIERI, L. VATTUONE, *op. cit.*, p. 70. Fonte K. E. BØRRESEN, *op. cit.*, pp. 26-27. *Cfr.* su temi analoghi e conclusioni affini, K. POWER, *Velied Desire. Augustine Writing on Woman*, Longman and Todd, Londra, 1995, pp. 146-150.

[114] | E.A. CASTELLI, *"I Will Make Mary Male": Pieties of the Baby and Gender Transformation of Christian Women in Late Antiquity*, in *Body guards: The cultural politics of gender ambiguity,* New York/Londra, 1991, pp. 29-49.

[115] | AUGUSTINUM, *De Trinitate*, 12, VII, Pag. Lat. 42: cc. 1004-1005: "*Numquidman igitur fideles feminae sexum corporis amiserum? Sed quia ibi renovantur ad imaginem Dei, ubi sexus nullus est, ibi factus est homo as imaginem Dei, ubi sexus nullus est, hoc est in spiritu mentis suae*". *Cfr.* BØRRESEN, *op. cit.*, p. 82.

[113] | (Ed. by) C. BARBIERI, L. VATTUONE, *op. cit.*, p. 70. Source K. E. BØRRESEN, *op. cit.*, pp. 26-27. *Cf.* on related topics and similar conclusions, K. POWER, *Velied Desire. Augustine Writing on Woman*, Longman and Todd, London, 1995, pp. 146-150.

[114] | E. A. CASTELLI, *"I Will Make Mary Male": Pieties of the Baby and Gender Transformation of Christian Women in Late Antiquity*, in *Body guards: The cultural politics of gender ambiguity,* New York/London, 1991, pp. 29-49.

[115] | AUGUSTINUM, *De Trinitate*, 12, VII, Pag. Lat. 42: cc. 1004-1005: "*Numquidman igitur fideles feminae sexum corporis amiserum? Sed quia ibi renovantur adimaginem Dei, ubi sexus nullus est, ibi factus est homo as imaginem Dei, ubi sexus nullus est, hoc est in spiritu mentis suae*". *Cf.* BØRRESEN, *op. cit.*, p. 82.

Costanza Barbieri prosegue il discorso dell'*Imago Dei* al femminile spiegando i testi paolini e agostiniani, che ci consentono di comprendere l'esemplificazione della nuova bellezza delle donne nel *Giudizio Universale* di Michelangelo: «*In effetti, tutte le donne che risorgeranno (...) adempiranno alle profezie paoline, cioè assumeranno la forma del Cristo Risorto, 'conformi all'immagine del Figlio di Dio'* (*Romani* 8:29; *cfr. Efesini* 4:13)»[116].
Queste annotazioni ci ricollegano alla figura del portacroce e della donna che bacia il legno della croce e ci forniscono uno spunto in più per motivare l'identificazione di Maria di Màgdala. Come per Agostino, anche per Buonarroti potrebbe essersi posto il problema di come risolvere la rappresentazione della santità di questa donna e potrebbe averlo risolto proprio grazie al suo accostamento al Risorto e all'unione suggellata dalla presenza della croce.
La studiosa completa il concetto di *Imago Dei* «*vivificato all'inizio del Cinquecento da Egidio da Viterbo, il grande teologo e predicatore agostiniano, che unisce la teologia di Sant'Agostino con il Neoplatonismo di Marsilio Ficino. I temi della dignità dell'uomo e della bellezza e armonia del corpo umano vengono affrontati in molti sermoni pronunciati di fronte alla corte papale all'inizio del secolo XVI*»[117].
Uno di questi sermoni, ad esempio, rivendica a Ermete Trismegisto, considerato il primo filosofo, il merito di aver condotto gli uomini alla conoscenza di Dio attraverso la considerazione che il corpo umano ne fosse esplicita testimonianza: la perfezione di quest'ultimo assume come argomento a favore dell'esistenza del Creatore.
Questo passaggio del sermone, riportato nella nota 40 dalla Barbieri, era uno dei più noti dell'epoca, perché particolarmente apprezzato da Papa Giulio II e aiuta a comprendere la scelta di Michelangelo nel ritrarre Cristo Giudice e Cristo Redentore entrambi con i tratti fisionomici dell'*Apollo del Belvedere*.
Il concetto trova ancora conferma nel paragrafo seguente, quando la Barbieri cita un altro testo, sempre di Egidio da Viterbo. Egidio da Viterbo sottolinea il ruolo di Cristo incarnato in relazione all'*Imago Dei*: «*Grazie all'incarnazione l'uomo è sollevato alla dignità del Figlio di Dio e divinizzato*»[118].
Barbieri scrive: «*Alla luce della teologia agostiniana, rivisitata nel Cinquecento da Egidio da Viterbo, e nel contesto della sua formazione neoplatonica, Michelangelo visualizza questa idealizzata e superiore umanità, che comprende uomini e donne, come 'imago dei', cioè nella sembianza maschile del Figlio di Dio. In Sant'Agostino, Marsilio Ficino ed Egidio da Viterbo, Michelangelo trova la giustificazione teologica alla sua visione della centralità della perfetta immagine del maschile, rispecchiando quella divina. (...) In tutti i casi il dualismo fra la natura femminile e maschile è superato e vinto, e la loro dignità ed uguaglianza con gli uomini è dimostrata nel rispecchiamento dell'immagine del Figlio di Dio. Per usare le parole di Michelangelo:*

of humanity's sins will be lovingly redeemed for those who are worthy.
Costanza Barbieri continues the discussion of the feminine *Imago Dei* by explaining the Pauline and Augustinian texts, which allow us to understand the exemplification of the new beauty of women in Michelangelo's *Last Judgement*: «*In fact, all the women who will be resurrected (...) will fulfil the Pauline prophecies, that is, they will take the form of the Risen Christ, 'conformed to the image of the Son of God'* (*Romans* 8:29; *cf. Ephesians* 4:13)».[116]
These annotations reconnect us to the figure of the cross-bearer and the woman kissing the wood of the cross and provide us with further evidence to motivate the identification of Mary Magdalene.
As for Augustine, Buonarroti may also have posed the question of how to resolve the representation of the sanctity of this woman and he may have resolved it precisely thanks to her closeness to the Risen One and to the union sealed by the presence of the cross.
The scholar completes the concept of *Imago Dei* «*enlivened at the beginning of the 16th century by Egidio from Viterbo, the great Augustinian theologian and preacher, who combines the theology of Saint Augustine with the Neoplatonism of Marsilio Ficino. The themes of the dignity of man and of the beauty and harmony of the human body are addressed in many sermons preached before the papal court at the beginning of the 16th century*».[117]
One of these sermons, for example, gives credit to Hermes Trismegistus, considered the first philosopher, for having led men to the knowledge of God through the consideration that the human body was an explicit testimony of this: the perfection of the latter is taken as an argument in favour of the existence of the Creator.
This passage of the sermon, reported in note 40 by Barbieri, was one of the best known of the time, because it was particularly appreciated by Pope Julius II and helps to understand Michelangelo's choice in portraying Christ the Judge and Christ the Redeemer both with the physiognomic features of the *Apollo Belvedere*.
The concept continues to be affirmed in the following paragraph, when Barbieri quotes another text, always by Egidio from Viterbo. Egidio from Viterbo underlines the role of the incarnate Christ in relation to the Imago Dei: «*Thanks to the incarnation, man is raised to the dignity of the Son of God and divinised*».[118]
Barbieri writes: «*In the light of the Augustinian theology, revisited in the 16th century by Egidio from Viterbo, and in the context of his Neoplatonic education, Michelangelo visualises this idealised and superior humanity, which includes men and women, as the 'imago dei', that is, in the male features of the Son of God. Michelangelo finds in Saint Augustine, Marsilio Ficino and Egidio from Viterbo, the theological justification for his vision of the centrality of the perfect image of the masculine, mirroring the divine one. (...) In any case the dualism between the feminine and masculine nature is overcome and conquered, and their dignity and equality with men is demonstrated in the mirroring of the image of the Son of God. To use the words of Michelangelo:*

116 | (A cura di) C. BARBIERI, L. VATTUONE, *op. cit.*, p. 72.

117 | *Ibidem*. J. O'MALLEY, *Praise and Blame in Renaissance Rome*, Duke University Press, Durham, 1979, p. 134.

118 | (A cura di) C. BARBIERI, L. VATTUONE, *op. cit.*, p. 72. Nota 40. J. O'MALLEY, *op. cit.*, p. 134.

116 | (Ed. by) C. BARBIERI, L. VATTUONE, *op. cit.*, p. 72.

117 | *Ibidem*. J. O'MALLEY, *Praise and Blame in Renaissance Rome*, Duke University Press, Durham, 1979, p. 134.

118 | (Ed. by) C. BARBIERI, L. VATTUONE, *op. cit.*, p. 72. Note 40. J. O'MALLEY, *op. cit.*, p. 134.

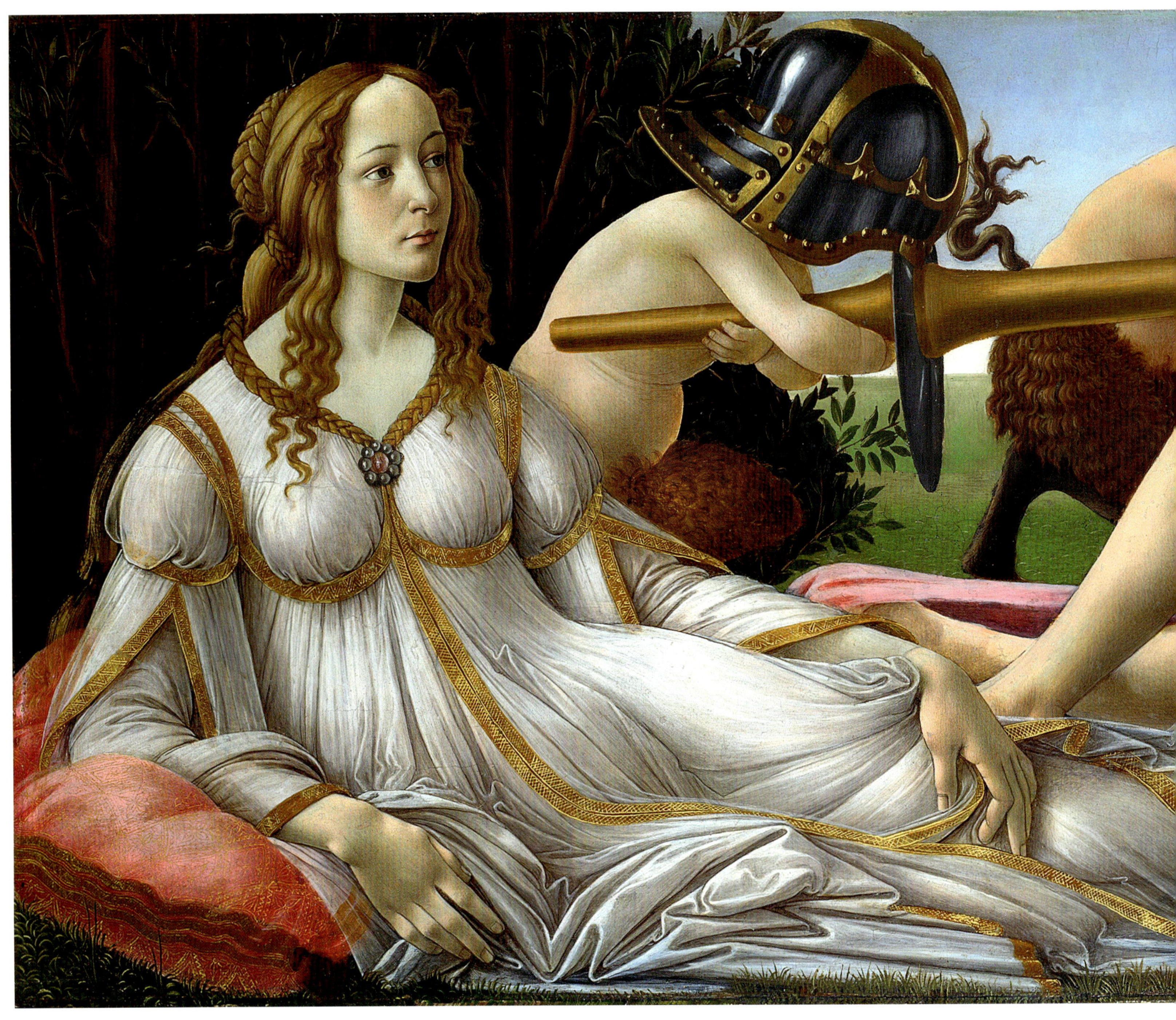

"un uomo in una donna, anzi un dio, per la sua bocca parla"»[119].
I riferimenti citati sono essenziali a comprovare come non sia casuale la scelta di raffigurare Cristo ispirandosi all'*Apollo del Belvedere* e, di conseguenza, come sia ragionevole riflettere sulla duplice interpretazione della figura di Cristo Giudice perfettamente speculare e sovrapponibile a quella del portacroce.
«*Un uomo in una donna, anzi un dio / per la sua bocca parla*»[120].
Cristo Redentore, fattosi "*un uomo*", Maria di Màgdala, "*in una*

'a man within a woman, or rather a god, speaks through her mouth'».[119]
The references cited are essential to demonstrate that the choice to depict Christ inspired by the *Apollo Belvedere* is not a coincidence and, consequently, how it is reasonable to reflect on the dual interpretation of the figure of Christ the Judge, perfectly specular and overlapping with that of the cross-bearer.
«*A man within a woman, or rather a god / speaks through her mouth*».[120]
Christ the Redeemer, made "*man*", Mary Magdalene, "*within a woman*",

119 | (A cura di) C. BARBIERI, L. VATTUONE, *op. cit.*, pp. 68-73.

120 | MICHELANGELO, *Rime*, 235, (A cura di) ENZO NOÈ GIRARDI, Laterza, Bari, 1960, p. 386.

119 | (Ed. by) C. BARBIERI, L. VATTUONE, *op. cit.*, pp. 68-73.

120 | MICHELANGELO, *Rhymes*, 235, (Ed. by) E. NOÈ GIRARDI, Bari, Laterza, 1960, p. 386.

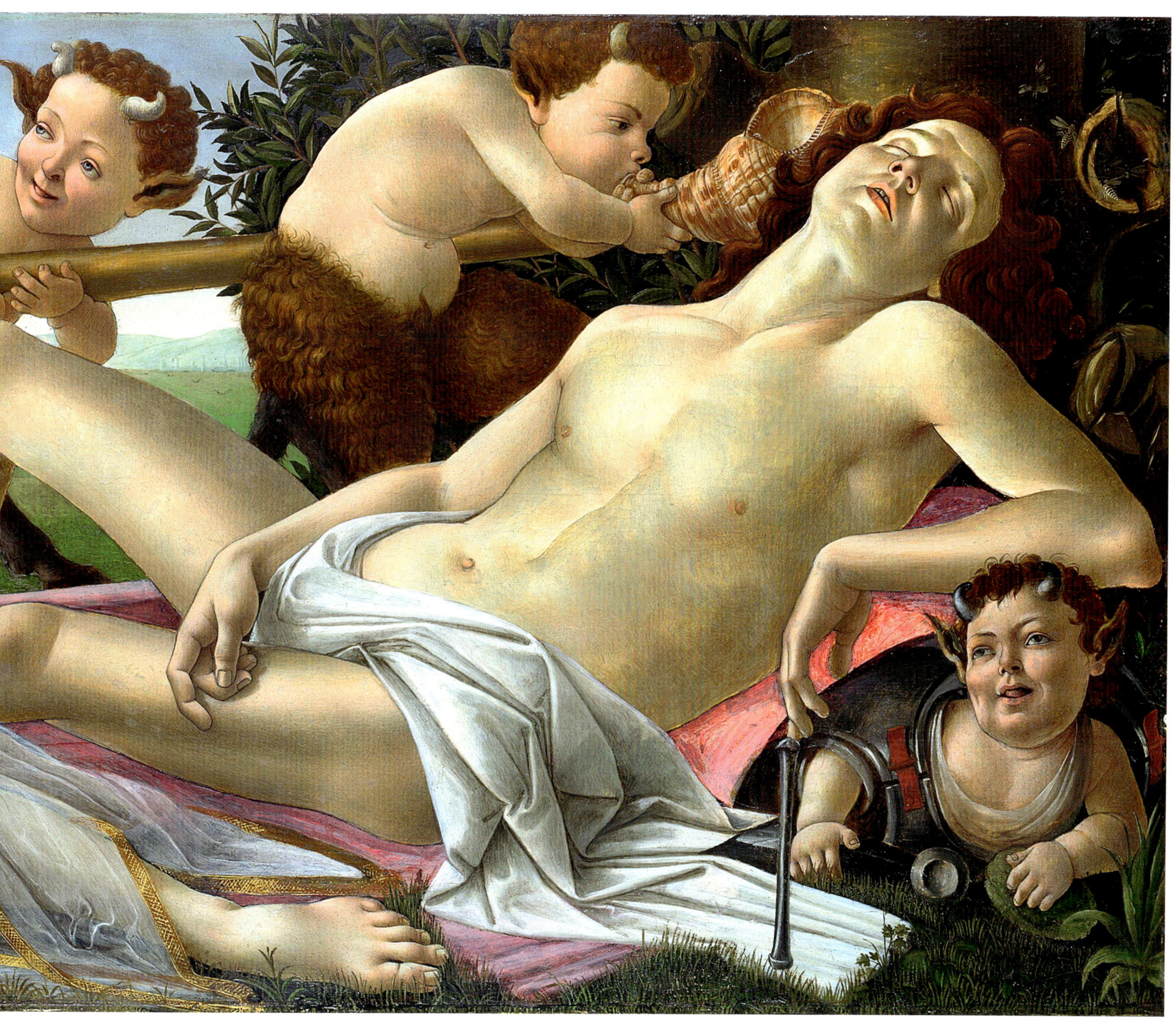

donna", uniti dalla croce. "*Anzi un dio*", Cristo Giudice, "*per la sua bocca parla*" per trasmettere all'umanità l'ermeneutica della *Parusia*: un Giudizio di grazia.

united by the cross. "*Rather a god*", Christ the Judge, "*speaks through her mouth*" to transmit to humanity the hermeneutics of the *Parousia*: a Judgement of grace.

MICHELANGELO: UN MODELLO DI BUON CRISTIANO

Gli esperti di ogni tempo si sono prodigati nel cogliere, interpretare e raccontare ogni "sfaccettatura" dell'evidente e impetuosa devastazione che sembra fare da protagonista

MICHELANGELO: A MODEL OF A GOOD CHRISTIAN

Experts of all time have done their utmost to capture, interpret and describe every "facet" of the evident and impetuous devastation that seems to be the undisputed protagonist in Michelangelo's *Last Judgement*.

incontrastata nel Giudizio Universale di Michelangelo.
In cinque secoli di storia la Cappella Sistina e gli artisti che hanno avuto il privilegio di lavorarci sono tra gli argomenti più studiati dagli esperti di tutto il mondo.
La comunità scientifica si è mostrata coerente nel concentrarsi sull'angosciosa drammaticità con la quale Cristo infliggerà la condanna all'umanità peccatrice, considerando questa interpretazione quale tema centrale dell'affresco.
In questa consolidata chiave di lettura, l'ipotesi di identificazione di Maria Maddalena al fianco di Cristo Redentore potrebbe convincere a prendere in considerazione anche un altro punto di vista, ricollegabile all'aspetto positivo dell'affresco.
Abbiamo visto che Michelangelo progettò il *Giudizio Universale* negli anni nei quali stava maturando l'ideale di una fede pura, "depurata" da quella "distorsione della dottrina cristiana" e da quel "fanatismo" sui quali si concentra il ragionamento di Strinati e che lo studioso spiega e ricollega non solo alla realizzazione dell'affresco stesso, ma finanche all'eresia latente che l'artista ha avuto il coraggio di palesare malgrado il terribile clima dell'Inquisizione.
Oggi sappiamo che Michelangelo era un modello di cristiano saldo nella fede in Cristo e che avrebbe potuto essere un esempio perfino per i Papi.
Occorre citare di nuovo il passo nel quale Vasari scrive: «*Dilettossi molto della Scrittura sacra, come ottimo cristiano che egli era; ed ebbe in gran venerazione l'opere scritte di Fra Girolamo Savonarola, per avere udito la voce di quel frate in pergamo. Amò gradualmente le bellezze umane per limitazione dell'arte, per poter scierre il bello dal bello; che senza questa imitazione non si può far cosa perfetta; ma non in pensieri lascivi e disonesti* (333)*: che l'ha mostro nel modo di viver suo, che è stato parchissimo, essendosi contentato quando era giovane, per istare intento al lavoro*»[121].
Buonarroti era consapevole che la morte che tanto lo angustiava, malgrado l'età, poteva sopraggiungere anzitempo, magari "presentandogli il conto" per le amicizie che aveva coltivato; condannandolo a bruciare sul rogo nell'indifferenza del fatto che egli era, e sarebbe rimasto, tra i più grandi artisti di tutti i tempi; se non il più grande.
Il *Giudizio* è la testimonianza del fatto che Michelangelo fosse un timorato di Dio. Egli palesa la scelta compiuta nell'intraprendere il percorso di passione, che coincide con l'affrontare e superare le prove alle quali noi tutti siamo sottoposti. Un percorso che rende degni della croce e della salvezza. Per coloro che non riusciranno a seguire gli insegnamenti di Cristo, Buonarroti prefigura la terrificante eterna condanna.
Sono convinta che l'opera di Michelangelo rappresenti un nobile esempio di come il vero e proprio *vicario di Cristo* possa "osare tanto" pur di testimoniare, difendere e promuovere gli ideali di un'identità cristiana che si concentra nel comunicare e nel divulgare il messaggio di grazia che Dio concederà agli uomini per la loro fede sincera e pura, nel rispetto del sacrificio di Cristo; e non per i loro meriti su futili imprese terrene.

[121] | G. VASARI, *op. cit.*, p. 422.

Over the course of five centuries of history, the Sistine Chapel and the artists who have had the privilege of working there are among the most studied subjects by experts from all over the world.
The scientific community has been consistent in focusing on the anguished drama with which Christ will inflict condemnation on sinful humanity, considering this interpretation as the central theme of the fresco.
In this consolidated interpretation, the hypothesis of identifying Mary Magdalene alongside Christ the Redeemer could convince us to take into consideration another point of view, linked to the positive aspect of the fresco.
We have seen that Michelangelo designed the *Last Judgement* in the years in which he was developing the ideal of a pure faith, "purified" from that "distortion of Christian doctrine" and from that "fanaticism" on which Strinati's reasoning concentrates and which the academic explains and connects not only to the creation of the fresco itself, but even to the latent heresy that the artist had the courage to reveal despite the terrible climate of the Inquisition.
Today we know that Michelangelo was a model of a Christian firm in his faith in Christ and who could have been an example even for the Popes.
It is necessary to quote again the passage in which Vasari writes: «*He took great delight in the Sacred Scripture, as the excellent Christian that he was; and he held in great veneration the written works of Friar Girolamo Savonarola, because he had heard the voice of that friar on the pulpit. He greatly loved human beauty for the imitation of art, to be able to discern beauty from beauty; that without this imitation nothing perfect can be done; but not in lascivious and dishonest thoughts* (333)*: which he has shown in his way of living, which was very frugal, having been satisfied when he was young of the fact of remaining intent on his work*».[121]
Buonarroti was aware that the death that troubled him so much, despite his age, could come prematurely, perhaps "presenting him the bill" for the friendships that he had cultivated; condemning him to burn at the stake in the indifference of the fact that he was, and would remain, among the greatest artists of all time; if not the greatest.
The *Last Judgement* is evidence of the fact that Michelangelo was a God-fearing man. He reveals the choice made in undertaking the path of passion, which coincides with facing and overcoming the tests to which we are all subjected. A path that makes one worthy of the cross and of salvation. For those who fail to follow the teachings of Christ, Buonarroti prefigures the terrifying eternal condemnation.
I am convinced that Michelangelo's work represents a noble example of how the true *vicar of Christ* can "dare so much" in order to witness, defend and promote the ideals of a Christian identity that focuses on communicating and spreading the message of grace that God will grant to men for their sincere and pure faith, in respect of the sacrifice of Christ; and not for their merits on futile earthly labours.

[121] | G. VASARI, *op. cit.*, p. 422.

Armato dei suoi colori e pennelli questo straordinario artista ha lasciato in eredità ai posteri una testimonianza di fede e di speranza destinata a imporsi, anche attraverso i secoli avvenire, per la sua intramontabile e sconvolgente attualità.
È sbalorditivo come un uomo "dalle spoglie mortali" abbia saputo pianificare con tale perfezione, e oserei dire impressionante semplicità, il profondo impulso di rinnovamento per un *Giudizio* di speranza che, paradossalmente, neppure la Chiesa del tempo ha saputo cogliere. Ma forse è stata proprio questa la motivazione per la quale, ancora oggi, possiamo ammirare l'affresco.
Del resto è risaputo come spesso, forse per ironia della sorte, siano proprio le cose più evidenti, e finanche troppo semplici, a passare inosservate fino al punto da custodire ancora, attraverso secoli, segreti celati dietro le immagini. Misteri che sono sotto gli occhi di tutti e che, ancor oggi, attendono di essere compresi, consolidati e confermati attraverso il confronto e il dibattito scientifico tra storici d'arte e teologi. A tale proposito basti ricordare le innumerevoli pubblicazioni con le quali gli esperti di tutto il mondo continuano a destare interesse avanzando nuove interpretazioni, integrando le informazioni già note e proponendo ipotesi e teorie anche su temi che, all'apparenza, sembrerebbero già generosamente sviscerati.
Michelangelo, ormai sessantenne, dipingerà la scena conclusiva della cristianità sull'intonaco fresco della parete dell'altare della Cappella più rappresentativa della storia del cristianesimo.
Era provato fisicamente, esasperato dalla fatica e dalle pressioni della committenza, insofferente per il continuo confronto con l'ambiente dissoluto e corrotto nelle quali dinamiche non si riconosceva più e nei quali ideali, forse, non si era mai davvero identificato.
Buonarroti, complicato e coraggioso, ha dedicato all'umanità il suo contributo, volto ad affermare la convinzione della clemenza di Dio e del messaggio di speranza e di grazia insito nella *Parusia*.
Certamente l'artista avrà dovuto pianificare ogni particolare per raggiungere un così ambizioso e pericoloso obiettivo: consacrare sull'altare della Cappella dei Papi il rinnovato messaggio di fede, che si contrapponeva all'ortodossia della Chiesa. Ma doveva anche scongiurare il pericolo che l'affresco andasse distrutto per sempre e, al contempo, di essere inquisito quale esponente del movimento eretico degli Spirituali; evitando il rischio che le sue carni finissero per alimentare l'odore acre dei corpi arsi sul rogo che facevano da monito e scandivano il destino di tutti coloro che venivano condannati per eresia (*cfr.* De Vecchi, *op. cit.*, p. 216).
Sono convinta che l'impianto iconografico e iconologico del *Giudizio Universale* siano stati programmati per comunicare all'uomo tanto il messaggio di terrore quanto quello di grazia.
Non ci sarebbe da stupirsi se il geniale artista avesse evitato il peggio proprio grazie alla pianificazione dell'ermeneutica ispirata a una sorta di parodia: un progetto intriso di profondi significati storici, religiosi, morali, sociali e tanto altro; palesati in modo talmente evidente da non destare sospetto neppure ai Papi che, sconvolti per l'aspetto cruento e scandaloso del *Giudizio* di Cristo sulle anime peccatrici – nelle quali si riconoscevano –, non hanno colto la

Armed with his colours and brushes, this extraordinary artist has left a legacy of a witness of faith and hope to posterity destined to impose itself, even through the centuries to come, for its timeless and shocking relevance.
It is astonishing how a man "from mortal coil" was able to plan with such perfection, and I dare say impressive simplicity, the profound impulse of renewal for a *Judgement* of hope that, paradoxically, not even the Church of the time was able to seize. But perhaps this was precisely the reason for which we can still admire the fresco today.
After all, it is well known how often, perhaps for irony of fate, it is precisely the most obvious and even the too simple things that go unnoticed to the point that secrets hidden behind the images are still safeguarded, through the centuries. Mysteries that are under everyone's eyes and that, even today, are waiting to be understood, consolidated and confirmed through comparison and scientific debate between art historians and theologians. In this regard, just remember the countless publications with which experts from all over the world continue to arouse interest by advancing new interpretations, integrating information which is already known and advancing hypotheses and theories even on topics that, apparently, would seem already generously explored.
Michelangelo, by now in his sixties, painted the final scene of Christianity on the fresh plaster of the altar wall of the most representative Chapel in the history of Christianity.
He was physically exhausted, exasperated by the fatigue and pressure of his clients, intolerant to the constant confrontation with the dissolute and corrupt environment and its dynamics in which he no longer recognised himself and the ideals, in which perhaps, he had never truly identified himself.
Buonarroti, complicated and courageous, dedicated his contribution to humanity, to affirm the belief in the mercy of God and the message of hope and grace inherent in the *Parousia*.
The artist, certainly, must have planned every detail to achieve such an ambitious and dangerous goal: to consecrate on the altar of the Chapel of the Popes the renewed message of faith, which was opposed to the orthodoxy of the Church. But he also had to avoid the risk that the fresco could be destroyed forever and, at the same time, that he could be investigated as an exponent of the heretical movement of the Spirituals; avoiding the risk that his flesh could end up nourishing the acrid smell of the bodies burnt at the stake which acted as a warning and marked the fate of all those condemned for heresy (*cf.* De Vecchi, *op. cit.*, p. 216).
I am convinced that the iconographic and iconological system of the *Last Judgement* was designed to communicate to man both the message of terror and the one of grace.
It would not be surprising if the brilliant artist had avoided the worst thanks precisely to the planning of the hermeneutics inspired by a sort of parody: a project imbued with profound historical, religious, moral, social meanings and much more; revealed in such an evident way without raising suspicion even in the Popes who, shocked by the bloody and scandalous aspect of Christ's *Judgement* on sinful souls – in which they recognised themselves –, did not catch the more conciliatory and loving

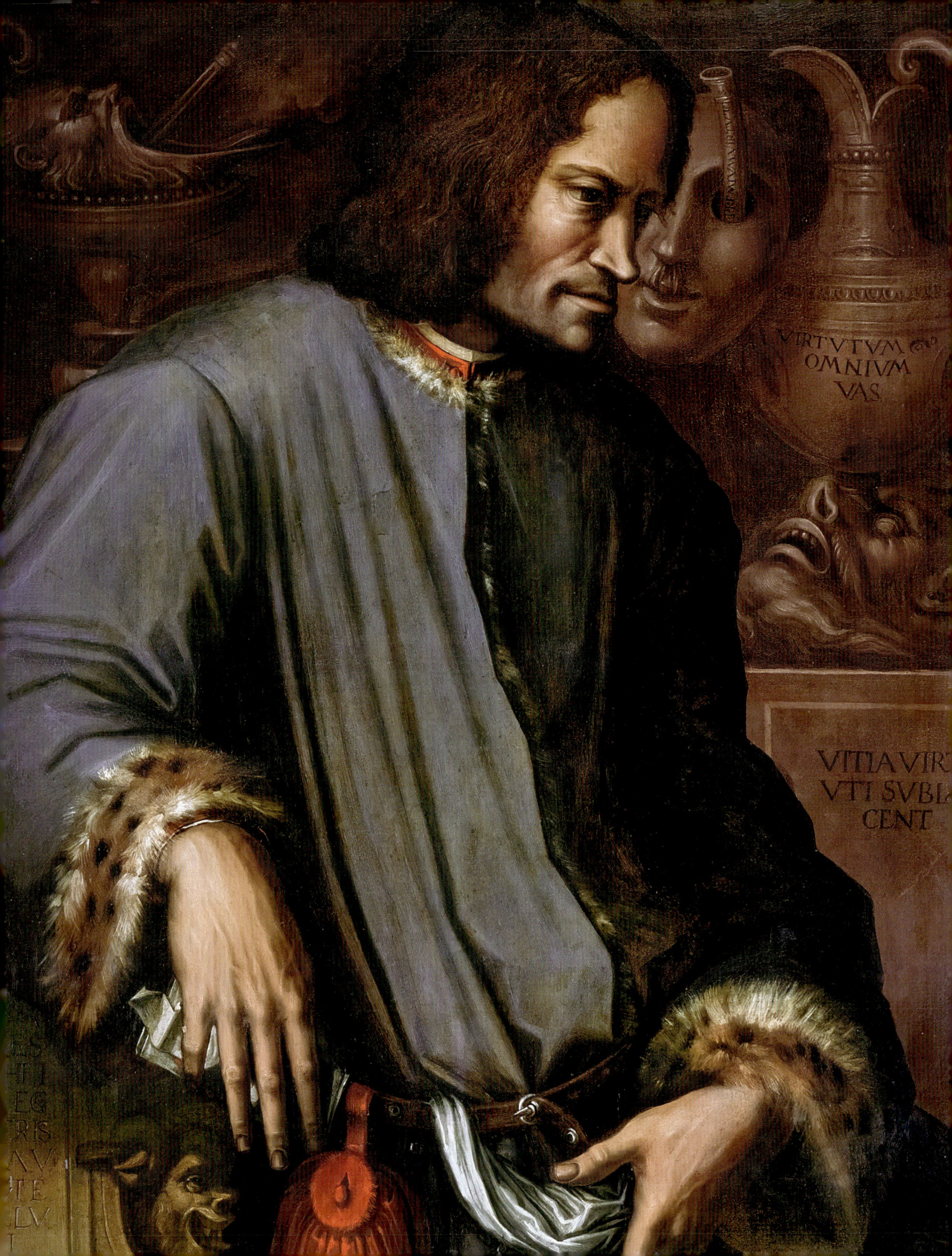
VIRTVTVM
OMNIVM
VAS
VITIA VIRT
VTI SVBIA
CENT

prospettiva più conciliante e amorevole che Michelangelo ha *tradotto* "per conto di Dio", affinché l'umanità potesse comprendere.
Il concetto di rinnovamento di fede rappresentava un pericolo per il potere istituzionale di mediatrice della Chiesa. Un po' come l'interpretazione del simbolo del rosario; anche se l'affresco di Buonarroti e i nuovi ideali di fede trovavano la massima espressione nell'umiltà più che nel fanatismo.
I fondamenti culturali e cristiani di Papa Paolo III hanno senz'altro rappresentato un presupposto importante affinché il progetto di Michelangelo riuscisse a imprimere nell'affresco la testimonianza della necessità del profondo rinnovamento della Chiesa cattolica.
In un certo senso non è affatto irragionevole supporre che anche Buonarroti potesse aver sentito "il peso della croce" sulle sue anziane spalle; proprio come il portacroce che si addossa il peso dei peccati dell'umanità accanto alla donna che è l'esempio della speranza per la conquista della salvezza.
Certamente ogni artista, quando realizza le proprie opere, non può prescindere dal rivelare il suo più intimo modo di essere.
Il *Giudizio* rompe tutti gli schemi con il passato e il presente dell'epoca, perché prende le distanze dalla corruzione della quale era circondato; ammonisce gli uomini di potere e provoca, volontariamente, una netta frattura tra l'esercizio del potere della Chiesa (e del tribunale dell'Inquisizione) e le esigenze di riforma cattolica.
Ed ecco che riaffiora la metamorfosi della quale l'artista è protagonista in questi anni e che, non a caso, coincide con l'amicizia che egli consolida con la Marchesa Vittoria Colonna.
La profonda cristianità e la forte sensibilità di Michelangelo lo costringono a "sopportare", in modo che oserei definire "devastante" o, quantomeno, intenso e conflittuale, il ruolo di potere esercitato del cattolicesimo dell'epoca.
L'artista ha vissuto tutta la vita a stretto contatto con il clima corrotto e con il susseguirsi di Papi che, pur apprezzando la sua arte, lo incalzano continuamente per ottenere quella visibilità che lascia percepire un confine molto labile con il *fanatismo* e che finisce per porsi in netto contrasto con il ruolo che sono tenuti ad assolvere i vicari di Cristo.
Non ci sarebbe da stupirsi – personalmente mi stupirei del contrario – se Buonarroti avesse strumentalizzato la drammaticità dell'evento finale (*che avverrà un giorno*, dunque non nel presente), per rendere evidente *la contrapposizione tra la forza della devastazione e la potenza dell'amorevole messaggio di incoraggiamento per il quale Dio ha sacrificato la vita di suo Figlio*; nella volontà di concedere alla Sua figliolanza il tempo per ottenere la grazia.
Questa interpretazione si rivelerebbe fortemente coerente non solo con l'esortazione al rinnovamento della fede, ma sarebbe imprescindibile per palesare, in modo dirompente, la presenza di Maria di Màgdala a fianco del Redentore.
Nel giorno della *Parusia*, infatti, uomini e donne saranno tutti uguali. La santa, inoltre, è l'esempio di purezza e di rettitudine che non conosce "distorsione della dottrina cristiana" né "fanatismo". Un modello perfino per gli Apostoli e per lo stesso Pietro: il primo Papa della storia della cristianità e dei suoi successori.

perspective that Michelangelo *translated* "on behalf of God", so that humanity could understand.
The concept of renewal of faith was a danger to the institutional power of the Church as mediator. Similar to the interpretation of the symbol of the rosary; even though Buonarroti's fresco and the new ideals of faith found their maximum expression in humility rather than fanaticism.
The cultural and Christian foundations of Pope Paul III certainly have represented an important prerequisite for Michelangelo's project so that it could succeed in impressing upon the fresco the testimony of the need of a profound renewal of the Catholic Church.
In a certain sense it is not at all unreasonable to suppose that also Buonarroti could have felt "the weight of the cross" on his elderly shoulders; just like the cross-bearer who takes on the weight of humanity's sins next to the woman who is the example of hope for the conquest of salvation.
Certainly, every artist, when creating his own works, cannot avoid revealing his innermost way of being.
The *Judgement* breaks all the patterns with the past and the present of the epoch, because it expressly dissociates from the corruption that surrounded it; it admonishes powerful men and deliberately causes a clear fracture between the practice of power of the Church (and the Inquisition court) and the need of a Catholic reform.
And here the metamorphosis of which the artist is the protagonist in these years reappears and which, not without reason, coincides with the friendship that he consolidates with the Marquise Vittoria Colonna.
Michelangelo's profound Christianity and strong sensitivity forced him to "endure", in a way that I would dare to define "devastating" or, at least, intense and conflictual, the role of power exercised by the Catholicism at the time.
The artist lived his entire life in close contact with a corrupt climate and with a succession of Popes who, while appreciating his art, continually pressed him to obtain that visibility which leaves you perceive a very thin border with *fanaticism* and which ends up placing itself in stark contrast with the role that the vicars of Christ are required to fulfil.
It would not be surprising – personally I would be surprised if it were otherwise – if Buonarroti had exploited the drama of the final event (*which will happen one day*, therefore not in the present), to make *the contrast between the force of the devastation and the power of the loving message of encouragement for which God sacrificed the life of his Son*, clear; in the willingness to grant his sonship the time to obtain grace.
This interpretation would prove to be strongly consistent not only with the exhortation for a renewal of the faith, but would also be essential to reveal, in a disruptive way, the presence of Mary Magdalene next to the Redeemer.
On the day of the *Parousia*, in fact, men and women will all be equal. Furthermore, the saint is an example of purity and rectitude who knows no "distortion of Christian doctrine" or "fanaticism". A model even for the Apostles and for Peter himself: the first Pope in the history of Christianity and his successors.

Antonio Paolucci scrive: «*Oggi si parla di iconografia e di iconologia, cioè dei modi con cui le figure sono assemblate tra di loro e delle ragioni di quelle figure, di quei modi: questa è l'iconologia. (...) Nella Cappella Sistina c'è il Fiat Lux e c'è l'Apocalisse, c'è l'inizio e la fine, c'è l'Antico e il Nuovo Testamento, c'è la generazione di Cristo, c'è la profezia del Cristo Venturo, c'è il destino di tutti e di ognuno. Cosa c'è dentro la Cappella Sistina? C'è anche la cornice, c'è il magistero della Chiesa e il primato del papa di Roma*».
«*Michelangelo era Michelangelo, tutti avevano letto il Vasari, quando dice: 'È come una lucerna che dà luce alle generazioni degli artisti che verranno'; tutti avevano letto Wölfflin, il quale alla fine dell'Ottocento dice: 'Quando si è scoperta la volta della Cappella Sistina è stato come se un torrente montano, impetuoso, portatore di vita, ma al tempo stesso di devastazione, si precipitasse sulla storia delle arti in Italia e in Europa'. Una bellissima immagine! Una bella metafora, assolutamente vera! Perché Michelangelo è stato effettivamente così: ha rinnovato e ha devastato*».
«*Se uno vuole nella Sistina ci trova di tutto, si può persino immaginare (e qualcuno l'ha fatto) un Michelangelo criptoluterano, mentre in realtà Michelangelo era cattolico quanto il Papa, forse persino di più*»[122].
«*Il rapporto degli uomini con la Cappella Sistina è storia. Tutte le provvidenze dei Musei Vaticani per la conservazione della Cappella Sistina sono storia. L'eccezionale restauro degli anni Ottanta e Novanta del Novecento è Storia con la maiuscola, storia della Chiesa, storia di tutti. Ancora più dopo il restauro, mediaticamente gli affreschi di Michelangelo sono diventati sinonimo della massima eccellenza nell'arte ed usati per identificare l'arte stessa e, di conseguenza, Michelangelo come il più grande artista di sempre*».
«*Gli affreschi michelangioleschi vengono ritenuti la massima eccellenza nell'arte, l'intera Cappella Sistina viene ritenuta la massima eccellenza nell'arte*»[123].
La Sistina è il «*luogo identitario della Chiesa cattolica*»[124].
Paolucci ha affrontato per tutta la vita il complesso tema dell'iconografia e dell'iconologia nella Sistina. Lo studioso ha sottolineato come nella Cappella «*si trovi tutto*» e ha anche confermato la profonda cristianità di Michelangelo arrivando ad affermare, a ragion veduta, che era più cristiano dei Papi. Ed è vero. Così come è altrettanto ragionevole affermare come nella Sistina si trovi tutto.
Dunque sorge spontaneo il quesito: perché, allora, non è mai stata ipotizzata la presenza di Maria Maddalena, la donna amata da Cristo e la figura più raffigurata, misteriosa e controversa della storia della cristianità?
In un turbinio di corpi di santi e dannati, di peccatori e di martiri, non dovrebbe essere tanto implicita quanto imprescindibile la presenza dell'Apostola degli Apostoli? Colei che, nella storia della cristianità, tra

[122] | (A cura di) C. BARBIERI, L. VATTUONE, *op. cit.*, pp. 18-20.

[123] | *Ibidem*, pp. 84-85.

[124] | M. LIUT, *Paolucci: un luogo identitario per tutti i cattolici. Presto misure per la conservazione*, in "Avvenire", 1° novembre 2021: https://www.museivaticani.va/content/dam/museivaticani/pdf/musei_papa/saluto_direttore/rassegna_2012/avvenire/MV_121101_Un_luogo_identitario_per_tutti_i_cattolici.pdf

Antonio Paolucci writes: «*Today we talk about iconography and iconology, that is, the ways in which figures are assembled together and the reasons of those figures, those ways: this is iconology. (...) In the Sistine Chapel there is the Fiat Lux and there is the Apocalypse, there is the beginning and the end, there is the Old and the New Testament, there is the generation of Christ, there is the prophecy of the Coming Christ, there is the destiny of each and every one. What is inside the Sistine Chapel? There is also the frame, there is the magisterium of the Church and the primacy of the Pope of Rome*».
«*Michelangelo was Michelangelo, everyone had read Vasari, when he says: 'It is like a lamp that gives light to the generations of artists to come'; everyone had read Wölfflin, who at the end of the 19th century said: 'When the vault of the Sistine Chapel was discovered, it was as if a mountain torrent, impetuous, bearer of life but at the same time of devastation, rushed upon the history of the arts in Italy and Europe'. A beautiful image! A beautiful metaphor, absolutely true! Because Michelangelo was actually like that: he has renewed and has devastated*».
«*If you want, you can find everything in the Sistine Chapel, you can even imagine (and someone has done it) a crypto-Lutheran Michelangelo, while in reality Michelangelo was as Catholic as the Pope, if not even more*».[122]
«*The relationship of men with the Sistine Chapel is history. All the provisions of the Vatican Museums for the preservation of the Sistine Chapel are history. The exceptional restoration of the 1980s and 1990s is History with a capital H, the history of the Church, the history of all of us. Even more after the restoration, Michelangelo's frescoes have become synonymous of the maximum excellence in art and used to identify art itself and, consequently, Michelangelo as the greatest artist ever*».
«*Michelangelo's frescoes are considered the highest excellence of art, the entire Sistine Chapel is considered the pinnacle of art*».[123]
The Sistine Chapel is the «*place of identity of the Catholic Church*».[124]
Paolucci has dealt with the complex theme of the iconography and iconology of the Sistine Chapel throughout his life. The scholar has emphasised how in the Chapel «*everything can be found*» and has also confirmed Michelangelo's profound Christianity, suggesting, with good reason, that he was more Christian than the Popes. And it is true! Just as it is equally reasonable to affirm that everything can be found in the Sistine Chapel.
Therefore, the question arises spontaneously: why, then, has the presence of Mary Magdalene, the woman loved by Christ and the most depicted, mysterious and controversial figure in the history of Christianity, never been hypothesised?
In a whirlwind of bodies of saints and damned, of sinners and martyrs, shouldn't the presence of the Apostle of the Apostles

[122] | (Ed. by) C. BARBIERI, L. VATTUONE, *op. cit.*, pp. 18-20.

[123] | *Ibidem*, pp. 84-85.

[124] | M. LIUT, *Paolucci: a place of identity for all Catholics. Soon measures for the conservation*, in the national newspaper "Avvenire" 1st November, 2021: https://www.museivaticani.va/content/dam/museivaticani/pdf/musei_papa/saluto_direttore/rassegna_2012/avvenire/MV_121101_Un_luogo_identitario_per_tutti_i_cattolici.pdf

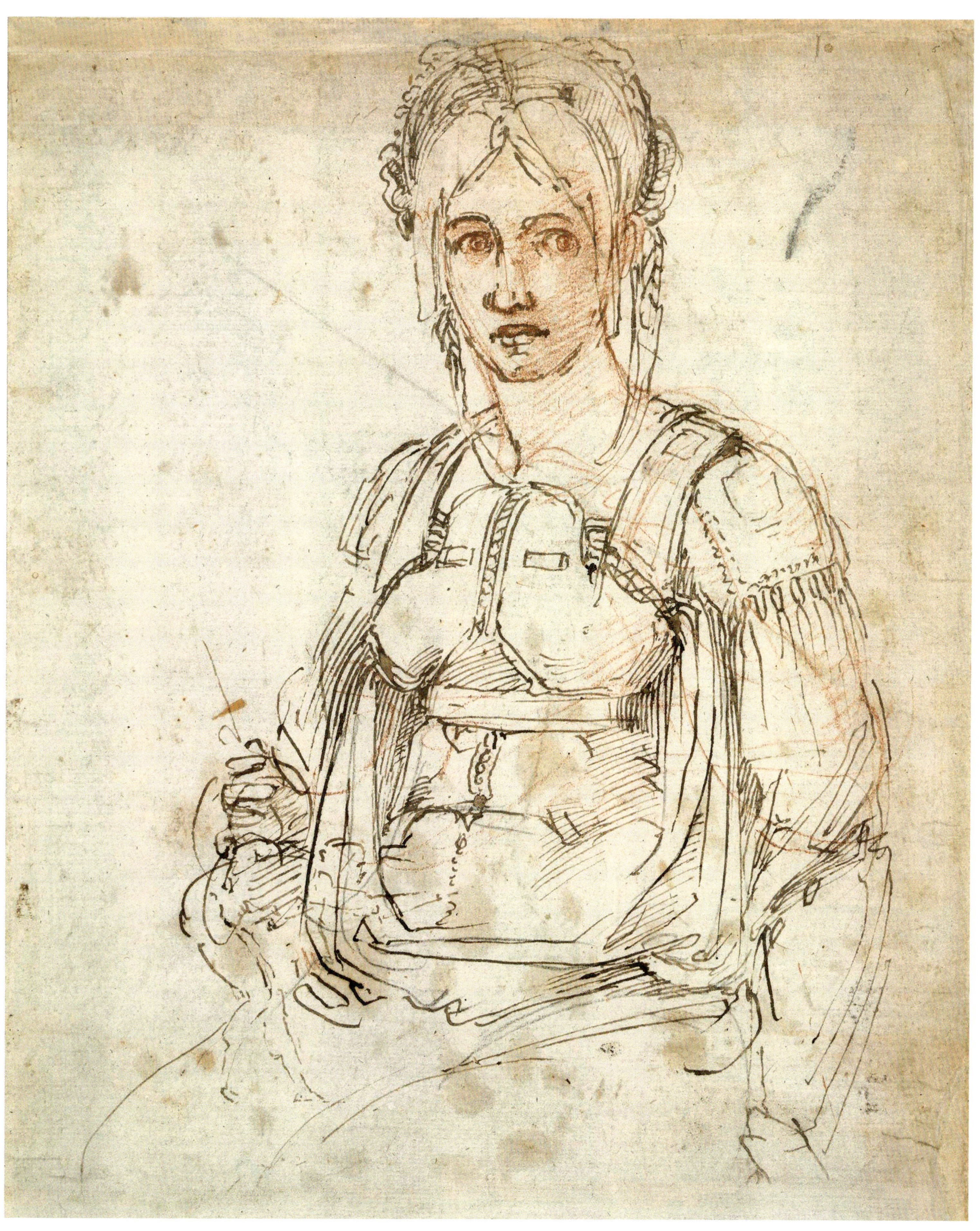

accuse e maldicenze, non si è mai riusciti a privare del ruolo di prediletta di Gesù? Eppure è lei, dopo la Vergine, la donna più citata nei Vangeli. Perché raffigurare Simone di Cirene, Disma, santi e dannati, angeli e demoni e occultare con forzata indifferenza, proprio laddove si celebra la Messa, la figura simbolo della speranza divulgatrice ed esempio del messaggio positivo per la redenzione dell'umanità peccatrice? Quale contesto più adatto per inserire la sua figura e completare così la storia della cristianità iniziata con la Genesi?
Certamente il contesto ideale per raffigurare l'Apostola degli Apostoli non poteva che essere individuato tra le figure che occupano la parte alta del *Giudizio Universale*.

be both implicit and essential? The one who, in the history of Christianity, among accusations and slander, has never been deprived of her role as Jesus' favourite? Yet she is, after the Virgin, the most mentioned woman in the Gospels.
Why depict Simon of Cyrene, Dismas, saints and damned, angels and demons and hide with forced indifference, right where the Mass is celebrated, the symbolic figure of the divulger of hope and example of the positive message for the redemption of sinful humanity? What more suitable context to insert her figure and thus complete the history of Christianity that began with the Genesis? Certainly, the ideal context to depict the Apostle of the Apostles could only be identified among the figures that occupy the upper part of the *Last Judgement*.

OSSERVARE, ASCOLTARE, COMPRENDERE: L'ERMENEUTICA NELL'ARTE

Uno degli aspetti centrali di questo studio si fonda sulla codifica del dirompente messaggio di grazia che Michelangelo contrapporrebbe all'ira di Cristo: la potenza del bene che sovrasta il male. Ricordiamo la testimonianza di Vasari, quando ci racconta che il Papa, vedendo per la prima volta il *Giudizio Universale* e cogliendone, evidentemente, solo l'aspetto terrificante, se ne lamentò. L'artista rispose così: «*Questa è materia di poco conto e può essere facilmente regolata. Cerchi di rendere il mondo un luogo migliore in cui vivere e la pittura subito ne seguirà l'esempio*».
Una risposta coraggiosa e una palese accusa al clero.
Buonarroti stava prendendo le distanze dalla corruzione della Chiesa con tutti gli strumenti che aveva a disposizione. Né il timore per ciò che sarebbe potuto accadere lo dissuase dal prendere posizione: un fardello assai simile al peso della croce per la quale l'artista ambiva di diventare degno. Il suo atteggiamento sembra una sorta di riscatto per l'espiazione delle proprie colpe. Lo stesso movente che, probabilmente, lo aveva indotto anche a ritrarsi nella pelle scorticata che regge san Bartolomeo.
In effetti l'affresco, come ribadito sin dai primi capitoli, raffigura la *prefigurazione* della *Parusia* e, dunque, il monito per ricordare all'umanità che c'è ancora tempo per redimersi.
Sarebbero queste le motivazioni per le quali Michelangelo avrebbe potuto cogliere l'opportunità di questa prestigiosa committenza per portare a compimento una vera e propria "missione", finalizzata a testimoniare la condanna di Cristo per la corruzione, per il fanatismo e anche per l'Inquisizione. Ma, soprattutto, il *Giudizio* era l'esortazione a non abbandonarsi al male e ad alimentare la propria fede attraverso la speranza che scaturisce dalla promessa di grazia.
È in tal senso che l'artista avrebbe ribadito l'aspetto fondamentale che contraddistingue la figura di Maria Maddalena: l'esempio nel «*rimanere saldi nella fede in Cristo e nella croce*».
Non sarebbe poi così irragionevole ipotizzare che l'affresco sia stato progettato proprio per trasmettere il messaggio di pura evangelizzazione, che finiva per essere più vicino alla simbologia che impersona la rettitudine di Maria di Magdala, piuttosto che ai canoni religiosi della Chiesa del tempo.

OBSERVE, LISTEN, COMPREHEND: HERMENEUTICS IN ART

One of the central aspects of this study is based on the encoding of the disruptive message of grace that Michelangelo would have opposed to the wrath of Christ: the power of good that overcomes evil. We recall Vasari's testimony, when he tells us that the Pope, seeing the *Last Judgement* for the first time and evidently seizing only its terrifying aspect, complained about it.
The artist replied: «*This is a trivial matter and it can easily be regulated. Try to make the world a better place to live in and painting will soon follow the example*".
A courageous response but also a clear accusation to the clergy. Buonarroti was distancing himself from the corruption of the Church with all the tools he had at his disposal. Nor did the fear of what might have happened dissuaded him from taking a position: a burden very similar to the weight of the cross for which the artist aspired to become worthy. His attitude seems to be a sort of redemption for the expiation for his sins. The same motivation that, probably, had also induced him to depict himself into the flayed skin that Saint Bartholomew holds.
In fact, the fresco, as reiterated from the first chapters, represents the *prefiguration* of the *Parousia* and, therefore, the warning to remind humanity that there is still time to redeem itself.
These would be the reasons for which Michelangelo could have seized the opportunity of this prestigious commission to accomplish a real and true "mission", designed to testify Christ's condemnation for corruption, fanaticism and even the Inquisition. But, above all, the *Judgement* represented the exhortation not to surrender to evil and to nourish one's faith through the hope that arises from the promise of grace.
It is in this sense that the artist would have reiterated the fundamental aspect that distinguishes the figure of Mary Magdalene: the example in «*remaining steadfast in the faith in Christ and in the cross*».
It would not be so unreasonable to hypothesise that the fresco was designed precisely to convey the message of pure evangelisation; which ended up being closer to the symbolism that personifies the righteousness of Mary Magdalene, rather than to the religious canons of the Church of the time.

Michelangelo Buonarroti, *Rosario cui si aggrappano le anime per la Salvezza*. Dettaglio dal *Giudizio Universale*, 1536-1541, affresco, 1370 × 1200 cm, Cappella Sistina, Città del Vaticano.

Michelangelo Buonarroti, *Rosary to which souls cling for Salvation*. Detail from the *Last Judgement*, 1536-1541, fresco, 1370 × 1200 cm, Sistine Chapel, Vatican City.

(A pagina 218)
Giorgio Vasari, *Ritratto di Lorenzo De' Medici*, 1533-1534, olio su pannello, 90 × 72 cm, Galleria degli Uffizi, Firenze.

(On page 218)
Giorgio Vasari, *Portrait of Lorenzo De' Medici*, 1533-1534, oil on panel, 90 × 72 cm, Uffizi Gallery, Florence.

(A pagina 221)
Michelangelo Buonarroti, *Figura di donna a mezzo busto* (*Ritratto di Vittoria Colonna*), 1525 ca., penna e inchiostro marrone su gesso nero e rosso, 32 × 25,6 cm, British Museum, Londra.

(On page 221)
Michelangelo Buonarroti, *Half-length figure of a woman* (*Portrait of Vittoria Colonna*), c. 1525, pen and brown ink on black and red chalk, 32 × 25,6 cm, British Museum, London.

(Alle pagine 224, 227)
Michelangelo Buonarroti, *Anime aggrappate al Rosario*. Dettaglio dal *Giudizio Universale*, 1536-1541, affresco, 1370 × 1200 cm, Cappella Sistina, Città del Vaticano.

(On pages 224, 227)
Michelangelo Buonarroti, *Souls clinging to the Rosary*. Detail from the *Last Judgement*, 1536-1541, fresco, 1370 × 1200 cm, Sistine Chapel, Vatican City.

(Alle pagine 236-237)
Michelangelo Buonarroti, *Ascesa degli Eletti*. Dettaglio dal Giudizio Universale, 1536-1541, affresco, 1370 × 1200 cm, Cappella Sistina, Città del Vaticano.

(On pages 236-237)
Michelangelo Buonarroti, *Rise of the Elects*. Detail from the Last Judgement, 1536-1541, fresco, 1370 × 1200 cm, Sistine Chapel, Vatican City.

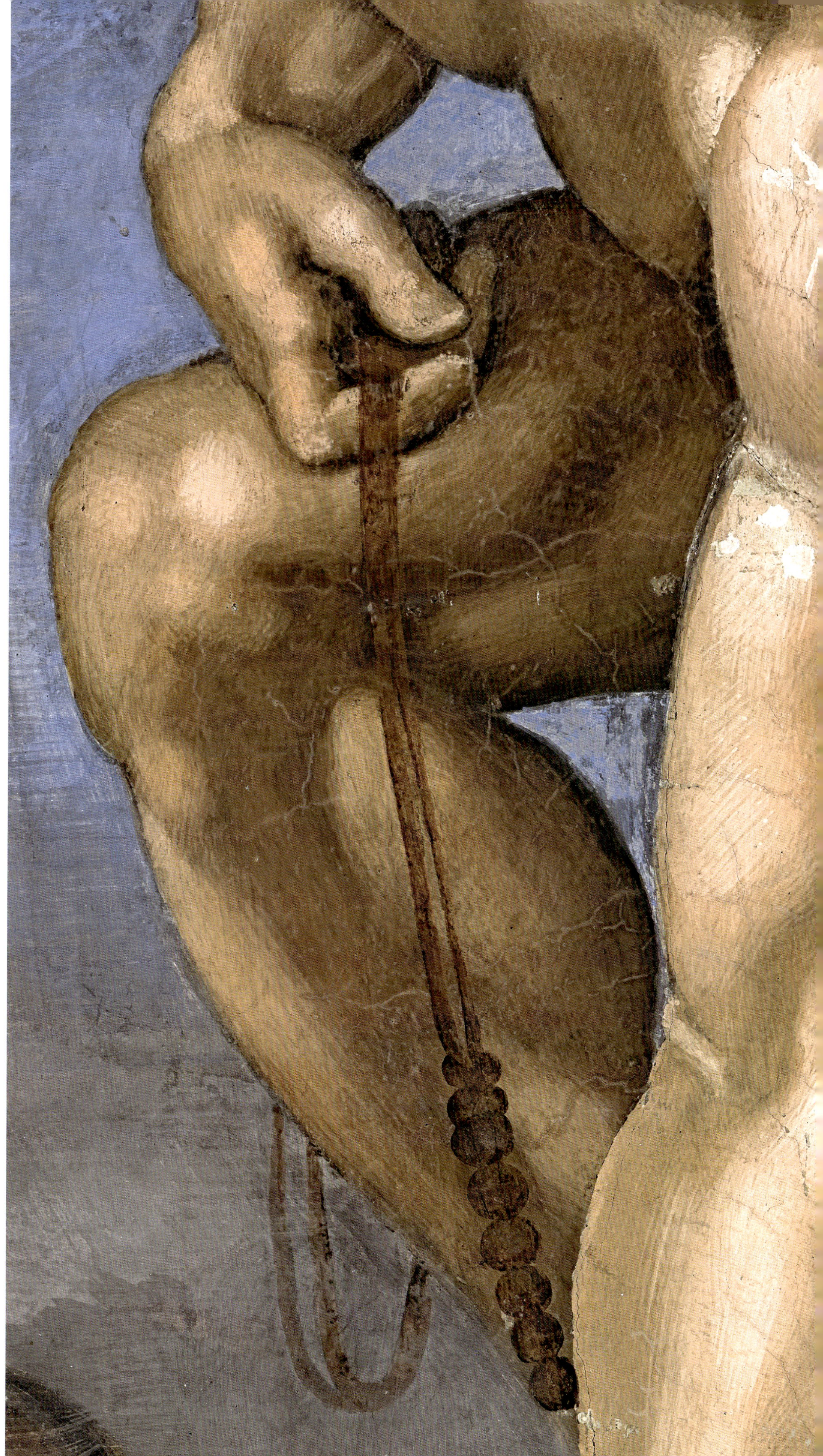

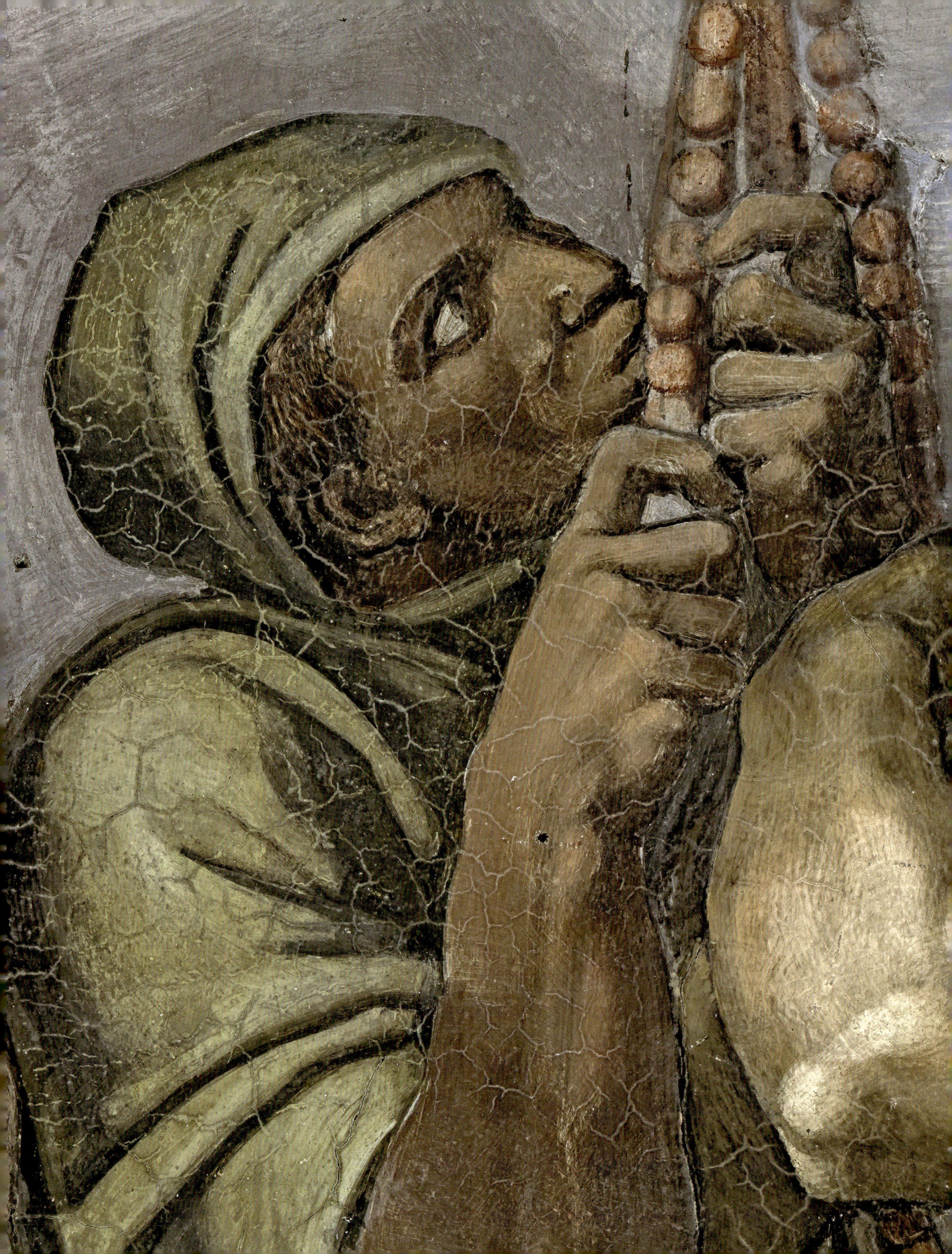

Per completezza del ragionamento è indispensabile introdurre il concetto della parola *vedere*. Tutti coloro che fossero stati capaci di *vedere* avrebbero potuto comprendere il percorso per il raggiungimento della grazia e farsene portavoce: ognuno secondo le proprie capacità e competenze.
«*La 'lectio difficilior' è quella lezione che spiega l'origine di tutte le altre; è più difficile, è più complessa, però solo accettando questa è possibile capire perché sono nate le altre lezioni facilitanti. Perciò la grazia che dobbiamo chiedere è proprio questa, di leggere nel cristianesimo, nella sua totalità, la 'lectio difficilior' che accetta di spiegare e di dare una risposta anche a tutte le assurdità, le sofferenze, le oscurità della vita umana, proprio perché Gesù per primo le ha vissute dentro di sé e a Maria Maddalena ha comunicato questa forza con chiarezza: leggere anche nella morte. La vita di Gesù. Leggere Gesù che ha superato la morte e ha riportato la vittoria su tutte le oscurità, su tutte le assurdità, su tutte le bestialità dell'agire umano. Preghiamo per ottenere questa grazia; vedremo poi le conseguenze sul nostro modo di agire e di operare derivanti da questo fatto, che resta il punto di partenza di ogni riflessione ulteriore*»[125].
Nella Cappella Sistina il *Giudizio Universale* è più che mai pertinente anche in riferimento alla difficoltà di rimanere saldi nella prova: «*Il diavolo entra sempre negli esercizi e sant'Ignazio lo dice molto chiaramente. Entra per disgustare, per amareggiare, per esasperare, magari con malattie, con un mal di testa, entra con il freddo, entra con la cattiva digestione, entra con la poca voglia di pregare, entra con le divagazioni, entra con le chiacchiere.* (...) *Agire positivamente e quindi lasciare sì che il demonio ci assalti, ma resti per così dire 'scornato'*»[126].
Se si ritiene plausibile l'ipotesi che il programma iconologico del *Giudizio Universale*, dipinto sulla maestosa parete che accoglie i fedeli durante la celebrazione eucaristica, sia concentrato nel comunicare la via per la salvezza, questo messaggio spirituale non si traduce forse nella più pregnante *lectio difficilior* in grado di appagare il *divino artista* nel compimento di un capolavoro senza tempo, che esorti l'umanità a *vedere* oltre i veli occultatori del maligno?
Si peccherebbe di imperdonabile superficialità se non ci si chiedesse se Michelangelo, nel periodo in cui progettava il *Giudizio*, non avesse mai discusso e condiviso con la Marchesa Colonna l'importanza del ruolo di Maria Maddalena e se non si desse per scontato che l'artista fosse certamente edotto sui significati simbolici che trovano nella santa, più che in chiunque altro, un esplicito riferimento sia storico che teologico dell'esempio di piena maturazione della fede: unica via per la salvezza.
Buonarroti non solo doveva sentire profondamente la determinazione nell'espiare le proprie colpe per diventare degno della croce, ma una cosa è certa: non avrebbe mai potuto dimenticare di rappresentare Maria Maddalena nel suo *Giudizio Universale*.
Non è verosimile che l'artista possa aver sottovalutato il percorso di inizio e fondamento dello *sguardo di fede* che cita

125 | C.M. MARTINI, *Maria Maddalena, Esercizi spirituali*, Edizioni Terra Santa, Milano, 2018, pp. 96-97.

126 | *Ibidem*, p. 14.

For the sake of completeness of reasoning, it is essential to introduce the concept of the word see. All those who would have been able to see could understand the path for the achievement of grace and speak on its behalf: each one according to their own abilities and skills.
«*The 'lectio difficilior' is that lesson that explains the origin of all the others; it is more difficult, it is more complex, but only by accepting this one it is possible to understand why the other facilitating lessons were born. Therefore, the grace that we must ask for is precisely this, to read in Christianity, in its totality, the 'lectio difficilior' that accepts to explain and give an answer even to all the absurdities, the sufferings, the obscurities of human life, precisely because Jesus first experienced them within himself and he clearly communicated this strength to Mary Magdalene: to be read even in death. The life of Jesus. Read Jesus who overcame death and won victory over all the darkness, all the absurdities, all the bestialities of human action. We pray to obtain this grace; we will then see the consequences in our way of acting and operating deriving from this fact, which remains the starting point for any further reflection*».[125]
In the Sistine Chapel the *Last Judgement* is more pertinent than ever also in reference to the difficulty of standing firm in the test: «*The devil always enters into the exercises and Saint Ignatius says it very clearly. He enters to disgust, to embitter, to exasperate, perhaps with illnesses, with a headache, he enters with the cold, he enters with a bad digestion, he enters with the lack of desire to pray, he enters with digressions, he enters with chatter.* (...) *Acting positively and therefore letting the devil attack us, but making him remain shall we say 'humiliated'*».[126]
If we considered plausible the hypothesis that the iconological programme of the *Last Judgement* painted on the majestic wall that welcomes the faithful during the Eucharistic celebration, is concentrated on communicating the path to salvation, doesn't this spiritual message perhaps translate into the most pregnant *lectio difficilior* capable of satisfying the *divine* artist in the accomplishment of a timeless masterpiece, which exhorts humanity *to see* beyond the veils of the devil?
It would be an unforgivable superficiality if we did not ask ourselves whether Michelangelo, in the period in which he was planning the *Last Judgement*, had never discussed and shared with the Marquise Colonna the importance of the role of Mary Magdalene and if we were not taking for granted that the artist was certainly informed about the symbolic meanings that can be found in the saint, more than in anyone else, as an explicit historical and theological reference, of the example of the full maturation of faith: the only way to salvation.
Not only Buonarroti must have deeply felt the determination in atoning for his sins to become worthy of the cross, but one thing is certain: he could have never forgotten to represent Mary Magdalene in his *Last Judgement*.
It is not likely that the artist could have underestimated the starting path and foundation of the *gaze of faith* that Pope

125 | C. M. MARTINI, *Mary Magdalene, Spiritual Exercises*, Edizioni Terra Santa, Milan, 2018, pp. 96-97.

126 | *Ibidem*, p. 14.

Papa Francesco nel testo dedicato alla legittimazione della santa quale Apostola degli Apostoli[127].

Nella nota 43 leggiamo: «*Il verbo giovanneo di visione che indica quasi il punto d'arrivo di tutto lo sviluppo del tema 'vedere', ossia la piena maturazione del vedere della fede, è senza dubbio il perfetto del verbo comune oram... la visione esteriore è diventata un'immagine interiore e la visione corporale si è trasformata in una contemplazione spirituale, in uno sguardo di fede*» (De La Potterie, *op. cit.*, p. 295)[128].

Papa Francesco scrive: «*In tutto lo sviluppo del Vangelo è presente questa dinamica*»[129].

Nella parola *vedere* si concentrano la consapevolezza della rinnovata fede, la capacità di discernimento e anche il coraggio di "*rimanere saldi davanti alla croce*". Non sono forse questi gli esempi di rettitudine per i quali Maria di Màgdala, il 3 giugno del 2016, è stata legittimata Apostola degli Apostoli?

Francis cites in the text dedicated to the legitimisation of the saint as Apostle of the Apostles.[127]

In note 43 we read: «*The Johannine verb of vision which almost indicates the point of arrival of the entire development of the theme 'to see', that is, the full maturation of the seeing of faith, is without doubt the perfect* (Latin verb tense) *of the common verb oram... the external vision has become an internal image and the corporeal vision has transformed itself into a spiritual contemplation, into a gaze of faith*» (De La Potterie, *op. cit.*, p. 295).[128]

Pope Francis writes: «*This dynamic is present in the entire development of the Gospel*».[129]

The awareness of renewed faith, the ability to discern and also the courage to "*remain steadfast before the cross*" are concentrated in the word *see*. Aren't these the examples of righteousness for which Mary Magdalene was legitimised as the Apostle of the Apostles on 3rd June, 2016?

IL METODO SCIENTIFICO A SUPPORTO DELLA CODIFICA DELL'ERMENEUTICA NELL'ARTE

Nelle pagine di questo libro ho affrontato i ragionamenti che convergono verso una nuova proposta dell'interpretazione dell'ermeneutica del *Giudizio Universale*, esaminata da un punto di vista inedito e centrata sulla codifica del messaggio cristiano che Buonarroti ha voluto imprimere, attraverso la carbonatazione della calce, sulla parete che accoglie i fedeli nella Cappella dei Papi e luogo simbolo della cristianità. Questa inedita chiave di lettura si traduce in una vera e propria contrapposizione tra la corruzione e la scelta di rimanere saldi nella fede in Cristo.

Sono convinta che Michelangelo sia l'uomo che, nelle spoglie di un essere umano mortale, abbia tradotto, meglio di chiunque altro, il senso del sacrificio di Gesù ed il messaggio che Cristo ha voluto comunicare all'umanità intera; un progetto che avrebbe dovuto rinnovarsi, in tutto il suo *pathos*, nei secoli a venire.

Celato dietro l'immagine di questo straordinario affresco, Michelangelo esorta l'umanità a "*vedere*", ognuno secondo le proprie capacità e competenze, la *lectio difficilior* della quale Cristo e Maria di Màgdala sono esempio e guida.

Sono trascorsi più di Cinquecento anni dalla sua realizzazione e, ancora oggi, i contributi di esperti e appassionati aprono nuovi scenari volti alla migliore comprensione di questo capolavoro senza tempo.

L'arte è lo strumento attraverso il quale l'uomo ha scritto la storia della sua civiltà.

L'opera d'arte rappresenta l'espressione di una cultura raffinata, destinata a sopravvivere nei secoli a chi l'ha creata, in uno spazio senza tempo e senza confini.

THE SCIENTIFIC METHOD IN SUPPORT OF THE ENCODING OF HERMENEUTICS IN ART

In the pages of this book, I have faced the reasoning that converges towards a new proposal for the interpretation of the hermeneutics of the *Last Judgement*, examined from an unprecedented point of view and centred on the encoding of the Christian message that Buonarroti wanted to impress, through the carbonation of the lime, on the wall that welcomes the faithful in the Chapel of the Popes, symbolic place of Christianity. This new interpretation key translates into a real contrast between corruption and the choice to remain firm in the faith in Christ.

I am convinced that Michelangelo is the man who, in the guise of a mortal human being, has translated, better than anyone else, the meaning of Jesus' sacrifice and the message that Christ wanted to communicate to all humanity; a project that should have been renewed, in all its *pathos*, in the centuries to come.

Hidden behind the image of this extraordinary fresco, steeped in horror but also in equally disruptive concepts of faith and hope, Michelangelo urges humanity to "*see*", each one according to their own abilities and skills, the *lectio difficilior* of which Christ and Mary Magdalene are an example and guide.

More than five hundred years have passed since its creation and, even today, the contributions of experts and enthusiasts open up new scenarios aimed at better understanding this timeless masterpiece.

Art is the instrument through which man has written the history of his civilisation.

The work of art represents the expression of a refined culture, destined to survive to those who created it over the centuries, in a space without time and without borders.

[127] | FRANCESCO, *op. cit.*, pp. 29-30.

[128] | *Ibidem*, p. 29.

[129] | *Ibidem*, p. 30. Nota 44: *cfr.* I. DE LA POTTERIE, *Lo sguardo della memoria*, I. DE LA POTTERIE, *Storia e mistero. Esegesi cristiana e teologia giovannea*, SEI, Torino, 1997, pp. 93-94.

[127] | FRANCIS, *op. cit.*, pp. 29-30.

[128] | *Ibidem*, p. 29.

[129] | *Ibidem*, p. 30. Note 44: *Cf.* I. DE LA POTTERIE, *The gaze of memory*, I. DE LA POTTERIE, *History and Mystery. Christian Exegesis and Johannine Theology*, SEI, Turin, 1997, pp. 93-94.

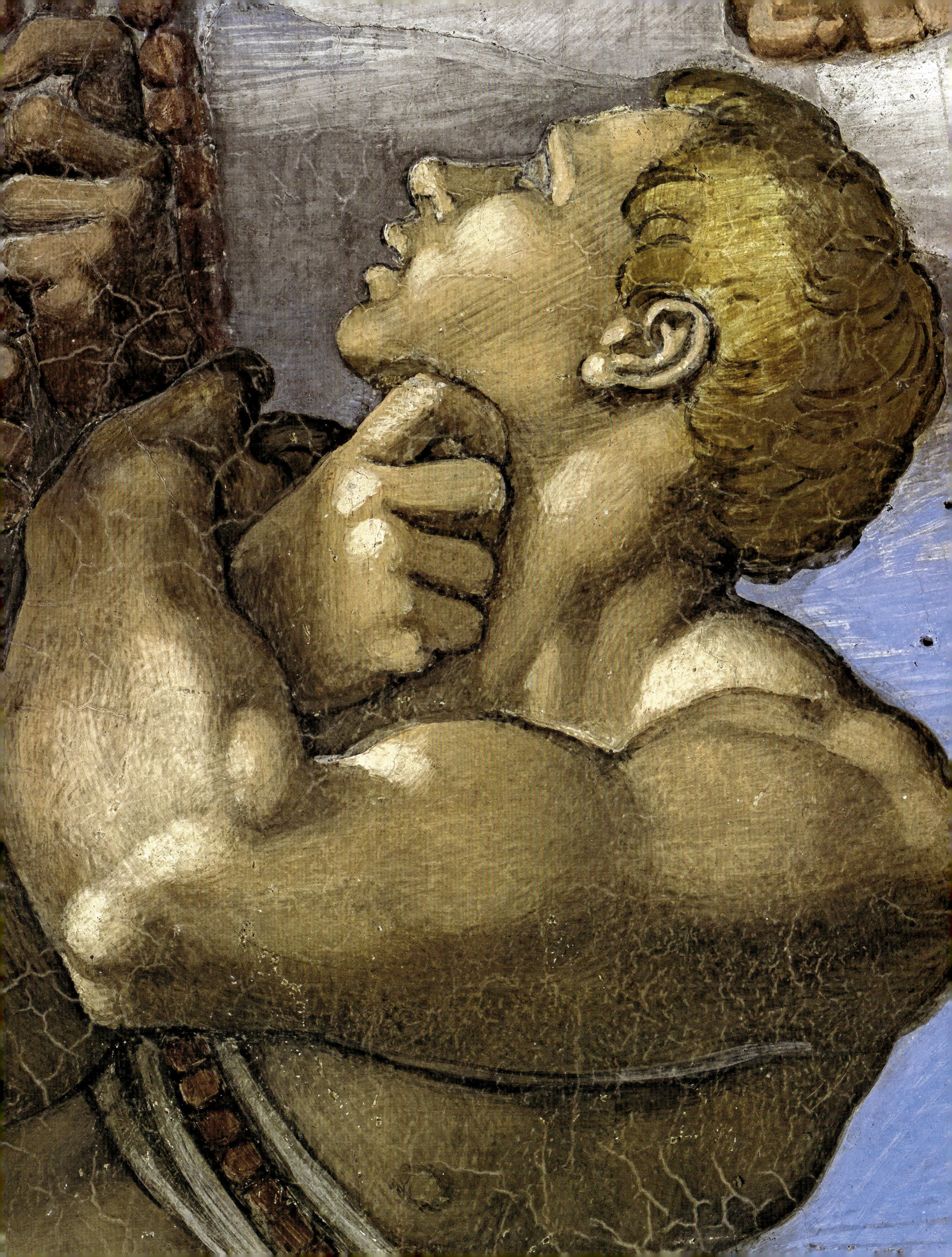

Il nostro patrimonio artistico rappresenta il bene più prezioso del quale il genere umano dispone per prendere coscienza delle proprie origini e dell'evoluzione che ci ha condotti ad essere ciò che siamo oggi.
Ma qual è il labile confine che scandisce la formulazione di accattivanti ipotesi e teorie, dalla loro effettiva attendibilità, affidabilità e credibilità? Dove vanno ricercate le conferme di una verità che si possa considerare quanto più possibile verificabile, comprovabile e, perché no, "validabile"?
Ogni opera d'arte deve essere concepita come un insieme, poiché essa è al contempo un bene materiale, inteso come preservazione della materia che la costituisce, e un patrimonio immateriale, che ne interpreta la "ragione di esistere".
Ogni ragionamento espresso in questo testo, condivisibile oppure no, viene volutamente e costantemente supportato da riferimenti bibliografici *attendibili*, nella consapevolezza dell'immenso valore del quale è intriso il patrimonio conoscitivo profuso dagli esperti: poiché è solo grazie a quest'ultimo che è possibile salvaguardare il valore immateriale del bene stesso e puntare alla sua implementazione attraverso processi di costante integrazione, verifica e validazione.
Ogni opera d'arte è come un *discorso* e il recupero della conoscenza dei suoi complessi significati passa, necessariamente, attraverso la corretta ricostruzione di ogni frase, la verifica dei sintagmi – corretti e/o errati – e la ricostruzione, per quanto possibile, di quelli mancanti. Questi obiettivi si possono raggiungere solo attraverso il confronto tra esperti.
Di qui l'esigenza di poter ordinare le informazioni per potenziarne la fruizione, poiché esse costituiscono il patrimonio conoscitivo fondamentale per ricomporre correttamente ogni *discorso*, fino alla sua validazione. Esse sono il cuore pulsante di qualsiasi metodo in grado di supportare i processi volti alla codifica dell'ermeneutica nell'arte.
È questa la ragione per la quale i contenuti di questo libro sono ricchi di rimandi ai teologi che, con i loro studi, hanno creato i presupposti per consolidare questa ricerca e che fanno da pilastro nella costruzione del mio *discorso*, consentendomi di accompagnare il lettore in un percorso fondato su presupposti che possano essere considerati attendibili; ossia già validati dal mondo accademico.
Osservare, ascoltare, comprendere un'opera d'arte è un percorso che deve essere orientato alla ricerca della verità; fondato sull'osservazione e sulla raccolta dei dati empirici e sulla loro comparazione con le informazioni profuse dal mondo accademico che – dunque, si possono considerare "valide" – sulla formulazione di ipotesi e teorie, sulla elaborazione e pubblicazione dei risultati e sulla discussione e verifica da parte di altri esperti.
L'ipotesi di identificazione di Maria Maddalena al fianco di Cristo Redentore rappresenta il mio contributo scientifico, in attesa del confronto con gli studiosi e profuso con il preciso obiettivo di evidenziare compatibilità e incongruenze atte a confermare, modificare o negare le teorie illustrate.
Le riflessioni contenute nelle pagine di questo testo sono frutto di un "*modello di pensiero*" che fonda le proprie radici sul circolo virtuoso di conoscenza come risorsa per la preservazione, la fruizione e il rinnovamento delle fonti del sapere attraverso il loro ordinamento.

Our artistic heritage represents the most precious asset that mankind has at its disposal to become aware of its origins and the evolution that has led us to be what we are today.
But what is the fine line that marks the formulation of captivating hypotheses and theories, of their actual reliability, trustworthiness and credibility? Where should we look for confirmations of a truth that can be considered as far as possible verifiable, provable and, why not, "validable"?
Every work of art must be conceived as a whole, since it is at the same time a material good, intended as the preservation of the matter that constitutes it, and an immaterial heritage, which interprets its "reason for existence".
The reasoning expressed in this text, whether shared or not, is intentionally and constantly supported by *reliable* bibliographical references, in the awareness of the immense value which is imbued in the wealth of knowledge lavished by the experts: since it is only thanks to the latter that it is possible to safeguard the immaterial value of the asset itself and aim for its implementation through processes of constant integration, verification and validation.
Every work of art is like a *discourse* and the recovery of the knowledge of its complex meanings necessarily passes through the correct reconstruction of each sentence, the verification of the syntagms – correct and/or incorrect – and the reconstruction, as far as possible, of the missing ones. This goal can only be achieved through the collaboration among experts.
Hence the need to be able to organise information to enhance its use, since it constitutes the fundamental wealth of knowledge to correctly recompose every *discourse*, up to its validation. It is the beating heart of any method capable of supporting the processes aimed at the codification of hermeneutics in art.
This is the reason for which the contents of this book are full of references to theologians who, with their studies, have created the conditions to consolidate this research and act as a pillar in the construction of my *discourse*, allowing me to accompany the reader on a path founded on assumptions that can be considered reliable; that is, already validated by the academic world.
Observing, listening, understanding a work of art is a path that must be oriented towards the search for truth; based on the observation and the collection of empirical data, their comparison with the information provided by the academic world which, therefore, can be considered "valid", on the formulation of hypotheses and theories, on the elaboration and publication of the results and on the discussion and verification by other experts.
The hypothesis of identifying Mary Magdalene next to Christ the Redeemer represents my scientific contribution, awaiting comparison with the experts and lavished with the precise objective of highlighting compatibilities and inconsistencies aimed at confirming, modifying or denying the theories illustrated.
The reflections contained in the pages of this text are the result of a "*pattern of thought*" that finds its roots in the virtuous circle of knowledge as a resource for the preservation, fruition and renewal of the sources of knowledge through their organisation.

Nel 2017 il Ministero per lo Sviluppo economico mi ha concesso il brevetto denominato Smarticon: "*Metodo per la classificazione, la catalogazione ed il tracciamento dei beni di valore, in particolare opere del mondo dell'arte*" (Brevetto numero 102015000006508)[130]. Smarticon significa "immagine intelligente", perché consente di indagare l'opera d'arte partendo dalla descrizione del soggetto (iconografia) e di proseguire con il recupero di tutte le informazioni preposte alla valorizzazione del bene ed alla ricerca della verità. Il metodo pone un ordinamento ermeneutico nel patrimonio conoscitivo profuso dagli esperti nell'ambito dei Beni Culturali e lo rende fruibile grazie alla trasformazione delle informazioni storico-iconografiche in patrimonio informativo digitale e a un motore di ricerca cognitivo.
Attraverso processi ripetitivi e metodici, governati da una logica induttiva, deduttiva ed empirica, le informazioni vengono trasformate in enunciati. Gli enunciati sono il patrimonio informativo digitale che alimenta una rete ampia e differenziata di interconnessioni, capaci di instaurare relazioni e correlazioni reciproche alla riscoperta della conoscenza perduta.
È questo il presupposto sul quale si fondano i miei studi.
Del resto, come affermava il filosofo Hans-Georg Gadamer, il metodo è «*finalizzato alla restrizione dell'ampiezza della vaghezza, la cui espressione si trova nel concetto di oggettività e nell'idea secondo cui solo ciò che viene oggettivamente valutato può diventare oggetto della conoscenza scientifica*»[131].

In 2017, the Ministry of Economic Development granted me the patent named Smarticon: "*Method for the classification, cataloguing and tracking of valuable goods, in particular works of art*" (Patent number 102015000006508).[130]
Smarticon means "intelligent image", because it allows you to investigate a work of art starting from the description of the subject (iconography) and continuing with the recovery of all the information needed to enhance the asset and search for the truth. The method places a hermeneutic order in the wealth of knowledge provided by the experts in the field of Cultural Heritage and makes it usable thanks to the transformation of historical-iconographic information into digital information asset and a cognitive search engine.
Through repetitive and methodical processes, governed by an inductive, deductive and empirical logic, the information is transformed into enunciates. Enunciates are the digital information asset that fuels a large and differentiated network of interconnections, capable of establishing reciprocal relationships and correlations in order to rediscover the lost knowledge.
This is the assumption on which my studies are based.
Moreover, as the philosopher Hans-Georg Gadamer stated, the method is «*intended to restrict the extent of vagueness, whose expression is found in the concept of objectivity and in the idea according to which only what is objectively evaluated can become the object of scientific knowledge*».[131]

L'APOSTOLA DEGLI APOSTOLI NELL'AFFRESCO DI MICHELANGELO E NELLE PAROLE DI PAPA FRANCESCO

Buonarroti ha impresso nel cuore della sede nel Palazzo Apostolico del Vaticano i concetti di una cristianità quanto mai moderna, alla quale sarebbero occorsi secoli per essere svelati, a poco a poco, attendendo che i tempi fossero maturi.
L'ermeneutica del *Giudizio* di Michelangelo si armonizza perfettamente con la "*Nuova Stagione della Chiesa*" inaugurata da Papa Francesco e con i temi che affrontano le modalità con le quali Dio ha affidato ai Suoi vicari l'incarico di "evangelizzare" la Sua figliolanza e "non giudicarla e/o condannarla".
In perfetta coerenza con questi concetti, Papa Francesco ha affrontato anche il discorso del ruolo della donna nella cristianità, intesa come "*capacità dell'altro*" da lei profusa grazie all'«*intuizione profonda che il meglio della sua vita è fatto di attività orientate al risveglio dell'altro, alla sua crescita, alla sua protezione*», come scriveva l'allora prefetto della Congregazione per la Dottrina della Fede Joseph Ratzinger[132].

THE APOSTLE OF THE APOSTLES IN MICHELANGELO'S FRESCO AND IN THE WORDS OF POPE FRANCIS

Buonarroti imprinted in the heart of the home of the Apostolic Palace of the Vatican the concepts of an ever more modern Christianity, to which it would have taken centuries to be revealed, little by little, waiting for the time to be ripe.
The hermeneutics of Michelangelo's *Last Judgement* harmonises perfectly with the "*New Season of the Church*" inaugurated by Pope Francis and with the themes that address the ways in which God has entrusted His vicars with the task of "evangelising" His sonship and "not judging and/or condemning it".
In perfect coherence with these concepts, Pope Francis also addressed the issue of the role of women in Christianity, intended as the "*capacity of the other*" that she has lavished thanks to the «*intuition that the best of her life is made up of activities oriented towards the awakening of the other, towards his growth, towards his protection*», as Joseph Ratzinger, the then prefect of the Congregation for the Doctrine of the Faith, wrote.[132]

130 | http://www.sapereproject.com; sara.penco@sapereproject.com

131 | H. GADAMER, *Verità e metodo* (a cura di G. VATTIMO), Casa editrice Bompiani, 2000, p. 426.

132 | J. RATZINGER, *Lettera ai vescovi della Chiesa Cattolica sulla collaborazione dell'uomo e della donna nella Chiesa e nel mondo*, n. 13, 31 maggio 2004.

130 | http://www.sapereproject.com; sara.penco@sapereproject.com

131 | H. GADAMER, *Truth and method*, (Ed. vy G. VATTIMO), Bompiani publishing house, 2000, p. 426.

132 | J. RATZINGER, *Letter to the Bishops of the Catholic Church on the collaboration of men and women in the Church and in the world*, n. 13, 31st May, 2004.

Nelle prime pagine del libro di Papa Francesco leggiamo: «*È dunque assai significativo che "Essendo la Chiesa chiamata a riflettere in modo più profondo sulla dignità della donna, la nuova evangelizzazione e la grandezza del mistero della misericordia divina", Papa Francesco abbia stabilito, con decreto emanato dalla Congregazione per il Culto Divino e la Disciplina dei Sacramenti il 3 giugno 2016, che il 22 Luglio sia celebrata come "festa di Santa Maria Maddalena"*»[133].
E ancora: «*Le donne non hanno paura del Vangelo che porta fin sotto la croce*» e «*dimostrano di avere i caratteri distintivi dell'autentico*»; ossia di colui che ha la forza per "lasciare tutto" e "andare fino in fondo", che si esplicita nell'«*atteggiamento di una resistenza incrollabile all'insuccesso, alla prova della morte*»[134].
La «*rilevanza di questa donna che mostrò un grande amore per Cristo e fu da Cristo tanto amata*» rappresenta «*un esempio di vera ed autentica evangelizzatrice, ossia di un evangelista che annuncia il gioioso messaggio centrale della Pasqua*». L'«*Evangelista della Resurrezione*» (come riportato nel trattato attribuito a Rabano Mauro).
Tommaso d'Aquino affermò esplicitamente che Maria Maddalena «*fu resa Apostola degli Apostoli perché a lei fu affidato di annunciare ai discepoli la Risurrezione del Signore: affinché, come una donna per prima annunciò all'uomo parole di morte, così una donna annunciasse per prima parole di vita*»[135].
L'Evangelista Giovanni (19:25), con il verbo "*stare*" indica la posizione eretta che esprime fermezza e determinazione nel rimanere salda nella fede e nell'amore che non la fa «*indietreggiare mai e che l'aveva condotta fin sotto la stessa croce, accanto alla Madre. La Madre, Maria di Clèopa e Maria di Màgdala stanno vicino non tanto alla croce, quanto al Crocifisso. Lo stare di Maria di Màgdala evoca dunque fedeltà alla prova, una fedeltà che si contrappone alla fuga di tutti gli altri, di coloro che l'hanno tradito e rinnegato. Stare è espressione di fedeltà, una fedeltà messa alla prova, ma salda. Nemmeno al sepolcro lei verrà meno, ma continuerà a rimanere*»[136].
Nell'affresco di Michelangelo c'è davvero tutto.

In the first pages of Pope Francis' book we read: «*It is therefore very significant that "Since the Church is called to reflect more deeply on the dignity of women, the new evangelisation and the greatness of the mystery of divine mercy", Pope Francis has established, with a decree issued on 3rd June, 2016, by the Congregation for Divine Worship and the Discipline of the Sacraments, that the "feast of Saint Mary Magdalene would be celebrated on 22nd July"*».[133]
And again: «*Women are not afraid of the Gospel that leads to the foot of the cross*» and «*they demonstrate to have the distinctive characteristics of the authentic*»; that is, of someone who has the strength to "leave everything" and "go all the way", which is expressed in the «*attitude of an unshakeable resistance to failure, to the test of death*».[134]
The «*relevance of this woman who showed great love for Christ and was so loved by Christ*» represents «*an example of a true and authentic evangeliser, that is, of an evangelist who announces the joyful central message of Easter*». The «*Evangelist of the Resurrection*» (as reported in the treatise attributed to Rabanus Maurus).
Thomas Aquinas explicitly stated that Mary Magdalene «*was made Apostle of the Apostles because she was entrusted to announce the Lord's Resurrection to the disciples: so that, as a woman was the first to announce to man the words of death, like this a woman was the first to announce the words of life*».[135]
The Evangelist John (19:25), with the verb "*to stay*" indicates the upright position that expresses firmness and determination in remaining steadfast in the faith and in the love that never makes her «*retreat and that had led her even under the cross, next to the Mother. The Mother, Mary of Cleophas and Mary Magdalene are not near the cross but rather near the Crucifix. The presence of Mary Magdalene therefore evokes loyalty to the test, a loyalty that contrasts with the flee of all the others, of those who have betrayed and denied him. To stay is an expression of loyalty, a loyalty put to the test, but firm. Not even at the tomb she will fail, but she will continue to remain*».[136]
In Michelangelo's fresco there is really everything.

LA CAPPELLA SISTINA: L'UMANITÀ VIENE ACCOLTA NELLA CASA DI DIO

La Cappella Sistina è destinata, nei secoli passati e quelli a venire, a rimanere il luogo simbolo nel quale si esprime la testimonianza più imponente della fede cristiana e per questa ragione, oltre alla sua straordinaria bellezza, è il "polo di convergenza per l'umanità" verso la casa di Dio.
I profondi contrasti tra credo religioso e sentimenti, che albergano costantemente nel cuore di Buonarroti, rappresentano una continua esortazione a cercare la pace interiore.
Michelangelo scrive: «*O mio Signore, imploro il tuo aiuto contro questa afflizione, questi tormenti che agitano e affaticano il mio*

THE SISTINE CHAPEL: HUMANITY IS WELCOMED INTO THE HOUSE OF GOD

The Sistine Chapel is destined, in the past centuries and in the centuries to come, to remain the symbolic place in which the most impressive testimony of the Christian faith is expressed and for this reason, in addition to its extraordinary beauty, it is the "pole of convergence for humanity" towards the house of God.
The profound contrasts between religious belief and feelings, which constantly reside in Buonarroti's heart, represent a continuous exhortation to seek inner peace.
Michelangelo writes: «*O my Lord, I implore your help against this affliction, these torments that my spirit vex and tire. You alone can restore*

133 | FRANCESCO, *op. cit.*, p. 10.

134 | *Ibidem*, pp. 20-21.

135 | *Ibidem*, p. 20. Nota 28: *cfr.* A.M. PELLETTIER, *Intervento Roma al Centre Saint Louis des Français*, 21 novembre 2013, in l'"Osservatore Romano", 6 dicembre 2013.

136 | FRANCESCO, *op. cit.*, pp. 10-11.

133 | FRANCIS, *op. cit.*, p. 10.

134 | *Ibidem*, pp. 20-21.

135 | *Ibidem*, p. 20. Note 28: *Cf.* A. M. PELLETTIER, *Speech in Roma at the Centre Saint Louis des Français*, 21st November, 2013, in the newspaper of the Holy See "Osservatore Romano", 6th December, 2013.

136 | FRANCIS, *op. cit.*, pp. 10-11.

spirito. Tu solo puoi ridare nuova forza alla mia volontà, al mio sentimento e al mio coraggio. Tu desti a me quest'anima divina e poi la imprigionasti in un corpo debole e fragile. Com'è triste viverci dentro. E come posso io rendere meno triste viverci dentro»[137].

Per l'artista il corpo era quasi una prigione nella quale espiare le proprie colpe. Ma la potenza del suo animo sensibile superava di gran lunga le fragilità delle stanche membra.

Prima e meglio di chiunque altro, egli ha tradotto nell'arte la profondità dei sentimenti dell'uomo, dei tumulti del suo animo e delle più intime paure.

Michelangelo era un fervente cristiano e, in un certo senso, anch'egli vicario di Cristo. L'artista non si è limitato alla rappresentazione della terrificante condanna che verrà inflitta ai peccatori. Egli ha impresso sulla parete dell'altare della Sistina il messaggio di *salvezza* che si annuncia con l'avvento della *Parusia*, quando la figliolanza si ricongiungerà a Dio.

Buonarroti sembra aver strumentalizzato la *fragilità dell'essere umano*, che conosceva e nella quale si riconosceva, per trasmettere il monito all'umanità peccatrice. E lo ha fatto con una tale potenza da finire per subordinare a questo richiamo perfino la percezione stessa del concetto di *speranza*, insito nella forza che scaturisce dall'amore in Cristo e che conduce alla *salvezza* eterna.

Il successo dell'impresa è così straordinario che il *Giudizio Universale*, alla luce della nuova visione della Chiesa – a distanza di circa cinquecento anni dalla sua realizzazione – si accende di una luce spirituale quanto mai attuale.

L'affresco è intriso di un profondo rinnovamento e perfino la volta, da lui stesso realizzata anni prima, pare "superata" e quasi in contrasto con l'impetuoso turbinio di emozioni nelle quali l'osservatore viene travolto.

Michelangelo credeva profondamente nel perdono di Dio, che potrà essere concesso all'umanità solo attraverso la purezza.

Si potrebbe quasi affermare che il messaggio di grazia possa essere meglio compreso dalle anime pure, che attendono la seconda venuta di Cristo come una liberazione e, dunque, riescono a *vedere* oltre gli eventi terrificanti che preludono il *Giudizio* minaccioso.

La collera di Dio, infatti, è riservata solo a coloro che hanno perseverato nel peccato e che, fino all'ultimo, non hanno avuto cordoglio per i loro peccati: per questo, saranno condannati. Chi è saldo nella fede di Cristo non teme di essere giudicato, poiché la luce di Dio è la guida dei giusti.

Michelangelo, attraverso l'ermeneutica della quale la sua arte è intrisa, forse ha voluto dimostrarci come ognuno di noi, con le proprie capacità, possa donare quell'amore che è linfa vitale per chi lo riceve; a dispetto di coloro che sono condannati a non comprendere che il valore del sacrificio di Cristo è la forza essenziale per tutti. Esso illumina la via per trovare il coraggio per rimanere "saldi" nella croce e per assolvere alla missione di evangelizzare, affinché il "gregge" di Dio possa conquistare la salvezza eterna; nella consapevolezza che l'amore per gli altri

[137] | *Michelangelo Buonarroti: Il Divino*, http://alpassoconlastoria.blogspot.com/2016/01/michelangelo-buonarroti-il-divino.html

new strength to my will, to my feelings and to my courage. You gave me this divine soul and then imprisoned it in a weak and frail body. How sad it is to live in it. And how can I make living in it less sad».[137]

For the artist, the body was almost a prison in which he could atone for his sins. But the power of his sensitive soul far exceeded the fragility of his tired limbs.

Before and better than anyone else, he translated the depth of man's feelings, the turmoil of his soul and his most intimate fears into art.

Michelangelo was a fervent Christian and, in a certain sense, also a vicar of Christ. The artist did not limit himself to the representation of the terrifying condemnation that will be inflicted on the sinners. He has imprinted on the wall of the altar of the Sistine Chapel the message of salvation that is announced with the advent of the *Parousia*, when the sonship will reunite with God.

Buonarroti seems to have exploited the *fragility of the human being*, which he knew and in which he recognised himself, to transmit the warning to the sinful humanity. And he did it with such power that he ended up subordinating to this call even the very perception of the concept of *hope*, inherent in the strength that springs from the love in Christ and which leads to eternal *salvation*.

The success of the enterprise is so extraordinary that the *Last Judgement*, in the light of the new vision of the Church – about five hundred years after its realisation – lights up with a spiritual light that is more than ever timely.

The fresco is imbued with a profound renewal and even the vault, which he had realised years before, seems "outdated" and almost in contrast with the impetuous whirlwind of emotions in which the observer is overwhelmed.

Michelangelo truly believed in God's forgiveness, which can only be granted to humanity through purity.

We could almost affirm that the message of grace can be understood better by pure souls, who await the second coming of Christ as a liberation and, therefore, are able to *see* beyond the terrifying events that prelude the threatening *Judgement*.

The wrath of God is reserved only to those who have persevered in sin and who, until the very end, have not mourned for their sins: for this reason, they will be condemned. Whoever is firm in the faith of Christ does not fear to be judged, because the light of God is the guide of the righteous.

Michelangelo, through the hermeneutics that permeates his art, perhaps wanted to demonstrate how each of us, with our own abilities, can donate that love that is the lifeblood for those who receive it; in spite of those who are condemned to not understand that the value of Christ's sacrifice is the essential strength for everyone. It illuminates the way to find the courage to remain "firm" in the cross and to fulfil the mission of evangelising, so that the "flock" of God can obtain eternal salvation; in the awareness that the love for the others not only heals their wounds, but also heals our own.

The calvary of sufferings on this earth is a path without "deviations", characterised by the faith put to the test, but which will

[137] | *Michelangelo Buonarroti: The Divine*, http://alpassoconlastoria.blogspot.com/2016/01/michelangelo-buonarroti-il-divino.html

non sana solo le ferite altrui, ma guarisce anche le proprie.
Il calvario della sofferenza su questa terra è un percorso senza "deviazioni", all'insegna della fede messa alla prova, ma che premierà chi riesce a rimanere saldo in Cristo accogliendo e preservando il Suo immenso amore.
Parafrasando le parole di Michelangelo: il mondo sarebbe un *luogo migliore* se ognuno di noi "non facesse ad altri ciò che non vorrebbe fosse fatto a lui" e se imparasse a ricambiare la mano tesa che, almeno una volta, ci è stata offerta.
La capacità di osservare, ascoltare, comprendere l'arte, coincide con la sensibilità che consente anche di *percepire* il dolore degli altri e che si traduce nel riuscire a cogliere il messaggio d'amore che Gesù ci ha insegnato: tanto nel *Giudizio Universale* della Cappella Sistina, quanto nell'operato dei vicari di Cristo.
L'indifferenza nei confronti dei nostri fratelli non equivale forse a rendersi complici inermi del demonio, lasciando che agisca indisturbato senza far nulla per proteggere e preservare coloro che mostrano di essere più fragili di noi?
Del resto, *l'indifferenza è la scelta di non fare qualcosa* e, come tale, implica conseguenze di egual valore alle scelte compiute.
La verità è che chiunque può divulgare il messaggio di Dio.
Intorno a noi ci sono migliaia di "*angeli senza ali*". Io li chiamo così e posso affermare di averne incontrati tanti.
La missione di coloro che possono *vedere* è farsi portavoce di questo annuncio: «*Dio, infatti, non ha mandato il Figlio nel mondo per condannare il mondo, ma perché il mondo sia salvato per mezzo di lui. Chi crede in lui non è condannato; ma chi non crede è già stato condannato, perché non ha creduto nel nome dell'unigenito Figlio di Dio. E il Giudizio è questo: la luce è venuta nel mondo, ma gli uomini hanno amato più le tenebre che la luce, perché le loro opere sono malvagie. Chiunque infatti fa il male, odia la luce e non viene alla luce perché non siano svelate le sue opere. Ma chi opera la verità viene alla luce, perché appaia chiaramente che le sue opere sono state fatte in Dio*» (*Giovanni* 3:17-21).
Dio ha mandato il Figlio Suo sulla terra per liberare l'umanità dal peccato: una prova d'amore senza eguali. Il sacrificio di Gesù è l'esempio che indica la via per salvare l'umanità, nella costante lotta contro le tentazioni del maligno.
La collera che Gesù sprigiona dall'imperativo gesto del braccio alzato, al centro della parete che raffigura il *Giudizio Universale* nella Cappella Sistina, dà inizio alla *Parusia* che si esplicita *nella condanna contro il male*: ma la verità è che l'ira di Cristo Giudice è mirata a *proteggere la Sua figliolanza*.
Ai vicari di Cristo è affidato il "ruolo giuda", affinché le fragilità dell'uomo non diventino un pretesto perché il demonio si possa insidiare; ma la conferma della speranza rinnovata che rammenti all'umanità che coloro che si fortificano nella fede si salveranno.
Ed ecco palesarsi l'"*aspetto positivo*", grazie al quale lo sgomento cede il passo al conforto.
Durante la celebrazione eucaristica lo spettatore viene esortato a osservare e a riflettere, per sensibilizzare la propria capacità di discernimento e per imparare a contrastare le insidie.
Il giorno della *Parusia* Cristo tornerà impetuoso (il Giudice), ma allo stesso tempo compassionevole (il Redentore).

reward those who manage to remain firm in Christ, welcoming and preserving His immense love.
Paraphrasing Michelangelo's words: the world would be a *better place* if each of us "did not do to others what we would not want to be done to us" and if we learned to repay the outstretched hand that, at least once, was offered to us.
The ability to observe, listen, comprehend art, coincides with the sensitivity that also allows us to *perceive* the pain of others and which translates into being able to capture the message of love that Jesus taught us: both in the *Last Judgement* of the Sistine Chapel, and in the work of the vicars of Christ.
Isn't the indifference towards our brothers perhaps equivalent to becoming ourselves helpless accomplices of the devil, allowing him to act undisturbed without doing anything to protect and preserve those who show themselves to be more fragile than us?
After all, *indifference is the choice of not doing anything* and, as such, it implies consequences of equal value to the choices made.
The truth is that anyone can disclose the message of God.
There are thousands of "*angels without wings*" around us. That's how I call them and I can say I have met many of them.
The mission of those who can *see* is to be the spokesmen of this announcement: «*For God did not send his Son into the world to condemn the world, but to save the world through him. Whoever believes in him is not condemned, but whoever does not believe stands already condemned because they have not believed in the name of God's one and only Son. This is the verdict: Light has come into the world, but people loved darkness instead of light because their deeds were evil. Everyone who does evil hates the light, and will not come into the light for fear that their deeds will be exposed. But whoever lives by the truth comes into the light, so that it may be seen plainly that what they have done has been done in the sight of God*» (*John* 3:17-21).
God sent His Son to earth to free humanity from sin: an unparalleled proof of love. Jesus' sacrifice is the example that indicates the path to save humanity, in the constant struggle against the temptations of evil.
The wrath that Jesus releases from the imperative gesture of the raised arm, in the centre of the wall depicting the *Last Judgement* in the Sistine Chapel, gives start to the *Parousia* which is expressed *in the condemnation of evil*: but the truth is that the anger of Christ the Judge is aimed to *protect His sonship*.
The vicars of Christ are entrusted with the "guiding role", so that the fragility of man does not become a pretext for the devil to insidiously attack; but the confirmation of the renewed hope that reminds humanity that those who are strengthened in faith will be saved.
And here the "*positive aspect*" appears, thanks to which dismay gives way to comfort.
During the Eucharistic celebration the spectator is encouraged to observe and reflect, to raise awareness about his own capacity for discernment and to learn to counteract the dangers.
On the day of the *Parousia* Christ will return impetuous (the Judge), but at the same time compassionate (the Redeemer).

Relegherà il maligno negli inferi e poi adunerà la Sua figliolanza liberandola dalla schiavitù e dalla sofferenza.
La potenza dell'amore sconfiggerà il male e condannerà coloro che si sono sottomessi all'inganno di Lucifero, peccando di presunzione e di *fanatismo* nel sostituirsi a Dio.
Le anime che avranno forgiato la purezza nella sofferenza e che avranno saputo accoglierla come una prova di rettitudine, saldi nella croce e obbedienti nella fede in Cristo, verranno salvate e per loro si apriranno le porte del Regno dei Cieli.
Nel testo di Papa Francesco leggiamo: «*La risposta ai 'segni dei tempi' in definitiva non arriverà né da Roma, né dalla conferenza episcopale; la risposta saranno donne profetiche, carismatiche, sante che speriamo Dio ci donerà. I carismi non sono pianificabili e organizzativi; la maggior parte delle volte arrivano inattesi e spesso diversamente da come ce li eravamo immaginati. Forse oggi abbiamo di nuovo bisogno di una apostola apostolorum come Maria di Màgdala, che la mattina di Pasqua ha svegliato gli Apostoli dal loro letargo e li ha messi in moto. Molte grandi sante donne sono riuscite a fare questo nella storia della Chiesa*»[138].

Yvonne Schlobitten, autrice della prefazione, è docente di teoria e metodo della storia dell'arte cristiana contemporanea presso l'Università Gregoriana ed è particolarmente dedita al tema del ruolo della donna nella Chiesa. In un video la studiosa cita i concetti del teologo Tommaso Guarino per spiegare la profonda innovazione voluta da Papa Francesco con l'inaugurazione della nuova stagione della Chiesa. Riflette su come i martiri di un tempo venissero riconosciuti santi, per poi arrivare ad affermare che oggi l'amore incondizionato per Dio si può esplicitare anche in altri modi. Uno di questi è la carità, che si traduce nell'aiutare coloro che incontriamo nel nostro cammino di vita; ma anche nel valore dell'insegnamento preposto a comunicare in maniera efficace la parola di Cristo. È importante eludere il pregiudizio per consolidare il fatto che "*queste persone straordinarie provengono da tutti i settori della società*". La Schlobitten afferma che questa nuova concezione dell'essere cristiano liberi "*forze potenti*", che si esplicitano quali veri e propri modelli da seguire. Ma se tutti possiamo sentire la vocazione di essere discepoli di Cristo, non ci si può esimere dal riconoscere la realtà della donna nel suo ruolo inclusivo nel mondo, al fianco dell'uomo ed anche nella Chiesa.
Di riflesso, anche nell'arte, strumento senza tempo per esprimere concetti spirituali, "*l'abbraccio*" di Cristo può arrivare all'umanità attraverso le modalità secondo le quali essa stessa viene concepita e di conseguenza verrà interpretata dall'osservatore. Quanto più questa "*triangolazione*" è perfetta, tanto più diventa comprensibile; poiché il concetto fondamentale "*sta nel lasciarsi guardare dal mondo in uno sguardo transdisciplinare in cui la verità sta al di là delle discipline. Solo così si diventa mondo*"[139].

[138] | FRANCESCO, *op. cit.*, pp. 9-10.

[139] | Vedi https://www.youtube.com/watch?v=VZ2AArSIb94

He will confine the evil one to hell and then He will gather His sonship, freeing it from slavery and suffering.
The power of love will defeat evil and will condemn those who have submitted to Lucifer's deception, sinning of presumption and *fanaticism* in substituting themselves to God.
The souls who will have forged purity in suffering and who have been able to welcome it as a proof of righteousness, steadfast in the cross and obedient in the faith in Christ, will be saved and the doors of the Kingdom of Heaven will open for them.
In the text of Pope Francis we read: «*Ultimately, the answer to the 'signs of the times' will not come from Rome, nor from the Episcopal Conference; the answer will be prophetic, charismatic, holy women that we hope God will give us. Charisms are not predictable and organisational; most of the time they arrive unexpectedly and often differently from how we had imagined them. Perhaps today again we need an apostola apostolorum like Mary Magdalene, who on Easter morning woke the Apostles from their lethargy and set them in motion. Many great holy women have succeeded in doing this in the history of the Church*».[138]

Yvonne Schlobitten, author of the preface, is professor of theory and method of contemporary Christian art history at the Gregorian University and is particularly dedicated to the topic of the role of women in the Church. In a video, the scholar quotes the concepts of the theologian Tommaso Guarino to explain the profound innovation desired by Pope Francis with the inauguration of the new season of the Church. She reflects on how the martyrs of the past were recognised as saints, and then goes on to affirm that today unconditional love for God can also be expressed in other ways. One of these is charity, which translates into helping those we meet on our life's journey; but also in the value of teaching to effectively communicate the word of Christ. It is important to circumvent prejudice to consolidate the fact that "*these extraordinary people come from all sectors of society*". Schlobitten states that this new conception of being a Christian unleashes "*powerful forces*" that are expressed as true role models. But if we can all feel the vocation to be disciples of Christ, we cannot fail to recognise the reality of women in their inclusive role in the world, alongside men and also in the Church. Reflecting also in art, a timeless instrument for expressing spiritual concepts, the "*embrace*" of Christ can reach humanity through the ways in which it is conceived and consequently interpreted by the observer. The more perfect this "*triangulation*" is, the more comprehensible it becomes; for the fundamental concept "*lies in allowing oneself to be looked at by the world in a transdisciplinary gaze in which truth lies beyond disciplines. Only in this way does one become worldly*".[139]

[138] | FRANCIS, *op. cit.*, pp. 9-10.

[139] | See https://www.youtube.com/watch?v=VZ2AArSIb94

Sono una donna, una restauratrice, un'appassionata d'arte.
Sono nata il 22 luglio, giorno della festa di Maria di Màgdala e mi ripromətto di essere una buona discepola di Gesù.
Questo testo è il mio contributo scientifico, profuso per il mondo dell'arte; ma lo spazio vuoto tra una riga e l'altra scandisce la ferma convinzione che non si possa ammirare l'arte né comprenderla senza liberare la mente per riuscire a *vedere* la sua ragione di esistere.

I am a woman, a restorer, an art enthusiast.
I was born on 22nd July the feast day of Mary Magdalene and I promise myself to be a good disciple of Jesus.
This text is my scientific contribution, dedicated to the world of art; but the empty space between one line and the next marks the firm belief that we cannot admire art or understand it without freeing the mind in order to be able *to see* its reason to exist.

RINGRAZIAMENTI

Ringrazio la casa editrice Scripta Maneant per la determinazione e l'entusiasmo che hanno contraddistinto la nostra collaborazione al fine di presentare questo libro alla vigilia del Giubileo 2025. La mia riconoscenza a due donne straordinarie: Yvonne Dohna Schlobitten, allieva di Pfeiffer e docente alla facoltà di storia e beni culturali della Chiesa presso la Pontificia Università Gregoriana, per la Sua autorevolissima prefazione e Asia Graziano, autrice del sorprendente libro su Artemisia Gentileschi pubblicato da Scripta Maneant e dell'introduzione al mio scritto. Grazie di cuore alla meticolosissima traduttrice Elisabeth Laghi. La mia più profonda gratitudine stima e affetto a tutti coloro che hanno contribuito, nell'ombra ma con determinazione, affinché questa nuova proposta di interpretazione dell'ermeneutica del *Giudizio Universale* possa essere divulgata e possa contribuire a diffondere il messaggio spirituale dell'amore di Cristo per l'umanità, del quale si fa portavoce una donna: Maria Maddalena.

ACKNOWLEDGEMENTS

I would like to thank the publishing house Scripta Maneant for the determination and enthusiasm that characterised our collaboration to present this volume on the eve of the Jubilee 2025. My gratitude to two extraordinary women: Yvonne Dohna Schlobitten, Pfeiffer's pupil and professor at the Faculty of Church History and Cultural Heritage at the Pontifical Gregorian University, for her very authoritative preface, and Asia Graziano, author of the amazing volume on Artemisia Gentileschi published by Scripta Maneant and the introduction to my paper. Many thanks to the meticulous translator Elisabeth Laghi. My deepest gratitude esteem and affection to all those who have contributed, in the shadows but with determination, so that this new proposal of interpretation of the hermeneutics of the *Last Judgement* may be disseminated and may help spread the spiritual message of Christ's love for humanity, of which a woman is the spokesperson: Mary Magdalene.

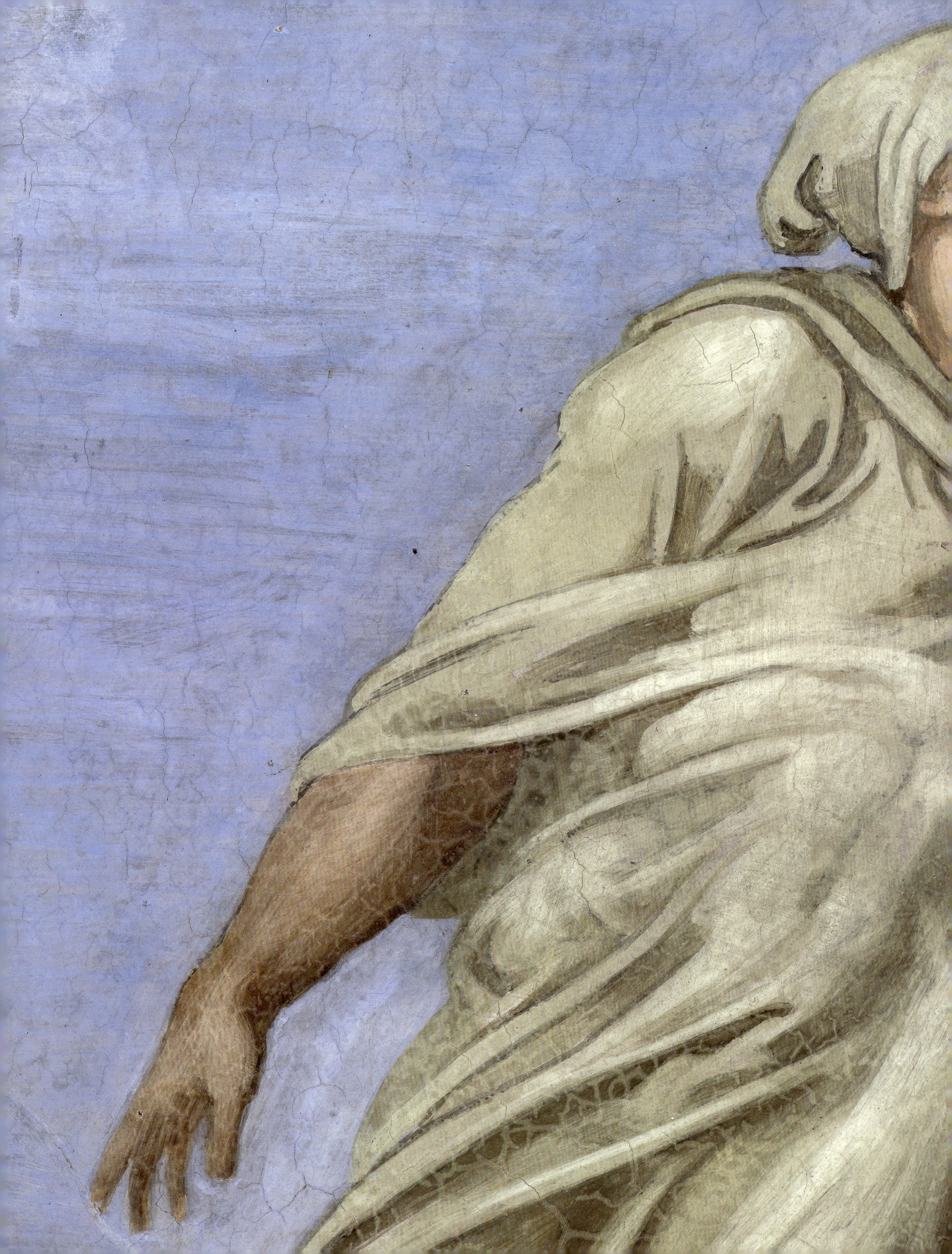

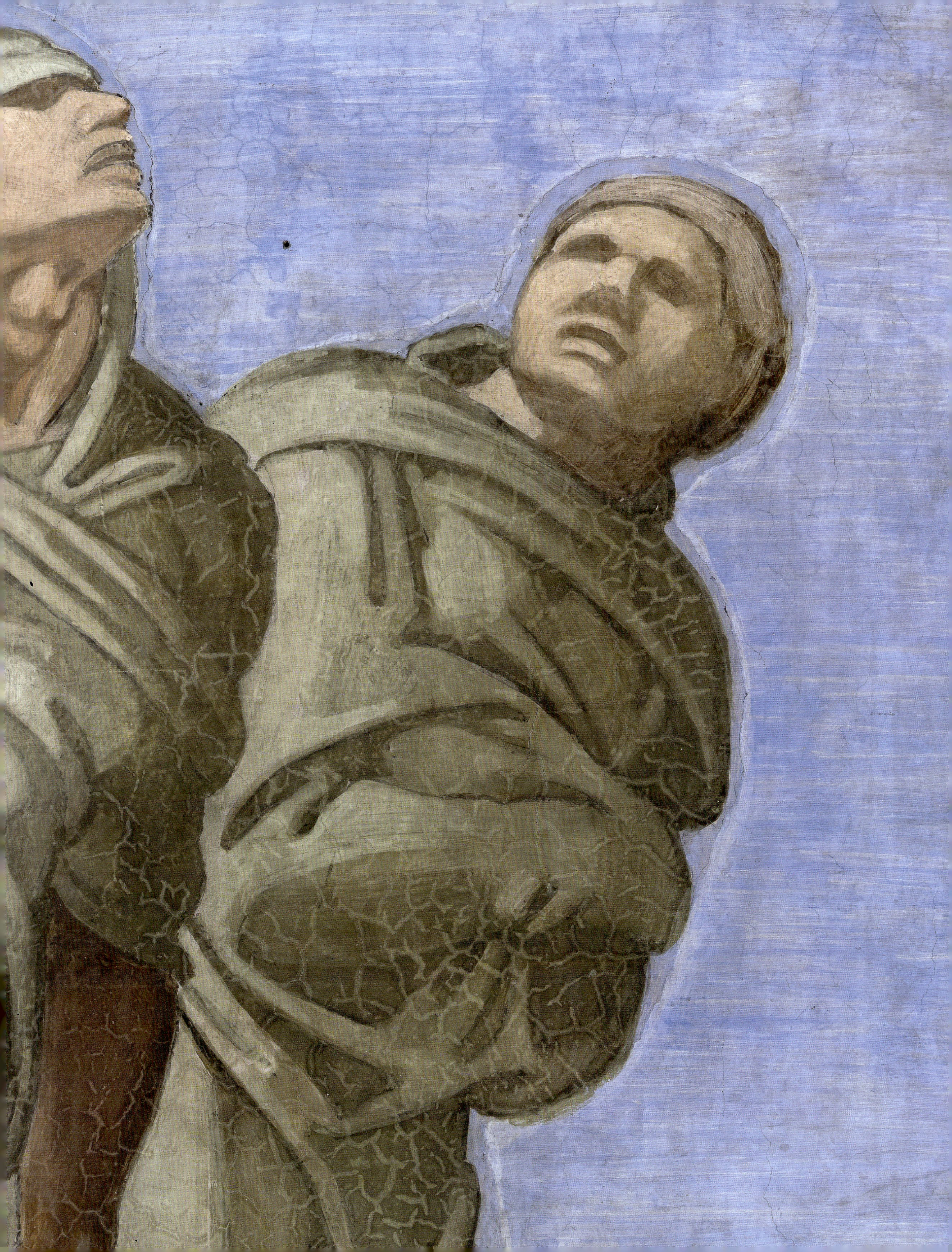

Stampato in Europa / Printed in Europe